Nina Winkler
Das Stimmrecht der Aktionäre
in der Europäischen Union

Schriften zum Europäischen
und Internationalen Privat-, Bank-
und Wirtschaftsrecht

EIW Band 14

Schriften zum Europäischen und Internationalen Privat-, Bank- und Wirtschaftsrecht

EIW Band 14

De Gruyter Recht · Berlin

Nina Winkler

Das Stimmrecht der Aktionäre in der Europäischen Union

Rechtsvergleichende Analysen unter besonderer Berücksichtigung grenzüberschreitender Beteiligungen und der großen Mitgliedstaaten

W DE G RECHT

De Gruyter Recht · Berlin

Dr. *Nina Winkler*, Hamburg.

Die Drucklegung wurde gefördert durch die FAZIT-STIFTUNG.

♾ Gedruckt auf säurefreiem Papier,
das die US-ANSI-Norm über Haltbarkeit erfüllt.

ISBN-13: 978-3-89949-349-8
ISBN-10: 3-89949-349-4

Bibliografische Information der Deutschen Nationalbibliothek

Die Deutsche Nationalbibliothek verzeichnet diese Publikation in der Deutschen Nationalbibliografie; detaillierte bibliografische Daten sind im Internet über http://dnb.d-nb.de abrufbar.

Printed in Germany
Umschlaggestaltung: Christopher Schneider, Berlin
Datenkonvertierung/Satz: jürgen ullrich typosatz, 86720 Nördlingen
Druck und Bindung: Hubert & Co., Göttingen

Meinen Eltern

Vorwort

Die vorliegende Arbeit wurde unter dem Titel „Das Stimmrecht der Aktionäre in der Europäischen Union – eine rechtsvergleichende Analyse unter besonderer Berücksichtigung grenzüberschreitender Beteiligungen und der großen Mitgliedstaaten“ im Sommersemester 2006 von der Juristischen Fakultät der Humboldt-Universität zu Berlin als Dissertation angenommen. Rechtsprechung und Literatur sind bis Juni 2006 berücksichtigt.

Großen Dank schulde ich meinem Doktorvater Prof. Dr. Dr. Stefan Grundmann, LL.M. Er hat mich auf das Thema aufmerksam gemacht und mich durch seine wertvollen Anregungen und Hinweise intensiv betreut, ohne aber meine wissenschaftliche Freiheit einzuschränken. Auch für die Initiierung der Aufnahme der Arbeit in diese Schriftenreihe und seiner großen Hilfsbereitschaft im Zusammenhang mit der Veröffentlichung danke ich ihm sehr. Mein Dank gebührt auch Herrn Prof. em. Dr. Thomas Raiser für seine zügige und wohlwollende Zweitbegutachtung sowie der FAZIT-STIFTUNG für die freundliche Gewährung eines Druckkostenzuschusses.

Danken möchte ich ferner den Mitarbeitern des Max-Planck-Instituts für ausländisches und internationales Privatrecht, in dessen Bibliothek der Großteil der Arbeit entstand. Frau Prof. Dr. Christine Windbichler, LL.M., danke ich herzlich für die Aufnahme in Ihr Doktorandenseminar an der Humboldt-Universität.

Besonders dankbar bin ich Herrn Rechtsanwalt Dr. Tobias Wagner für seine fachliche und große persönliche Unterstützung, die wesentlich zum Gelingen der Arbeit beigetragen haben.

Vor allem aber möchte ich meinen Eltern, Birgit und Dr. Helmuth Winkler, meine tief empfundene Dankbarkeit ausdrücken. Sie haben mir diese Promotion ermöglicht und mich stets uneingeschränkt und liebevoll bei meinem Fortkommen unterstützt. Ihnen ist diese Arbeit gewidmet.

Hamburg, im Juli 2006 *Nina Winkler*

Inhaltsübersicht

Inhaltsverzeichnis

Abkürzungsverzeichnis

aA	anderer Ansicht
aaO	am angegebenen Ort
abgedr.	abgedruckt
ABl.	Amtsblatt der Europäischen Gemeinschaft
Abs.	Absatz
AC/App.Cas.	Appeal Cases
aF	alte Fassung
AG	Die Aktiengesellschaft
AGM	Annual General Meeting
AktG	Aktiengesetz
All ER	All England Law Reports
Alt.	Alternative
Anm.	Anmerkung
ANSA	Association Nationale des Sociétés par Actions
Art.	Artikel (Singular)
Artt.	Artikel (Plural)
Aufl.	Auflage
BB	Der Betriebs-Berater
BALO	Bulletin des annonces légales obligatoires
Bd.	Band
Begr.	Begründung
BGBl.	Bundesgesetzblatt
BGH	Bundesgerichtshof
BGHZ	Entscheidungen des Bundesgerichtshofes in Zivilsachen
BKR	Zeitschrift für Bank- und Kapitalmarktrecht
BörsG	Börsengesetz
BP plc	British Petrol public limited company
bspw.	beispielsweise
BR-Drs.	Bundesrats-Drucksache
BT-Drs.	Bundestags-Drucksache
Bull. Joly	Bulletin mensuel d'information des sociétés
BVerfGE	Entscheidungen des Bundesverfassungsgerichts
bzw.	beziehungsweise
CA 1985	Companies Act 1985
CBF	Clearstream Banking AG
C. com	Nouveau Code de Commerce
CFILR	Company Financial and Insolvency Law Review
Ch./Ch.D.	Law Reports, Chancery Division
CLR	Company Law Review Steering Group
Cod. Civile	Codice Civile
Cour Cass.	Cour de cassation
CSD	Central Securities Depository
DAI	Deutsches Aktieninstitut
DB	Der Betrieb

Abkürzungsverzeichnis

D. com	Französisches Dekret Nr. 67-236 über die Handelsgesellschaften
DepotG	Gesetz über die Verwahrung und Anschaffung von Wertpapieren
ders.	derselbe
dies.	dieselben
d. h.	das heißt
DStR	Deutsches Steuerrecht
DTI	Department of Trade and Industry
EBLR	European Business Law Review
ECFR	European Company and Financial Law Review
EG	Vertrag zur Gründung der Europäischen Gemeinschaft in der Fassung des Vertrages von Amsterdam vom 2. 10. 1997
EGV	Vertrag zur Gründung der Europäischen Gemeinschaft in der Fassung des Vertrages über die Europäischen Union vom 7. 2. 1992
Einl.	Einleitung
endg.	endgültig
Ergänz.-Lfg	Ergänzungslieferung
EU	Europäische Union
EuGH	Europäischer Gerichtshof
EuZW	Europäische Zeitschrift für Wirtschaftsrecht
Expert Group	Expert Group on Cross-Border Voting in Europe
f	und die folgende (Singular)
FAZ	Frankfurter Allgemeine Zeitung
ff	und die folgenden (Plural)
Fn.	Fußnote(n)
FS	Festschrift
FSA	Financial Services Authority
GesRZ	Der Gesellschafter Zeitschrift für Gesellschafts- und Unternehmensrecht
ggf.	gegebenenfalls
GmbH	Gesellschaft mit beschränkter Haftung
GroßKomm	Großkommentar
hM	herrschende Meinung
Hrsg.	Herausgeber
HS	Halbsatz
ICSA	Institute of Chartered Secretaries and Administration
ICSD	International Central Securities Depository
idF	in der Fassung
iHv	in Höhe von
i. S. v.	im Sinne von
i. V. m.	in Verbindung mit
JCLS	Journal of Corporate Law Studies
JO	Journal Officiel
Kap.	Kapitel
KölnKomm	Kölner Kommentar
KOM	Dokument der Kommission der Europäischen Gemeinschaften
KonTraG	Gesetz zur Kontrolle und Transparenz im Unternehmensbereich
KWG	Kreditwesengesetz
LCSC	Loi coordonneés sur les sociétés commerciales
lit.	Buchstabe
LR	Listing Rules
LSE	London Stock Exchange
Mio.	Millionen

MünchKomm	Münchner Kommentar
nF	neue Fassung
m. N.	mit Nachweis
m. w. N.	mit weiteren Nachweisen
NaStraG	Gesetz zur Namensaktie und zur Erleichterung der Stimmrechtsausübung
NJW	Neue Juristische Wochenschrift
NRE	Gesetz über Nouvelles Régulations Economiques
NZG	Neue Zeitschrift für Gesellschaftsrecht
OLG	Oberlandesgericht
PLC	Public Limited Company
Rdn.	Randnummer
RegE	Regierungsentwurf
Rev. jur. com.	Revue de jurisprudence commerciales
Rev. soc.	Revue des sociétés
RIW	Recht der internationalen Wirtschaft
RL	Richtlinie
RL-E	Richtlinienenwurf
Rs.	Rechtssache
S.	Satz oder Seite
SA	Société Anonyme
Sec	Section
Slg.	Sammlung
Table A	Table A zum Companies Act 1985
Teneurs de compte habilités	Établissements habilités à exercer le service de tenue de compte-conservation en France
TransPuG	Transparenz- und Publizitätsgesetz
u.a.	unter anderem
UMAG	Gesetz zur Unternehmensintegrität und Modernisierung des Anfechtungsrechts
UmwG	Umwandlungsgesetz
u. U.	unter Umständen
v	versus
v.	vom
Var.	Variante
vgl.	vergleiche
Vol.	Volume
W. L. R.	Weekly Law Reports
WM	Wertpapiermitteilungen
WpHG	Wertpapierhandelsgesetz
WpÜG	Wertpapiererwerbs- und Übernahmegesetz
z. B.	zum Beispiel
ZEuP	Zeitschrift für Europäisches Privatrecht
ZfRV	Zeitschrift für Rechtsvergleichung
ZGR	Zeitschrift für Unternehmens- und Gesellschaftsrecht
ZHR	Zeitschrift für das gesamte Handels- und Wirtschaftsrecht
ZIP	Zeitschrift für Wirtschaftsrecht
ZVglRWiss	Zeitschrift für Vergleichende Rechtswissenschaft

Einleitung

Eine Reihe bedeutender Entwicklungen der letzten Jahre gibt Anlass, die Regelungssysteme des Aktionärsstimmrechts in der Europäischen Union einer kritischen Würdigung zu unterziehen und der Frage nach der Möglichkeit effektiver grenzüberschreitender Stimmrechtsausübung nachzugehen.

So ist das Stimmrecht der Aktionäre im Zuge der aktuellen Corporate Governance-Debatte bei Anlegern und Experten weltweit wieder in den Blickwinkel gerückt.[1] Zunehmend setzt sich nämlich die Erkenntnis durch, dass die Mechanismen des Kapitalmarkts alleine keine effektive Kontrolle des Managements gewährleisten und auch ein Verkauf der Aktien von schwachen Unternehmen gemäß der *Wall-Street-Rule* für unzufriedene Aktionäre nicht immer die beste Lösung ist.[2] In den drei größten europäischen Volkswirtschaften[3] Deutschland, Frankreich und Großbritannien tendieren die an Rendite und Ertragswertmaximierung orientierten Anleger vielmehr verstärkt dazu, ihre Ziele durch eine aktive Kontrolle der Geschäftsleitung zu verfolgen.[4] Eine Vorreiterrolle nehmen dabei die institutionellen

---

1 Siehe bspw. die *OECD* Principles of Corporate Governance, Part 1 II und Part 2 II; Deutscher Corporate Governance Kodex, Abschnitt 2.3.3, abrufbar unter: www.ebundesanzeiger.de; *Committee on Corporate Governance*, The Combined Code – Principles of good Governance and Code of Best Practice, E 1, abrufbar unter: http://www.fsa.gov.uk/pubs/ukla/lr_comcode.pdf.

2 *Baums*, in: Baums/Wymeersch (Hrsg.), Shareholder Voting Rights and Practices in Europe, 109 (111 f); *Siems*, Konvergenz der Rechtssysteme, 102–105; aus der Tagespresse statt vieler *Manifest – The Proxy Voting Agency*, vom 9. September 2004, abrufbar unter: www.manifest.co.uk/news/2003/2003006FT.htm. Waren die Anleger mit dem Unternehmensergebnis nicht zufrieden, übten sie nicht ihre Stimmrechte in der Hauptversammlung aus, sondern veräußerten einfach ihre Anteile. Doch stößt diese Strategie in mehrfacher Hinsicht auf Probleme. Erstens müssen auf dem Markt alternative Investitionsmöglichkeiten vorhanden sein, deren Ertragswert den der jetzigen Investition übersteigt. Zweitens wird die Möglichkeit eines Verkaufs von der Aufnahmefähigkeit des Marktes beeinflusst. Je geringer die Aufnahmefähigkeit des Marktes ist, desto größer fällt der Abschlag aus, den institutionelle Anleger beim Verkauf hinnehmen müssen. Da die Entscheidung für ein Abstoßen der Beteiligung regelmäßig aufgrund von Unternehmensmitteilungen, beispielsweise der Veröffentlichung des Jahresergebnisses, getroffen wird, kommt es häufig dazu, dass der Kapitalmarkt das Verhalten insbesondere bei großen Investoren antizipiert und dadurch der Ertrag aus dem Verkauf unverhältnismäßig gedrückt wird.

3 Deutschland ist mit 83 Mio. Einwohnern und einem Bruttoinlandsprodukt (BIP) von 2.110 Mrd. Euro der größte Binnenmarkt in der Europäischen Union, gefolgt von Großbritannien (60 Mio. Einwohner, BIP von 1.664 Mrd. Euro) und Frankreich (59 Mio. Einwohner, BIP von 1.521 Mrd. Euro), Daten vom Statistischen Bundesamt für das Jahr 2002, abgedruckt bei *Ackermann/Koch-Weser*, Kreditwesen 2004, 172 (175).

4 Siehe für Deutschland z.B. *Beck*, „Die Kunst der Kritik", FAZ vom 4. Mai 2004, 21; für Frankreich *Guyon*, in: Baums/Wymeersch (Hrsg.), Shareholder Voting Rights and Practices in Europe, 95 (103 f, 107); für Großbritannien *Davies*, Gower's Principles of Modern Company Law, 338; ferner *Arnold*, in: Baums/Wymeersch (Hrsg.), Shareholder Voting Rights and Practices in Europe, 391 (392 ff); ICGN, Cross Border Proxy Voting, 19; *Siems*, Konvergenz der Rechtssysteme, 152 m.w.N. in Fn. 392.

Anleger ein, die in immer stärkerem Maße die Märkte beherrschen.[5] Um die wettbewerbsmäßig gebotene überdurchschnittliche Leistung bei geringerer Volatilität zu erzielen, müssen die institutionellen Anleger einen nachhaltig überdurchschnittlichen Investmentansatz verfolgen, der eine aktive Vertretung der Anlegerinteressen beinhaltet.[6] Den Aktionären wird immer deutlicher, dass sie ihr Stimmrecht aktiv nutzen müssen, wenn sie an einer positiven Unternehmensentwicklung und einer guten Corporate Governance der Gesellschaft interessiert sind, die zu einer langfristigen Wertsteigerung ihrer Aktien führen.[7] Da sich die Aktionäre auf die Vermögensbildung konzentrieren, eignen sie sich auch ausgezeichnet als *„watchdog"* für die Belange sämtlicher Stakeholder.[8] Damit die Kontrolle des Managements durch die Aktionäre allerdings funktionieren kann, müssen sie auf ein effizientes, den Anforderungen des modernen Kapitalmarkts genügendes Stimmrechtssystem zurückgreifen können. Insofern verfängt in Bezug auf die vorliegende Arbeit auch der Einwand nicht, dass die meisten Aktionäre in der Praxis von ihren Stimmrechten ohnehin keinen Gebrauch machen. Vor allem die Kleinaktionäre und die ausländischen Anleger sehen heute vielfach aufgrund einer schlichten Kosten-Nutzen-Abwägung von der Ausübung ihrer Stimmrechte ab. Ihre Apathie ist damit aus ökonomischer Sicht rational. Wenn aber Probleme bei der Stimmrechtsausübung herausgearbeitet werden und in der Folge eine Verbesserung des Systems erreicht werden kann, so muss das Absehen von der Stimmrechtsausübung auch für diese Anlegergruppen nicht mehr zwangsläufig die ökonomisch sinnvollste Lösung bedeuten. Ein wesentlicher Ansatzpunkt ist hierbei die Frage, inwieweit das demokratische Potential der neuen Medien im Bereich der Stimmrechtsausübung bereits zur Aktivitätssteigerung genutzt wird.

Eine weitere bedeutende Entwicklung betrifft die Aktionärsstruktur europäischer Aktiengesellschaften. In den letzten Jahren ist das Investitionsvolumen zwischen den Mitgliedstaaten der Europäischen Union infolge der Integration der EU-Kapitalmärkte stark angewachsen[9] und Experten glauben, dass sich dieser Trend

---

5 *Wymeersch*, ZGR 2001, 294 (317); siehe die Länderberichte bei Baums/Wymeersch (Hrsg.), Shareholder Voting Rights in Europe; ferner *Siems*, Konvergenz der Rechtssysteme, 374ff; zur signifikanten Erhöhung der Kapitalanlagen institutioneller Investoren in Aktien weltweit in dem Zeitraum von 1990 bis 2000 und damit zum Beleg der Tendenz vgl. das Zahlenmaterial des *Deutschen Aktieninstituts*, Factbook 2004, Abschnitt 08.8; zur Situation in Großbritannien (nur noch 14,8% private Anleger), *Charkham*, Keeping better Company, 307.

6 *Strenger*, in: Hommelhoff/Hopt/v. Werder (Hrsg.), Handbuch Corporate Governance, 697 (699).

7 *Davis*, in: Baums/Wymeersch (Hrsg.), Shareholder Voting Rights and Practices in Europe, 383 (383f).

8 Begriffserläuterung bei *Schmidt/Weiß*, in: Hommelhoff/Hopt/v. Werder (Hrsg.), Handbuch Corporate Governance, 107 (110f).

9 Nach einer Bestandserhebung der Deutschen Bundesbank haben sich die Direktinvestitionsbestände sowohl der deutschen Investoren im Ausland als auch der ausländischen Investoren in Deutschland von Ende 1998 bis Ende 2001 mehr als verdoppelt. Das Beteiligungskapital deutscher Investoren im Ausland stieg in diesem Zeitraum um 269 Mrd. € auf 505 Mrd. € an. Dabei wurden deutliche Zunahmen in die Länder der Europäischen Union verzeichnet, insbesondere in das Vereinigte Königreich (ein Zuwachs von 32 Mrd. €) und nach Frankreich (plus 19 Mrd. €). Deutsche Unternehmen ihrerseits gerieten ebenfalls in erster Linie bei Unternehmen aus der Europäischen Union ins Blickfeld: Mehr als vier Fünftel des Nettoanstiegs der ausländischen Investitionen entfiel auf insbesondere aufgrund der Einführung des Euro weiter fortsetzen wird.[10] Für die Anleger liegt der Vorteil der grenzüberschreitenden Streuung von Investitionen vor allem in der Minimierung von rechtlichen und wirtschaftlichen Risiken. Innerhalb des grenzüberschreitenden Kapitalverkehrs haben die Wertpapieranlagen, und zwar hauptsächlich die Anlagen in Aktien, in besonderem Maße zugenommen.[11] Diese Entwicklung führt zu einer intensiven Verflechtung wirtschaftlicher Interessen von Anlegern unterschiedlicher Nationalitäten und trägt dadurch zu mehr Stabilität im Wirtschaftsraum der Europäischen Union bei. Zudem sind grenzüberschreitende Beteiligungen an Kapitalgesellschaften innerhalb der Europäischen Union durch den EG-Vertrag geschützt. Art. 56 EG gewährleistet die Kapitalverkehrsfreiheit in der Europäischen Union und zum Kapitalverkehr in diesem Sinne zählt auch der Erwerb von Aktien.[12] Nach der Rechtsprechung des Europäischen Gerichtshofs zu den „Goldenen Aktien" umfasst der Schutz des Art. 56 EG auch die Möglichkeit, sich an der tatsächlichen Verwaltung einer Gesellschaft und an deren Kontrolle zu beteiligen.[13] Diese Beteiligung erreichen die Aktionäre durch die Ausübung ihrer Verwaltungsrechte, vor allem durch die Ausübung ihres Stimmrechts. Bei grenzüberschreitenden Aktieninvestments innerhalb der Europäischen Union gilt also die Forderung: *„Share votes should pass as easily across frontiers as the cash they follow"*.[14] Die Möglichkeit der Aktionäre, ihre Stimmrechte auch grenzüberschreitend effektiv ausüben zu können, ist ein wesentliches Moment für einen funktionsfähigen europäischen Kapitalmarkt. Dennoch wurde im Hinblick auf Deutschland gerade erst wieder festgestellt, dass ausländische Aktionäre ihre Stimmrechte nur in sehr geringem Maße ausüben.[15] So liegt der Anteil der Stimmrechtsausübung bei ausländischen Aktionären deutscher Aktiengesellschaften insgesamt zwischen 10 und 30% des Auslandsbesitzes

---

Kapitalgeber aus den Ländern der Europäischen Union (105 Mrd. €), *Deutsche Bundesbank*, „Die Entwicklung der Kapitalverflechtung der Unternehmen in Deutschland mit dem Ausland von Ende 1998 bis Ende 2001", Monatsbericht Juni 2003, 51 ff. Im Vereinigten Königreich stieg der Aktienbesitz ausländischer Anleger ebenfalls signifikant an (von 3,6% im Jahre 1981 auf 31,9% im Jahre 2001), wobei 37% und damit der größte Anteil auf Investoren aus der Europäischen Union entfielen, *ICGN*, Cross Border Proxy Voting, 18 f.

10 *ICGN*, Cross Border Proxy Voting, 19; *Siems*, Konvergenz der Rechtssysteme, 349 f.

11 *Deutsche Bundesbank*, Monatsbericht Januar 2002, 16.

12 *Bröhmer*, in: Callies/Ruffert (Hrsg.), Kommentar zum EUV/EGV, Art. 56 Rdn. 6 f; *Frenz*, Handbuch Europarecht, Kapitel 10 Rdn. 2734 f.

13 Vgl. EuGH vom 4. Juni 2002 – Rs. C-483/99 *Kommission/Frankreich*, Slg. 2002, I-4781 = WM 2002, 1393; EuGH vom 4. Juni 2002 – Rs. C-503/99 *Kommission/Belgien*, Slg. 2002, I-4809 = WM 2002, 1397; EuGH vom 4. Juni 2002 – Rs. C-367/98 *Kommission/Portugal*, Slg. 2002, I-4731 = WM 2002, 1402; EuGH vom 13. Mai 2003 – Rs. C-463/00 *Kommission/Spanien*, Slg. 2003, I-4581 = NJW 2003, 2663; EuGH vom 13. Mai 2003 – Rs. C-98/01 *Kommission/Großbritannien*, Slg. 2003, I-4641 = NJW 2003, 2666; siehe zu den ersten drei Urteilen *Grundmann/Möslein*, ZVglRWiss 102 (2003), 289; zu den übrigen *Kilian*, NJW 2003, 2653; Gesamtüberblick ferner bei *Klinke*, ECFR 2005, 270 (304–308).

14 Aufgestellt von *Davis*, in: Baums/Wymeersch (Hrsg.), Shareholder Voting Rights and Practices in Europe, 383 (383).

15 Bundesministerium der Justiz, Bericht über die Entwicklung der Stimmrechtsausübung in börsennotierten Aktiengesellschaften in Deutschland seit Inkrafttreten des Namensaktiengesetzes, Ziff. 4 lit. c).

und damit erheblich niedriger als beim Inlandsbesitz.[16] Ähnliche Befunde in anderen europäischen Mitgliedstaaten haben eine Arbeitsgruppe der Europäischen Kommission im Bereich Clearing and Settlement gar zu der Aussage veranlasst: *„Today, cross-border investors pay for voting shares but buy non-voting shares"*.[17] Die vorliegende Arbeit widmet sich insbesondere der Ursachenforschung für dieses Phänomen.

Gerade wegen der Probleme bei der grenzüberschreitenden Stimmrechtswahrnehmung befindet sich das Aktionärsstimmrecht auch aktuell auf der politischen Agenda der Europäischen Kommission. So sieht der Aktionsplan zur Modernisierung des Gesellschaftsrechts vom 21. Mai 2003[18] unter dem Stichwort *Corporate Governance* eine europaweite Stärkung der Aktionärsrechte, insbesondere des Stimmrechts, durch Erlass einer Richtlinie als kurzfristige Maßnahme vor. Außerdem sollte kurz- bis mittelfristig eine Studie zu den Konsequenzen der europaweiten Einführung eines *„one share – one vote"*-Systems für börsennotierte Gesellschaften erstellt werden. Während die angekündigte Studie bis heute nicht veröffentlicht wurde, hat die Europäische Kommission kurz vor Fertigstellung dieser Arbeit im Januar 2006 einen ersten Richtlinienvorschlag zu Hauptfragen der Stimmrechtsausübung in börsennotierten Aktiengesellschaften vorgelegt.[19] Dem Vorschlag waren zwei Konsultationspapiere aus den Jahren 2004 und 2005 vorangegangen, in denen die Kommission ihre zentralen Regelungsansätze zur Diskussion stellte.[20]

Derzeit existieren aber erst wenige europaweite Vorgaben zum Aktionärsstimmrecht. Zwar war das Stimmrecht als Bestandteil der Organisationsverfassung der Aktiengesellschaften ein wesentlicher Regelungsgegenstand des Vorschlags der Kommission für eine fünfte gesellschaftsrechtliche Richtlinie (sog. Strukturrichtlinie), deren erster Entwurf bereits im September 1972 vorgelegt wurde.[21] Jedoch endeten die Bemühungen zum Erlass dieser Richtlinie mit der Dritten Änderung dieses Vorschlags vom 20. November 1991,[22] der mittlerweile endgültig zurückge-

---

16 In der Hauptversammlungssaison 2004 wurden beispielsweise bei der *Allianz AG* aus 4% von 34% im Besitz ausländischer Aktionäre befindlicher Stimmrechtsaktien abgestimmt, bei der *Deutsche Bank AG* aus 11% von 49%, bei der *Deutsche Börse AG* aus 12% von 58%, bei der *Deutsche Post AG* aus 4% von 17% und bei der *Deutsche Telekom AG* aus 3% von 32%, *EU Clearing and Settlement Legal Certainty Group*, Synthesis Report of the 2nd meeting, 2.

17 *EU Clearing and Settlement Legal Certainty Group*, aaO.

18 Mitteilung der Kommission vom 21. Mai 2003, KOM (2003) 284 endg., abrufbar unter: http://eur-lex.europa.eu/LexUriServ/site/de/com/2003/com2003_0284de01.pdf

19 Vorschlag für eine Richtlinie des Europäischen Parlamentes und des Rates über die Ausübung der Stimmrechte durch Aktionäre von Gesellschaften, die ihren eingetragenen Sitz in einem Mitgliedstaat haben und deren Aktien zum Handel auf einem geregelten Markt zugelassen sind, sowie zur Änderung der Richtlinie 2004/109/EG vom 5. 1. 2006, KOM (2005) 685, abrufbar unter: http://europa.eu.int/eur-lex/lex/LexUriServ/site/de/com/2005/com2005_0685de01.pdf.

20 Das erste Konsultationspapier vom 16. September 2004 ist abrufbar unter: http://ec.europa.eu.int/comm/internal_market/company/docs/shareholders/consultation_de.pdf; das zweite Konsultationspapier vom 13. Mai 2005 ist abrufbar unter: http://ec.europa.eu.int/comm/internal_market/company/docs/shareholders/consultation2_en.pdf.

21 ABl. Nr. C 131 v. 13. 12. 1972, 49ff.

22 ABl. Nr. C 321 v. 12. 12. 1991, 9ff.

zogen wurde.[23] Auch die neu in Kraft getretenen Regelungen über die Europäische Aktiengesellschaft (SE) enthalten keine Vorgaben zum Aktionärsstimmrecht. Hinsichtlich des Ablaufs der Hauptversammlung und des Abstimmungsverfahren verweisen sie lediglich auf die nationalen aktienrechtlichen Vorschriften, vgl. Art. 53 SE-VO. Schließlich ist zwar im März 2004 nach langem politischen Ringen die dreizehnte gesellschaftsrechtliche Richtlinie (sog. Übernahmerichtlinie) verabschiedet worden.[24] Diese Richtlinie enthält auch weit reichende Bestimmungen zur Stimmkraft, da sie die Durchbrechung bestimmter Stimmrechtsausgestaltungen in Übernahmesituationen vorschreibt. Jedoch ist die gesetzliche Einführung der Durchbrechungsregelung nicht zwingend vorgesehen, sondern wird den Mitgliedstaaten vielmehr freigestellt (Optionslösung). Inwieweit von der Umsetzung der Übernahmerichtlinie tatsächlich Rechtsangleichungen erwartet werden können, wird im Verlauf der Arbeit näher untersucht.

Während sich der Reformprozess auf europäischer Ebene also noch in den Anfängen befindet, sind in den drei größten europäischen Mitgliedstaaten Deutschland, Frankreich und Großbritannien in den letzten Jahren bereits eine Vielzahl von Gesetzesänderungen im Zusammenhang mit dem Aktionärsstimmrecht zu verzeichnen. In Deutschland haben das *Gesetz zur Kontrolle und Transparenz im Unternehmensbereich* (KonTraG) vom 27. April 1998,[25] das *Gesetz zur Namensaktie und zur Erleichterung der Stimmrechtsausübung* (NaStraG) vom 18. Januar 2001,[26] das *Transparenz- und Publizitätsgesetz* (TransPuG) vom 19. Juli 2002[27] und schließlich das *Gesetz zur Unternehmensintegrität und Modernisierung des Anfechtungsrechts* (UMAG) vom 22. September 2005[28] eine Reihe wichtiger Änderungen im Hinblick auf Ausgestaltung und Ausübung des Stimmrechts gebracht.[29] So wurden durch das KonTraG die Mehrfachstimmrechte in deutschen Aktiengesellschaften und die Höchststimmrechte in börsennotierten Gesellschaften abgeschafft. Die Bestimmungen des NaStraG regelten unter anderem das Recht der Namensaktie neu, legalisierten das Verwaltungsstimmrecht und führten diverse Erleichterungen für die Erteilung von Stimmrechtsvollmachten ein. Weiter wurde mit dem TransPuG unter anderem der weltweit zugängliche „Elektronische Bundesanzeiger" geschaffen und eine *comply or explain*-Verpflichtung im Hinblick auf den deutschen Corporate Governance Kodex normiert. Schließlich reformierte der Gesetzgeber jüngst mit dem UMAG die gesetzlichen Regelungen zur Legitimation der stimmberechtigten Aktionäre im Vorfeld der Hauptversammlung, um sie den Erfordernissen der modernen Praxis anzupassen. In Frankreich brachte das Gesetz vom

---

23 KOM (2001) 763 endg; vgl. auch *Grundmann*, Europäisches Gesellschaftsrecht, § 11 Rdn. 366–360; *Pannier*, Harmonisierung der Aktionärsrechte in Europa, 145.
24 KOM (2002) 534 endg, ABl. EG L 2004 142/12, abrufbar unter: http://register.consilium.eu.int/pdf/de/03/st15/ st15476.de03.pdf.
25 BGBl. I 1998, 786.
26 BGBl. I 2001, 123.
27 BGBl. I 2002, 2010.
28 BGBl. I 2005, 2802.
29 Ein guter Überblick über die wesentlichen Neuerungen von NaStraG und TransPuG mit Relevanz für das Aktionärsstimmrecht findet sich bei *Seibert*, AG 2004, 529 ff.

15. Mai 2001 über *Nouvelles Régulations Economiques* (NRE),[30] das mit Erlass der Durchführungsverordnung am 3. Mai 2002 in Kraft trat, weit reichende Änderungen des Regelungsregimes zum Aktionärsstimmrecht. Dieses Reformgesetz orientierte sich an den französischen Regeln zur Corporate Governance, die insbesondere die Öffnung der Aktiengesellschaften für ausländische Investoren bezwecken.[31] Die wesentlichen Neuerungen des NRE betreffen die Aufgabe der Handelbarkeitssperre (sog. *blocking*) der Aktien vor der Hauptversammlung, die Ermöglichung der elektronischen Stimmrechtsausübung und Vollmachtserteilung sowie die Einführung der Rechtsfigur des *intermédié inscrit*, der als Stimmrechtsvertreter für den nicht in Frankreich ansässigen Aktieneigentümer fungieren darf. Obwohl das NRE insbesondere die Stimmrechtsausübung für nicht-ansässige Aktionäre erleichtert, behandelte die deutschsprachige Literatur dieses Gesetz bisher nur unzureichend. Gleiches gilt hinsichtlich der französischen Wertpapierreform vom 24. Juni 2004,[32] die den Gesellschaften weit reichende neue Kompetenzen zur Ausgestaltung des Aktionärsstimmrechts bei sog. Vorzugsaktien an die Hand gab. Auch im Vereinigten Königreich sind derzeit intensive Reformbemühungen im Hinblick auf das Gesellschaftsrecht zu verzeichnen.[33] So wurde mit der Ende 2000 in Kraft getretenen *Electronic Communications Order*[34] zum Companies Act 1985 versucht, moderne Kommunikationsmittel im Zusammenhang mit dem Aktionärsstimmrecht nutzbar zu machen.[35] Für börsennotierte Gesellschaften wurden zudem die *Listing Rules* angepasst.[36] Britische Gesellschaften können nunmehr die Hauptversammlung elektronisch einberufen und die Erteilung von Stimmrechtsvollmachten mittels E-Mail gestatten. Auch der *Combined Code* aus dem Jahre 1998, der sich aus den *Principles of Good Corporate Governance* und einem *Code of Best Practice* zusammensetzt, enthält Bestimmungen zum Aktionärsstimmrecht.[37] Nach einem Vorschlag der *Company Law Review Steering Group*,[38] der bereits von der Regierung akzeptiert wurde,[39] soll der Anwendungsbereich des *Combined Code* demnächst auch auf Unternehmen erweitert werden, die nicht an der London Stock Exchange notiert sind.[40] Diese Entwicklungen machen eine rechtsvergleichende Analyse der Rechtsordnungen Deutschlands, Frankreichs und Großbritanniens gerade vor dem Hintergrund der Gesetzgebungsbestrebungen aus Brüssel besonders lohnenswert.

---

30 Gesetz Nr. 2001-420 vom 15. 5. 2001, Journal Officiel vom 15. 5. 2001, 7776ff.
31 *Le Cannu*, Droit des sociétés, Rdn. 783.
32 Erlass der *Ordonnance* Nr. 2004-604.
33 Der jeweils aktuelle Stand der Reformbemühungen ist abrufbar unter: http://www.dti.gov.uk; gute Übersicht auch bei *Rickford*, ECFR 2004, 391–415 und ECFR 2005, 63–106.
34 SI 2000/3373, abrufbar unter: http://www.opsi.gov.uk/si/si2000/20003373.htm.
35 *Siems*, RIW 2002, 202 (203).
36 Die Änderungen sind abrufbar unter: http://www.fsa.gov.uk/pubs/ukla/lr_electronic.pdf.
37 *Committee on Corporate Governance*, The Combined Code – Principles of Good Corporate Governance and Code of Best Practice, abrufbar unter: http://www.fsa.gov.uk/pubs/ukla/lr_comcode.pdf.
38 Modern Company Law – For a Competitive Economy, Final Report, 2001.
39 White Paper Modernising Company Law, Ziff. 5.11, abrufbar unter: http://www.dti.gov.uk/companiesbill/whitepaper.htm (zuletzt abgerufen am 10. Dezember 2005).
40 In Zukunft sollen auch Unternehmen erfasst werden, die nach dem Companies Act 1985 gegründet wurden und deren Wertpapiere in einem Staat des Europäischen Wirtschaftsraums, der New York Stock Exchange oder Nasdaq gehandelt werden, *Just*, RIW 2004, 199 (203).

Die vorliegende Arbeit vergleicht daher schwerpunktmäßig die aktuellen Regelungssysteme des Aktionärsstimmrechts im Recht der deutschen Aktiengesellschaft, der französischen Société Anonyme und der britischen[41] Public Limited Company und beurteilt sie spezifisch aus der Sicht nicht-ansässiger Anleger. Ziel der Untersuchung ist es, bestehende Hindernisse für eine effektive grenzüberschreitende Stimmrechtsausübung (sog. *cross-border voting*) in der Europäischen Union herauszuarbeiten und mögliche Perspektiven für eine Harmonisierung in diesem Bereich aufzuzeigen.

Aufbau der Untersuchung

Eine umfassende Analyse der Effektivität der Stimmrechtswahrnehmung durch nicht-ansässige Aktionäre muss inhaltlich drei strukturell unterschiedliche Aspekte des Aktionärsstimmrechts ausloten: Die Ausgestaltung des Stimmrechts, die Bestimmung des Rechtsinhabers und schließlich die tatsächliche Ausübung des Stimmrechts.

Bei der Untersuchung der Ausgestaltung des Aktionärsstimmrechts steht die Gestaltungskraft des Rechts im Vordergrund. Entscheidend ist die Frage, wie viel Einfluss dem Rechtsinhaber im Verhältnis zu anderen Einflusssuchenden in der jeweiligen Rechtsordnung zukommt. Letzteres beinhaltet nicht nur einen Vergleich einzelner Aktionärsgruppen untereinander, sondern im Falle der gegenständlichen Stimmrechtsmacht auch eine Abgrenzung zur Gestaltungsmacht der Gesellschaftsverwaltung. Der Umfang der Stimmrechtsmacht wird durch die rechtliche Ausgestaltung des Stimmrechts definiert. Im ersten Teil der Arbeit werden daher die grundsätzliche Ausgestaltung des Aktionärsstimmrechts sowie vor allem die Formen möglicher Erweiterungen und Einschränkungen der Stimmrechtsmacht untersucht.

An dieser Stelle darf die Untersuchung aber nicht abbrechen. Selbst bei einer stringenten Anwendung des Proportionalitätsgrundsatzes und großer gegenständlicher Stimmrechtsmacht ist nämlich die Möglichkeit des Anlegers, seinen Einfluss in der Hauptversammlung auch tatsächlich effektiv zur Geltung zu bringen, noch nicht zwangsläufig gesichert. Die effektive Gestaltungskraft, die dem Aktionär durch das Stimmrecht an die Hand gegeben wird, kann vielmehr bereits durch bestimmte Definitionen und vor allem auch durch Verfahrensregelungen im Recht der Mitgliedstaaten behindert werden. So ist es möglich, dass eine (zu) enge rechtliche Definition der Person des Stimmberechtigten zu einer Beschneidung der Einflussmacht des eigentlichen wirtschaftlichen Investors führt. Gleichsam können hinderliche Verfahrensregelungen bereits im Vorfeld der Stimmabgabe existieren, namentlich im Zusammenhang mit der Legitimation des Stimmberechtigten.

---

41 In Großbritannien gilt einheitliches Gesellschaftsrecht für England, Wales und Schottland, für Nordirland werden durchgehend praktisch identische Normen erlassen, *Hohloch*, in: Hohloch (Hrsg.), EU-Handbuch Gesellschaftsrecht, Rdn. 3 f.

Schließlich müssen die Regime der Stimmrechtsausübung in der Hauptversammlung auf ihre Effektivität hin überprüft werden. Von der Ausgestaltung des Stimmrechts sind also zwei weitere Bereiche systematisch abzugrenzen, die für nicht-ansässige Aktionäre besondere Schwierigkeiten eröffnen können. Das betrifft zunächst die Bestimmung und Legitimation des Stimmrechtsinhabers, die der Problematik der Stimmrechtsausübung gedanklich vorgelagert sind, und daher im zweiten Teil der Arbeit gesondert behandelt werden. In diesem Teil wird also der Frage nachgegangen, welche besonderen rechtlichen Probleme bei der grenzüberschreitenden Authentifizierung des stimmberechtigten Aktionärs auftreten können und es werden Lösungsansätze auf europäischer Ebene auf ihre Eignung hin überprüft. Der dritte Teil der Arbeit ist schließlich dem Verfahren der Stimmrechtsausübung gewidmet. Hier liegt der Fokus der Untersuchung vor allem auf den praktischen Hindernissen bei der grenzüberschreitenden Stimmrechtsabgabe, verknüpft mit der Frage, inwieweit die Mitgliedstaaten bereits die Neuen Medien zur Erleichterung des *cross-border voting* fruchtbar gemacht haben.

In allen drei Teilen erfolgt in einem ersten Kapitel zunächst eine genaue Analyse der einschlägigen Regelungen in den schwerpunktmäßig ausgewählten Mitgliedstaaten. Neben der beschriebenen großen gesetzgeberischen Aktivität waren für die Länderauswahl vor allem auch das Gewicht der jeweiligen Kapitalmärkte sowie das Element der Grenzüberschreitung entscheidend. In beiden Bereichen nehmen Deutschland, Frankreich und Großbritannien innerhalb der Europäischen Union die vorderen Plätze ein.[42] Zudem besitzen diese drei Mitgliedstaaten strukturell unterschiedliche Rechtssysteme und repräsentieren damit zugleich mehrere Rechtskreise in der Europäischen Union.[43] Die Kumulation dieser Aspekte erfordert und rechtfertigt eine dezidiertere Auseinandersetzung mit den genannten Rechtsordnungen. Die Untersuchung ist dabei in Länderberichte aufgeteilt, die schablonenhaft auf identische Fragestellungen eingehen. Um die wesentlichen Gemeinsamkeiten und Unterschiede zwischen den einzelnen Stimmrechtssystemen für den Leser deutlich und übersichtlich hervortreten zu lassen, erfolgt im Anschluss an die Länderberichte eine rechtsvergleichende Zusammenfassung des vorgefundenen Rechtsstoffs. Soweit vorhanden, werden ergänzend auch die einschlägigen europarechtlichen Vorgaben aufbereitet. Die Ergebnisse der Analyse werden dann in einem dritten bzw. vierten Kapitel eines jeden Teiles einer kritischen Würdigung aus Sicht der Interessen grenzüberschreitend investierender Anleger unterzogen. Aus der Perspektive des nicht-ansässigen Aktionärs erfolgt eine Bewertung des Rechtsstoffes unter Herausarbeitung der Hauptproblempunkte im jeweiligen Regelungssegment. Auf dieser Basis wird die Notwendigkeit von Reformen, insbesondere auch von Rechtsangleichungen, erörtert, und es werden ge-

---

42 *Grundmann/Möslein*, ZVglRWiss 102 (2003), 289 (315 f); entsprechende Finanzmarktdaten abgedruckt bei *Ackermann/Koch-Weser*, Kreditwesen 2004, 172 (175); siehe auch die Zahlen bei *Charkham*, Keeping better Company, 306; zum Element der Grenzüberschreitung vgl. bereits Fn. 9; siehe ferner Fn. 3.

43 Großbritannien folgt dem *common law*-Rechtssystem, Frankreich besitzt eine kodifizierte Rechtsordnung der romanischen Rechtsfamilie und das kodifizierte deutsche Recht gehört der germanischen Rechtsfamilie an.

gebenenfalls Vorschläge für entsprechende Verbesserungen unterbreitet. Damit die jeweilige Harmonisierungsperspektive europaweit besser aufscheint, erfolgt abschließend eine kurze Darstellung der Rechtslage in weiteren Mitgliedstaaten zu den als problematisch eingestuften Aspekten. Die Auswahl der Mitgliedstaaten orientiert sich dabei primär an ihrer wirtschaftlichen Bedeutung und dem Grad der Entwicklung ihrer Börsenplätze, jedoch auch an der Frage, ob eine Rechtsordnung ungewöhnliche Regelungen aufweist.

Im vierten und abschließenden Teil der Arbeit werden die in den drei Untersuchungskomplexen aufgefundenen Hemmnisse, ihre Ursachen und Lösungsansätze in einen Gesamtzusammenhang gestellt. Zuletzt erfolgt ein Ausblick auf die weitere Entwicklung des europäischen Rechts, in dem insbesondere der aktuelle Richtlinienvorschlag der Europäischen Kommission zur Stimmrechtsausübung in börsennotierten Gesellschaften vor dem Hintergrund der gewonnenen Erkenntnisse kritisch gewürdigt wird.

1. Teil

Ausgestaltung des Aktionärsstimmrechts

1. Kapitel: Länderberichte für Deutschland, Frankreich und Großbritannien

I. Deutschland

1) Rechtsquellen und aktienrechtlicher Reformprozess

Das Stimmrecht der Aktionäre deutscher Aktiengesellschaften ist im Aktiengesetz vom 6. September 1965[44] geregelt, dessen Bestimmungen grundsätzlich zwingend sind. Gemäß § 23 Abs. 5 S. 1 AktG darf die Satzung von den gesetzlichen Vorgaben nämlich nur abweichen, wenn das Gesetz es ausdrücklich zulässt (sog. Grundsatz der Satzungsstrenge).[45] Wie bereits in der Einleitung angesprochen, ist in Deutschland in den letzten Jahren ein Reformprozess zu verzeichnen, in dessen Verlauf das Aktiengesetz eine Reihe von Änderungen auch und gerade im Hinblick auf das Aktionärsstimmrecht erfahren hat. An dieser Stelle erfolgt nur ein kurzer Überblick über die wesentlichen Neuerungen, im Einzelnen werden die Änderungen jeweils im inhaltlichen Zusammenhang im Verlaufe der Untersuchung dargestellt. Zu nennen ist zunächst das *Gesetz zur Kontrolle und Transparenz im Unternehmensbereich* (KonTraG) vom 27. April 1998,[46] durch das der Gesetzgeber Mehrfachstimmrechte allgemein und Höchststimmrechte für börsennotierte Gesellschaften abgeschafft hat. Ferner hat das *Gesetz zur Namensaktie und zur Erleichterung der Stimmrechtsausübung* (NaStraG) vom 18. Januar 2001[47] die Modalitäten der Stimmrechtsausübung und insbesondere der Stimmrechtsvertretung in vielen Punkten neu geregelt.[48] So wurde unter anderem erstmalig im deutschen Aktienrecht das Verwaltungsstimmrecht legalisiert. Zudem sieht das Gesetz diverse Erleichterungen im Bereich der Stimmrechtsvertretung vor. So können Stimmrechtsvollmachten an Kreditin-

---

44 BGBl. I 1965, 1089, zuletzt geändert durch das Gesetz vom 25. November 2003 (BGBl. I 2003, 2304); im Folgenden „AktG" abgekürzt.

45 Dazu *Hirte*, in: Lutter/Wiedemann (Hrsg.), Gestaltungsfreiheit im Gesellschaftsrecht, 61–97; rechtsvergleichend *Grundmann/Möslein*, ZGR 2003, 317 (361) und umfassend Lutter/Wiedemann (Hrsg.), Gestaltungsfreiheit im Gesellschaftsrecht, Generalbericht (123–147) und Länderberichte (152–329).

46 BGBl. I 1998, 786.

47 BGBl. I 2001, 123.

48 Aus dem sehr umfangreichen Schrifttum *Bachmann*, AG 2001, 635 ff; *Noack*, Stimmrechtsvertretung in der Hauptversammlung nach NaStraG, 2001, 57 ff; *ders.*, DB 2001, 27 ff; *Seibert*, ZIP 2001, 53 ff; *ders.* AG 2004, 529 ff (knapper Überblick); *Wiebe*, ZHR 166 (2002), 183; *Zetzsche*, ZIP 2001, 682 ff.

stitute nunmehr als Dauervollmacht und zudem formlos erteilt werden, und auch die Form für die einfache Stimmrechtsvollmacht ist jetzt satzungsdispositiv gestellt. Damit öffnet sich das Recht für den Einsatz von elektronischen Kommunikationsmitteln. Das *Transparenz- und Publizitätsgesetz* (TransPuG) vom 19. Juli 2002[49] hat mit der Einführung einer Pflicht zur Abgabe der Entsprechenserklärung nach § 161 AktG nF für börsennotierte Aktiengesellschaften dem Corporate Governance Kodex zu gesetzlicher Relevanz verholfen. Gemäß dem Prinzip des *comply or explain* müssen Vorstand und Aufsichtsrat nunmehr jährlich erklären, ob bzw. inwieweit das Unternehmen den Empfehlungen der Regierungskommission Deutscher Corporate Governance Kodex[50] gefolgt ist. Die Rechtspflicht bezieht sich nicht auf die Einhaltung der Regelungen, sondern vielmehr auf eine wahre und richtige Erklärung über die Befolgung der Empfehlungen.[51] Zudem führte das TransPuG den weltweit zugänglichen „Elektronischen Bundesanzeiger" ein und lässt auch für die Verbreitung von Gegenanträgen der Aktionäre eine Veröffentlichung im Internet genügen.[52] Schließlich ist kürzlich das *Gesetz zur Unternehmensintegrität und Modernisierung des Anfechtungsrechtes* (UMAG) vom 22. September 2005[53] in Kraft getreten, das mit der Ablösung des überholten Systems der Aktienhinterlegung durch ein moderneres Legitimationsverfahren vor allem auch die Stimmrechtsausübung durch ausländische institutionelle Investoren fördern soll.[54]

2) Grundsätzliche Ausgestaltung des Stimmrechts

Das Stimmrecht des Aktionärs einer deutschen Aktiengesellschaft ist das Recht, durch Stimmabgabe am Zustandekommen von Hauptversammlungsbeschlüssen mitzuwirken und im Rahmen der Stimmenzahl deren Inhalt zu beeinflussen.[55] Allein § 12 AktG enthält drei wesentliche Aussagen zum Stimmrecht: Gemäß § 12 Abs. 1 AktG gibt es keine Aktie ohne Stimmrecht. Das Stimmrecht ist also mit jeder Aktie untrennbar und unentziehbar verbunden. Aus dem Rückschluss zu § 12 Abs. 2 AktG folgt, dass alle Aktien ein gleiches Stimmrecht gewähren.[56] Von diesen beiden Grundsätzen gibt es Ausnahmen, auf die später näher eingegangen wird. Sinn dieser doppelten Regelung ist es, Kapitalrisiko und stimmrechtlichen Ein-

---

49 BGBl. I 2010.

50 Der deutsche Corporate Governance Kodex in der jeweils aktuellen Fassung ist abrufbar unter: www.ebundesanzeiger.de; zudem auch abgedruckt bei *Hüffer*, Aktiengesetz, § 161 Rdn. 9.

51 Der Kodex selber hat also keine Gesetzeskraft und entfaltet per se auch keine unmittelbare Wirkung.

52 Ein guter Überblick über die wesentlichen Neuerungen des TransPuG mit Relevanz für das Aktionärsstimmrecht findet sich bei *Seibert*, AG 2004, 529 ff.

53 BGBl. I 2005, 2802.

54 *Seibert*, AG 2004, 529 (530); *ders.* WM 2005, 157 (158) mit Zitat der zuständigen Ministerin *Zypries* („Ich möchte, dass die Aktionäre einen Grund weniger haben, ihre Stimme nicht abzugeben").

55 *Hüffer*, Aktiengesetz, § 12 Rdn. 1; *Zöllner*, in: KölnKomm AktG , § 12 Rdn. 3 und § 134 Rdn. 4.

56 *Hüffer*, Aktiengesetz, § 12 Rdn. 1; *Zöllner*, in: KölnKomm AktG, § 12 Rdn. 2.

fluss grundsätzlich kongruent zu halten.[57] Ergänzt wird das Kapitalprinzip durch den nicht ausdrücklich im Gesetz enthaltenen, aber seinem Sinn entsprechenden Grundsatz, dass das Stimmrecht nur durch Aktien gewährt wird.[58] Dieser Grundsatz gilt ausnahmslos. Die Stimmberechtigung folgt aus der Mitgliedschaft in der Aktiengesellschaft und ist von ihr nicht abspaltbar.[59] Nur die Aktionäre als mit ihrer Einlage unmittelbar am Risikokapital der Gesellschaft Beteiligte sollen in der Hauptversammlung an der Entscheidungsfindung teilhaben. Es gibt also kein Stimmrecht für Nichtaktionäre und es kann ihnen auch nicht durch die Satzung eingeräumt werden.[60]

Der Umfang des Stimmrechts, die so genannte Stimmkraft, richtet sich gemäß § 134 Abs. 1 S. 1 AktG zwingend nach der Höhe der Kapitalbeteiligung.[61] Durch diese proportionale Ausgestaltung des Stimmrechts soll sichergestellt werden, dass der Aktionär nur einen solchen Einfluss auf die Geschicke der Gesellschaft ausüben kann, der dem von ihm übernommenen Risiko entspricht.[62] Gemäß § 134 Abs. 1 S. 1 AktG richtet sich die Stimmkraft bei Nennbetragsaktien (§ 8 Abs. 2 AktG) nach den Nennbeträgen, bei Stückaktien (§ 8 Abs. 3 AktG) nach deren Anzahl. Wenn das Grundkapital ausschließlich in Aktien mit gleichen Nennbeträgen eingeteilt ist, gewährt also bei Nennbetragsaktien jede Aktie eine Stimme.[63] Anderenfalls wird üblicherweise der kleinsten Stückelung eine Stimme zugeordnet, die Aktien größerer Stückelung verkörpern das entsprechend Vielfache.[64] Gemäß § 8 Abs. 3 S. 2 AktG sind die Stückaktien einer Gesellschaft am Grundkapital in gleichem Umfang beteiligt, so dass unterschiedliche Stückelungen per se ausgeschlossen sind und grundsätzlich jede Stückaktie eine Stimme vermittelt. Damit geht das deutsche Recht grundsätzlich von dem sog. „*one share – one vote*“-Prinzip aus.[65] Auch gemäß Abschnitt 2.1.2 S. 1 des Deutschen Corporate Governance Kodexes gewährt grundsätzlich jede Aktie eine Stimme.[66]

---

57 *Zöllner*, in: KölnKomm AktG, § 12 Rdn. 2.

58 *Hüffer*, Aktiengesetz, § 12 Rdn. 1; *Zöllner*, in: KölnKomm AktG, § 12 Rdn. 4.

59 *Hüffer*, Aktiengesetz, § 12 Rdn. 1; *Zöllner*, in: KölnKomm AktG, § 12 Rdn. 4, § 134 Rdn. 17 ff.

60 *Zöllner*, in: KölnKomm AktG, § 134 Rdn. 17; zu Treuhand, Pfandrecht und Nießbrauch siehe *Hüffer*, Aktiengesetz, § 118 Rdn. 15; *Zöllner*, in: KölnKomm AktG, § 134 Rdn. 14 f.

61 *Barz*, in: GroßKomm AktG, § 134 Anm. 12; *Heider*, in: MünchKomm AktG, § 12 Rdn. 7.

62 *Heider*, in: MünchKomm AktG, § 12 Rdn. 7.

63 *Barz*, in: GroßKomm AktG, § 134 Anm. 12; *Zöllner*, in: KölnKomm AktG, § 134 Rdn. 22. Zu dem nach § 8 Abs. 2 S. 1 und 4 möglichen Sonderfall, dass höhere Nennbeträge nicht ein Mehrfaches an Stimmrechten im Verhältnis zu den niedrigeren Nennbeträgen gewähren, siehe *Zöllner*, in: KölnKomm AktG, § 134 Rdn. 22.

64 *Butzke*, in: Obermüller/Werner/Winden, Die Hauptversammlung, 162.

65 Das „*one share – one vote*“-Prinzip wurde erstmals im deutschen Gesellschaftsrecht bereits im Allgemeinen Deutschen Handelsgesetzbuch (ADHGB) von 1861 normiert, vgl. Art. 224 Abs. 2 ADHGB. Damals waren allerdings abweichende Satzungsgestaltungen noch unbeschränkt möglich („wenn der Gesellschaftsvertrag nicht ein Anderes festsetzt“).

66 Abschnitt 2.1.2 Deutscher Corporate Governance Kodex, abrufbar unter: www.ebundesanzeiger.de.

3) Überproportionales Stimmrecht

a) *Mehrstimmrechte*

Für Stimmrecht und Aktie ist es nicht begriffsnotwendig, dass jede Aktie nur eine Stimme gewährt oder die Stimmen im Verhältnis zum Nennbetrag stehen. Die einfachste Form eine Ungleichheit zu erzielen besteht darin, den Aktien der Kategorie A mehr als eine Stimme zuzubilligen, während die Aktien der Kategorie B nur eine Stimme erhalten. Die so genannten Mehrstimmrechtsaktien stellen dann eine besondere Aktiengattung dar.[67] Sie gewähren eine größere Stimmkraft als es der Kapitalbeteiligung des Aktionärs entspricht.[68] Das Mehrfachstimmrecht kann auch von bestimmten persönlichen Merkmalen des Inhabers abhängig gemacht werden.[69] In jedem Fall erhalten die Inhaber von Mehrstimmrechtsaktien ein überproportionales Einflusspotential. Die Grundidee der Aktien mit privilegiertem Stimmrecht besteht darin, die Kontrolle in einer Gesellschaft einem Aktionär oder einer Gruppe von Aktionären zu vermitteln, die nicht das erforderliche Aktienkapital besitzen, um sich in der Hauptversammlung mit gewöhnlichen Aktien eine Mehrheit zu sichern. In Deutschland erlangten Mehrstimmrechtsaktien nach dem ersten Weltkrieg große Bedeutung.[70] Sie dienten als Schutz gegen die so genannte Überfremdung durch ausländische Aktionäre, die während der Inflationszeit deutsche Aktien zu Spottpreisen aufkauften, und kamen vornehmlich der Verwaltung zugute.[71] Das Aktiengesetz von 1965 ging von der grundsätzlichen Unzulässigkeit des Mehrstimmrechts aus, ließ allerdings ministerielle Ausnahmegenehmigungen im öffentlichen Interesse zu, § 12 Abs. 2 S. 2 AktG auf.[72] § 12 Abs. 2 S. 2 AktG ist allerdings 1998 durch das KonTraG gestrichen worden. Seitdem gilt allein § 12 Abs. 2 S. 1 AktG: „Mehrstimmrechte sind unzulässig“.[73] Damit ist die Schaffung von Mehrstimmrechten im deutschen Recht heute nicht mehr möglich.[74] Für bestehende Mehrstimmrechtsaktien galt noch eine Übergangsfrist bis zum 30. Mai 2003,[75] bevor auch diese erloschen sind.

b) *Aktionärsstimmrechte als Staatskontrollrechte*

Bei der Privatisierung staatlicher Unternehmen kommt es vor, dass die öffentliche Hand auch nach der Privatisierung besondere Rechte in den Gesellschaften zurückbehält. Diese Sonderrechte werden dem Staat entweder unmittelbar durch ein (Privatisierungs-)Gesetz verliehen oder sie werden in einer bzw. einigen wenigen

---

67 *Heider*, in: MünchKomm AktG, § 12 Rdn. 37.
68 *Heider*, in: MünchKomm AktG, § 12 Rdn. 37; *Hüffer*, Aktiengesetz, § 12 Rdn. 8.
69 *Grundmann/Möslein*, ZVglRWiss 102 (2003), 289 (317).
70 *Barz*, in: GroßKomm AktG, § 12 Anm. 3; *Nörr*, ZHR 150 (1986), 155, 156ff.
71 *Nörr*, ZHR 150 (1986), 155, 156ff.
72 *Barz*, in: GroßKomm AktG, § 12 Anm. 5f; *Heider*, in: MünchKomm AktG, § 12 Rdn. 39; *Hüffer*, Aktiengesetz, § 12 Rdn. 9.
73 *Heider*, in: MünchKomm AktG, § 12 Rdn. 40; *Hüffer*, Aktiengesetz, § 12 Rdn. 8.
74 *Hüffer*, Aktiengesetz, § 12 Rdn. 10.
75 § 5 Abs. 1 EGAktG; *Hüffer*, Aktiengesetz, § 12 Rdn. 11.

staatlich gehaltenen Aktien ohne nennenswerte Kapitalgrundlage verbrieft.[76] In Anlehnung an die zweite Variante bezeichnet man diese Ausgestaltungen als „Goldene Aktien".[77] Die durch „Goldene Aktien" verliehenen Sonderrechte können beispielsweise erlauben, in den Gesellschaftsorganen bestimmte Entscheidungen zu treffen oder besonderen Einfluss auf die Entwicklung der Aktionärsstruktur zu nehmen.[78] An dieser Stelle werden nur solche Konstellationen berücksichtigt, in denen die Stimmkraft des Staates als Aktionär in der Hauptversammlung mit Hilfe einer „Goldenen Aktie" über das *„one share – one vote"*-Prinzip hinaus erhöht wird. Darunter fallen auch Vetorechte in Bezug auf Entscheidungen der Hauptversammlung: Hier erhöht sich das Stimmrecht auf ein Maximum. Diese Möglichkeit besteht zunächst durch Schaffung einer besonderen Aktiengattung, die mit erhöhtem Stimmgewicht ausgestattet ist. In Deutschland ist die Schaffung solcher Mehrstimmrechtsaktien durch die Gesellschaft aber ausgeschlossen.[79] „Goldene Aktien" mit erhöhtem Stimmgewicht setzen in Deutschland also eine besondere gesetzliche Regelung voraus. Eine solche existiert derzeit aber für keine deutsche Aktiengesellschaft. Insbesondere hat auch das VW-Gesetz[80] keine Sonderaktie in diesem Sinne geschaffen, sondern verwendet andere Instrumente zur staatlichen Einflusssicherung.[81]

c) *Stimmrechte aus teileingezahlten Aktien*

Wenn das Stimmrecht aus einer Aktie schon bestünde, bevor die Einlage auf die Aktie vollständig geleistet worden ist, so entstünden verkappte Mehrstimmrechtsaktien: Der Aktionär bekäme einen größeren Einfluss als es seiner tatsächlich aufgebrachten Kapitalbeteiligung entspricht. Um eine solche Überproportionalität zu verhindern beginnt das Stimmrecht gemäß § 134 Abs. 2 S. 1 AktG grundsätzlich erst, wenn der Aktionär die Einlage auf die Aktie vollständig geleistet hat.[82] Eine gesetzliche Ausnahme greift nur ein, wenn noch keine Aktie vollständig bedient ist, weil sonst mangels stimmberechtigter Aktionäre keine Hauptversammlungsbeschlüsse gefasst werden könnten und die Gesellschaft damit funktionsunfähig wäre.[83] In diesem Fall richtet sich das Stimmrecht nach der Höhe der bereits geleisteten Einlage und zwar dergestalt, dass die Leistung der gesetzlichen Mindestein-

---

76 *Grundmann/Möslein*, ZVglRWiss 102 (2003), 289 (295); *dies.*, ZGR 2003, 317 (322f).
77 Teilweise auch als „Spezialaktien". Im französischen Sprachraum werden sie *„Actions Spécifiques"*, im englischen Sprachraum *„Golden Shares"*, *„Special Shares"* oder *„Master Shares"* genannt; *Grundmann/Möslein*, ZGR 2003, 317 (322); vgl. auch *Kilian*, NJW 2003, 2653 (2653).
78 *Grundmann/Möslein*, ZVglRWiss 102 (2003), 289, 344.
79 Siehe oben Teil 1 Kap. 1 I 3 a).
80 Gesetz über die Überführung der Anteilsrechte an der Volkswagenwerk GmbH in private Hand vom 21. Juli 1960, BGBl. I 1960, 585, in der Fassung des Zweiten Änderungsgesetzes vom 31. Juli 1970, BGBl. I 1970, 1149; verfassungsgemäß nach BVerfGE 12, 354.
81 Da sich unter diesen auch ein Höchststimmrecht befindet, erfolgt eine ausführliche Darstellung der Causa VW-Gesetz in dem entsprechenden Abschnitt zu den Höchststimmrechten, siehe unten 4 a).
82 *Barz*, in: GroßKomm AktG, § 134 Anm. 20; *Butzke*, in: Obermüller/Werner/Winden, Die Hauptversammlung, 165.
83 *Hüffer*, Aktiengesetz, § 134 Rdn. 17; *Volhard*, in: MünchKomm AktG, § 134 Rdn. 29.

lage eine Stimme gewährt, § 134 Abs. 2 S. 4 AktG. Stimmenbruchteile sind gemäß § 134 Abs. 2 S. 5 AktG nur zu berücksichtigen, soweit sie für den jeweiligen Aktionär volle Stimmen ergeben, ansonsten kommen sie nicht zum Zug. Auch die Satzung kann gemäß § 134 Abs. 2 S. 2 AktG von dem grundsätzlichen Erfordernis der vollen Einlageleistung abweichen und bestimmen, dass das Stimmrecht schon beginnt, wenn die gesetzliche oder höhere satzungsmäßige Mindesteinlage erbracht ist. In diesem Fall gewährt die Leistung der Mindesteinlage eine Stimme und höhere Einzahlungen entsprechend erhöhte Stimmenzahlen, § 134 Abs. 2 S. 3 AktG. Durch das proportionale Ansteigen der Stimmkraft bei Leistung höherer Einlagen soll verhindert werden, dass derjenige Aktionär, der seine Einlage vollständig erbracht hat, demjenigen gleichgestellt wird, der den gleichen Betrag auf mehrere Aktien zur Leistung der Mindesteinlage verteilt.[84] Andernfalls würden bei gleichem Kapitaleinsatz unterschiedlich hohe Stimmrechte gewährt, was der Sache nach wiederum auf ein Mehrstimmrecht hinausliefe. § 134 Abs. 2 S. 6 AktG sichert zudem die Gleichbehandlung sämtlicher Aktionäre und verhindert damit die Schaffung verkappter Mehrstimmrechtsaktien auch im Falle der Vorverlegung des Stimmrechtsbeginns. Dieser ist nur für alle Aktionäre gleichmäßig möglich oder aber gar nicht.

d) Sonstige Erweiterungen des Stimmrechts

Eine weitere Möglichkeit des Aktionärs, seinen Einfluss überproportional zu seiner Kapitalbeteiligung zu gestalten, ist der Abschluss von Stimmbindungsvereinbarungen mit anderen Aktionären. Dadurch kann die Stimmenmacht der Beteiligten gebündelt und der Einfluss der einzelnen Aktionäre vergrößert werden. Unter Stimmbindungsvereinbarungen versteht man die rechtsgeschäftliche Bindung von Aktionären, mit der sich diese verpflichten, ihr Stimmrecht in der Gesellschaft nicht frei, sondern in einem bestimmten Sinne auszuüben.[85] Danach kann der Abschluss einer Stimmbindungsvereinbarung die Stimmkraft des Aktionärs erweitern, aber genauso gut auch beschränken, beispielsweise indem der Aktionär sich verpflichtet, sein Stimmrecht nicht wahrzunehmen. Wichtig ist freilich, dass die Stimmbindungsverträge als rein schuldrechtliche Vereinbarungen keine Außenwirkung entfalten. Hat ein Aktionär unter Verstoß gegen den Vertrag abgestimmt, so bleibt seine Stimme daher gleichwohl gültig.[86] Das unterscheidet die Stimmbindungsvereinbarungen von den anderen in diesem Teil der Untersuchung behandelten Erweiterungen und Einschränkungen des Stimmrechts. Daher werden die Stimmbindungsvereinbarungen als Sonderpunkt im Anschluss an die vereinbarten und gesetzlichen Stimmrechtsschranken dargestellt.

---

84 *Volhard*, in: MünchKomm AktG, § 134 Rdn. 32.

85 *Schroer*, in: MünchKomm AktG, § 136 Rdn. 56.

86 Allg.M., RGZ 119, 386 (388f); BGH NJW 1983, 1910 (1911) (zur GmbH); OLG Koblenz NJW 1986, 1692 (1693); *Barz*, in: GroßKomm AktG, § 134 Anm. 41; *Hüffer*, Aktiengesetz, § 133 Rdn. 27; *Schroer*, in: MünchKomm AktG, § 136 Rdn. 84; *Zöllner*, in: KölnKomm AktG, § 133 Rdn. 10f.

4) Vereinbarte Stimmrechtsschranken

a) *Höchststimmrechte*

Das Rechtsinstitut des Höchststimmrechts ermöglicht der Aktiengesellschaft, die Stimmkraft des einzelnen Aktionärs von der Höhe seines Aktiennennbetrages zu lösen und nach oben hin zu begrenzen. Aktionäre mit höherem Aktienbesitz können dann nur so viele Stimmen ausüben, wie es ihnen die festgesetzte Beteiligungsquote bzw. der angeordnete Aktiennennbetrag gewährt. Stimmkraft und Einfluss des Aktionärs werden insofern beschränkt, als dass der Aktionär sein Stimmrecht nur bis zu einem gewissen Ausmaß und nicht im vollen Umfang seiner Kapitalbeteiligung ausüben kann.

Das Höchststimmrecht schränkt nicht die mit einer Aktie verbundenen Rechte ein, sondern ist „personenbezogen" und durch die Zusammenballung einer bestimmten Anzahl von Aktien in einer Hand bedingt.[87] § 134 Abs. 1 S. 2 AktG bestimmt für den Fall, dass einem Aktionär einer nicht börsennotierten Gesellschaft mehrere Aktien gehören, dass die Satzung das Stimmrecht durch Festsetzung eines Höchstbetrages oder von Abstufungen beschränken kann. Die Stimmkraftbeschränkung darf allerdings gemäß § 134 Abs. 1 S. 5 AktG nicht für einzelne Aktionäre angeordnet werden.[88] So kann beispielsweise nicht vorgesehen werden, dass in einer Familien-AG der Familienstamm X höchstens 20% seiner Stimmrechte ausüben darf. Darin läge nämlich ein Verstoß gegen das Gleichbehandlungsgebot aus § 53 a AktG und überdies ließe sich mit einer solchen Satzungsgestaltung das Verbot von Mehrstimmrechten aus § 12 Abs. 2 AktG umgehen, da mit der Stimmkraftbeschränkung der einen reflexartig eine Stärkung der davon nicht betroffenen Aktionäre einhergeht.[89] Gänzlich unproblematisch ist demnach nur ein statutarisches Höchststimmrecht, welches unterschiedslos für alle Aktionäre der Gesellschaft gilt. Daneben soll es nach herrschender Meinung jedoch auch zulässig sein, Höchststimmrechte nur zu Lasten einer bestimmten Aktiengattung vorzusehen.[90] Freilich muss es sich bei der betroffenen Aktiengattung dann auch wirklich um eine Gattung im Sinne des § 11 S. 2 AktG handeln. Nicht zulässig ist, dass im Übrigen gleichberechtigte Aktien nur im Hinblick auf ihre Stimmkraft unterschiedlich behandelt werden. Das heißt, die betroffenen Aktien müssen sich bereits durch eine anderweitige besondere Ausgestaltung ihrer Rechte nach § 11 AktG (bspw. besondere Dividendenrechte) als eigene Gattung ausweisen und dürfen sich nicht allein darin unterscheiden, dass sie von Höchststimmrechtsregelung betroffen werden.[91] Die Beschränkung kann dann auf einen Aktiennennwert, einen Prozentsatz am Grundkapital, eine Stimmenzahl und bei Stückaktien auch auf eine be-

---

87 BGHZ 70, 117 (123) – „Mannesmann".
88 *Barz*, in: GroßKomm AktG, § 134 Anm. 16.
89 *Barz*, in: GroßKomm AktG, § 134 Anm. 16; *Volhard*, in: MünchKomm AktG, § 134 Rdn. 12.
90 *Barz*, in: GroßKomm AktG, § 134 Anm. 16; *Hüffer*, Aktiengesetz, § 134 Rdn. 14; *Volhard*, in: MünchKomm AktG, § 134 Rdn. 13 mit Verweis auf die Gesetzgebungsgeschichte; aA *Zöllner*, in: KölnKomm AktG, § 134 Rdn. 46.
91 Vgl. *Volhard*, in: MünchKomm AktG, § 134 Rdn. 13.

stimmte Aktienzahl lauten.[92] Stimmrechtsbeschränkungen, nach denen nicht mehr jede Aktie das Stimmrecht gewährt, sind dagegen unzulässig.[93] Höchststimmrechte können für alle oder nur gewisse Beschlussgegenstände festgelegt werden.[94]

Während in den siebziger Jahren der Schutz vor sog. „äußerer Überfremdung" im Vordergrund stand,[95] waren die Höchststimmrechte in den achtziger und frühen neunziger Jahren vor allem als (vermeintlich) zuverlässiger Schutz der Aktiengesellschaft vor feindlichen Übernahmen beliebt und in Satzungen von Publikumsgesellschaften recht weit verbreitet.[96] Dabei entfaltet die Stimmrechtsbeschränkung ihre uneingeschränkte Wirkung zwar nur in jenen Regelungsbereichen, in denen lediglich eine Stimmen- und nicht auch eine qualifizierte Kapitalmehrheit für die Beschlussfassung erforderlich ist.[97] Freilich gehört zu diesen Bereichen aber auch die Bestellung bzw. Abberufung des Aufsichtsrates, so dass der zur Übernahme der Gesellschaft entschlossene Aktionär durch das Höchststimmrecht zumindest daran gehindert wird, maßgeblichen Einfluss auf die Besetzung der Verwaltungsorgane auszuüben.[98] Rechtspolitisch war das Höchststimmrecht in Deutschland daher seit jeher umstritten.[99] Der Gesetzgeber hat ein Signal gesetzt, indem er die Schaffung von Höchststimmrechten für börsennotierte Gesellschaften durch das KonTraG abgeschafft hat. Er war der Auffassung, dass derartige Stimmrechtsbeschränkungen den Kapitalmarkt beeinträchtigen, eben weil sie Übernahmen behindern.[100] Weiter verwies die Gesetzesbegründung darauf, dass Stimmrechtsbeschränkungen „tendenziell den Interessen der Verwaltung dienen, die dadurch den Einfluss von Großaktionären abwehren kann".[101] Seit dem 1. Mai 1998 sind Höchststimmrechte daher nur noch bei nicht börsennotierten Gesellschaften erlaubt.[102] Mit Ablauf der Übergangsfrist für bestehende Höchststimmrechte am 1. Juni 2000 sind satzungsmäßige Höchststimmrechte bei börsennotierten deutschen Aktiengesellschaften nicht mehr anzutreffen.

Eine Ausnahme von der Abschaffung der Höchststimmrechte bei börsennotierten Aktiengesellschaften hat der Gesetzgeber für die *Volkswagen AG* gemacht. Hier be-

---

92 *Volhard,* in: MünchKomm AktG, § 134 Rdn. 9.

93 *Barz,* in: GroßKomm AktG, § 134 Anm. 14.

94 *Volhard,* in: MünchKomm AktG, § 134 Rdn. 11. Es ist z.B. denkbar, Höchststimmrechte allein für Grundlagenentscheidungen vorzusehen, wie etwa Satzungsänderungen. Je nach Fallgestaltung kann es auch sinnvoll sein, Höchststimmrechte für die Wahlen zum Aufsichtsrat zu bestimmen oder umgekehrt die Wahlen zum Aufsichtsrat von der Anwendung eines grundsätzlich angeordneten Höchststimmrechts auszunehmen.

95 *Baums,* AG 1990, 221 (221f). Auslöser war die Ölkrise, in deren Folge man um die Unabhängigkeit von Unternehmen der nationalen Energie- und Rüstungswirtschaft besorgt war.

96 *Butzke,* in: Obermüller/Werner/Winden, Die Hauptversammlung, 165.

97 Wie bei den Satzungs- und Strukturänderungen, vgl. § 179 AktG und bspw. § 293 AktG.

98 Während er andererseits sehr wohl in der Lage ist, eine Grundlagenentscheidung der Gesellschaft zu blockieren.

99 Vgl. nur *Adams,* AG 1990, 63 (70f); *Hüffer,* Aktiengesetz, § 134 Rdn. 5 m.w.N.; *Schneider* AG 1990, 56 (57); *Zöllner/Noack,* AG 1991, 117ff.

100 Vgl. BT-Dr. 13/9712, 20, abgedruckt in: ZIP 1997, 2059 (2064).

101 BT-Dr. 13/9712, 20, abgedruckt in: ZIP 1997, 2059 (2064).

102 § 134 Abs. 1 S. 2 AktG in der seit dem 1. Mai 1998 geltenden Fassung. Der Begriff der Börsennotierung richtet sich nach § 3 Abs. 2 AktG.

steht nach wie vor ein gesetzliches Höchststimmrecht. Gemäß § 3 Abs. 5 S. 1 VW-Gesetz[103] dürfen Stimmrechte maximal für den fünften Teil des Grundkapitals ausgeübt werden. Das heißt, unabhängig von der Höhe der Beteiligung besteht für die Aktionäre eine Stimmrechtsbeschränkung auf 20% des Grundkapitals. Durch die Vorschrift soll die breite Streuung der Volkswagen-Aktien gewährleistet und zugleich verhindert werden, dass Machtgruppen durch Ankauf von Aktien einen beherrschenden Einfluss auf das Unternehmen gewinnen.[104] *Volkswagen* ist damit nunmehr die einzige börsennotierte deutsche Aktiengesellschaft mit einem Höchststimmrecht. Die gesetzliche Stimmrechtsbeschränkung gilt für alle Aktionäre gleichermaßen, das heißt insbesondere auch für Stimmrechte der Bundesrepublik Deutschland und des Landes Niedersachsen.[105] Während der Bund mittlerweile seinen Aktienbesitz an VW aufgegeben hat, hält das Land Niedersachsen derzeit noch 13,67% des Grundkapitals und damit 18,31% des stimmberechtigten Kapitals.[106] Unter Berücksichtigung ruhender Stimmrechte aus eigenen Aktien entspricht dies insgesamt 20,3% aller Stimmrechte in der VW-AG. Neben der hier vordringlich interessierenden Stimmrechtsbeschränkung gewährt das Gesetz noch ein Entsenderecht für den Bund und das Land Niedersachsen, die jeweils zwei Mitglieder in den Aufsichtsrat entsenden dürfen, solange sie Anteile an der Volkswagen AG halten.[107] Die Europäische Kommission hat vor allem im Hinblick auf diese beiden Regelungen des VW-Gesetzes ein Vertragsverletzungsverfahren gegen die Bundesrepublik Deutschland wegen Verstoßes gegen die Kapitalverkehrsfreiheit (Art. 56 EG) eingeleitet.[108] Im Januar 2004 hatte die Kommission das Verfahren noch für unbestimmte Zeit ausgesetzt, um die Bundesregierung doch noch zu einer Änderung des VW-Gesetzes zu bewegen.[109] Nachdem die deutschen Behörden aber ein Einlenken beharrlich verweigerten, wurde im Oktober 2004 der endgültige Klageerhebungsbeschluss gefasst.[110] Wann mit einem Urteil zu rechnen ist, ist allerdings noch ungewiss. Auch über den Inhalt der zu erwartenden Entscheidung gehen die Meinungen auseinander. Während ein Teil der Literatur[111] davon ausgeht, dass die Kommission mit ihrer Klage vor dem Hintergrund der bisherigen EuGH-Rechtsprechung zu den „Goldenen Aktien"[112] erfolgreich

---

103 Gesetz über die Überführung der Anteilsrechte an der Volkswagenwerk GmbH in private Hand vom 21. Juli 1960, BGBl. I 1960, 585, in der Fassung des Zweiten Änderungsgesetzes vom 31. Juli 1970, BGBl. I 1970, 1149; verfassungsgemäß nach BVerfGE 12, 354.

104 *Volhard,* in: MünchKomm AktG, § 134 Rdn. 3.

105 Vgl. noch § 3 Abs. 5 S. 2 VW-Gesetz aF, wonach die Stimmrechtsbeschränkung nicht für die Bundesrepublik Deutschland und das Land Niedersachsen galt.

106 Die Volkswagen AG hat neben 311.955.250 Stammaktien noch 105.238.280 stimmrechtslose Vorzugsaktien ausgegeben.

107 Derzeit werden lediglich zwei Aufsichtsratssitze vom Land Niedersachsen wahrgenommen, der Bund hat seinen Aktienbesitz aufgegeben.

108 *Frenz,* Handbuch Europarecht, Rdn. 2812 ff.

109 *Frenz,* Handbuch Europarecht, Rdn. 2812 ff.

110 *Spiegel Online,* 13. Oktober 2004, abrufbar unter: www.spiegel.de/wirtschaft/0,1518,322925,00.html.

111 So *Bayer,* BB 2002, 2289 (2291); bezogen auf die Gesamtschau der Regelungen auch *Krause,* NJW 2002, 2747 (2750).

112 Vgl. Fn. 13 und ausführlich unten Kap. 3 II.

sein müsste, lassen sich dagegen nach anderer Ansicht[113] aus der bisher ergangenen Judikatur gerade keine sicheren Schlüsse für die Zukunft des VW-Gesetzes ziehen.

Sicher ist, dass der EuGH das VW-Gesetz wie in den Fällen der „Goldenen Aktien" in erster Linie an den Grundsätzen der Kapitalverkehrsfreiheit – Art. 56 Abs. 1 EG – messen wird. Der Begriff des Kapitalverkehrs ist im EG-Vertrag nicht definiert, der EuGH konkretisiert ihn aber in mittlerweile gefestigter Rechtsprechung[114] anhand der Nomenklatur für den Kapitalverkehr gemäß Anhang I der 4. Liberalisierungsrichtlinie.[115] Danach gehören zum Kapitalverkehr auch Direktinvestitionen. Diese sind insbesondere durch die Möglichkeit gekennzeichnet, sich tatsächlich an der Verwaltung der Gesellschaft oder der Kontrolle der Verwaltung zu beteiligen. Daher sieht der EuGH den Schutzbereich der Kapitalverkehrsfreiheit nicht nur durch direkte Erwerbsbeschränkungen berührt, sondern durch alle Regelungen, die Anleger aus anderen Mitgliedstaaten davon abhalten können, in diese Gesellschaft zu investieren und an ihrer Verwaltung und Kontrolle teilzuhaben (sog. indirekte Anteilszugangsbeschränkung).[116] Das Höchststimmrecht des VW-Gesetzes ist in jedem Fall geeignet, Anleger aus anderen Mitgliedstaaten, die an einem Erwerb von Kontrolle interessiert sind, abzuschrecken. Aufgrund dieser gesetzlichen Regelung in Verbindung mit der tatsächlichen Beteiligungsstruktur bei VW ist es einem Investor praktisch unmöglich, jemals einen beherrschenden Einfluss auf die Gesellschaft auszuüben und sich so an der Verwaltung zu beteiligen. Dieser abschreckende Effekt für ausländische Großaktionäre bliebe aber selbst bei Aufgabe des Beteiligungsbesitzes des Landes Niedersachsen bestehen, da ihnen ein ihrer kapitalmäßigen Beteiligung entsprechender Einfluss verwehrt wird.[117] Dass die Beschränkungen für jedermann gelten, ist in diesem Zusammenhang unerheblich, denn Art. 56 EG verbietet nach Ansicht des EuGH Beschränkungen des Kapitalverkehrs ganz allgemein und geht damit über ein Verbot der Diskriminierung von Anlegern auf Grund ihrer Staatsangehörigkeit hinaus.[118] Eine Bereichsausnahme im Sinne der Keck-Rechtsprechung,[119] die der EuGH in seinen jüngsten Entscheidungen zu den „Goldenen Aktien" auch auf die Kapitalverkehrsfreiheit übertragen hat,[120] liegt ebenfalls nicht vor.[121] Auch greift der Einwand nicht, dass die Ein-

---

113 *Kilian*, NJW 2003, 2653 (2654f); ebenso *Sander* („Prognose bleibt schwierig"), EuZW 2005, 106 (109).

114 Vgl. oben Fn. 13.

115 Richtlinie 88/361/EWG v. 24. 6. 1988, ABl. L 178 v. 8. 7. 1988.

116 Vgl. dazu auch *Grundmann*, NZG 2005, 122 (125).

117 So auch *Wellige*, EuZW 2003, 427 (431).

118 Vgl. EuGH Rs. C-367/98 *Kommission/Portugal*, Slg. 2002, I-4731, Rdn. 45; EuGH verb. Rs. C-163/94, C-164/94 und C-259/94, *Sanz de Lera u. a.*, Slg. 1995, I-4821, Rdn. 25; EuGH Rs. C-302/97, *Konle*, Slg. 1999, I-3099, Rdn. 44.

119 EuGH verb. Rs. C-267/91 und 168/91, *Keck*, Slg. 1993, I-6097, Rdn. 13.

120 Vgl. EuGH vom 13. Mai 2003 – Rs. C-463/00 *Kommission/Spanien*, Slg. 2003, I-4581 = NJW 2003, 2663ff; EuGH vom 13. Mai 2003 – Rs. C-98/01 *Kommission/Großbritannien* (British Airports Authority), Slg. 2003, I-4641 = NJW 2003, 2666f.

121 Ausführlich dazu *Wellige*, EuZW 2003, 427 (432f); kritisch, aber im Ergebnis ebenso *Kleinschmit*, Deutsches Volkswagengesetz und Europäische Kapitalverkehrsfreiheit, 109ff.

führung von Höchststimmrechten durch einfache Anwendung des Gesellschaftsrechts möglich ist: Zum einen ist das nämlich in Deutschland bei börsennotierten Gesellschaften gerade nicht (mehr) der Fall. Zum anderen wurde das Höchststimmrecht bei VW ja eben nicht unter einfacher Anwendung des Gesellschaftsrechts statutarisch und damit privatautonom eingeführt, sondern beruht vielmehr auf einem Sondergesetz des Bundesgesetzgebers als staatliche Einzelmaßnahme.[122] Die Höchststimmrechte im VW-Gesetz werden demnach, wenn der EuGH seine Bewertungskriterien beibehält, als Beschränkung der Kapitalverkehrsfreiheit eingestuft werden.[123] Diese stellen nur dann keine Vertragsverletzungen dar, wenn sie durch einen der in Art. 58 Abs. 1 EG genannten Gründe oder durch zwingende Gründe des Allgemeininteresses gerechtfertigt und verhältnismäßig sind. Eine Rechtfertigung käme nach den vom EuGH aufgestellten Grundsätzen in Betracht, wenn es sich bei der VW AG um ein Unternehmen handelt, das einen Auftrag der öffentlichen Daseinsvorsorge wahrnimmt.[124] *Kilian*[125] argumentiert in diesem Zusammenhang mit den erheblichen[126] Bewilligungen der Volkswagen-Stiftung an das Land Niedersachsen für Zwecke der Wissenschaft und Forschung, die bei einer Aufgabe der starken Aktionärsstellung des Landes weitgehend entfielen. Allein die finanzielle Unterstützung bestimmter staatlicher Aufgaben durch eine Gesellschaft macht die Gesellschaft selbst jedoch nicht zum unmittelbaren Erbringer öffentlicher Dienstleistungen im Sinne der EuGH-Rechtsprechung. Das Unternehmen VW baut nach wie vor in erster Linie Kraftfahrzeuge und die Tatsache allein, dass die öffentliche Hand bei einer Abschaffung des Gesetzes eine besondere Geldquelle verliert, wird den EuGH wohl nicht beeindrucken können. Ebenso wenig wird der EuGH rein wirtschaftliche Argumente, wie den Schutz vor feindlichen Übernahmen, als zwingendes Interesse des Allgemeinwohls anerkennen.[127] Andere zwingende Gründe des Allgemeinwohls, die vom EuGH als hoch genug für eine Rechtfertigung eingestuft werden könnten und kumulativ(!) das Höchststimmrecht als mildeste mögliche Maßnahme erfordern, sind nicht ersichtlich.[128] § 3 Abs. 5 VW-Gesetz wird deshalb aller Voraussicht nach vom EuGH für europarechtswidrig erklärt werden.

---

122 Ebenfalls differenzierend zwischen zwingender Einführung und privatautonomer Gestaltung *Grundmann/Möslein*, ZGR 2003, 317 (352f).

123 Im Ergebnis ebenso *Andemas/Gütt/Pannier*, EBLR 2005, 757 (781f, 786); *Grundmann/Möslein*, ZGR 2003, 317 (353); *Kleinschmit*, Deutsches Volkswagengesetz und Europäische Kapitalverkehrsfreiheit, 95 und 125.

124 Vgl. *Ruge*, Anmerkung zu EuGH vom 13. Mai 2003 – Rs. C-98/01 *Kommission/Großbritannien*, EuZW 2003, 536 (541).

125 NJW 2003, 2653 (2655).

126 Im Jahr 2002 sollen Zuflüsse in Höhe von 54.462.000 Euro an das Land gegangen sein, *Kilian*, NJW 2003, 2653 (2655).

127 Vgl. *Kiemel*, in: von der Groeben/Schwarze (Hrsg.), Kommentar zum EUV, Art. 56 EG Rdn. 12; *Wellige*, EuZW 2003, 427 (431).

128 Im Ergebnis ebenso *Kleinschmit*, Deutsches Volkswagengesetz und Europäische Kapitalverkehrsfreiheit, 145 uns 155; siehe zu entsprechenden weiteren Anregungen für mögliche Rechtfertigungsgründe – mit offenem Ergebnis – auch *Grundmann/Möslein*, ZGR 2003, 317 (353); *Sander*, EuZW 2005, 106 (109); *Wellige*, EuZW 2003, 427 (433).

b) *Aktien ohne Stimmrecht*

Aktien ohne Stimmrecht können nach geltendem deutschen Aktienrecht nur als Vorzugsaktien ausgegeben werden, § 12 Abs. 1 S. 2 AktG. Vorzugsaktien ohne Stimmrecht bilden die einzige Aktiengattung, deren Stimmrecht generell eingeschränkt, nämlich für den Regelfall ausgeschlossen ist. Sie erleichtern der Gesellschaft die Kapitalbeschaffung, ohne den Status quo der Mehrheitsverhältnisse anzutasten, und sollen einem Aktionärstyp entgegenkommen, der an Rendite und Substanzzuwachs, aber jedenfalls nicht primär an Mitsprache interessiert ist.[129] Schon das Aktiengesetz vom 30. Januar 1937 gestattete die Ausgabe solcher Aktien ohne Stimmrecht in Deutschland.[130] Auch heute sind sie in § 12 Abs. 1 S. 2 AktG ausdrücklich zugelassen. Diese Vorschrift deckt allerdings nicht die Ausgabe von Vorzugsaktien mit einem Bruchteilsstimmrecht oder die Beschränkung des Stimmrechtsausschlusses auf einzelne Beschlussgegenstände.[131] Stimmrechtslose Aktien können in Deutschland nur als Vorzugsaktien ausgegeben werden und nur im Rahmen der §§ 139–141 AktG. § 139 AktG regelt die Bedingungen für den Stimmrechtsausschluss abschließend und zwingend.[132] Danach dürfen stimmrechtslose Aktien nur bis zur Hälfte des Grundkapitals ausgegeben werden, § 139 Abs. 2 AktG.[133] Voraussetzung für den Ausschluss des Stimmrechts dieser Aktien ist, dass den Aktionären ein in der Satzung bestimmter Dividendensatz ausgezahlt wird, bevor eine Ausschüttung an die übrigen (Stamm-)Aktionäre erfolgen darf (sog. Vorzugsdividende).[134] Für Jahre, in denen die Gesellschaft keinen Gewinn erzielt oder ausschüttet, muss den Vorzugsaktionären ein zeitlich unbegrenztes Nachbezugsrecht eingeräumt werden, das ihnen in der entsprechenden Höhe eine Beteiligung an zukünftigen Bilanzgewinnen vor den anderen Aktionären sichert.[135] Nach § 140 Abs. 1 AktG hat der Vorzugsaktionär alle Rechte eines Aktionärs, also insbesondere das Teilnahme- und das Fragerecht, ausgenommen das Stimmrecht.[136] Allerdings wächst den Vorzugsaktionären das Stimmrecht dann wieder zu, wenn der ihnen zustehende Vorzugsbetrag in einem Jahr nicht oder nicht vollständig gezahlt und der Rückstand im nächsten Jahr neben dem vollen Vorzug des aktuellen Jahres nicht nachgezahlt wird, § 140 Abs. 2 S. 1 AktG.[137] Das Stimmrecht besteht solange, bis sämtliche Rückstände nachgezahlt sind.[138] Soweit die Vorzugsaktionäre hiernach stimmberechtigt sind, sind sie es bei Beschlüssen

---

129 *Barz*, in: GroßKomm AktG, § 139 Anm. 1; *Hüffer*, Aktiengesetz, § 139 Rdn. 2.
130 §§ 12 Abs. 1 S. 2, 115 bis 117 AktG von 1937; *Barz*, in: GroßKomm AktG, § 139 Anm. 1.
131 *Barz*, in: GroßKomm AktG, § 139 Anm. 7; *Butzke*, in: Obermüller/Werner/Winden, Die Hauptversammlung, 169.
132 *Volhard*, in: MünchKomm AktG, § 139 Rdn. 6.
133 *Hüffer*, Aktiengesetz, § 139 Rdn. 17 f.
134 § 139 Abs. 1 AktG; *Barz*, in: GroßKomm AktG, § 139 Anm. 2; *Butzke*, in: Obermüller/Werner/Winden, Die Hauptversammlung, 170; *Hüffer*, Aktiengesetz, § 139 Rdn. 6; *Volhard*, in: MünchKomm AktG, § 139 Rdn. 8 ff.
135 *Butzke*, in: Obermüller/Werner/Winden, Die Hauptversammlung, 170.
136 *Hüffer*, Aktiengesetz, § 140 Rdn. 2 f.
137 *Hüffer*, Aktiengesetz, § 140 Rdn. 4 ff.
138 *Hüffer*, Aktiengesetz, § 140 Rdn. 7; *Volhard*, in: MünchKomm AktG, § 140 Rdn. 13.

aller Art.[139] Der Gesetzgeber sieht nämlich das Äquivalent für das fehlende Stimmrecht in der Gewährung des vermögensrechtlichen Vorzugs.[140] Daneben bedarf gemäß § 141 Abs. 1 AktG jeder Beschluss der Hauptversammlung, durch den der Vorzug aufgehoben oder beschränkt wird, zu seiner Wirksamkeit der Zustimmung der Vorzugsaktionäre in einer Sonderversammlung. Der an sich stimmrechtslose Vorzugsaktionär hat also in jedem Falle das Stimmrecht, soweit durch einen Beschluss seine Rechte verkürzt werden sollen.[141] Außerhalb dieser gesetzlich normierten Ausnahmefälle ist das Stimmrecht aber gänzlich ausgeschlossen. Das bedeutet, dass es im deutschen Recht nicht möglich ist, den Vorzugsaktionären in der Satzung für bestimmte Beschlüsse der Hauptversammlung – z.B. für alle Satzungsänderungen – ein Stimmrecht zu gewähren.[142] Fast alle emittierenden Gesellschaften gestalten die Vorzugsaktien ohne Stimmrecht dergestalt, dass sie zum eigentlichen Voraus noch ein weiteres Vorrecht auf eine gegenüber den Stammaktien höhere Gesamtdividende, eine Mehrdividende, geben.[143]

Nach einem gewissen Aufschwung auf dem deutschen Kapitalmarkt in den 80er Jahren, ist die Vorzugsaktie nun wieder auf dem Rückzug.[144] Die Tendenz in den großen deutschen Aktiengesellschaften geht deutlich zu einer freiwilligen Abschaffung der Vorzugsaktien.[145] So haben unter anderem *Lufthansa, Puma, Metro* und *Fielmann* in den vergangenen Jahren ihre Vorzugsaktien eingezogen, umgetauscht bzw. zurückgekauft,[146] *Escada, MLP, Südzucker, Rheinmetall, Rhön-Klinikum* und *Fresenius* haben die Umwandlung 2005 auf den Weg gebracht.[147] Als Grund für diese Entwicklung wird angeführt, die Anleger sehen die Vorzugsaktie mehr und mehr als ein Wertpapier „zweiter Klasse", das ihnen Wertsteigerungspotentiale der Gesellschaft verschließt.[148] Aus Sicht börsennotierter Gesellschaften spielt das Interesse eine Rolle, in einen Börsenindex der Frankfurter Wertpapierbörse aufgenommen zu werden.[149] Die Aufnahme eines Unternehmens in die Indices hängt nämlich auch von der Marktkapitalisierung seiner Aktien ab. Seit dem 18. Juni 2002 berücksichtigt die Frankfurter Börse dabei für die Ermittlung der Marktkapitalisierung nur noch eine Aktiengattung pro Unternehmen. Damit sind Unternehmen unterrepräsentiert, deren Marktkapitalisierung sich auf zwei im Handel befindliche Aktiengattungen verteilt. Das erklärt Bestrebungen, die Aktien der

---

139 *Barz*, in: GroßKomm AktG, § 140 Anm. 6; *Hüffer*, Aktiengesetz, § 140 Rdn. 6; *Volhard*, in: MünchKomm AktG, § 140 Rdn. 12.
140 *Barz*, in: GroßKomm AktG, § 140 Anm. 3; *Volhard*, in: MünchKomm AktG, § 140 Rdn. 8; *Zöllner*, in: KölnKomm AktG, § 12 Rdn. 5.
141 *Barz*, in: GroßKomm AktG, § 141 Anm. 2; *Hüffer*, Aktiengesetz, § 141 Rdn. 1; *Volhard*, in: MünchKomm AktG, § 141 Rdn. 1 ff.
142 *Barz*, in: GroßKomm AktG, § 139 Anm. 7; *Siebel*, ZHR 161 (1997), 628 (651).
143 *Bezzenberger*, Vorzugsaktien ohne Stimmrecht, 1991, 39; *Wirth/Arnold*, ZGR 2002, 859 (859 f).
144 *Volhard*, in: MünchKomm AktG, § 139 Rdn. 4; *Wirth/Arnold*, ZGR 2002, 859, (860).
145 FAZ vom 8. 10. 2005, S. 23 („Vorzugsaktien kommen aus der Mode"); *Loges/Distler*, ZIP 2002, 467 (467); *Pellens/Hillebrandt*, AG 2001, 57 (57).
146 *Pellens/Hillebrandt*, AG 2001, 57 (57).
147 FAZ vom 8. 10. 2005, S. 23.
148 *Wirth/Arnold*, ZGR 2002, 859 (861).
149 *Volhard*, in: MünchKomm AktG, § 139 Rdn. 4; *Wirth/Arnold*, ZGR 2002, 859 (861).

Gattung mit dem niedrigeren Kurswert in solche mit dem höheren Kurswert umzutauschen. Da die Stammaktien meist höher notiert sind als die Vorzugsaktien, verschwinden bei derartigen Umtäuschen regelmäßig die Vorzugsaktien. Auch werden stimmrechtslose Vorzugsaktien an den internationalen Kapitalmärkten prinzipiell nicht geschätzt.[150]

5) Gesetzliche Stimmrechtsschranken

a) *Starre Stimmrechtsschranken*

Im Gegensatz zu den soeben behandelten Stimmrechtsschranken, die einer Implementierung in der Gesellschaftssatzung bedürfen, stehen die Fälle, in denen sich die Stimmrechtsschranken unmittelbar aus dem Gesetz ergeben.[151] Diese Schranken kann man in starre und bewegliche Schranken unterteilen. Während erstere abstrakt formulierte Sachverhalte *ex ante* regeln, ermöglichen letztere eine *ex post* Kontrolle der Stimmrechtsausübung anhand der konkreten Umstände des Einzelfalles.[152] Bei den starren Stimmrechtsschranken wiederum kann man zwischen den Fällen unterscheiden, in denen sich die Beschränkung jeweils nur auf einzelne Beschlussgegenstände bezieht, und den Fällen, in denen das Stimmrecht aus bestimmten Aktien generell und unabhängig vom Beschlussgegenstand ausgeschlossen ist. Im zweiten Fall ist das Stimmrecht den Aktien in der Regel aber nicht endgültig entzogen, sondern lebt wieder auf, wenn der das Stimmverbot anordnende gesetzliche Tatbestand nicht mehr erfüllt ist, beispielsweise weil die Inhaberschaft der betreffenden Aktien gewechselt hat. Daher spricht man plastisch von einem „Ruhen“ des Stimmrechts.

Ein solches Ruhen des Stimmrechts ordnet § 71b AktG für eigene Aktien der Gesellschaft an. Diese Norm beruht auf Art. 22 Abs. 1a) der Europäischen Kapitalschutzrichtlinie vom 13. Dezember 1976,[153] ihr Gedanke gilt daher europaweit. Mit dem Stimmrechtsausschluss soll der Gefahr der Schaffung kapitalloser Herrschaftsrechte entgegenwirkt werden.[154] Verhindert werden soll, dass der Vorstand auf das Abstimmungsverhalten der Hauptversammlung massiv Einfluss nimmt

150 *Loges/Distler*, ZIP 2002, 467 (467).
151 Insofern hätte das auf dem VW-Gesetz beruhende Höchststimmrecht ebenso gut hier geprüft werden können. Aufgrund seiner Sonderstellung als Einzelfallgesetz wurde aber eine Prüfung im inhaltlich näher stehenden Rahmen der grundsätzlich auf Satzungsregelung basierenden Höchststimmrechte vorgezogen.
152 Vgl. zur Begründung dieser Einteilung *Zöllner*, Schranken mitgliedschaftlicher Stimmrechtsmacht, 1964, 97ff.
153 Zweite Richtlinie des Rates 77/91/EWG vom 13. Dezember 1976 zur Koordinierung der Schutzbestimmungen, die in den Mitgliedstaaten den Gesellschaften im Sinne des Art. 58 Abs. 2 des Vertrages im Interesse der Gesellschafter sowie Dritter für die Gründung der Aktiengesellschaft sowie für die Erhaltung und Änderung ihres Kapitals vorgeschrieben sind, um diese Bestimmungen gleichwertig zu gestalten, ABl. EG 1976 L 26/1, Änderung ABl. EG 1992 L 347/64; *Oechsler*, in: MünchKomm AktG, § 71b Rdn. 2; siehe auch *Grundmann/Möslein*, ZVglRWiss 102 (2003), 289 (318 Fn. 140). Mit Veräußerung der eigenen Aktien an Dritte leben die Stimmrechte wieder auf, *Heider*, in: MünchKomm AktG, § 12 Rdn. 23.
154 *Oechsler*, in: MünchKomm AktG, § 71b Rdn. 2.

und einen auf die eigenen Aktien entfallenden Gewinn entgegen den Verteilungsgrundsätzen des § 58 AktG einbehält.[155]

Gemäß § 328 AktG ruht das Stimmrecht ferner auch bei wechselseitigen Beteiligungen zweier inländischer Kapitalgesellschaften von mehr als 25%. Sobald der Tatbestand des § 328 Abs. 1 S. 1 AktG verwirklicht ist, kann das betroffene Unternehmen seine Stimmrechte aus den Anteilen an dem anderen Unternehmen nur bis zur Höhe der 25%-Grenze ausüben, während die Stimmrechte aus der überschießenden Beteiligung einer Ausübungssperre unterliegen.[156] Die Vorschrift soll den Gefahren begegnen, die sich daraus ergeben, dass bei wechselseitigen Beteiligungen jedes Unternehmen mittelbar an sich selbst beteiligt ist.[157] Im Hinblick auf die Stimmrechtsmacht geht es vor allem um die Beschränkung des Risikos, dass eine permanente, sich selbst stützende Verwaltungsmacht entsteht.[158] Da die Rechte aus wechselseitigen Beteiligungen durch die Verwaltungen ausgeübt werden, beeinflussen diese die Willensbildung in der Hauptversammlung der anderen Gesellschaft erheblich, bei hoher Beteiligung sogar maßgeblich. Das Ergebnis könnten Verwaltungen sein, die zwar gegenseitig auf Verständigung angewiesen sind, aber keiner Kontrolle durch die eigentlichen Anteilseigner mehr unterliegen und sich der Sache nach durch wechselseitige Zuwahl ergänzen. Die Beschränkung der Stimmrechtsmacht auf maximal 25% der (wechselseitigen) Beteiligung dient also der Aufrechterhaltung der gesellschaftsrechtlichen Kompetenzordnung und damit dem Schutz der Mitaktionäre. Bei börsennotierten Gesellschaften kann allerdings wegen der hier oftmals sehr niedrigen Hauptversammlungspräsenzen eine Quote von 25% schon die faktische Mehrheit bedeuten. Deshalb hat der Gesetzgeber mit dem *Gesetz zur Kontrolle und Transparenz im Unternehmensbereich* (KonTraG) vom 27. April 1998[159] den Abs. 3 eingefügt. Dieser bestimmt, dass ein wechselseitig beteiligtes Unternehmen in der Hauptversammlung einer börsennotierten Gesellschaft bei der Wahl des Aufsichtsrats sein Stimmrecht überhaupt nicht, also auch nicht in Höhe von 25%, ausüben darf.[160] Mittelbar erwartet der Gesetzgeber von den Stimmrechtsbeschränkungen in § 328 AktG, dass wechselseitige Beteiligungen mangels Attraktivität in Zukunft nicht mehr begründet bzw. bestehende Verflechtungen vermehrt abgebaut werden.[161]

Schließlich sieht das Gesetz das Ruhen des Stimmrechts konzeptionell als Sanktion für bestimmte Pflichtverletzungen vor. Dies ist gemäß § 28 WpHG für amtlich

---

155 *Oechsler*, in: MünchKomm AktG, § 71 b Rdn. 2.

156 *Grunewald*, in: MünchKomm AktG, § 328 Rdn. 9; *Hüffer*, Aktiengesetz, § 328 Rdn. 4; ausführlich zu den Risiken *Wastl/Wagner*, AG 1997, 240 (243 ff).

157 *Grunewald*, in: MünchKomm AktG, § 328 Rdn. 2; *Hüffer*, Aktiengesetz, § 328 Rdn. 1.

158 *Bayer*, in: MünchKomm AktG, § 19 Rdn. 6; *Hüffer*, Aktiengesetz, § 328 Rdn. 1; *Wastl/Wagner*, AG 1997, 240 (243 f).

159 BGBl. I 1998, 786.

160 Zur Kritik an der Beschränkung des vollständigen Stimmrechtsauschlusses auf die Aufsichtsratswahlen siehe *Baums*, AG-Sonderheft 1997, 26 (34); ferner *Grunewald*, in: MünchKomm AktG, § 328 Rdn. 10 (m. w. N. in Fn. 27).

161 *Grunewald*, in: MünchKomm AktG, § 328 Rdn. 1; *Hüffer*, Aktiengesetz, § 328 Rdn. 1; vgl. zu diesem gesetzgeberischen Konzept auch die §§ 21 ff WpHG.

gehandelte Aktien und gemäß § 20 Abs. 7 AktG für Aktien sonstiger Aktiengesellschaften bei Verletzung der gesetzlichen Mitteilungspflichten (vgl. auch § 21 Abs. 4 AktG) und ferner gemäß § 59 S. 1 WpÜG für Aktien, bei deren Erwerb pflichtwidrig kein Pflichtangebot nach § 35 Abs. 2 S. 1 WpÜG abgegeben wurde, der Fall.

Das andere Konzept starrer Stimmrechtsschranken neben dem Ruhen des Stimmrechts aus bestimmten Aktien betrifft die gesetzlich angeordneten Stimmverbote, die an bestimmte Beschlussgegenstände anknüpfen. Solche Stimmverbote sind in § 136 Abs. 1 und § 142 Abs. 1 S. 2, 3 AktG geregelt. Sie beziehen sich auf bestimmte Beschlussgegenstände, bei denen der Gesetzgeber Interessenkonflikte befürchtete. Mit § 136 Abs. 1 AktG soll der Gefahr vorgebeugt werden, dass ein Aktionär bei einem Widerstreit zwischen persönlichen Eigeninteressen und Interessen der Gesellschaft sein Stimmrecht zum Nachteil der Gesellschaft ausübt.[162] Das Stimmverbot betrifft zum einen die Entscheidung der Hauptversammlung über die Entlastung des Vorstandes bzw. des Aufsichtsrates, § 136 Abs. 1 S. 1 Fall 1 AktG. Daneben wird das Stimmverbot auf die nicht notwendig, aber häufig Verwaltungsmitglieder betreffenden Beschlüsse zur Befreiung des betroffenen Aktionärs von einer Verbindlichkeit und auf Beschlüsse zur Geltendmachung von Ansprüchen gegen den Aktionär erstreckt, § 136 Abs. 1 S. 1 Fall 2 und 3 AktG. Wer von der Stimmabgabe ausgeschlossen ist, kann sein Stimmrecht gemäß § 136 Abs. 1 S. 2 AktG auch nicht durch einen anderen ausüben lassen. Es gibt also keine Stimmrechtsvertretung für den Ausgeschlossenen.[163] Dadurch soll eine Umgehung des Stimmverbotes verhindert werden.[164] Verbotswidrig abgegebene Stimmen sind gemäß § 134 BGB nichtig. § 142 Abs. 1 S. 2 AktG erweitert und konkretisiert das Stimmverbot für Verwaltungsmitglieder im Hinblick auf Beschlussfassungen über Sonderprüfungen. Wenn sich die Sonderprüfung auf Vorgänge erstrecken soll, die in Zusammenhang mit der Entlastung von Organmitgliedern stehen oder Bezug zu einem Rechtsstreit mit einem Organmitglied haben, sind sämtliche Mitglieder von Vorstand und Aufsichtsrat ohne Rücksicht auf ihre konkrete Betroffenheit von der Ausübung des Stimmrechts ausgeschlossen. Aus den geschilderten Einzelfällen kann nicht auf ein generelles Stimmverbot bei Interessenkollisionen geschlossen werden. Sie sind vielmehr als Eingriffe in das Stimmrecht, das immer mit individuellen, nicht notwendig dem Gesellschaftsinteresse entsprechenden Interessen verbunden ist, eng auszulegende Ausnahmen.[165]

b) *Bewegliche Stimmrechtsschranken*

Die eben dargestellten Stimmverbote untersagen die Stimmabgabe unabhängig von den Umständen des konkreten Einzelfalles. Es ist in diesen Fällen also irrelevant, wie der von der Stimmrechtsausübung ausgeschlossene Aktionär tatsächlich

---

162 *Hüffer*, Aktiengesetz, § 136 Rdn. 1; *Volhard*, in: MünchKomm AktG, § 136 Rdn. 1, 5.
163 *Volhard*, in: MünchKomm AktG, § 136 Rdn. 27ff.
164 *Hüffer*, Aktiengesetz, § 136 Rdn. 7.
165 So auch *Butzke*, in: Obermüller/Werner/Winden, Die Hauptversammlung, 175.

abgestimmt hätte. Daneben gibt es im deutschen Aktienrecht aber auch sog. bewegliche Stimmrechtsschranken, unter deren Blickwinkel man eine zunächst gestattete Stimmabgabe im Nachhinein gerichtlich überprüfen lassen kann.[166] Die bedeutsamste unter den beweglichen Stimmrechtsschranken ist heute die Treuepflicht des Aktionärs.[167] Außerdem unterliegt der Aktionär bei der Stimmrechtsausübung der Bindung an die guten Sitten, dem Verbot der Verfolgung von gesellschaftsfremden Sondervorteilen, dem Gleichbehandlungsgrundsatz sowie der Bindung an den Verbandszweck.[168] Während die starren Schranken in konkreten Tatbestandsmerkmalen ausformuliert sind, sind die Konflikte, die über bewegliche Stimmrechtsschranken gelöst werden, gesetzlich nicht eindeutig umrissen. Für die beweglichen Stimmrechtsschranken ist daher charakteristisch, dass jeweils auf die konkreten Umstände des Einzelfalles abgestellt wird und die Bandbreite möglicher Rechtsfolgen unbestimmt und offen ist.[169] Die mangelnde gesetzliche Regelung bringt allerdings auch eine Gefahr für die Rechtssicherheit mit sich, gerade in einem so hoch entwickelten Organisationsrecht wie dem deutschen Aktienrecht.[170] Auch ist insbesondere die Treuepflicht in der Praxis ein durchaus missbrauchsanfälliges Instrument.[171] Bei der Anwendung dieser richterrechtlichen Generalklausel dürfen keinesfalls aktiengesetzliche Einzelregelungen unterlaufen werden, sondern allenfalls in Randzonen modifiziert werden. Wo das Gesetz eine abschließende Regelung treffen will, bleibt für Lösungsansätze unter dem Gesichtspunkt der Treuepflicht schlicht kein Raum.[172] Obwohl mit den beweglichen Stimmrechtsschranken gegebenenfalls größere Einzelfallgerechtigkeit erzielt werden kann, sollte ihre Heranziehung daher dennoch auf enge Ausnahmefälle begrenzt bleiben.[173]

Seit der „Linotype"-Entscheidung des BGH[174] ist in der Rechtsprechung und Literatur grundsätzlich anerkannt, dass das Stimmrecht der Aktionäre als gesellschaftsbezogenes[175] Mitgliedsrecht einer mitgliedschaftlichen Treubindung sowohl gegenüber der Gesellschaft, als auch gegenüber den anderen Aktionären

---

166 *Grundmann*, Der Treuhandvertrag, 251–254; *Zöllner*, Schranken mitgliedschaftlicher Stimmrechtsmacht, 1964, 1; *ders.*, KölnKomm AktG, § 134 Rdn. 121.

167 *Bungeroth*, in: MünchKomm AktG, vor § 53 a Rdn. 17–33; *Hüffer*, AktG, § 53 a Rdn. 13–22; Näher dazu sogleich.

168 Ausführlich *Zöllner*, in: KölnKomm AktG, § 134 Rdn. 121–126 m.w.N.

169 *Grundmann*, Der Treuhandvertrag, 251; *Marsch-Barner*, ZIP 1996, 853 (854). Als Rechtsfolgen kommen bspw. die Unwirksamkeit der abgegebenen Stimme, die Unwirksamkeit des gesamten Beschlusses, eine Schadensersatzpflicht oder aber eine positive Stimmpflicht in Betracht.

170 *Bungeroth*, in: MünchKomm AktG, vor § 53 a Rdn. 25; *Röhricht*, in: Hommelhoff/Hopt/von Werder (Hrsg.), Handbuch Corporate Governance, 2003, 513 (515).

171 *Bungeroth*, in: MünchKomm AktG, vor § 53 a Rdn. 25.

172 *Windbichler*, in: Henze/Timm/Westermann (Hrsg.), RWS-Forum Gesellschaftsrecht, 23 (28); vgl. auch *Marsch-Barner*, ZHR 157 (1993), 172 (177 f); zur hohen Regelungsdichte ferner *Röhricht*, in: Hommelhoff/Hopt/von Werder (Hrsg.), Handbuch Corporate Governance, 2003, 513 (528 f).

173 Kritisch zur subsidiären Anwendung und für eine Ausweitung jüngst *Wackerbarth*, ZGR 2005, 686 (720–725).

174 BGHZ 103, 184; bestätigt durch BGH NJW 1992, 3167, 3171; BGH 127, 107, 111 („BMW"); BGHZ 129, 136, 142 f („Girmes").

175 Im Gegensatz zu den eigennützigen Mitgliedsrechten wie z. B. das Dividendenrecht.

unterliegt.[176] In dem der „Linotype"-Entscheidung zugrunde liegenden Sachverhalt hatte die Mehrheitsgesellschafterin, die über 96% des Aktienkapitals verfügte, in der Hauptversammlung die Auflösung der Gesellschaft beschlossen, um im Zuge der Liquidation wesentliche Teile des Unternehmens erwerben zu können. Da die geplanten Erwerbsvorgänge durch eingehende Absprachen mit dem Vorstand vorbereitet worden waren, besaß keiner der Minderheitsaktionäre die Chance, die betroffenen Unternehmensteile selbst zu erwerben. Darin sah der Bundesgerichtshof eine Verletzung der Treuepflicht durch die Mehrheitsgesellschafterin.

Während die dogmatische Einordnung der Treuepflicht nach wie vor stark umstritten ist,[177] lässt sich ihr Inhalt nach dem gegenwärtigen Diskussionsstand wie folgt zusammenfassen: Die Treuepflicht verpflichtet den Aktionär zu einem mindestens loyalen Verhalten gegenüber der Gesellschaft und dem von ihr verkörperten satzungsmäßigen Zweck sowie zu einer den Umständen nach angemessenen Rücksichtnahme auf die gesellschaftsrechtlich vermittelten Interessen der Mitaktionäre bei Ausübung seines Stimmrechts. Die treuepflichtwidrig ausgeübte Stimme ist nichtig und bei der Ermittlung des Abstimmungsergebnisses grundsätzlich nicht mitzuzählen.[178] Nach vorzugswürdiger dogmatischer Begründung sind Treuepflichten nämlich eine der Mitgliedschaft und den aus ihr fließenden Rechten immanente Schranke, durch die auch das Stimmrecht begrenzt werde.[179] Eine Überschreitung dieser Schranke stellt eine unzulässige Rechtsausübung dar, die vom Stimmrecht nicht mehr gedeckt ist und dementsprechend zur Nichtigkeit der abgegebenen Stimme führt. In der Praxis wird diesem Grundsatz allerdings nur in Ausnahmefällen Bedeutung zukommen, nämlich bei Treuepflichtverstößen, die so klar erkennbar sind, dass der Versammlungsleiter auch unter den besonderen Bedingungen der Hauptversammlung ein zuverlässiges Urteil gewinnen kann.[180] Sind pflichtwidrig abgegebene Stimmen mitgezählt worden, so ist ein

---

176 Statt vieler *Bungeroth*, in: MünchKomm AktG, vor § 53a Rdn. 18 sowie *Hüffer*, AktG, § 53a Rdn. 14 (jeweils mit zahlreichen weiteren Nachweisen); monographisch *Stelzig*, Zur Treuepflicht des Aktionärs unter besonderer Berücksichtigung ihrer geschichtlichen Entwicklung, 2000; aktuell und instruktiv auch *Röhricht*, in: Handbuch der Corporate Governance, 513ff.

177 Statt vieler *Bungeroth*, aaO; *Hüffer*, AktG, § 53a Rdn. 15 jeweils m.w.N.; umfassender Überblick über den Meinungsstand bei *Grundmann*, Der Treuhandvertrag, Teil 2 § 4 (133ff). Der BGH hat bisher zur Frage der gesetzlichen Grundlage der Treuepflicht im Aktienrecht noch nicht Stellung genommen, *Henze*, BB 1996, 489 (491).

178 HM, *Beckerhoff*, Treupflichten bei der Stimmrechtsausübung und Eigenhaftung des Stimmrechtsvertreters, 82–87; *Bungeroth*, in: MünchKomm AktG, vor § 53a Rdn. 32; *Hüffer*, Aktiengesetz, § 54 Rdn. 22; ebenso für offensichtlich treuwidrige Stimmrechtsausübung *Marsch-Barner*, ZHR 157 (1993), 172 (189); ebenso BGHZ 102, 172 (176f) für eine Publikumspersonengesellschaft; BGH NJW 1991, 846 und ZIP 1993, 1228 (1230) für die GmbH; OLG Düsseldorf AG 1996, 373 (375); OLG Stuttgart AG 2000, 369 (371); aA *Windbichler*, in: Henze/Timm/Westermann (Hrsg.), Gesellschaftsrecht, 23 (38f).

179 So bereits *Zöllner*, Schranken mitgliedschaftlicher Stimmrechtsmacht, 1964, 366.

180 *Bungeroth*, in: MünchKomm AktG, vor § 53a Rdn. 32; *Hüffer*, Aktiengesetz, § 130 Rdn. 22; *Marsch-Barner*, ZHR 157 (1993), 172 (189). Es gilt also: der Versammlungsleiter ist berechtigt, die Stimmabgabe auf ihre Gültigkeit (Vereinbarkeit mit der Treuepflicht) hin zu prüfen und eine nichtige Stimme ggf. nicht zu berücksichtigen, während eine Pflicht zur Zurückweisung der Stimme nur bei ganz offensichtlicher Ungültigkeit zu bejahen ist.

darauf beruhender Beschluss anfechtbar,[181] wobei in manchen Fällen zugleich mit der Anfechtungsklage ein Antrag auf positive Beschlussfeststellung möglich sein muss.[182] In engen Ausnahmefällen kann die Treuepflicht sogar gebieten, sich nicht nur der Stimme zu enthalten, sondern einem Beschluss vielmehr zuzustimmen (positive Stimmpflicht).[183]

Die Treuepflicht des Aktionärs *gegenüber der Gesellschaft* beschränkt den Aktionär nur in Hinblick auf solche Beschlussfassungen, die Gesellschaftszweck und Unternehmensziel betreffen.[184] Hier darf der Aktionär nicht rein eigennützig abstimmen.[185] Die Treuepflicht gegenüber der AG wird vor allem im Zusammenhang mit Sanierungsfällen diskutiert. So hat der BGH in der „Girmes"-Entscheidung ausgeführt, dass die Treuepflicht es dem einzelnen Aktionär verbiete, eine zur Vermeidung des Zusammenbruchs der AG erforderliche, sinnvolle und mehrheitlich angestrebte Sanierungsmaßnahme aus eigensüchtigen Gründen zu verhindern.[186] Im konkreten Fall angesprochen waren Minderheitsaktionäre, die dank einer Bündelung ihrer Stimmen über eine Sperrminorität in der Hauptversammlung verfügten. Allerdings hat das Gericht dieses Verbot ausdrücklich nur als Ausfluss der Treuepflicht gegenüber den Mitaktionären gesehen und eben nicht als Konsequenz einer Treuepflichtbindung gegenüber der Gesellschaft.[187] Andere wollen demgegenüber vor dem Hintergrund möglicher Schadensersatzansprüche in diesem Fall auch eine Verletzung der Treuepflicht gegenüber der Gesellschaft annehmen.[188]

Die besondere Treubindung der Aktionäre *untereinander* führt grundsätzlich dazu, dass auf die gesellschaftsbezogenen Belange der Mitgesellschafter bei der Stimmrechtsausübung Rücksicht zu nehmen ist. Primär geht es hierbei um eine Kontrolle der Einwirkungsmöglichkeiten, die der Mehrheit kraft ihrer Stimmrechtsmacht gegenüber der Minderheit zur Verfügung stehen.[189] Das Konzept der Treupflicht des Mehrheitsaktionärs ist aufgrund der Beteiligungsstrukturen in deutschen Aktiengesellschaften konzeptionell von nicht zu unterschätzender Bedeutung, da die Anteilseignerstruktur hier von einer hohen Konzentration des

---

181 BGHZ 103, 184 (193) „Linotype"; BGHZ 142, 167 (169f) „Hilgers AG".
182 *Windbichler*, in: Henze/Timm/Westermann (Hrsg.), Gesellschaftsrecht, 23 (40).
183 Vgl. BGHZ 129, 136 (142f) „Girmes"; *Raiser*, Recht der Kapitalgesellschaften, § 12 Rdn. 51 und § 28 Rdn. 44.
184 So bspw. bei Abstimmungen nach § 119 Abs. 2 AktG über eine Geschäftsführungsangelegenheit, *Henze*, BB 1996, 489 (493).
185 Anders bei Beschlussgegenständen, die nur die Beziehungen der Gesellschafter zur AG betreffen, bspw. beim Gewinnverwendungsbeschluss, *Henze*, BB 1996, 489 (493).
186 BGHZ 129, 136 (152); dazu *Flume*, ZIP 1996, 161; *Marsch-Barner*, ZIP 1996, 853.
187 BGHZ 129, 136 (152 und 166). Vgl. auch *Butzke*, in: Obermüller/Werner/Winden, Die Hauptversammlung, 183, der der Treuepflicht gegenüber der Gesellschaft bei der Stimmrechtsausübung keine besondere Bedeutung beimisst.
188 *Bungeroth*, in: MünchKomm AktG, vor § 53a Rdn. 30; für einen Schadensersatzanspruch der AG auch *Hüffer*, AktG, § 53a Rdn. 19.
189 So zusammenfassend *Hüffer*, AktG, § 53a Rdn. 17 m. w. N.; kritisch zu diesem Ansatz als alleiniges Begründungsmodell für die gesellschaftsrechtliche Treuepflicht und differenzierend im Hinblick auf die Entscheidungspositionen *Grundmann*, Der Treuhandvertrag, 140–145 und 269–278.

Aktienbesitzes geprägt ist.[190] In über 80% aller deutschen börsennotierten Gesellschaften hält ein Aktionär mehr als ein Viertel der stimmberechtigten Aktien.[191] Diese Mehrheitsaktionäre sind aufgrund ihrer Machtstellung in der Lage, entscheidenden Einfluss auf das Schicksal der AG und auf die Interessen der Minderheitsaktionäre auszuüben.[192] Insbesondere besteht die Gefahr von Vermögensverschiebungen von der Gesellschaft hin zum Hauptaktionär, der mit dem Rechtsinstitut der Treuepflicht konzeptionell begegnet werden kann.[193] Daher muss der Mehrheitsgesellschafter zumindest in Bezug auf Entscheidungspositionen, die zur Veränderung der zwischen den Gesellschaftern bestehenden Verteilungsquote eingesetzt werden können, einer qualifizierten Treubindung unterliegen.[194] Die Treuepflicht des Mehrheitsaktionärs kann damit konzeptionell ein Instrument zum Schutz der Kleinanleger vor beherrschenden Aktionären darstellen.[195] Allerdings wird sie in diesem Zusammenhang von der Rechtsprechung lediglich als ein „Reserveinstrumentarium" angesehen, das eingreift, wenn und soweit das geschriebene Recht nicht ausreicht, um missbräuchlicher Stimmrechtsausübung des Mehrheitsgesellschafters zu Lasten der Minderheit zu begegnen.

Neben dem Mehrheitsgesellschafter kann auch eine Minderheit der Aktionäre nach Ansicht des BGH in der „Girmes"-Entscheidung bei ihrer Stimmrechtsausübung durch Treuepflichten begrenzt sein, wenn sie ausnahmsweise in eine kontrollbedürftige Einflussposition gelangt ist.[196] Der argumentative Ansatz des BGH lag hier ebenfalls in einem Missbrauch der Stimmrechtsmacht, so dass Teile der Literatur anstelle der Heranziehung der Treuepflicht zwischen den Aktionären eine Verurteilung bspw. aus § 826 BGB präferiert hätten.[197] Richtig ist, dass jede rechtsmissbräuchliche Ausübung des Stimmrechts stets die Voraussetzungen der Verletzung einer aktienrechtlichen Treuepflicht erfüllt.[198] Auch das Reichsgericht hatte vor Anerkennung der Treuepflicht im Aktienrecht Konflikte zwischen Aktionären und der Verwaltung bzw. der Aktionäre untereinander lediglich nach

190 Vgl. die Zahlen bei *Baums*, in: Baums/Wymeersch (Hrsg.), Shareholder Voting Rights in Europe, Germany, 109 (113), und *Wackerbarth*, ZGR 2005, 686 (694 Tabelle 3 e) sowie die Ausführungen unten in Kap. 4 II.

191 *Franks/Mayer*, in: Chew (Hrsg.), Studies in International Corporate Finance and Governance Systems, 281 (283 und Fig. 3).

192 *Bungeroth*, in: MünchKomm AktG, vor § 53 a Rdn. 21; *Marsch-Barner*, ZHR 157 (1993), 172 (176).

193 Vgl. BGHZ 103, 184 („Linotype").

194 So zutreffend *Grundmann*, Der Treuhandvertrag, 272; siehe bspw. zur materiellen Beschlusskontrolle bei Ausschluss des Bezugsrechts bei Kapitalerhöhung bereits – lange vor „Linotype" – BGHZ 71, 40 (44) („Kali und Salz").

195 Ausführlich zur Kontrolle des Mehrheitsaktionärs als wichtiger Bestandteil guter Corporate Governance *Wackerbarth*, ZGR 2005, 686 ff; siehe in diesem Zusammenhang auch *Röhricht*, in: Hommelhoff/Hopt/von Werder (Hrsg.), Handbuch Corporate Governance, 2003, 513 (525–531).

196 BGHZ 129, 136, 143 ff (Einflussposition durch Innehalten einer Sperrminorität); dazu kritisch *Flume*, ZIP 1996, 161; *Marsch-Barner*, ZIP 1996, 853; *ders.*, ZHR 157 (1993), 172 (174).

197 So *Hüffer*, Aktiengesetz, § 53 a Rdn. 20 b; vgl. auch *Flume*, ZIP 1996, 161.

198 Ebenso *Henze*, BB 1996, 489 (494 m. w. N.); zum Meinungsstand *Stelzig*, Zur Treuepflicht des Aktionärs unter besonderer Berücksichtigung ihrer geschichtlichen Entwicklung, 130–143.

§§ 826 und 242 BGB beurteilt.[199] Angesichts der Sachverhalte, die den bisherigen Urteilen zur Treuepflicht zugrunde lagen, lässt sich festhalten, dass es sich bei der aktienrechtlichen „Treue*pflicht*" weniger um eine Treuepflicht im engeren Sinn, die die Pflichten der anderen Seite in den Vordergrund stellt,[200] als vielmehr um ein Instrument zur Spezifizierung rechtsmissbräuchlichen Verhaltens von Aktionären handelt.[201]

6) Stimmbindung

Will der Aktionär seine Stimmrechtsmacht steigern, ohne aber seinen Kapitaleinsatz zu erhöhen, so kann er sich unter den Mitaktionären Verbündete suchen und die Ausübung der Stimmrechte koordinieren. Im deutschen Recht ist es allgemein anerkannt, dass Aktionäre zumindest gegenüber ihren Mitaktionären wirksam Stimmbindungsvereinbarungen eingehen können.[202] Die prinzipielle Zulässigkeit von Abstimmungsvereinbarungen ist Ausdruck der Abstimmungsfreiheit des Aktionärs.[203] Das AktG erwähnt die Zulässigkeit solcher Stimmbindungen zwar nicht explizit, geht aber in den §§ 136 Abs. 2, 405 Abs. 3 Nr. 6 und 7 davon aus.[204] Ebenso ist eine Stimmbindung gegenüber außerhalb der Gesellschaft stehenden Dritten nach wohl überwiegender Meinung grundsätzlich zulässig.[205] Auch bei einer Stimmbindung gegenüber Nichtaktionären übt der Aktionär sein Stimmrecht schließlich noch selbst aus, so dass kein Verstoß gegen das Abspaltungsverbot vorliegt.[206] Allerdings werden teilweise Einschränkungen der Zulässigkeit für satzungs- oder strukturändernde Beschlüsse gemacht.[207] Zwischen Aktionären und

---

199 *Raiser*, Recht der Kapitalgesellschaften, § 12 Rdn. 44 mit Rechtsprechungsnachweisen in Fn. 45.

200 Zur Unterscheidung zwischen der Treupflicht im engeren Sinne (treuhandspezifische Hauptpflicht) und der Treupflicht im weiteren Sinne *Grundmann*, Der Treuhandvertrag, 166–191.

201 Vgl. auch *Marsch-Barner*, ZIP 1996, 853 (857), zu „Girmes" („Das Stimmverhalten des Beklagten hätte deshalb vom BGH statt als treuwidrig auch als rechtsmißbräuchlich qualifiziert werden können").

202 Grundsatzurteil des BGH vom 29. Mai 1967 zur Stimmbindung unter Gesellschaftern, BGHZ 48, 163, 166ff; ferner *Hüffer*, Aktiengesetz, § 133 Rdn. 27; *Lutter/Grunewald*, AG 1989, 109 (110); *Rodemann*, Stimmbindungsvereinbarungen im Aktienrecht, 25; *Schroer*, in: MünchKomm AktG, § 136 Rdn. 61; *Vavrovsky*, Stimmbindungsverträge im Gesellschaftsrecht, 1998, 116; *Zöllner*, in: KölnKomm AktG, § 136 Rdn. 84 jeweils m. w. N.

203 *Rodemann*, 25 f; *Schroer*, in: MünchKomm AktG, § 136 Rdn. 61.

204 *Hüffer*, Aktiengesetz, § 133 Rdn. 27; *Raiser*, Kapitalgesellschaften, § 16 Rdn. 90; *Schroer*, in: MünchKomm AktG, § 136 Rdn. 56.

205 *Schroer*, in: MünchKomm AktG, § 136 Rdn. 56; *Zöllner*, in: KölnKomm AktG, § 136 Rdn. 93; ders. in ZHR 155 (1991) 168 (180f); vgl. auch BGH ZIP 1983, 432 (432f), WM 1987, 10 (11); WM 1987, 71 (71), allerdings sämtlich für die GmbH; dagegen *Hüffer*, Aktiengesetz, § 133 Rdn. 27. Guter Überblick über den aktuellen Streitstand bei *Rodemann*, Stimmbindungsvereinbarungen im Aktienrecht, 38 ff m. w. N.

206 So auch *Schroer*, in: MünchKomm AktG, § 136 Rdn. 68; zum Abspaltungsverbot siehe oben Teil 1 Kap. 1 I 2.

207 So *Lutter/Grunewald*, AG 1989, 109 (110); *Priester*, in: FS Werner, 1984, 657, (671 f); vgl. auch *Schroer*, in: MünchKomm AktG, § 136 Rdn. 56, der sie zumindest für „kritisch" erachtet; ablehnend dazu mit überzeugender Argumentation *Zöllner*, ZHR 155 (1991) 168, 181 f. Allerdings lassen selbst diejenigen, die eine Stimmrechtsbindung gegenüber Dritten für unzulässig halten, eine Ausnahme der Gesellschaft sind Stimmbindungsvereinbarungen nur in sehr begrenztem Umfang möglich. Das Gesetz untersagt nämlich in § 136 Abs. 2 AktG Vereinbarungen, durch die ein Aktionär sein Abstimmungsverhalten nach Weisungen der Gesellschaft oder ihrer Organe oder abhängigen Gesellschaft ausrichtet oder sich verpflichtet, für die jeweiligen Vorschläge der Verwaltung zu stimmen. Damit soll verhindert werden, dass die Verwaltung ungebührlichen Einfluss auf die Willensbildung der Hauptversammlung nimmt.[208] Aktionäre können zwar Mitglied des Vorstands oder des Aufsichtsrates sein, die Ausübung der Aktionärsrechte in der Hauptversammlung soll aber unabhängig von Verwaltungsinteressen erfolgen. In der gesetzlichen Konzeption ist die Hauptversammlung nämlich das Organ der Aktionäre in ihrer Rolle als Kapitalgeber, die durch Verwaltungseinfluss nicht verwässert werden soll. Vereinbarungen mit der Gesellschaft sind also nur zulässig, solange der Aktionär im Hinblick auf seine Willensbildung nicht unter den bestimmenden Einfluss der Verwaltung gerät. Dies ist nicht der Fall bei einer ad hoc-Stimmbindung bezüglich eines einzelnen, fest umrissenen Beschlussgegenstandes, so dass in diesem Fall auch nicht von einer Abstimmung „nach Weisung" gesprochen werden kann, da der Aktionär lediglich seine freie Abstimmungsentscheidung auf den Zeitpunkt der Stimmbindung vorverlegt.[209]

Im Übrigen unterliegen alle Stimmbindungsvereinbarungen gewissen Beschränkungen. So kann der Gesellschafter durch eine Stimmbindungsvereinbarung nicht dazu verpflichtet werden, für einen gesetz- oder satzungswidrigen Beschluss zu stimmen.[210] Nichtig ist auch die Verpflichtung, unter Verletzung der gesellschaftsrechtlichen Treuepflicht abzustimmen.[211] Ein Stimmrechtsvertrag darf ferner nicht zur Umgehung eines gesetzlichen Stimmverbotes führen.[212] Dies wäre der Fall, wenn sich ein Aktionär in einem Stimmrechtsvertrag verpflichtet, nach Weisung eines anderen Mitaktionärs abzustimmen, der selbst einem Stimmverbot aus § 136 Abs. 1 AktG unterliegt. Auf diese Weise würde nämlich der weisungsberechtigte, einem Stimmverbot unterliegende Aktionär dennoch Einfluss auf die Willensbildung der Gesellschaft gewinnen. Die Ausübung des Stimmrechts nach den Weisungen der von der Abstimmung ausgeschlossen Person ist dann nach § 134 BGB nichtig.[213] Eine Stimmbindung darf auch grundsätzlich nicht zur Umgehung von statutarischen Stimmkraftbeschränkungen führen.[214] Solche Beschränkungen

---

für das Treuhandverhältnis zu, wo der so genannte Dritte in Wahrheit der echte Gesellschafter ist; *Flume*, Die juristische Person, 1983, 240ff, 243f.

208 *Hüffer*, Aktiengesetz, § 136 Rdn. 2; *Schroer*, in: MünchKomm AktG, § 136 Rdn. 71.

209 So zutreffend *Rodemann*, Stimmbindungsvereinbarungen im Aktienrecht, 42f; anders *Schroer*, in: MünchKomm AktG, § 136 Rdn. 77.

210 *Rodemann*, Stimmbindungsvereinbarungen im Aktienrecht, 59; *Schroer*, in: MünchKomm AktG, § 136 Rdn. 62.

211 *Hüffer*, Aktiengesetz, § 133 Rdn. 28; *Raiser*, Kapitalgesellschaften, § 16 Rdn. 78; *Lutter/Grunewald*, AG 1989, 109 (111); *Schroer*, in: MünchKomm AktG, § 136 Rdn. 62.

212 *Hüffer*, Aktiengesetz, § 133 Rdn. 28; *Rodemann*, Stimmbindungsvereinbarungen im Aktienrecht, 176; *Schroer*, in: MünchKomm AktG, § 136 Rdn. 63–65.

213 RGZ 85, 170 (173f); BGHZ 48, 163 (166f); *Hüffer*, Aktiengesetz, § 133 Rdn. 28.

214 So *Baums*, AG 1990, 221 (225); *Rodemann*, Stimmbindungsvereinbarungen im Aktienrecht, 176; *Schneider*, AG 1990, 56 (60).

können in Form von Höchststimmrechtsregelungen in nicht-börsennotierten Gesellschaften gegeben sein. Eine Umgehungsgefahr besteht beispielsweise, wenn ein Gesellschafter durch Stimmverträge so viele andere Gesellschafter dauerhaft an seine Weisung bindet, dass er insgesamt die Ausübung von mehr als den einzelnen zugestandenen Stimmen kontrolliert.[215] Nach hM soll das bloße Bestehen eines Stimmbindungsvertrages allein aber noch keine Umgehung der Stimmrechtsbeschränkung darstellen,[216] es sei denn, in der Satzung ist in analoger Anwendung der § 134 Abs. 1 S. 3 und 4 AktG etwas anderes geregelt (Bestehen eines Stimmbindungsvertrages als Zurechnungstatbestand bei der Berechnung des Höchststimmrechts).[217] Aber auch ohne entsprechende Satzungsbestimmung soll eine Zurechnung der weisungsgebundenen Stimmen zu den eigenen Stimmen des Aktionärs dann erfolgen dürfen, wenn im Einzelfall eine Umgehungsabsicht gegeben ist, was vordringlich bei isolierten Stimmbindungsvereinbarungen der Fall sein wird.[218] Eine Stimmbindung zur Umgehung statutarischer Stimmkraftbeschränkungen führt aber in diesem Fall sinnvollerweise nicht zur Nichtigkeit aller gebunden ausgeübten Stimmen, sondern lediglich zur Zurechnung dieser Stimmen, so dass sie zumindest bis zur Grenze des Höchststimmrechtes wirksam ausgeübt werden können. Schließlich ist die Zulässigkeit der Stimmbindung bei vinkulierten Namensaktien eingeschränkt, damit der Sinn und Zweck des Zustimmungsvorbehalts der Gesellschaft nicht im Hinblick auf die Ausübung des Stimmrechts umgangen werden kann.[219] Daher ist der Stimmbindungsvertrag eines Inhabers von vinkulierten Namensaktien mit einem Gesellschaftsfremden unwirksam, wenn die zur Übertragung auf diesen Außenstehenden erforderliche Zustimmung der Gesellschaft nicht erteilt ist.

Der Stimmenverkauf, also die Bindung der eigenen Stimme gegen Entgelt, ist im deutschen Aktienrecht nicht zulässig. Wer „besondere Vorteile als Gegenleistung dafür fordert, sich versprechen lässt oder annimmt, dass er bei einer Abstimmung in der Hauptversammlung [...] nicht oder in einem bestimmten Sinne stimme" handelt gemäß § 405 Abs. 3 Nr. 6, Abs. 4 AktG ordnungswidrig und kann mit einer Geldbuße von bis zu 25.000 Euro belegt werden. Gleiches gilt gemäß § 405 Abs. 3 Nr. 7, Abs. 4 AktG für den Stimmenkauf. Zweck des Verbotes ist die Vermeidung eines sachfremden und daher schädlichen Einflusses auf die Willensbildung der Gesellschafter.[220] Dies beruht auf dem Gedanken, dass der „gekaufte" Aktionär bei der Stimmrechtsausübung durch das Interesse des Vorteilsgebers geleitet wird und dass dieses Interesse in der Regel vom Gesellschaftsinteresse abweicht.[221]

---

215 *Rodemann*, Stimmbindungsvereinbarungen im Aktienrecht, 79.
216 *Baums*, AG 1990, 221 (225); *Hüffer*, Aktiengesetz, § 134 Rdn. 12; *Martens*, AG 1993, 495 (497f); *Volhard*, in: MünchKomm AktG, § 134 Rdn. 18.
217 *Volhard*, in: MünchKomm AktG, § 134 Rdn. 18; ausführlich zu dieser Frage *Martens*, AG 1993, 495 (498–502); *Rodemann*, Stimmbindungsvereinbarungen im Aktienrecht, 80f.
218 *Rodemann*, Stimmbindungsvereinbarungen im Aktienrecht, 81f; wohl aA *Martens*, AG 1993, 495 (498).
219 *Schroer*, in: MünchKomm AktG, § 136 Rdn. 65.
220 *Rodemann*, Stimmbindungsvereinbarungen im Aktienrecht, 61 m.w.N.
221 *Overrath*, Die Stimmrechtsbindung, 24f; *Schroer*, in: MünchKomm AktG, § 136 Rdn. 63.

Schließlich hat ein auf möglichst hohe Dividende und Wertzuwachs seiner Aktien bedachter Aktionär normalerweise ein eigenes Interesse am Wohl der Gesellschaft und übt daher sein Stimmrecht in ihrem Sinne aus. Eine für die Gesellschaft günstige Stimmabgabe könnte bei ihm daher durch bloße Aufklärung und Überzeugung erwirkt werden, ohne dass es der Zahlung eines Entgelts bedürfte. Das Erkaufen der Stimme rechtfertigt deshalb die Vermutung, dass die gekaufte Stimme inhaltlich nicht zum Wohl der Gesellschaft ausgeübt wird.

Eine zulässige Stimmbindung begründet die Pflicht des Gesellschafters, seine Stimme entsprechend dem Inhalt der jeweiligen Vereinbarung abzugeben. Da es sich bei einem Stimmbindungsvertrag jedoch um eine rein schuldrechtliche Vereinbarung handelt, die lediglich *inter partes* wirkt, ist die entgegen einer wirksamen Bindungsabrede abgegebene Stimme gleichwohl gültig und ein auf ihr beruhender Beschluss wirksam.[222] Der Anspruch auf die vereinbarte Stimmabgabe ist klagbar und vollstreckbar.[223] Gemäß § 21 Abs. 1 Nr. 3 i.V.m. Abs. 2 WpHG hat ein Aktionär einer börsennotierten Aktiengesellschaft der Gesellschaft das Bestehen einer Abstimmungsvereinbarung mitzuteilen, wenn die gebundenen zusammen mit seinen eigenen Stimmrechten die relevanten Schwellenwerte erreichen und sich die Vereinbarung auf die Geschäftsführung der Gesellschaft bezieht.

7) Gegenständliche Stimmrechtsmacht

Neben der Stimmkraft ist eine weitere bestimmende Komponente des Aktionärseinflusses der gegenständliche Umfang des Stimmrechts.[224] Der gegenständliche Umfang des Stimmrechts legt fest, welche Verbandsangelegenheiten stimmrechtlichem Einfluss unterliegen.[225] Das Organ, in dem die Aktionäre ihre Stimmrechte ausüben, ist gemäß § 118 Abs. 1 AktG die Hauptversammlung. Nach § 119 Abs. 1 AktG beschließt die Hauptversammlung in den im Gesetz und in der Satzung ausdrücklich bestimmten Fällen, über Fragen der Geschäftsführung allerdings grundsätzlich nicht. Nur der Vorstand kann insoweit eine Zuständigkeit der Hauptversammlung herbeiführen (§ 119 Abs. 2 AktG), was in der Praxis, jedenfalls bei Publikumsgesellschaften, kaum vorkommt.[226]

§ 119 Abs. 1 AktG enthält einen beispielhaften Katalog von Kompetenzen der Hauptversammlung. Dieser Zuständigkeitskatalog lässt sich in regelmäßig wiederkehrende Maßnahmen und Strukturmaßnahmen unterteilen.[227] Lediglich die Bestellung von Sonderprüfern – § 119 Abs. 1 Nr. 7 – ist ein Sonderfall, der sich

---

222 Vgl. oben Fn. 86.
223 BGHZ 48, 163, 169ff (zur GmbH); *Hüffer*, Aktiengesetz, § 133 Rdn. 28; *Schroer*, in: MünchKomm AktG, § 136 Rdn. 85.
224 *Zöllner*, Schranken mitgliedschaftlicher Stimmrechtsmacht, 1.
225 *Zöllner*, Schranken mitgliedschaftlicher Stimmrechtsmacht, 1; *ders.*, KölnKomm AktG, § 134 Rdn. 116.
226 *Raiser*, Recht der Kapitalgesellschaften, § 16 Rdn. 1.
227 *Hüffer*, Aktiengesetz, § 199 Rdn. 5 und 6; *Kubis*, in: MünchKomm AktG, § 119 Rdn. 10; *Raiser*, Recht der Kapitalgesellschaften. § 16 Rdn. 2.

nicht klassifizieren lässt. Zu den wiederkehrenden Maßnahmen gehört die praktisch wohl bedeutendste Kompetenz der Hauptversammlung im deutschen Recht: Die Wahl der Aufsichtsratsmitglieder der Anteilseigner, § 119 Abs. 1 Nr. 1 i.V.m. § 101 Abs. 1 AktG.[228] Die Hauptversammlung bestellt im deutschen Aktienrecht nur die Aufsichtsratmitglieder, nicht den Vorstand. Dieser wird seit 1937 zwingend durch den Aufsichtsrat bestellt, vgl. § 84 Abs. 1 S. 1 AktG. Korrespondierend dazu kann die Hauptversammlung die Vorstandsmitglieder auch nicht selbst durch Beschluss abberufen. Diese Aufgabe obliegt vielmehr ebenfalls dem Aufsichtsrat und ist gemäß § 84 Abs. 3 AktG nur bei Vorliegen eines wichtigen Grundes möglich. Allerdings erlangt die Hauptversammlung hier mittelbar Einfluss, indem der Vertrauensentzug durch einen Hauptversammlungsbeschluss im Gesetz ausdrücklich als wichtiger Grund aufgeführt wird, vgl. § 84 Abs. 3 S. 2 Var. 2. Neben dem Vertrauensentzug bedarf es dann für die Abberufung keiner weiteren Begründung, solange der Vertrauensentzug nicht offensichtlich auf unsachlichen Gründen beruht.[229] Der Hauptversammlungsbeschluss genügt auch dann, wenn das Vorstandsmitglied bei etwaigen Meinungsverschiedenheiten über wesentliche Unternehmensentscheidungen sogar objektiv im Recht sein mag.[230]

Die gegenständliche Stimmrechtsmacht kann ferner durch Bestimmungen des Mitbestimmungsgesetzes, des Mitbestimmungsergänzungsgesetzes oder des Betriebsverfassungsgesetzes eingeschränkt sein, nach denen ein Teil der Aufsichtsratsmitglieder von den Arbeitnehmern der Gesellschaft entsandt werden muss, §§ 101 Abs. 1 HS 2, 96 Abs. 1 AktG. So sieht das Mitbestimmungsgesetz für Aktiengesellschaften mit in der Regel mehr als 2000 Arbeitnehmern vor, dass sich der Aufsichtsrat hälftig aus Anteilseigner- und Arbeitnehmervertretern zusammensetzt, §§ 1, 7 MitbestG.[231] Der Aufsichtsrat von Aktiengesellschaften mit zwischen 500 bis 2000 Arbeitnehmern, die nicht der Montan-Mitbestimmung unterfallen, muss zu einem Drittel aus Arbeitnehmervertretern bestehen, § 76 Abs. 1 BetrVG 1952.[232] Im Anwendungsbereich des Montan-Mitbestimmungsgesetzes schließlich erfolgt eine paritätische Zusammensetzung plus eines „neutralen“ Mitgliedes, das auf Vorschlag der übrigen Aufsichtsratsmitglieder durch die Hauptversammlung gewählt wird, vgl. §§ 4, 8 Montan-Mitbestimmungsgesetz.[233] Im Hinblick auf das Kräfteverhältnis im mitbestimmten Aufsichtsrat ist anzumerken, dass das Mitbestimmungsgesetz im Falle von Meinungsverschiedenheiten zwischen den beiden Gruppen der Aufsichtsratmitglieder das Amt des Aufsichtsratsvorsitzenden zwingend der Anteilseignerseite zusichert, vgl. § 27 Abs. 2 S. 2.[234] Dies ist in-

---

228 *Kubis*, in: MünchKomm AktG, § 119 Rdn. 11; *Raiser*, Recht der Kapitalgesellschaften, § 16 Rdn. 3.
229 *Hüffer*, Aktiengesetz, § 84 Rdn. 29.
230 *Hüffer*, Aktiengesetz, § 84 Rdn. 29.
231 *Hüffer*, Aktiengesetz, § 96 Rdn. 5; *Raiser*, Mitbestimmungsgesetz, § 1 Rdn. 16 und § 7 Rdn. 1; *Semler*, in: MünchKomm AktG, § 96 Rdn. 9f.
232 *Hüffer*, Aktiengesetz, § 96 Rdn. 10f; *Semler*, in: MünchKomm AktG, § 96 Rdn. 26f.
233 *Hüffer*, Aktiengesetz, § 96 Rdn. 6 – 9; *Semler*, in: MünchKomm AktG, § 96 Rdn. 18–20.
234 *Gach*, in: MünchKomm AktG, § 27 MitbestG Rdn. 1; *Raiser*, Mitbestimmungsgesetz, § 27 Rdn. 13f.

soweit von erheblicher Bedeutung, als dem Vorsitzenden zur Auflösung von Pattsituationen ein Zweitstimmrecht bei Entscheidungen des Aufsichtsrats zukommt, § 29 Abs. 2 und § 31 Abs. 4.[235] Eine weitere Beschränkung der Hauptversammlungskompetenz zur Bestellung der Aufsichtsratmitglieder kann dadurch erfolgen, dass satzungsmäßig die Entsendung anstelle der Wahl für bestimmte Aufsichtsratmitglieder der Anteilseigner bestimmt ist, § 101 Abs. 1 S. 1 HS 2 Var. 1 AktG.

Weitere wiederkehrende Maßnahmen, über die die Hauptversammlung entscheiden darf, sind die Verwendung des Bilanzgewinnes, die Entlastung von Vorstand und Aufsichtsrat und die Bestellung des Abschlussprüfers, § 119 Abs. 1 Nr. 1 bis 4 AktG.[236] Gemäß § 174 Abs. 1 S. 2 AktG ist die Hauptversammlung allerdings bei ihrem Gewinnverwendungsbeschluss an den festgestellten Jahresabschluss gebunden und hat keine Möglichkeit, ihren Verteilungsspielraum zu erweitern. Die Genehmigung des vom Vorstand aufgestellten Jahresabschlusses obliegt aber gemäß § 172 AktG primär dem Aufsichtsrat. Nur im Ausnahmefall, wenn Vorstand und Aufsichtsrat dies gemeinsam beschließen, ist die Hauptversammlung auch hierfür zuständig, § 172 i.V.m. § 173 AktG.[237] Sofern Vorstand und Aufsichtsrat den Jahresabschluss feststellen – was in der Praxis in aller Regel der Fall ist – können sie bis zur Hälfte des Jahresüberschusses in andere Gewinnrücklagen einstellen, § 58 Abs. 2 S. 2 AktG.

Zu den Strukturmaßnahmen des § 119 Abs. 1 AktG zählen vor allem Satzungsänderungen (Nr. 5), die gemäß § 179 Abs. 2 AktG mindestens einer Mehrheit von drei Vierteln des bei der Beschlussfassung vertretenen Grundkapitals bedürfen. Weitere aufgeführte Maßnahmen sind die Kapitalbeschaffung und -herabsetzung (Nr. 6) sowie die Auflösung der Gesellschaft (Nr. 8).[238] § 119 Abs. 1 ist zwar zwingend, nennt jedoch die Kompetenzen der Hauptversammlung keineswegs abschließend. Insbesondere nach dem Umwandlungsgesetz fallen nämlich weitere wichtige Strukturmaßnahmen, wie die Zustimmung zur Verschmelzung und zur Vermögensübertragung sowie Umwandlungsbeschlüsse in die Zuständigkeit der Hauptversammlung, §§ 65, 73, 179a Abs. 1, 174, 226ff UmwG.[239] Dabei ist die Entscheidungszuständigkeit der Hauptversammlung im Falle der Kapitalerhöhung und -herabsetzung sowie für die Verschmelzung und die Spaltung europarechtlich zwingend vorgegeben: Für die Kapitalmaßnahmen in Art. 25 Abs. 1 und Art. 30 der sog. Kapitalschutzrichtlinie (zweite gesellschaftsrechtliche Richtlinie vom 13. Dezember 1976),[240] für die Verschmelzung in Art. 7 der sog. Verschmelzungs-

---

235 *Gach*, in: MünchKomm AktG, § 27 MitbestG Rdn. 1; *Raiser*, Mitbestimmungsgesetz, § 27 Rdn. 27, § 29 Rdn. 8 und § 31 Rdn. 17; *Semler*, in: MünchKomm AktG, § 108 Rdn. 117f.

236 *Kubis*, in: MünchKomm AktG, § 119 Rdn. 11.

237 Beziehungsweise wenn der Aufsichtsrat erklärt, er billige den Jahresabschluss nicht, §§ 171 Abs. 2 S. 4, 173 Abs. 1 Alt. 2 AktG.

238 *Kubis*, in: MünchKomm AktG, § 119 Rdn. 13.

239 Eine abschließende Aufzählung der Strukturmaßnahmen bei *Hüffer*, Aktiengesetz, § 119 Rdn. 7.

240 ABl. EG 1976 L 26/1, Änderung ABl. EG 1992 L 347/64.

richtlinie (dritte gesellschaftsrechtliche Richtlinie vom 9. Oktober 1978)[241] und für die Spaltung in Art. 5 der sog. Spaltungsrichtlinie (sechste gesellschaftsrechtliche Richtlinie vom 17. Dezember 1982).[242]

Außerhalb des § 119 AktG nennt das AktG noch zahlreiche weitere Fälle der Beschlusszuständigkeit: Verzicht und Vergleich über Ersatzansprüche (§§ 50, 93 Abs. 4, 116), Zustimmung zu Nachgründungsverträgen (§ 52), Beschlüsse über Vorbereitungshandlungen (§ 83 Abs. 1), Vertrauensentzug (§ 84 Abs. 3), Abberufung von Aufsichtsratsmitgliedern (§ 103 Abs. 1), Zustimmung zu Geschäften in den Fällen des § 111 Abs. 4, wenn der Vorstand es verlangt, Festsetzung der Aufsichtsratsvergütung (§ 113 Abs. 1 S. 2), Entscheidung über Geltendmachung von Ersatzansprüchen (§ 147), Verwendung des Ertrages aufgrund höherer Bewertung nach Sonderprüfung (§ 261 Abs. 3 S. 2), Bestellung anderer Abwickler als der Vorstandsmitglieder (§ 265 Abs. 2) und Abberufung von Abwicklern (§ 265 Abs. 5), Regelung ihrer Vertretungsmacht als sonst zuständige Stelle (§ 269 Abs. 2 und 3), Feststellung der Liquidationseröffnungsbilanz, der Liquidationsjahresabschlüsse sowie Entlastung von Abwicklern und Aufsichtsratsmitgliedern (§ 270 Abs. 2 S. 1).

Schließlich bestimmt § 119 Abs. 1 AktG, dass die Satzung weitere Beschlusszuständigkeiten durch ausdrückliche Bestimmung begründen kann. Die satzungsförmige Begründung von Hauptversammlungszuständigkeiten ist allerdings nur sehr beschränkt möglich, da die aktiengesetzliche Zuständigkeitsordnung weitestgehend zwingend ist, vgl. § 23 Abs. 5 S. 1 AktG. Keinesfalls kann die Satzung also ohne ausdrückliche gesetzliche Ermächtigung Zuständigkeiten des Vorstands oder des Aufsichtsrates auf die Hauptversammlung übertragen, bspw. die Feststellung des Jahresabschlusses oder die Wahl der Vorstandsmitglieder.[243] Als Beispiel einer gesetzlichen Ermächtigung erlaubt § 68 Abs. 2 S. 3 Fall 2 AktG statt des Vorstands die Hauptversammlung über die Zustimmung zur Übertragung vinkulierter Namensaktien entscheiden zu lassen. Weiterer Regelungsspielraum besteht daneben nur insoweit, als dass der Hauptversammlung in der Satzung die Einrichtung zusätzlicher Gremien ohne Organfunktion (bspw. Beiräte) sowie die Vergabe von Ehrenämtern in der Gesellschaft übertragen werden kann.[244] Andererseits kann die Hauptversammlung unter Umständen auch einige ihrer gesetzlich zugeschriebenen Kompetenzen auf die Verwaltung delegieren.[245] So kann die Hauptversammlung gemäß § 33 Abs. 2 WpÜG den Vorstand auf 18 Monate im Voraus zu Handlungen ermächtigen, die eigentlich in ihren Zuständigkeitsbereich fallen, um den Erfolg von Übernahmeangeboten zu verhindern.[246] Im aktuellen[247] deutschen Recht fehlt es der Hauptver-

---

241 ABl. EG 1978 L 222/11.
242 ABl. EG 1982 L 378/47.
243 *Hüffer*, Aktiengesetz, § 199 Rdn. 10; *Kubis*, in: MünchKomm AktG, § 119 Rdn. 17; *Raiser*, Recht der Kapitalgesellschaften, § 16 Rdn. 1.
244 *Mülbert*, in: GroßKomm AktG, § 119 Rdn. 36.
245 Freilich nur, wo dies gesetzlich ausdrücklich erlaubt ist, beispielsweise die Schaffung genehmigten Kapitals und die Ermächtigung zum Rückkauf eigener Aktien.
246 Ausführlich dazu *Hirte*, in: KölnKomm WpÜG, § 33 Rdn. 95–107.
247 Anders vor 1937.

sammlung an der allgemeinen Befugnis über die Zuständigkeiten innerhalb der Aktiengesellschaft zu entscheiden („Kompetenz-Kompetenz"). Deshalb wird sie auch nicht (mehr) als „oberstes" Organ der Aktiengesellschaft bezeichnet.[248]

Vor diesem Hintergrund verdient die Rechtsprechung des Bundesgerichtshofs zu den „ungeschriebenen" Mitwirkungsbefugnissen der Hauptversammlung besondere Beachtung. Im sog. „Holzmüller"-Urteil aus dem Jahre 1982[249] bejahte der BGH ein Erstarken der Vorlagemöglichkeit des Vorstands gemäß § 119 Abs. 2 AktG zu einer Vorlagepflicht bei Maßnahmen von herausragender Bedeutung.[250] Der BGH formulierte damals, dass es in einer Aktiengesellschaft grundlegende Entscheidungen gebe, die zwar durch die Außenvertretungsmacht des Vorstands, seine Geschäftsführungsbefugnisse und den Wortlaut der Satzung formal noch gedeckt seien, gleichwohl aber so tief in die Mitgliedsrechte der Aktionäre und deren im Anteilseigentum verkörpertes Vermögensinteresse eingriffen, dass der Vorstand vernünftigerweise nicht annehmen könne, er dürfe sie in ausschließlich eigener Verantwortung treffen ohne die Hauptversammlung zu beteiligen.[251] Im konkreten Fall ging es dabei um die Entscheidung zur Ausgliederung des wertvollsten, etwa 80% des Gesellschaftsvermögens ausmachenden Betriebsteils der Gesellschaft auf eine 100%ige Tochtergesellschaft.[252] Da die Aktionäre ihre Rechte hinsichtlich der in die Tochtergesellschaft ausgelagerten Unternehmenstätigkeit danach nur noch mittelbar ausüben konnten, hatte der Vorgang die Aktionärsrechte nach Auffassung des BGH erheblich geschwächt. In den beiden Entscheidungen vom 26. 4. 2004 in Sachen „Deutsche Gelatine Fabrik Stoess"[253] hat das Gericht dann noch einmal ausdrücklich festgestellt, dass eine die Zuständigkeit der Hauptversammlung begründende wesentliche Beeinträchtigung der Mitwirkungsbefugnisse der Aktionäre erst bei einer Maßnahme vorliegt, die in ihrer Bedeutung für die Gesellschaft die Ausmaße der Ausgliederung im „Holzmüller"-Fall erreicht.[254] Damit trat er insbesondere Ansätzen in der Rechtsprechung und der Literatur entgegen, die in der Folgezeit nach „Holzmüller" die Wesentlichkeitsschwelle deutlich niedriger angesetzt hatten,[255] und beschränkte die unge-

248 Vgl. *Mülbert*, in: GroßKomm AktG, vor § 118 Rdn. 3; *Siems*, Konvergenz der Rechtssysteme, 197 m. w. N. in Fn. 11.

249 BGHZ 83, 122; ausführlich *Hüffer*, Aktiengesetz, § 119 Rdn. 16 ff; *Kubis*, in: MünchKomm AktG, § 119 Rdn. 31 ff.

250 BGHZ 83, 122 (131 f).

251 Vgl. BGH 83, 122 (131).

252 Für genaue Zahlenangaben vgl. das Berufungsurteil des OLG Hamburg, ZIP 1980, 1000 (1005).

253 BGHZ 159, 30 = ZIP 2004, 993 ff und 1001 ff (Gelatine I und II).

254 Vgl. BGH ZIP 2004, 993 (998). Ferner hat sich der BGH in dieser Entscheidung für eine drei Viertel-Kapitalmehrheit als erforderliche Beschlussmehrheit ausgesprochen, BGH ZIP 2004, 993 (998).

255 Siehe als Beispiel die Entscheidung des LG Frankfurt, ZIP 1997, 1698 (1701) (Altana/Milupa), in der das Gericht in der Veräußerung des gesamten Vermögens einer Tochtergesellschaft einen „Holzmüller"-Fall gesehen hat, obwohl diese Veräußerung lediglich 23% der Konzernbilanz und einem Anteil am Konzernumsatz von ca. 30% entsprach; Beispiel übernommen von *Marsch-Barner*, „Zur „Holzmüller"-Doktrin nach „Gelatine", im Erscheinen; im Schrifttum wurden Schwellenwerte zwischen 10 und 50% genannt, *Fleischer*, NJW 2004, 2335 (2337).

schriebenen Mitwirkungsbefugnisse der Hauptversammlung auf enge Ausnahmefälle. Im Gegensatz zur „Holzmüller"-Entscheidung stützt der BGH in den „Gelatine"-Entscheidungen das Zustimmungserfordernis allerdings nicht mehr auf eine teleologische Reduktion des § 119 Abs. 2 AktG, sondern erklärt es schlicht zum Ergebnis einer offenen Rechtsfortbildung.[256] Die aufgestellten Grundsätze wurden kürzlich vom OLG Stuttgart[257] dahingehend konkretisiert, dass die Aktionäre primär vor einer Verkürzung ihrer Mitwirkungsrechte durch Mediatisierungseffekte geschützt werden sollen, nicht dagegen (kumulativ) vor einer Wertminderung ihrer Beteiligung.[258] Das OLG lehnte daher eine ungeschriebene Mitwirkungsbefugnis der Aktionäre für den Fall der bloßen Veräußerung von Beteiligungen der Gesellschaft durch den Vorstand prinzipiell ab, da es sich dabei lediglich um eine Veränderung des Bestands des Gesellschaftsvermögen handele.[259]

II. Frankreich

1) Rechtsquellen und aktienrechtlicher Reformprozess

In Frankreich existiert kein separates Gesetz für die Aktiengesellschaft (*la société anonyme*). Bis zum Jahre 2000 war das Recht der Aktiengesellschaft im Gesetz über die Handelsgesellschaften vom 24. Juli 1966[260] niedergelegt, welches inzwischen in den *Nouveau Code de Commerce*[261] integriert wurde und nunmehr dessen zweites Buch bildet.[262] Spezifische Vorschriften zur Aktiengesellschaft finden sich vor allem in den Artt. L. 225-1 bis 225-270 sowie in Artt. L. 228-1 ff C. com. Diese Vorschriften sind überwiegend satzungsfest ausgestaltet. Daneben finden sich weitere für diese Untersuchung relevante Regelungen in dem Dekret über die Handelsgesellschaften vom 23. März 1967.[263] Während mit der Verabschiedung des *Nouveau Code de Commerce* keine Änderungen des materiellen Rechts einher gingen,[264] wurde das französische Gesellschaftsrecht durch das Gesetz vom 15. Mai 2001 über „*Nouvelles Régulations Economiques*"[265] umfassend reformiert. Diese Reform orientierte sich an den französischen Regeln zur Corporate Governance,[266] deren Ziel

---

256 Vgl. BGH ZIP 2004, 993 (997) (Gelatine II).
257 Urteil vom 13. 7. 2005, AG 2005, 693 ff.
258 AG 2005, 693 (695).
259 AG 2005, 693 (695).
260 Gesetz Nr. 66-537.
261 Im Folgenden „C. com" abgekürzt.
262 Mittels der gesetzesvertretenden Verordnung (*Ordonnance*) Nr. 2000-912 vom 18. 9. 2000; Journal Officiel vom 21. 9. 2000, 14783.
263 Dekret Nr. 67-236. Im Folgenden „D. com" abgekürzt. Ein französisches *décret* ist vergleichbar mit einer von der Regierung erlassenen Rechtsverordnung des deutschen Rechts.
264 *Großerichter/Rageade*, RIW 2001, 771 (771).
265 In etwa: „Gesetz über neue wirtschaftliche Regulierungen", Gesetz Nr. 2001-420 vom 15. 5. 2001, Journal Officiel vom 15. 5. 2001, 7776 ff, im Folgenden „NRE" abgekürzt. Das Gesetz trat mit Erlass der Durchführungsverordnung am 3. Mai 2002 in Kraft.
266 Das Konzept der Corporate Governance wird im französischen Recht mit der Terminologie „*Le Gouvernement d'Entreprise*" bezeichnet.

insbesondere die Öffnung der Aktiengesellschaften für ausländische Investoren ist.[267] So wurden verschiedene Neuerungen eingeführt, um Aktionären, die nicht in Frankreich ansässig sind (sog. *actionnaires non-résidents*), die Stimmrechtsausübung zu erleichtern. Daneben wurde das Stimmrecht aller Aktionäre durch den Abbau bestimmter Hemmnisse und Erleichterungen bei der Ausübung weiter gestärkt. Schließlich erhielten die emittierenden Gesellschaften mit der *Ordonnance* Nr. 2004-604 vom 24. Juni 2004 weit reichende neue Kompetenzen zur Ausgestaltung des Aktionärsstimmrechts bei Vorzugsaktien. Diese Änderungen werden in der folgenden Untersuchung detailliert dargestellt und erläutert.[268]

2) Grundsätzliche Ausgestaltung des Stimmrechts

Art. L. 225-122 Abs. 1 S. 1 C. com bestimmt für die Aktiengesellschaft:"[...] *le droit de vote attaché aux actions est proportionnel à la quotité de capital qu'elles représentent* [...]". Das Stimmrecht des Aktionärs verhält sich proportional zu seiner Kapitalbeteiligung.[269] Außerdem muss jede Aktie grundsätzlich mindestens eine Stimme gewähren, Art. L. 225-122 Abs. 1 S. 1 HS 2 C. com.[270] Hat eine Gesellschaft Aktien mit verschiedenen Nennbeträgen ausgegeben, so gewährt demnach die Aktie mit dem kleinsten Nennwert eine Stimme.[271] Diesen Grundsätzen entgegenstehende Satzungsbestimmungen sind gemäß Art. L. 225-122 Abs. 1 S. 2 C. com unwirksam.[272] Damit herrscht im französischen Aktienrecht das strenge Prinzip „*à capital égale, droit de vote égal*", das nur durchbrochen werden darf, wenn das Gesetz es ausdrücklich zulässt.[273]

3) Überproportionales Stimmrecht

a) *Mehrstimmrechte*

Lange Zeit haben in Frankreich *actions à vote plural*, also Aktien mit einem Mehrfachstimmrecht, es bestimmten Gruppen von Aktionären (in der Regel den Grün-

---

267 *Le Cannu*, Droit des sociétés, Rdn. 783.

268 Zu den weiteren gesellschaftsrechtlichen Neuerungen des Gesetzes siehe *Storp*, RIW 2002, 409 ff.

269 *Charvériat/Couret*, Sociétés Commerciales 2005, Rdn. 10648; *Guyon*, Droit des affaires, Rdn. 307; *Le Cannu*, Droit des sociétés, Rdn. 871. Das „*principe de proportionnalité*" wurde im Grundsatz schon 1933 vom Gesetzgeber eingeführt, *Grundmann/Möslein*, ZVglRWiss 102 (2003), 289 (318).

270 *Charvériat/Couret*, Sociétés Commerciales 2005, Rdn. 10648; *Guyon*, Droit des affaires, Rdn. 307; *Le Cannu*, Droit des sociétés, Rdn. 871. Eine Ausnahme von diesem Grundsatz gilt nur für die stimmrechtslosen Vorzugsaktien, bei denen der Stimmrechtsverlust in der Sache selber liegt und die deswegen dennoch als Aktien betrachtet werden.

271 Stückaktien können im französischen Aktienrecht nicht ausgegeben werden.

272 *Mercadal/Janin*, Sociétés Commerciales 2000, Rdn. 10666.

273 *Charvériat/Couret*, Sociétés Commerciales 2005, Rdn. 10636. Hintergrund dafür sollen die Ideale der französischen Revolution sein, so *Cozian/Viandier/Deboissy*, Droit des sociétés, Rdn. 831, die mit Bezug auf den Proportionalitätsgrundsatz schreiben: „*L'idéal républicain (Liberté – Égalité – Fraternité) anime le droit des sociétés*".

dern) ermöglicht, die Kontrolle in der Hauptversammlung zu behalten.[274] Solche Aktien gewährten oft mehrere Dutzend Stimmen.[275] Seit 1933 sind Mehrfachstimmrechtsaktien im französischen Recht im Grundsatz abgeschafft. Durch das Gesetz vom 24. Juli 1966[276] wurde dieses Prinzip allerdings insoweit wieder durchbrochen, als dass eine spezielle Erweiterung des Stimmrechts zulässig ist: *Le vote double*, das Doppelstimmrecht. Gemäß Art. L. 225-123 darf die Satzung[277] Inhabern von vollständig eingezahlten Namensaktien, die mindestens zwei Jahre als Aktionäre im Aktienregister eingetragen sind, ein Doppelstimmrecht gewähren.[278] Nach dem Wortlaut („*au moins*") darf zwar auch eine längere Zeitspanne der Gesellschaftszugehörigkeit in der Satzung vorgeschrieben werden, bei börsennotierten Gesellschaften liegt die Höchstgrenze allerdings bei vier Jahren.[279] Das Doppelstimmrecht gilt prinzipiell für alle Hauptversammlungen und endet automatisch, wenn die betreffende Aktie in eine Inhaberaktie umgewandelt oder auf eine andere Person übertragen wird, Art. L. 225-124 Abs. 1 C. com.[280] Das Doppelstimmrecht bietet die Möglichkeit, gesellschaftstreue Aktionäre zu belohnen, und stellt zudem ein Mittel zur Erschwerung feindlicher Übernahmen dar.[281] Es verwundert also nicht, dass französische Gesellschaften von dieser Möglichkeit regen Gebrauch machen.[282]

Das Doppelstimmrecht muss zwar grundsätzlich allgemein vorgesehen werden, kann aber Aktionären französischer Staatsangehörigkeit und Bürgern der Europäischen Union vorbehalten werden, Art. L. 225-123 Abs. 3 C. com.[283] Die Beschränkung auf EU-Staatsangehörige könnte im Hinblick auf die Freiheit des Kapitalverkehrs in der Europäischen Union problematisch sein, da diese ja nicht nur bezüglich der Mitgliedstaaten untereinander, sondern (vorbehaltlich Art. 57 und 58 EG) auch im Verhältnis zu Drittstaaten gilt.[284] Bei Art. 56 EG handelt es sich

---

274 *Merle*, Sociétés commerciales, 6. Auflage, Rdn. 309.
275 *Merle*, Sociétés commerciales, 6. Auflage, Rdn. 309.
276 Nunmehr geregelt in Art. L. 225-123 C. com.
277 Oder aber eine spätere außerordentliche Hauptversammlung, vgl. Art. L. 225-123 Abs. 1 C. com.
278 *Charvériat/Couret*, Sociétés Commerciales 2005, Rdn. 10655 f. Durch das NRE lässt das französische Recht nunmehr in bestimmten Fällen zu, dass nicht der Aktionär, sondern ein Dritter im Aktienregister eingetragen ist (der so genannte *intermédiaire inscrit*). Dennoch soll der Aktionär weiter in den Genuss aller Rechte kommen, auch des Doppelstimmrechts. Dazu muss der *intermédiaire inscrit* die Namensaktien in den Unterkonten identifizieren und der emittierenden Gesellschaft eine Bestätigung ausstellen, dass diese Aktien ununterbrochen vom jeweiligen Aktionär gehalten werden, vgl. *Bissara*, L'amélioration des conditions de vote des actionnaires Non-Résidents des sociétés cotées françaises, Teil 1 II Nr. 10.
279 Art. 3-1-13 des Réglement Conseil bourses de valeurs, *Guyon*, Droit des affaires, Rdn. 307.
280 *Mercadal/Janin*, Sociétés Commerciales 2000, Rdn. 10661 und 10663.
281 *Le Cannu*, Droit des sociétés, Rdn. 871. Zur verhältnismäßig geringen Effizienz dieser Verteidigungsstrategie *von Rüden*, Das französische Übernahmerecht, 308 ff.
282 *Guyon*, in: Baums/Wymeersch (Hrsg.), Shareholder Voting Rights and Practices in Europe, 95 (104).
283 *Guyon*, Droit des affaires, Rdn. 307; *Mercadal/Janin*, Sociétés Commerciales 2000, Rdn. 10656.
284 *Kiemel*, in: von der Groeben/Schwarze (Hrsg.), Kommentar zum EUV, Art. 56 EG Rdn. 26; *Ohler*, Europäische Kapitalverkehrsfreiheit, Art. 56 EGV Rdn. 214; *Pannier*, Harmonisierung der Aktionärsrechte in Europa, 47.

nämlich um eine einseitig begünstigende Norm, auf die sich auch Bürger von Drittländern berufen können.[285] Allerdings ist zu beachten, dass die Herausnahme der Angehörigen von Drittstaaten aus dem Kreis der potentiellen Doppelstimmrechtsinhaber lediglich durch den französischen Gesetzgeber *ermöglicht* wird und in jedem Fall noch einer satzungsmäßigen Einführung durch die Gesellschaften selbst bedarf.[286] Als solche ist die Beschränkung dann auch nicht unveränderbar, sondern kann mit einer satzungsändernden Mehrheit der Hauptversammlung wieder entfernt werden. Ein Verbot solch einer satzungsautonom eingeführten Beschränkung des Doppelstimmrechts ließe sich meines Erachtens nur begründen, wenn man eine unmittelbare Drittwirkung der Kapitalverkehrsfreiheit zwischen Privatrechtssubjekten annimmt. Diesen Schritt ist allerdings der EuGH bisher noch nicht gegangen, da dem grundsätzlich das Prinzip der Privatautonomie entgegensteht, welches auch und gerade in der Europäischen Union zu den anerkannten Grundwerten zählt.[287] Solange Aktionären, die später in die Aktiengesellschaft eintreten, zumindest die theoretische Möglichkeit verbleibt, die entsprechende Satzungsgestaltung abzuändern, ist nicht zu erwarten, dass der EuGH – auch nach der Rechtsprechung zu den „Goldenen Aktien" – entsprechende Regelungen beanstanden wird.[288] Die statutarische Beschränkungsmöglichkeit des *vote double* ist daher vor dem Hintergrund der aktuellen EuGH-Rechtsprechung als europarechtskonform anzusehen.[289]

b) *Aktionärsstimmrechte als Staatskontrollrechte*

Auch in Frankreich können nach dem oben Gesagten „Goldene Aktien", die dem Staat ein erhöhtes Stimmgewicht in der Hauptversammlung verschaffen, nicht per Satzungsgestaltung eingeführt werden. Allerdings hat der französische Gesetzgeber in den Jahren 1986–1987 und 1993–1994 „Goldene Aktien" per Gesetz eingeführt.[290] Mit Hilfe dieser Instrumente sollte der strategische Einfluss des französischen Staates in privatisierten Gesellschaften erhalten bleiben und Übernahmen durch ausländische Gesellschaften verhindert werden. Der Europäische Gerichtshof hat am 4. Juni 2002[291] entschieden, dass das Décret vom 13. Dezember

---

285 Vgl. EuGH verb. Rs. C-163/94, C-164/94 bis C-250/94, *Sanz de Lera u. a.*, Slg. 1995, I-4841; *Kiemel*, in: von der Groeben/Schwarze (Hrsg.), Kommentar zum EUV, Art. 56 EG Rdn. 26; *Ohler*, Europäische Kapitalverkehrsfreiheit, Art. 56 EGV Rdn. 214.

286 Ebenfalls differenzierend zwischen zwingender Einführung und privatautonomerer Gestaltung *Grundmann/Möslein*, ZGR 2003, 317 (352–355).

287 So auch *Glaesner*, in: Schwarze (Hrsg.), EU-Kommentar, Art. 56 EGV Rdn. 17; kein Eingehen auf eine Drittwirkung auch bei *Kiemel*, in: von der Groeben/Schwarze (Hrsg.), Art. 56 EG, vgl. insb. Rdn. 13; anders aber *Ohler*, Europäische Kapitalverkehrsfreiheit, Art. 56 EGV Rdn. 243 f.

288 Vgl. *Grundmann/Möslein*, ZGR 2003, 317 (354); *dies.*, ZVglRWiss 102 (2003), 289 (294 Fn. 14).

289 Unter Heranziehung von Wertungsgesichtspunkten kritisch zu dieser Konsequenz der bisherigen EuGH-Rechtsprechung und für eine Ausweitung des Schutzes der Kapitalverkehrfreiheit auch auf Fälle der gesetzlich gestatteten satzungsmäßigen Beschränkungen *Grundmann/Möslein*, ZGR 2003, 317 (332–334; 350–355).

290 *Storck*, ECFR 2004, 36 (56).

291 EuGH Rs. C-483/99, Slg. 2002, I-4781 – Goldene Aktien II (Kommission/Frankreich); ferner abgedruckt in BB 2002, 1284, 1285; siehe *Grundmann/Möslein*, ZVglRWiss 102 (2003), 289ff; *Klinke*, ECFR 2005, 270 (304ff).

1993[292] die Freiheit des Kapitalverkehrs im europäischen Binnenmarkt verletzt. Das beanstandete Décret übertrug dem französischen Staat eine besondere Aktie an dem Unternehmen *Elf-Aquitaine*, anhand derer dem französischen Wirtschaftsminister ein besonderer Zustimmungsvorbehalt und ein Vetorecht eingeräumt wurden. Auf der einen Seite standen alle Erwerbungen von Aktien bzw. Stimmrechten an der Gesellschaft, die über einen bestimmten Grenzwert des Grundkapitals hinausgingen, unter dem Vorbehalt der ministeriellen Zustimmung. Auf der anderen Seite hatte der Minister ein Vetorecht im Hinblick auf Entscheidungen der Gesellschaft, bestimmte Aktien auf Tochtergesellschaften zu übertragen oder zu verpfänden. Das „Stimmrecht" der Aktie ist also insoweit zu einem absoluten Vetorecht erstarkt. Der Gerichtshof gestand zwar zu, dass diese Instrumente mit der Sicherung der Ölversorgung des Landes in Krisenzeiten einem legitimen öffentlichen Interesse dienten. Allerdings sah er die Regelung als unverhältnismäßig an, da weder der Genehmigungsvorbehalt noch das Widerspruchsrecht an konkrete Voraussetzungen geknüpft waren. Das Décret vom 13. Dezember 1993 bestimmte nicht spezifisch und objektiv die Fälle, in denen die ministerielle Zustimmung verweigert bzw. das nachträgliche Veto eingelegt werden dürfte. Ein solch weites Ermessen stellt nach Auffassung des EuGH eine schwere Beeinträchtigung der Kapitalverkehrsfreiheit dar.[293] Mittlerweile wurden fast alle „Goldenen Aktien" im französischen Recht abgeschafft.[294] Staatliche Sonderrechte bestehen nach einer Studie der Europäischen Kommission lediglich noch in den Gesellschaften *Thales* und *EADS*, die in der Verteidigungsindustrie *(defense)* tätig sind.[295]

c) *Stimmrechte aus teileingezahlten Aktien*

Im französischen Recht ist es für die Zuteilung des Stimmrechts grundsätzlich unerheblich, in welcher Höhe der Nennbetrag der Aktien bereits eingezahlt wurde oder auch nicht.[296] So hatte der Gesetzgeber in Art. 1 des Gesetzes v. 13. November 1933 ganz bewusst die Formulierung gewählt: *„Le droit de vote attaché aux actions est obligatoirement proportionnel à la quotité du capital souscrit"*. Das Wort *„souscrit"* sollte zum Ausdruck bringen, dass es für die Zuteilung des Stimmrechts unerheblich ist, in welcher Höhe der Nennbetrag eingezahlt ist.[297] Maßgebend für das Stimmrecht ist also nicht der eingezahlte Betrag, sondern die durch die Zeichnung eingegangene Verpflichtung. Auf diese Weise können überproportionale Stimmrechte entstehen. Man rechtfertigt diese Regelung mit dem Hinweis, derjenige Aktionär, der eine geringe Summe eingezahlt hat, habe dasselbe Interesse an einem guten Geschäftsverlauf wie jener Aktionär, der seine Einlage voll geleistet hat.[298] Zwar findet sich der Begriff *„souscrit"* inzwischen nicht mehr im Gesetzestext, dennoch

292 Décret Nr. 93-1298.
293 Vgl. EuGH, Rs. C-483/99, Slg. 2002, I-4781 (4805, Rdn. 50ff).
294 Vgl. FAZ v. 7. 10. 2002, S. 15.
295 Europäische Kommission, Special rights in privatized companies, 34.
296 Arg. ex. Art. L. 228-29 C. com; *Le Cannu*, Droit des sociétés, Rdn. 869; *Goehrmann*, Das Informations- und Stimmrecht des Aktionärs im neuen französischen Gesellschaftsrecht, 166.
297 *Goehrmann*, aaO.
298 *Goehrmann*, aaO.

sollte der Rechtszustand durch die Streichung nicht geändert werden.[299] Leistet der Aktionär allerdings trotz eines ausdrücklichen Verlangens der Gesellschaft seine Einlage innerhalb eines Monats nicht, so wird ihm sein bereits entstandenes Stimmrecht quasi als Sanktion wieder entzogen.[300] Die Zeichnung allein vermag die Gewährung des Stimmrechts auch nach französischem Recht also nur solange zu rechtfertigen, als mit der ordnungsgemäßen Erfüllung der durch sie eingegangenen Verpflichtung gerechnet werden kann.

d) *Sonstige Erweiterungen des Stimmrechts*

Eine weitere Unterscheidung zwischen zwei Gruppen von Aktionären im Hinblick auf die Proportionalität des Stimmrechts kann im französischen Recht durch die Ausgabe von Genussaktien *(actions de jouissance)* erfolgen. Von *actions de jouissance* spricht man, wenn die Gesellschaft den gesamten Nennbetrag der Aktien an die Aktionäre zurückzahlt, Art. L. 225-198 Abs. 2 C. com. Entscheidend ist, dass durch die vorzeitige Rückzahlung das Grundkapital der Gesellschaft nicht angetastet wird und somit die Garantie für die Gläubiger erhalten bleibt. Die Ablösung des Nennwertes der Aktien geschieht aus dem Jahresgewinn oder durch die Auflösung von Reserven. Bis auf das Recht der Rückzahlung des Nennbetrages bei der Liquidation stehen den Inhabern der *actions de jouissance* gemäß Art. L. 225-199 C. com sämtliche mit einer Aktie verbundenen Rechte, insbesondere auch das Stimmrecht zu. Die Ungleichheit besteht also darin, dass die Inhaber der *actions de jouissance* das gleiche Stimmrecht besitzen wie diejenigen Aktionäre, die ihr Vermögen weiterhin in Höhe des Nennbetrages ihrer Aktien mit allen Risiken festgelegt haben.[301]

4) Vereinbarte Stimmrechtsschranken

a) *Höchststimmrechte*

Gemäß Art. L. 225-125 C. com kann die Satzung die Anzahl der Stimmen, die ein Aktionär in der Hauptversammlung ausüben darf, beschränken, vorausgesetzt die Beschränkung betrifft alle Aktien gleichermaßen.[302] Höchststimmrechte sind also zulässig, solange sie nicht nur für Aktien bestimmter Gattungen gelten oder bestimmte Aktiengattungen von der Beschränkung ausnehmen. Sie können ganz unterschiedlich ausgestaltet werden. So kann beispielsweise eine Höchstanzahl mit Referenz auf alle von der Gesellschaft emittierten stimmberechtigten Aktien vorgesehen werden oder aber die Prozentzahl wird in Bezug auf die in der Haupt-

---

299 *Goehrmann*, aaO.
300 Artt. L. 228-27, 228-29 C. com i. V. m. Artt. 208, 210 D. com; *Charvériat/Couret*, Sociétés Commerciales 2005, Rdn. 10460; *Guyon*, Droit des affaires, Rdn. 307; *Le Cannu*, Droit des sociétés, Rdn. 869.
301 *Goehrmann*, Das Informations- und Stimmrecht des Aktionärs im neuen französischen Gesellschaftsrecht, 168.
302 *Charvériat/Couret*, Sociétés Commerciales 2005, Rdn. 10649; *Guyon*, Droit des affaires, Rdn. 307; *Le Cannu*, Droit des sociétés, Rdn. 871.

versammlung konkret vertretenen Stimmen bestimmt.[303] Möglich ist auch ein progressives System, nach dem beispielsweise die ersten zehn Aktien eines Aktionärs das volle Stimmrecht geben, die nächsten zehn desselben Aktionärs aber nur noch die Hälfte und so weiter.[304] Bei der Berechnung der Höchststimmzahl wird zwischen den Aktien des Vertreters und denen des Vertretenen unterschieden.[305] Ein Aktionär, der in der Hauptversammlung zugleich aus eigenen Aktien und als Vertreter aus fremden Aktien abstimmt, kann also zu der maximalen Anzahl eigener Stimmen auch jeweils die fremden Stimmen bis zur Höchstgrenze ausschöpfen. Dadurch kann die Regelung des Höchststimmrechts leicht umgangen werden, was als misslich empfunden wird.[306] Dem Gesetzeswortlaut nach, der schlicht von *„les assemblées"* spricht, findet das Höchststimmrecht in allen Arten von Hauptversammlungen Anwendung.[307] Die Einführung von Höchststimmrechten ist sowohl bei nicht börsennotierten Gesellschaften als auch bei notierten Gesellschaften zulässig.[308] Das Höchststimmrecht war ursprünglich zum Schutz von Kleinaktionären gedacht.[309] In der heutigen Praxis wird es vor allem in großen Publikumsgesellschaften zum Schutz vor Übernahmen verwendet.[310] So findet sich ein generelles statutarisches Höchststimmrecht beispielsweise bei *Lafarge* (ab 1%).[311] Die Satzung von *Danone* bestimmt, dass kein Aktionär, sei es selbst oder durch einen Vertreter, mehr als 6% aller Stimmen und bei Doppelstimmrechten mehr als 12% der Stimmen ausüben darf; bei *Alcatel* liegt die Grenze bei 8% bzw. 16% und bei *TotalFinaElf* bei 10% bzw. bei 20% der Stimmen.[312]

b) Aktien ohne Stimmrecht

In der bekannten Entscheidung des *Cour de Cassation* vom 7. April 1932 wurde für das französische Recht der Grundsatz aufgestellt, dass das Stimmrecht eines der wesentlichen Bestandteile der Aktie ist und in keinem Falle beseitigt werden kann.[313] Eine Aktie ohne Stimmrecht durfte es nach einhelliger Meinung in Literatur und Rechtsprechung nicht geben.[314] Auch das ursprüngliche Gesetz über die

---

303 *Charvériat/Couret*, Sociétés Commerciales 2005, Rdn. 10650.
304 *Charvériat/Couret*, Sociétés Commerciales 2005, Rdn. 10650.
305 Vgl. den Wortlaut des aktuellen Gesetzestextes (*„chaque actionnaire"*) mit dem des Art. 1 Abs. 1 des Gesetzes von 1933 (*„membre de l'assemblée"*). Mit der neuen Wortwahl wollte der Gesetzgeber von 1966 diese „Trennungstheorie" festschreiben; *Mercadal/Janin*, Sociétés Commerciales 2000, Rdn. 10652.
306 *Valuet*, Droit et Patrimoine, Nov. 1997, 28 (32).
307 *Charvériat/Couret*, Sociétés Commerciales 2005, Rdn. 10651.
308 Auch die Zulassungsregeln der Pariser Börse schränken diese Gestaltungsmöglichkeit nicht ein, *Grundmann/Möslein*, ZVglRWiss 102 (2003), 289 (319).
309 *Goehrmann*, Das Informations- und Stimmrecht des Aktionärs im neuen französischen Gesellschaftsrecht, 170.
310 *Merle*, Sociétés commerciales, 6. Auflage, Rdn. 308.
311 *Grundmann/Möslein*, ZVglRWiss 102 (2003), 289 (319).
312 *Cozian/Viandier/Deboissy*, Droit des sociétés, Rdn. 831 mit Zahlenangabe nur für *Danone*; übrige Angaben bei *Grundmann/Möslein*, ZVglRWiss 102 (2003), 289 (319).
313 Cass. civ. 7. April 1932, D. 1933 I 153 (*„le droit de vote aux assemblées générales, étant un des attributs essentiels de l'action, ne saurait en aucun cas être supprimée"*).
314 *Goehrmann*, aaO, 155 f.

Handelsgesellschaften aus dem Jahre 1966 sah die Möglichkeit der Schaffung einer Aktiengattung ohne Stimmrecht nicht vor. Dies änderte sich erst mit dem Gesetz vom 13. Juli 1978.[315] Dieses Gesetz gestattete die Ausgabe von stimmrechtslosen Aktien nunmehr unter bestimmten Voraussetzungen, zu denen zwingend gehörte, dass diese Aktien mit einem Dividendenvorzug ausgestattet sein mussten *(actions à dividende prioritaire sans droit de vote).*

Während die Bedingungen für die Ausgabe solcher Aktien im Gesetz von 1978 noch sehr strikt waren und die Vorzugsaktien sich daher überhaupt nicht durchsetzen konnten, wurden die Voraussetzungen für die Schaffung der *actions à dividende prioritaire sans droit de vote* durch Gesetz vom 3. Januar 1983[316] etwas gelockert. Danach musste die Möglichkeit der Ausgabe solcher stimmrechtslosen Vorzugsaktien in der Satzung vorgesehen sein, Art. L. 225-126 Abs. 1 C. com aF. Die Ausgabe war gemäß Art. L. 225-126 Abs. 2 C. com aF nur Gesellschaften gestattet, die in den beiden vorangegangenen Jahren ausschüttbaren Gewinn erwirtschaftet hatten. Die weiteren Voraussetzungen fanden sich in den Artt. L. 228-12 bis 228-20 C. com aF. Danach konnten Vorzugsaktien ohne Stimmrecht durch Kapitalerhöhung oder durch Umwandlung bereits ausgegebener Stammaktien geschaffen werden, sie durften allerdings nicht mehr als ein Viertel des Grundkapitals ausmachen. Die Inhaber von Vorzugsaktien ohne Stimmrecht hatten die gleichen Rechte wie die anderen Aktionäre, mit Ausnahme eben des Rechts, an der Hauptversammlung teilzunehmen und aus den Aktien abzustimmen. Sie konnten aber zu einer Sonderversammlung zusammentreten, die vor jeder Beschlussfassung der Hauptversammlung ihre Meinung zu den Beschlussgegenständen äußern konnte. Zudem wurden Beschlüsse, die die Rechte der Vorzugsaktionäre ändern, erst nach Billigung durch diese Sonderversammlung wirksam. Die Inhaber von Vorzugsaktien hatten einen Anspruch auf eine Vorzugsdividende, die mindestens 7,5% des eingezahlten Betrages des Wertpapiers ausmachen musste und dem Reingewinn vor jeder weiteren Gewinnverteilung entnommen wurde. Wenn der jährliche Reingewinn nicht ausreichte, die Zusatzdividende voll auszuzahlen, so musste die Dividende nachträglich im darauf folgenden Geschäftsjahr entrichtet werden, Art. L. 228-13 Abs. 1 S. 2 C. com aF. Falls die Vorzugsdividende während einer Dauer von drei aufeinander folgenden Geschäftsjahren nicht vollständig ausgezahlt werden konnte, so erhielten gemäß Art. L. 228-14 Abs. 1 C. com aF auch die Vorzugsaktionäre ein Stimmrecht auf der Hauptversammlung proportional zu ihrem Kapitalanteil. Die *actions à dividende prioritaire sans droit de vote* wurden im Durchschnitt mit 30% Abschlag auf die stimmberechtigten Aktien gehandelt.[317]

Von den stimmrechtslosen Vorzugsaktien waren die *certificats d'investissement* zu unterscheiden, deren Inhabern ebenfalls kein Stimmrecht zustand. Diese wurden durch die sog. *loi DELORS* vom 3. Januar 1983[318] in das Gesetz über die Handelsge-

315 Gesetz Nr. 78-741.
316 Gesetz Nr. 83-1.
317 *Le Cannu*, Droit des sociétés, Rdn. 868.
318 Gesetz Nr. 83-1.

sellschaften eingeführt (Artt. L. 228-30 bis 228-35 C. com aF). Der Wegfall des Stimmrechts hatte bei den *certificats d'investissement* allerdings endgültigen Charakter, während den Inhabern der *actions à dividende prioritaire sans droit de vote* das Stimmrecht in der Hauptversammlung unter bestimmten Voraussetzungen doch wieder zukommen konnte.[319] *Certificats d'investissement* konnten entstehen, wenn bereits ausgegebene oder neu zu emittierende Aktien in zwei verschiedene Wertpapiere aufgeteilt werden: In ein handelbares Investmentzertifikat (eben das *certificat d'investissement*) und ein unveräußerliches Stimmrechtszertifikat (*certificat de droit de vote*). Wurde durch die Emission von *certificats d'investissements* eine Kapitalerhöhung durchgeführt, so galt von Gesetzes wegen, dass die ipso jure entstehenden *certificats de droit de vote* anteilig an die Inhaber stimmberechtigter Wertpapiere verteilt werden, Art. L. 228-30 Abs. 2 C. com aF. Jedoch war diese Aufspaltung der Wertpapiere in privaten Gesellschaften höchstens bezüglich eines Viertels des Gesellschaftskapitals zulässig. Das Stimmrechtszertifikat, das die Form eines Namenszertifikats bekleiden musste, konnte nur zusammen mit dem Investmentzertifikat oder aber an den Inhaber des Investmentzertifikats selbst abgetreten werden. In beiden Fällen führte die Abtretung zur Wiederherstellung der Aktie. Die Inhaber von *certificats d'investissement* nahmen insbesondere an der Ausschüttung von Gewinnen und der Verteilung von Rücklagen teil.[320]

Nunmehr hat der französische Gesetzgeber mit Erlass der *Ordonnance Nr.* 2004-604 vom 24. Juni 2004 dieses detailliert ausgestaltete System grundlegend verändert. Durch die *Ordonnance* wurden die *actions à dividende prioritaire sans droit de vote* und die *certificats d'investissement* (zusammen mit den *certificats de droit de vote*) komplett abgeschafft[321] und durch eine einzige neue Aktiengattung ersetzt: Die *actions de préférence*.[322] Auf diese Weise soll eine Vereinfachung der Regelungen erreicht werden, indem fortan nur noch zwischen den *actions ordinaires* und *actions de préférence* unterschieden werden muss.[323] Der neu gefasste Art. L. 228-11 C. com besagt nunmehr: „*Lors de la constitution de la société ou au cours de son existence, il peut être crée des actions de préférence, avec ou sans droit de vote, assorties de droits particuliers de toute nature, à titre temporaire ou permanent. Ces droits sont définis par les statuts dans le respect des dispositions des articles L. 225-10 et L. 225-122 à 225-125*" (Abs. 1). „*Le droit de vote peut être aménagé pour un délai déterminé ou déterminable. Il peut être suspendu pour une durée déterminée ou déterminable ou supprimé*" (Abs. 2). Damit erhalten die emittierenden Gesellschaften eine im Vergleich zur vorherigen Regelung ungleich grö-

---

319 Ein weiterer Unterschied ist, dass für die *certificats d'investissement* im Gegensatz zu den Vorzugsaktien gesetzlich kein Dividendenvorrecht vorgesehen ist, *Grundmann/Möslein*, ZVglRWiss 102 (2003), 289 (318, Fn. 144).

320 *Guyon*, ZGR 1985, 74 (78).

321 Und mit ihnen die entsprechenden Regelungen im Code de commerce. Insbesondere die Art. L. 228-11 bis 228-20 C. com wurden neu gefasst und enthalten nunmehr das Regelungsregime der *actions de préférence*; vgl. auch *Charvériat/Couret*, Sociétés Commerciales 2005, Rdn. 18250.

322 Ordonnance Nr. 2004-604 v. 24. Juni 2004, Art. 31, JO 26. Juni 2004, 11616; dazu *Bonneau*, Droit des sociétés 08/09 2004, 22 (22f); *Daigre*, Revue de Droit Bancaire et Financier, Nr. 5 2004, 364 (364); siehe auch *Charvériat/Couret*, Sociétés Commerciales 2005, Rdn. 18180.

323 *Bonneau*, Droit des sociétés 08/09 2004, 22 (23).

ßere und im französischen Recht bisher einmalige Freiheit im Hinblick auf die Ausgestaltung des Aktionärsstimmrechts bei Vorzugsaktien. In der rechtswissenschaftlichen Literatur wird von einer *„liberté quasi totale d'aménager le droit de vote des actions"*[324] gesprochen und die neue Regelung gar als *„révolution du droit de vote"*[325] bezeichnet.

Nach dem neuen Recht können die Unternehmen die *actions de préférence* insbesondere als Aktien ohne Stimmrecht ausgestalten, wie es vor der Reform nur bei den *actions à dividende prioritaire sans droit de vote* möglich war.[326] Die Vorzugsaktien ohne Stimmrecht dürfen nach neuem Recht maximal die Hälfte, bei börsennotierten Gesellschaften maximal ein Viertel des Grundkapitals ausmachen, Art. L. 228-11 Abs. 3 C. com.[327] Damit ist die Ausgabe von stimmrechtslosen Aktien bei nicht börsennotierten Aktiengesellschaften nach neuem Recht in doppelt so großem Umfang möglich wie bisher. Zudem ist mit dem Entzug des Stimmrechts nicht mehr zwingend ein Dividendenvorzug verbunden, vielmehr können die Sonderrechte *„de toute nature"* sein, Art. L. 228-11 Abs. 2 C. com. Diese Wendung beinhaltet Sondervorteile pekuniärer Art, aber auch besondere Verwaltungsrechte wie beispielsweise Informations-, Nominierungs-, Entsendungs- oder Vetorechte.[328] Bei der Auslegung des Gesetzestextes ist es in der Literatur sogar streitig, ob der Stimmrechtsausschluss nach neuem Recht überhaupt von der Gewährung eines Sonderrechts begleitet, quasi „kompensiert" werden muss, oder ob es nicht vielmehr auch *actions de préférence* ohne Stimmrecht und ohne Sondervorteile geben darf.[329] In jedem Fall müssen etwaige Sonderrechte in der Satzung bestimmt werden, Art. L. 228-11 Abs. 1 S. 2 C. com.[330] Schließlich ist der Entzug des Stimmrechts bei den *actions de préférence* vollständig und ohne jede Möglichkeit eines Wiederauflebens möglich, während das Stimmrecht bei den früheren *actions à dividende prioritaire sans droit de vote* stets bloß suspendiert wurde und wiederauflebte, wenn die Vorzugsdividende während einer Dauer von drei aufeinander folgenden Geschäftsjahren nicht vollständig ausgezahlt wurde.

Zu dem kompletten und dauerhaften Ausschluss des Stimmrechts (*„suppression du droit de vote"*) gesellen sich weitere Ausgestaltungsmöglichkeiten, die es so im französischen Recht bisher noch nicht gegeben hat. So spricht Art. L. 228-11 Abs. 2 nF C. com explizit neben der *suppression* von der Möglichkeit einer *suspension* des Stimmrechts. Die *suspension* ist per definitionem eine vorläufige Aussetzung des Stimmrechts, keine endgültige. Der Zeitraum der Aussetzung des Stimmrechts kann entweder genau bestimmt sein oder aber von einem Ereignis abhängig ge-

---

324 *Massart*, Droit et Patrimoine, Nr. 130, Oktober 2004, 84 (85).
325 *Daigre*, Revue de Droit Bancaire et Financier, Nr. 5 2004, 364 (364).
326 *Bonneau*, Droit des sociétés August/September 2004, 22 (23).
327 *Charvériat/Couret*, Sociétés Commerciales 2005, Rdn. 18198.
328 *Daigre*, Revue de Droit Bancaire et Financier, Nr. 5 2004, 364 (366); *Germain*, Droit et Patrimoine, Nr. 130, Oktober 2004, 82 (82).
329 Für die Notwendigkeit der zwingenden Gewährung eines Sonderrechtes *Bonneau*, Droit des sociétés August/September 2004, 22 (23); dagegen *Daigre*, Revue de Droit Bancaire et Financier, Nr. 5 2004, 364 (366).
330 *Bonneau*, Droit des sociétés August/September 2004, 22 (23).

macht werden.[331] So ist beispielsweise eine Gestaltung möglich, nach der ein Vorzugsaktionär erst drei Jahre nach Erwerb der Aktie das Stimmrecht erhält.[332] Oder aber es wird bestimmt, dass der Eintritt eines bestimmten Ereignisses das Ruhen des Stimmrechts auslöst.[333] Neben der *suppression* und der *suspension* sind weitere Ausgestaltungen des Aktionärsstimmrechts denkbar, beispielsweise dergestalt, dass bestimmte Vorzugsaktien das Stimmrecht nur für außerordentliche, nicht dagegen im Rahmen von ordentlichen Hauptversammlungen gewähren.[334]

Allerdings sind der Ausgestaltungsfreiheit gemäß Art. L. 228-11 Abs. 1 S. 2 nF C. com auch gesetzliche Grenzen gesetzt, namentlich die der Art. L. 225-10 und L. 225-122 bis 225-125 C. com.[335] So macht der Verweis auf die Regelung zum *vote double* deutlich, dass die Vorzugsaktien keine darüber hinaus gehenden Mehrstimmrechte gewähren dürfen.[336] Ferner gilt wegen Art. L. 225-122 C. com, dass das Stimmrecht nicht in Bruchteile aufgeteilt werden darf.[337] Eine Aktie gewährt also in einem bestimmten Fall das Stimmrecht oder aber sie gewährt es nicht, aber sie gewährt niemals bloß eine halbe oder eine viertel Stimme. Auch dürfen die Regelungen des Art. L. 225-125 C. com zur Einrichtung von Höchststimmrechten nicht umgangen werden. Höchststimmrechte gelten für alle Aktien aller Gattungen in gleicher Weise.[338] Schließlich gilt, dass – während es durchaus möglich ist, eine Aktiengestaltung wie die der vorherigen *actions à dividende prioritaire sans droit de vote* in der Satzung vorzusehen – es dagegen im neuen Recht kein Pendant zu den früheren *certificats de vote* gibt.[339] Wenn das Stimmrecht gewährt wird, so zwingend als Bestandteil der (Vorzugs-)Aktie und nicht isoliert.[340] Es bleibt also im Prinzip bei der Verknüpfung von Kapitaleinsatz und Stimmrechtsmacht. Die Inhaber von *actions de préférence* werden durch Art. L. 225-99 C. com und Art. L. 228-19 nF C. com geschützt.[341] Gemäß Art. L. 225-99 C. com, der schon für die *actions à dividende prioritaire sans droit de vote* galt, bedürfen Beschlüsse der Hauptversammlung, die die Rechte der Vorzugsaktionäre ändern, der Billigung durch eine Sonderversammlung der Vorzugsaktionäre. Nach Art. L. 228-19 C. com haben die Vorzugsaktionäre das Recht, einen *commissaire aux comptes* zu beauftragen, die Einhaltung der Sonderrechte durch die Gesellschaft zu überwachen.

Die Reform vom 24. Juni 2004 führt folglich zu einer erheblichen Liberalisierung der Ausgestaltungsmacht der Gesellschaften im Hinblick auf die emittierten Ak-

---

331 *Daigre*, Revue de Droit Bancaire et Financier, Nr. 5 2004, 364 (365).
332 Vgl. *Massart*, Droit et Patrimoine, Nr. 130, Oktober 2004, 84 (85).
333 *Daigre*, Revue de Droit Bancaire et Financier, Nr. 5 2004, 364 (365).
334 *Daigre*, Revue de Droit Bancaire et Financier, Nr. 5 2004, 364 (365).
335 *Daigre*, Revue de Droit Bancaire et Financier, Nr. 5 2004, 364 (364f).
336 So *Bonneau*, Droit des sociétés August/September 2004, 22 (23); *Daigre*, Revue de Droit Bancaire et Financier, Nr. 5 2004, 364 (366); aA aber wohl *Massart*, Droit et Patrimoine, Nr. 130, Oktober 2004, 84 (86).
337 *Daigre*, Revue de Droit Bancaire et Financier, Nr. 5 2004, 364 (366).
338 *Daigre*, Revue de Droit Bancaire et Financier, Nr. 5 2004, 364 (366); zweifelnd *Massart*, Droit et Patrimoine, Nr. 130, Oktober 2004, 84 (85).
339 *Daigre*, Revue de Droit Bancaire et Financier, Nr. 5 2004, 364 (366).
340 *Daigre*, Revue de Droit Bancaire et Financier, Nr. 5 2004, 364 (366).
341 *Bonneau*, Droit des sociétés August/September 2004, 22 (23).

tien. Bezweckt ist, dass die Gesellschaften neu auszugebende Aktien so gestalten können wie sie ihrem unternehmerischen Bedarf entsprechen.[342] Im Hinblick auf die Einschränkbarkeit des Stimmrechts steht hinter der Reform vor allem der Gedanke, den Unternehmen die Aufnahme neuen Kapitals unter Beibehaltung der bestehenden Kontrollstrukturen zu ermöglichen.[343]

5) Gesetzliche Stimmrechtsschranken

a) *Starre Stimmrechtsschranken*

Auch im französischen Recht finden sich sowohl starre als auch bewegliche gesetzliche Stimmrechtsschranken. In Umsetzung des Art. 22 Abs. 1 lit. a) der Europäischen Kapitalschutzrichtlinie[344] versagt Art. L. 225-111 C. com der Gesellschaft das Stimmrecht für die von ihr selbst gezeichneten, angekauften oder in Pfand genommenen Aktien. Allerdings ist der Ankauf eigener Aktien der Gesellschaft in Frankreich ohnehin grundsätzlich untersagt, Art. L. 225-206 C. com. Nur ausnahmsweise kann die Gesellschaft hier Aktien erwerben und auch nur, um sie zu annullieren. Bei der Einziehung verlieren die Aktien aber notwendigerweise das Stimmrecht. Bezüglich des Ankaufens ist die Vorschrift also praktisch überflüssig. Daneben ruht das Stimmrecht in bestimmten Fällen, wenn der Aktieninhaber seinen Verpflichtungen gegenüber der Gesellschaft nicht nachkommt.[345] Dies ist zum einen der Fall, wenn ein Aktionär, dessen Anteil einen bestimmten Schwellenwert überschreitet, seiner daraus folgenden Anzeigepflicht nicht nachkommt.[346] Außerdem wird gemäß Art. L. 228-29 C. com i. V. m. Art. 210 D. com demjenigen Aktionär das Stimmrecht entzogen, der trotz Aufforderung durch die Gesellschaft seine Einlage noch nicht geleistet hat.[347] Schließlich ist ein Ruhen des Stimmrechts auch im neuen Regelungskomplex der Artt. L. 228-1 ff C. com vorgesehen.[348] Dort sind Aktien betroffen, über deren Eigentumsverhältnisse die emittierende Gesellschaft trotz eines entsprechenden zulässigen Auskunftsverlangens nicht, nicht vollständig oder nicht rechtzeitig informiert wird.[349]

Grundsätzlich wird im französischen Aktienrecht das Stimmrecht in eigener Sache geduldet (*„le vote intéressé est autorisé“*).[350] Das betrifft vor allem die Mitglieder der Verwaltung, die beispielsweise für ihre eigene Entlastung oder Wahl stimmen können und zwar sowohl mit ihren eigenen Stimmen als auch mit den – weit ge-

---

342 *Drummond*, Revue de Droit Bancaire et Financier, Nr. 5 2004, 361 (361).
343 Vgl. *Massart*, Droit et Patrimoine, Nr. 130, Oktober 2004, 84 (85).
344 Fn. 153.
345 Kommt er dagegen seinen Verpflichtungen wieder nach, erhält er sie zurück. Die Entziehung des Stimmrechts als Sanktionsmaßnahme hat also lediglich einen temporären, keinen endgültigen Charakter.
346 *Guyon*, Droit des affaires, Rdn. 307.
347 Siehe auch oben unter 3 c).
348 Art. L. 228-3-2 Abs. 3 und Art. L. 228-3-3 C. com. Dazu unten Teil 2 Kap. 1 II. 3 c).
349 *Le Cannu*, Droit des sociétés, Rdn. 806.
350 *Goehrmann*, Das Informations- und Stimmrecht des Aktionärs im neuen französischen Gesellschaftsrecht, 310.

wichtigeren – Blankovollmachten der übrigen Aktionäre.[351] Es findet sich im französischen Recht keine generalklauselartige Bestimmung, die in allgemeingültiger Form festlegt, ob und wann ein Aktionär im Falle eines in seiner Person auftretenden Interessenkonflikts von seinem Stimmrecht keinen Gebrauch machen darf.[352] Allerdings sind an unterschiedlichen Stellen im *Code de Commerce* Stimmverbote für bestimmte Aktionäre hinsichtlich bestimmter Beschlussgegenstände, bei denen der Gesetzgeber einen Interessenkonflikt befürchtet, abschließend aufgeführt. Diese im Folgenden dargestellten Stimmverbote gelten nicht nur für das Stimmrecht aus eigenen Aktien, sondern verbieten dem betroffenen Aktionär auch, als Stimmrechtsvertreter an der Beschlussfassung teilzunehmen.[353] Im Übrigen müssen sie restriktiv ausgelegt werden.[354] Im französischen Aktienrecht muss jedes Mitglied des Verwaltungsrates bzw. des Aufsichtsrates Aktionär „seiner" Gesellschaft sein. Daher gibt es zum einen Stimmverbote, die sich gegen Mitglieder der Gesellschaftsverwaltung richten. So stellen Artt. L. 225-40 und 225-88 C. com jeweils ein Stimmverbot für den Fall auf, dass auf der Hauptversammlung über ein Abkommen zwischen der Gesellschaft und einzelnen Verwaltungsratsmitgliedern bzw. Aufsichtsratsmitgliedern beschlossen wird (sog. Insichgeschäft). Die betroffenen Gesellschaftsverwalter dürfen dabei nicht mitstimmen. Zum anderen sind Stimmverbote für Situationen vorgesehen, in denen ein Aktionär einen bestimmten Vorteil erhalten soll. So verbietet Art. L. 225-38 C. com denjenigen Personen die Beteiligung an einer Beschlussfassung der Hauptversammlung, zu deren Gunsten im Rahmen einer Kapitalerhöhung das gesetzliche Aktienbezugsrecht ausgeschlossen wird. Art. L. 225-10 C. com ordnet für Beschlüsse einer Gründungshauptversammlung über die Billigung von Sacheinlagen oder die Einräumung von Sondervorteilen ein Stimmverbot für den Erbringer der Sacheinlage bzw. der vom Sondervorteil bedachten Person an.[355] Schließlich steht einem Aktionär, der seiner Gesellschaft innerhalb von zwei Jahren seit ihrer Eintragung einen Vermögensgegenstand mit einem Wert von über einem Zehntel des Gesellschaftskapitals verkaufen will, kein Stimmrecht im Rahmen des für einen solchen Verkauf notwendigen Hauptversammlungsbeschlusses zu, Art. L. 225-101 Abs. 2 S. 3 C. com.

b) Bewegliche Stimmrechtsschranken

Eine bedeutsame inhaltliche Schranke für die Ausübung des Aktionärsstimmrechts ergibt sich im französischen Recht aus der Theorie des Rechtsmissbrauchs *(théorie de l'abus de droit)*.[356] Im Gesellschaftsrecht wird ein Rechtsmissbrauch bejaht,

---

351 Vgl. *Guyon*, Droit des affaires, Rdn. 307. Zur Einrichtung und Bedeutung dieser Blankovollmachten siehe ausführlich unten Teil 3 Kap. 1 II 3 a).

352 *Becker*, Institutionelle Stimmrechtsvertretung in Europa, 2001, 126.

353 Vgl. dazu *Becker*, Institutionelle Stimmrechtsvertretung in Europa, 2001, 127 und Fn. 93.

354 *Guyon*, Droit des affaires, Rdn. 307.

355 Ebenso Art. L. 225-147 für die Billigung von Sacheinlagen im Rahmen von Kapitalerhöhungen.

356 *Mercadal/Janin*, Sociétés Commerciales 2000, Rdn. 10671; *Goehrmann*, Das Informations- und Stimmrecht des Aktionärs im neuen französischen Gesellschaftsrecht, 315 m. w. N.

wenn ein Gesellschafterbeschluss aus Beweggründen gefasst worden ist, die dem Gesellschaftsinteresse (*l'intérêt social*) zuwiderlaufen. Von einem *abus de majorité* spricht man im französischen Aktienrecht, wenn ein Beschluss entgegen dem Gesellschaftsinteresse und einzig in der Absicht, die Mehrheitsgesellschafter auf Kosten der Minderheitsgesellschafter zu begünstigen, gefasst wurde.[357] Diese Definition zeigt, dass die Herrschaftsmacht der Mehrheitsaktionäre einen funktionalen Charakter hat: Sie ist ihnen nicht in ihrem persönlichen Interesse, sondern vor allem im Interesse der Gesellschaft verliehen.[358] Ein *abus de majorité* enthält neben einem objektiven Element als Regulativ auch ein subjektives Element. Beispielhaft für einen *abus de majorité* sind Fälle, in denen von der Gesellschaft erwirtschaftete Überschüsse systematisch und ohne durch das Gesellschaftsinteresse gedeckt zu sein in Rückstellungen umgewandelt werden, und die Minderheitsgesellschafter auf diese Weise um die einzigen Früchte ihrer Beteiligung gebracht werden.[359] Neben diesem *abus de majorité* gibt es auch einen *abus de minorité*.[360] Solch ein missbräuchliches Verhalten der Minderheitsaktionäre liegt beispielsweise vor, wenn diese das Zustandekommen eines Beschlusses aus gesellschaftsfremden Beweggründen verhindern.[361]

6) Stimmbindung

Die Frage nach der Zulässigkeit von Stimmbindungsvereinbarungen (*conventions de vote*), die gesetzlich nicht ausdrücklich geregelt ist, gehört zu den klassischen Problemen des französischen Gesellschaftsrechts. Während man der Stimmbindung seit Beginn des 20. Jahrhunderts grundsätzlich ablehnend gegenüberstand, ist seit Mitte der siebziger Jahre eine diesbezügliche Liberalisierung zu beobachten.[362] Im Schrifttum hat sich inzwischen die bereits durch erstinstanzliche Urteile[363] bestätigte Auffassung durchgesetzt, dass die Abstimmungsvereinbarungen wirtschaftlich sinnvoll und mangels positivrechtlichen Verbots dem Grundsatz nach zulässig sind.[364] Außerdem ist eine implizite Anerkennung der Stimmbindungsvereinbarungen durch den Gesetzgeber zu erkennen, da dieser sie in diver-

---

357 Cour de Cassation, Entscheidung vom 18. April 1961, D. 1961, 661 („*La résolution litigieuse doit avoir été prise contrairement à l'intérêt général de la société et dans l'unique dessein de favoriser les membres de la majorité au détriment de ceux de la minorité*“); *Mercadal/Janin*, Sociétés Commerciales 2000, Rdn. 10671.

358 *Guyon*, Droit des affaires, Rdn. 456.

359 *Le Cannu*, Droit des sociétés, Rdn. 248 mit weiteren Beispielen; Beispiele auch bei *Mercadal/Janin*, Sociétés Commerciales 2000, Rdn. 10672.

360 *Le Cannu*, Droit des sociétés, Rdn. 250 ff und 788; *Guyon*, Droit des affaires, Rdn. 456; *Mercadal/Janin*, Sociétés Commerciales 2000, Rdn. 10675.

361 *Le Cannu*, Droit des sociétés, Rdn. 788.

362 *Guyon*, Droit des affaires, Rdn. 307-1. Guter Überblick über die Entwicklung bei *Rodemann*, Stimmbindungsvereinbarungen im Aktienrecht, 180 ff.

363 Trib. com. Paris, 4. Mai 1981, Rev. jur. com. 1982, 7.; Trib. com Paris, ord. réf., Bull. Joly 1991, 592.

364 *Guyon*, Droit des affaires, Rdn. 307-1; *Mercadal/Janin*, Sociétés Commerciales 2000, Rdn. 10668 f; *Kondring/Teipel*, RIW 1992, 264 (266 f m. w. N.); *Rodemann*, Stimmbindungsvereinbarungen im Aktienrecht, 199.

sen neu eingeführten Vorschriften erwähnt und damit als existierend voraussetzt.[365]

Aufgrund des weitgehenden Schweigens des Gesetzgebers hinsichtlich der Schranken von Stimmrechtsvereinbarungen, bleibt es der Lehre und Rechtsprechung überlassen, die Voraussetzungen für eine wirksame Stimmbindung zu bestimmen. Dabei werden herkömmlicherweise drei Beschränkungen angeführt: Die Stimmbindung muss zeitlich begrenzt erfolgen, darf dem Gesellschaftsinteresse nicht zuwiderlaufen und muss frei von Umgehungselementen sein.[366] Stimmrechtsvereinbarungen dürfen einerseits nicht auf unbestimmte Zeit geschlossen werden, andererseits lässt sich aber auch keine konkrete Vertragsdauer benennen. Die zulässige Dauer hängt vielmehr von den Umständen des Einzelfalls ab.[367] Das Erfordernis der Vereinbarkeit mit dem Gesellschaftsinteresse lässt sich auch am Gesetz, namentlich an Art. L. 233-3 C. com, ablesen, der das Vorliegen eines Konzerns aufgrund von Kontrolle als Folge eines Stimmbindungsvertrages vorsieht, sofern letzterer nicht *„contraire à l'intérêt social"* ist. Unter dem Gesichtspunkt des Verbots einer Umgehung zwingenden Rechts *(fraude à la loi)* ist zum einen das Gebot der jederzeitigen Abberufbarkeit der Verwaltungsratsmitglieder[368] als Regel des *ordre public* einer Stimmrechtsvereinbarung entzogen, d. h. die Abrede darf eine Abberufung weder verhindern noch erschweren.[369] Auch die gesetzlichen Stimmverbote dürfen nicht umgangen werden, genauso wenig wie etwaige statutarische Stimmkraftbeschränkungen.[370] Die Stimmbindung gegenüber gesellschaftsfremden Dritten und sogar die Bindung gegenüber der Verwaltung stoßen in Frankreich nicht auf grundsätzliche Bedenken.[371] Gemäß Art. 1165 des französischen Code civil entfalten Verträge nur Bindungswirkung für die beteiligten Parteien, nicht dagegen gegenüber Dritten. Die außerstatutarische Stimmbindungsvereinbarung wirkt also nicht in Ansehung der Gesellschaft, womit die unter Verstoß gegen eine wirksame Stimmbindungsvereinbarung abgegebene Stimme gleichwohl gültig ist.[372] Den Aktionär trifft eine Pflicht zur Offenlegung seines Beteiligungsbesitzes und eben auch der bestehenden Stimmbindungsvereinbarung, wenn im Zusammenspiel seiner eigenen und der gebundenen Stimmrechte gewisse Schwellenwerte überschritten werden, Art. L. 223-7 C. com.

---

365 Vgl. die durch das Gesetz Nr. 85-705 vom 12. Juli 1985 eingeführten Artt. 355-1 und 357-1 des Gesetzes über die Handelsgesellschaften (jetzt Artt. L. 233-3 und 233-16 C. com) und den durch das Gesetz Nr. 89-531 vom 2. August 1989 eingeführten Art. 356-1-3 (jetzt Art. L. 233-10 C. com); *Guyon*, Droit des affaires, Rdn. 307-1; *Mercadal/Janin*, Sociétés Commerciales 2000, Rdn. 10668.

366 *Guyon*, Droit des affaires, Rdn. 307-1; *Mercadal/Janin*, Sociétés Commerciales 2000, Rdn. 10669; *Kondring/Teipel*, RIW 1992, 264 (267).

367 *Mercadal/Janin*, Sociétés Commerciales 2000, Rdn. 10669; *Rodemann*, Stimmbindungsvereinbarungen im Aktienrecht, 203.

368 Art. L. 225-18 Abs. 2 S. 2 C. com: „[Les administrateurs] *peuvent être révoqués à tout moment par l'assemblée générale ordinaire*".

369 Vgl. dazu das Urteil der Cour de Cassation vom 19. Dezember 1983, Rev. soc. 1985, 105.

370 *Guyon*, Droit des affaires, Rdn. 307-1; *Mercadal/Janin*, Sociétés Commerciales 2000, Rdn. 10669; *Rodemann*, Stimmbindungsvereinbarungen im Aktienrecht, 219f.

371 *Rodemann*, Stimmbindungsvereinbarungen im Aktienrecht, 255.

372 *Mercadal/Janin*, Sociétés Commerciales 2000, Rdn. 10670.

Der Stimmenkauf ist in der *société anonyme* nicht zulässig und eine entsprechende Vereinbarung daher nichtig.[373] Art. L. 242-9 Nr. 3 C. com stellt denjenigen, „die sich zwecks Abstimmung in einem bestimmten Sinn oder Enthaltung bei der Abstimmung Vorteile haben gewähren, garantieren oder versprechen lassen", sowie denjenigen, „die diese Vorteile gewährt, garantiert oder versprochen haben" eine Freiheitsstrafe von drei Monaten bis zu zwei Jahren und/oder eine Geldstrafe von bis zu 9.000 Euro in Aussicht.

7) Gegenständliche Stimmrechtsmacht

Das französische Recht unterscheidet zwischen ordentlichen (*assemblées générales ordinaires*) und außerordentlichen Hauptversammlungen (*assemblées générales extraordinaires*). Die ordentliche Hauptversammlung muss gemäß Art. L. 225-100 Abs. 1 C. com mindestens einmal im Jahr innerhalb von sechs Monaten nach Abschluss des Geschäftsjahres zusammentreten. Sie kann nur Beschlüsse fassen, die keine Satzungsänderungen erforderlich machen, während für Beschlussfassungen anderer Art ausschließlich die außerordentliche Hauptversammlung zuständig ist, vgl. Art. L. 225-98 Abs. 1 i. V. m. Art. L. 225-96 Abs. 1 C. com.[374]

Die Kompetenzverteilung zwischen Hauptversammlung und Geschäftsführung regeln Art. L. 225-35 Abs. 1 bzw. im Falle des zweigliedrigen Verwaltungssystems[375] Art. L. 225-64 Abs. 1 C. com. Danach ist die Verwaltung insoweit handlungsbefugt als keine ausdrückliche Zuständigkeit der Hauptversammlung besteht. Welche Befugnisse die ordentliche Hauptversammlung hat, ist in Art. L. 225-100 Abs. 3 bis 5 C. com geregelt. Nach Abs. 3 hat sie insbesondere die Kompetenz, den Jahresabschluss zu prüfen und zu genehmigen.[376] Die Zuweisung dieser wichtigen Zuständigkeit an die Hauptversammlung dürfte damit zusammenhängen, dass traditionell auch kleinere Unternehmen in Frankreich als Aktiengesellschaften geführt werden.[377] Da diese Unternehmen meist nicht börsennotiert sind und somit ein Verkauf der Aktien schwieriger ist, ist für die Aktionäre eine Abschöpfung durch Dividenden von größerer Bedeutung. Des Weiteren stehen Aktionäre kleinerer Unternehmen dem Geschäftsbetrieb näher, so dass sie motivierter und qualifizierter über den Jahresabschluss entscheiden können. Vergleichbar entscheiden in Deutschland gemäß § 46 Nr. 1 GmbHG die Gesellschafter einer GmbH über die Feststellung des Jahresabschlusses. Im Anschluss an die Feststellung des Jahresabschlusses entscheidet die ordentliche Hauptversammlung über die Ver-

---

373 *Cozian/Viandier/Deboissy*, Droit des sociétés, Rdn. 829; *Mercadal/Janin*, Sociétés Commerciales 2000, Rdn. 10669; *Rodemann*, Stimmbindungsvereinbarungen im Aktienrecht, 214.

374 *Cozian/Viandier/Deboissy*, Droit des sociétés, Rdn. 845; *Guyon*, Droit des affaires, Rdn. 290; *Charvériat/Couret*, Sociétés Commerciales 2005, Rdn. 11030 und 11140.

375 Dazu sogleich.

376 *Cozian/Viandier/Deboissy*, Droit des sociétés, Rdn. 845; *Mercadal/Janin*, Sociétés Commerciales 2000, Rdn. 11030, 11035.

377 *Siems*, Konvergenz der Rechtssysteme, 87, m. w. N. 14 Fn. 51.

wendung des Bilanzgewinns (falls vorhanden) und über die Ausschüttung einer Dividende, Artt. 232-11 und 232-12 C. com.[378]

Die zweite wichtige Kompetenz der ordentlichen Hauptversammlung ist, über Ernennung, Abberufung und Entlastung der Gesellschaftsverwaltung zu beschließen. Im französischen Recht steht es den Aktiengesellschaften frei, ein eingliedriges oder zweigliedriges Verwaltungssystem zu wählen, Art. L. 225-57 C. com.[379] Im ersten Fall besteht die Verwaltung der Gesellschaft gemäß Art. L. 225-17 C. com nur aus einem Verwaltungsrat, dem *conseil d'administration*. Im zweiten Fall dagegen setzt sich die Verwaltung aus dem *directoire* und dem *conseil de surveillance* zusammen, vergleichbar dem deutschen System von Vorstand und Aufsichtsrat. Handelt es sich um eine Gesellschaft mit einem einstufigen Verwaltungsaufbau, so wählt die Hauptversammlung die Verwaltungsratsmitglieder gemäß Art. L. 225-100 Abs. 4 i. V. m. Art. L. Artt. L. 225-18 und 225-24 Abs. 4 C. com. Wenn das zweigliedrige Leitungssystem gewählt wurde wählt sie dagegen gemäß Art. L. 225-100 Abs. 4 i. V. m. Artt. L. 225-75 und 225-78 Abs. 4 C. com nur die Mitglieder des Aufsichtsrats *(conseil de surveillance)*, der wiederum die Mitglieder des Direktoriums *(directoire)* bestimmt.[380] Handelt es sich um eine Gesellschaft mit einem zweistufigen Verwaltungsaufbau, so haben die Aktionäre also wie im deutschen Recht nur einen mittelbaren Einfluss auf die Bestellung der Geschäftsleitung. Jedoch kann die Hauptversammlung auch unter dem zweistufigen Verwaltungssystem nicht nur Mitglieder des Aufsichtsrats, sondern auch die Mitglieder des *directoires* jederzeit vor Ablauf ihrer Amtszeit entlassen, Art. L. 225-61 Abs. 1 C. com. Seit dem NRE von 2001 ist für eine solche Abberufung durch die Hauptversammlung auch nicht einmal mehr die Zustimmung bzw. der Vorschlag des Aufsichtsrats erforderlich.[381] Vielmehr kann eine Gruppe von Aktionären den Beschlussgegenstand der Abberufung eines oder mehrerer Mitglieder des *directoire* auf die Tagesordnung der ordentlichen Hauptversammlung setzen lassen, selbst wenn der Aufsichtsrat gegen einen solchen Beschlussgegenstand eingestellt ist.[382] Die ordentliche Hauptversammlung entscheidet auch über die Bestellung der Bilanzprüfer (*commissaires aux comptes*, Art. L. 223 Abs. 1 C. com).[383]

Ferner obliegt es der ordentlichen Hauptversammlung, Verträge zwischen der Gesellschaft und Mitgliedern des Verwaltungsrats, des Direktoriums oder des Aufsichtsrats (Art. L. 225-100 Abs. 4 C. com i. V. m. Artt. L. 225-40 Abs. 3, 225-42 Abs. 3, 225-88 Abs. 3 und 225-90 Abs. 3 C. com)[384] – sog. Insichgeschäfte – zu ge-

378 *Cozian/Viandier/Deboissy*, Droit des sociétés, Rdn. 845; *Mercadal/Janin*, Sociétés Commerciales 2000, Rdn. 11046.
379 *Guyon*, Droit des affaires, Rdn. 315.
380 *Mercadal/Janin*, Sociétés Commerciales 2000, Rdn. 11041.
381 *Charvériat/Couret*, Sociétés Commerciales 2005, Rdn. 9091.
382 *Charvériat/Couret*, Sociétés Commerciales 2005, Rdn. 9091. Falls der Antrag auf Abberufung sich als Folge bestimmter gravierender Vorfälle oder schwerer Verfehlungen darstellt, so ist ein Abberufungsbeschluss selbst dann möglich, wenn er nicht als Tagesordnungspunkt aufgeführt wurde.
383 *Cozian/Viandier/Deboissy*, Droit des sociétés, Rdn. 845.
384 *Charvériat/Couret*, Sociétés Commerciales 2005, Rdn. 11030; *Cozian/Viandier/Deboissy*, Droit des sociétés, Rdn. 845.

nehmigen und sie ermächtigt den Verwaltungsrat zur Vornahme von Geschäften, die seine gewöhnlichen Befugnisse überschreiten, insbesondere zur Ausgabe neuer Aktien (Art. L. 225-100 letzter Absatz C. com). Über alle Arten von Satzungsänderungen kann dagegen gemäß Art. 225-96 C. com nur die außerordentliche Hauptversammlung wirksam beschließen.[385] Dabei bedarf der Beschluss einer Mehrheit von zwei Dritteln der auf der Hauptversammlung vertretenen Stimmen, Art. L. 225-96 Abs. 3 C. com. Die gleichen Anforderungen wie für Satzungsänderungen gelten für die Strukturmaßnahmen der Verschmelzung *(fusion)* und Aufspaltung *(scission)* der Gesellschaft, vgl. Art. L. 236-2 Abs. 2 C. com.[386] Die Hauptversammlungszuständigkeiten für Kapitalerhöhungen und -herabsetzungen sowie für Verschmelzungen und Aufspaltungen sind europarechtlich vorgegeben.[387] In der Praxis der größten französischen Aktiengesellschaften werden die beiden Hauptversammlungsarten häufig kombiniert, d. h. am selben Tag wird zunächst eine ordentliche Hauptversammlung abgehalten, der sich unmittelbar eine außerordentliche Hauptversammlung anschließt.[388]

Nicht in die Kompetenz der Hauptversammlung fällt demgegenüber grundsätzlich die Führung des operativen Geschäfts als klassische Aufgabe der Gesellschaftsverwaltung, Art. L. 225-35 bzw. Art. L. 225-64 Abs. 1 C. com.[389] Das betrifft prinzipiell auch größere Veräußerungsgeschäfte im Hinblick auf nahezu alle Vermögensgegenstände, solange diese nicht den Gesellschaftszweck oder den Unternehmensgegenstand *(objet social)* berühren.[390] Nur die Hauptversammlung ist nämlich befugt, den *objet social* zu verändern.[391] So genannte „ungeschriebene" Hauptversammlungskompetenzen, wie sie in Deutschland im Wege der offenen Rechtsfortbildung entwickelt wurden,[392] existieren in Frankreich nicht in vergleichbarer Form. Insofern ist die rechtsvergleichende Analyse von *Wymeersch* in seinem Arbeitspapier „Current Company Law Reform Initiatives in the OECD Countries" missverständlich, der in einer Entscheidung des *Cour de Cassation* vom 24. 1. 1995[393] eine dem „Holzmüller"-Fall vergleichbare Aussage sehen will.[394] Die Entscheidung des französischen Gerichts betraf zwar ebenfalls den Transfer eines großen Beteiligungsblocks auf eine Tochtergesellschaft, durch die die Einflussmacht der Aktionäre mediatisiert wurde. In dem der Entscheidung zugrunde liegenden Sachverhalt wurde jedoch über die Vornahme dieses Transfers gerade durch die Hauptversammlung beschlossen. Der *Cour de Cassation* urteilte nämlich

---

385 *Cozian/Viandier/Deboissy*, Droit des sociétés, Rdn. 845.
386 *Cozian/Viandier/Deboissy*, Rdn. 501, 845, 1729.
387 Siehe oben Fn. 240, 241, 242.
388 *Bissara*, L'amélioration des conditions de vote des actionnaires Non-Résidents des sociétés cotées françaises, Teil 1 I Nr. 1.
389 *Guyon*, Droit des affaires, Rdn. 290.
390 *Mercadal/Janin*, Sociétés Commerciales 2000, Rdn. 1905; *Baums* (Hrsg.), Bericht der Regierungskommission Corporate Governance, Rdn. 82.
391 *Cozian/Viandier/Deboissy*, Droit des sociétés, Rdn. 845.
392 Vgl. die „Holzmüller"- und „Gelatine"-Entscheidungen des BGH, dazu ausführlich oben unter I 7.
393 Rev. Sociétés 1995, 46.
394 5, insb. Fn. 5 (*„For a comparable case under French Law see ..."*).

über die Nichtigkeitsklage eines Aktionärs gegen diesen Hauptversammlungsbeschluss und eben nicht über die Frage, ob ein solcher Beschluss grundsätzlich hätte herbeigeführt werden müssen.[395] Es handelte sich also um einen Fall, indem der Hauptversammlung die Entscheidungskompetenz gerade zugestanden worden war und damit nicht um die richterrechtliche Entwicklung einer solchen Zuständigkeit. Soweit man aus dieser Entscheidung im Umkehrschluss Erkenntnisse ziehen wollte, ist zu berücksichtigen, dass es im französischen Aktienrecht im Gegensatz zum deutschen Recht möglich ist, durch entsprechende Satzungsbestimmungen eigentliche Verwaltungskompetenzen in besonders wichtigen, weil einschneidende Maßnahmen betreffenden Fällen in Form von Zustimmungsvorbehalten auf die Hauptversammlung zu übertragen.[396] Insofern handelt es sich aber nicht um gänzlich ungeschriebene Zuständigkeiten, sondern um solche, die einer vorherigen satzungsmäßigen Implementierung bedürfen. Es besteht also keine ad hoc-Entscheidungskompetenz der Hauptversammlung. „Ungeschrieben" ist in diesem Zusammenhang vielmehr die Kompetenz der Aktionäre, eine eigene Zuständigkeit für die Entscheidung über besonders wichtige Maßnahmen der Geschäftsführung durch Satzungsbestimmung zu begründen (Kompetenz-Kompetenz). Als Beispiel eines solchen wichtigen Geschäftes mag die zitierte Entscheidung dienen, wobei allerdings zu beachten ist, dass es sich um den Beschluss einer Kommanditgesellschaft und nicht einer Aktiengesellschaft gehandelt hat. In der Praxis wird von der geschilderten Möglichkeit, einzelne, sehr wichtige (operative) Geschäfte durch Satzungsbestimmung in die Entscheidung der Hauptversammlung zu stellen, nur äußerst selten Gebrauch gemacht, und wenn überhaupt, so jedenfalls nicht in großen Publikumsgesellschaften.[397]

III. Großbritannien

1) Rechtsquellen und aktienrechtlicher Reformprozess

Das britische Pendant zur deutschen Aktiengesellschaft, die *public company limited by shares (PLC)*,[398] ist vor allem im Companies Act von 1985 (CA 1985) geregelt.[399]

---

395 Das Gericht bejahte die Nichtigkeit des Beschlusses, da es in seinem Zustandekommen einen *abus de majorité* sah (Rechtsmissbrauch durch die Mehrheitsmacht der Aktionäre, siehe dazu oben 5 b).

396 *Mercadal/Janin*, Sociétés Commerciales 2000, Rdn. 11052; *Cozian/Viandier/Deboissy*, Droit des sociétés, Rdn. 845; *Grundmann*, Europäisches Gesellschaftsrecht, § 12 Rdn. 399.

397 *Mercadal/Janin*, Sociétés Commerciales 2000, Rdn. 11052.

398 Vgl. Art. 1 Abs. 3 CA 1985; *Hohloch*, in: Hohloch (Hrsg.), EU-Handbuch Gesellschaftsrecht, Vereinigtes Königreich, Rdn. 123; *Rajak*, in: Lutter/Wiedemann (Hrsg.), Gestaltungsfreiheit im Gesellschaftsrecht, 187 (197 f).

399 *Hohloch*, in: Hohloch (Hrsg.), EU-Handbuch Gesellschaftsrecht, Vereinigtes Königreich, Rdn. 3. Der CA 1985 gilt auch für *private companies*. Die wesentlichen Unterschiede zwischen der hier behandelten *public company* und der *private company* ist das satzungsmäßige Mindestgrundkapital von 50.000 Pfund für die *Plc*, ihre zwingende Eintragung als „public company" im *register of companies* und die Tatsache, dass nur die Aktien der *Plc* öffentlich gehandelt werden dürfen, *Farrar*, Farrar's Company Law, 44 ff; *Davies*, Gower's Principles of Modern Company Law, 12 ff.

Zwar gilt der CA 1985 selbst nur für britische Gesellschaften, also solche, die in England, Schottland oder Wales gegründet wurden, die nordirischen Companies Acts enthalten aber identische Regeln.[400] Die an der Londoner Börse notierten Gesellschaften müssen zudem zusätzlich die *Listing Rules* der *London Stock Exchange* beachten, die ebenfalls Vorgaben zum Aktionärsstimmrecht enthalten.[401] Allerdings stellen der Companies Act 1985 und die *Listing Rules* lediglich Mindestanforderungen hinsichtlich der Ausgestaltung des Stimmrechts auf. Insbesondere der CA 1985 ist sehr liberal gefasst und geht für die Ausgestaltung der *PLC* grundsätzlich von Vertragsfreiheit aus.[402]

Daher sind detaillierte Bestimmungen zum Aktionärsstimmrecht in der Regel in der Satzung der Gesellschaft *(constitution)* enthalten. Diese besteht im britischem Recht aus zwei Dokumenten: Dem Regelwerk zum Außenverhältnis der Gesellschaft, sog. *memorandum of association*, sowie dem Regelwerk zur inneren Gesellschaftsorganisation, sog. *articles of association.*[403] Im Gegensatz zu den *articles* hat das *memorandum* einen gesetzlich zwingend vorgeschriebenen Mindestinhalt von sechs Regelungen, über den in der Praxis nur selten hinausgegangen wird.[404] Aufgeführt werden müssen die Firma, die Tatsache, dass es sich um eine *public company* handelt, der Unternehmensgegenstand, der Sitz, die Haftungsart und das Gesellschaftskapital, Art. 2 CA 1985.[405] Demgegenüber enthalten die *articles* in der Regel Bestimmungen über das Innenverhältnis der Gesellschafter zueinander und damit insbesondere auch über das Stimmrecht. Ein wichtiger Unterschied zwischen diesen beiden Regelwerken besteht im Hinblick auf ihre Abänderbarkeit. So können alle Bestimmungen der *articles* stets durch *special resolution* der Hauptversammlung geändert werden, Art. 9 CA 1985.[406] Demgegenüber ist das *memorandum* gemäß Art. 2 Abs. 7 CA 1985 grundsätzlich unveränderbar, es sei denn, der Companies Act lässt eine Änderung ausdrücklich zu.[407] Zwar kann nach den Bestimmungen des Acts mittlerweile jede Regelung des *memorandum*, abgesehen von ihrem Sitz, auf

---

400 *Hohloch*, in: Hohloch (Hrsg.), EU-Handbuch Gesellschaftsrecht, Vereinigtes Königreich, Rdn. 3, 4; vgl. auch *Rajak*, in: Lutter/Wiedemann (Hrsg.), Gestaltungsfreiheit im Gesellschaftsrecht, 187 (188). Insoweit lassen sich die nachfolgenden Ausführungen daher auf das gesamte Vereinigte Königreich (*United Kingdom of Britain and Northern Ireland*) beziehen.

401 Das sogenannte *Yellow Book* der London Stock Exchange enthält ein Regelwerk von Vorschriften, an die alle an der Londoner Börse notierten Aktiengesellschaften gebunden sind. Regelungsgeber ist die *Financial Services Authority* als zentrale Kapitalmarktaufsichtsbehörde. Die Listing Rules in ihrer jeweils aktuellen Fassung sind abrufbar unter: www.fsa.gov.uk (zuletzt abgerufen November 2005).

402 *Grundmann/Möslein*, ZGR 2003, 317 (361).

403 *Davies*, Gower's Principles of Modern Company Law, 57; *Hohloch*, in: Hohloch (Hrsg.), EU-Handbuch Gesellschaftsrecht, Vereinigtes Königreich, Rdn. 126.

404 *Davies*, Gower's Principles of Modern Company Law, 57 und 66. Theoretisch kann es aber auch alle Vereinbarungen enthalten, die üblicherweise in den *articles* niedergelegt werden. Insoweit ist zu beachten, dass das *memorandum of association* Vorrang vor den *articles* genießt, *Hohloch*, in: Hohloch (Hrsg.), EU-Handbuch Gesellschaftsrecht, Vereinigtes Königreich, Rdn. 127.

405 *Hohloch*, in: Hohloch (Hrsg.), EU-Handbuch Gesellschaftsrecht, Vereinigtes Königreich, Rdn. 128–133.

406 Palmer's Company Law, Volume 1, Rdn. 2.302.1.

407 *Hannigan*, Annotated Guide to the Companies Act, 16f; Palmer's Company Law, Volume 1, Rdn. 2.302.1.

die eine oder andere Art geändert werden.[408] So sind gemäß Art. 17 CA 1985 solche Bestimmungen des *memorandum*, die über dessen zwingenden Mindestinhalt hinausgehen und infolgedessen ebenso gut in die *articles* hätten aufgenommen werden können, grundsätzlich durch *special resolution* veränderbar, allerdings besteht hier ein besonderes Anfechtungsrecht der überstimmten Aktionäre, welches bei einer Änderung der *articles* nicht gegeben ist.[409] Aus diesem Grund finden sich in der Praxis die satzungsmäßigen Regelungen zum Aktionärsstimmrecht ganz üblicherweise in den *articles* und nur äußerst selten auch im *memorandum* der Gesellschaft.[410] In diesem Zusammenhang sind die Vorgaben des Table A zum Companies Act 1985 – einer Art Mustersatzung, die vom *secretary of state for trade and industry* auf dem Verordnungswege erlassen wurde – von besonderer Bedeutung.[411] Denn falls sowohl die *articles* als auch das *memorandum* zu einer Frage schweigen, so greifen die einschlägigen Vorgaben des Table A in seiner jeweils aktuellen Fassung: Diese werden nämlich gemäß Art. 8 CA 1985 automatisch Inhalt der *articles*, sofern ihre Geltung nicht statutarisch ausgeschlossen wurde.[412]

Eine weitere Rechtsquelle im Hinblick auf das Aktionärsstimmrecht ist der sog. *Combined Code* aus dem Jahre 1998, der sich aus den *Principles of Good Corporate Governance* und einem *Code of Best Practice* zusammensetzt.[413] Er wurde zwar nicht vom englischen Gesetzgeber erlassen,[414] dafür hat die *Financial Services Authority* (*FSA*) die Regelungen im Rahmen ihrer Tätigkeit als *UK Listing Authority* anerkannt.[415] Daher sind zumindest die an der Londoner Börse notierten britischen Aktiengesellschaften gesetzlich verpflichtet, in ihren Jahresberichten eine *comply or explain*-Stellungnahme zu diesem Code abzugeben.[416]

In Großbritannien ist seit einigen Jahren und bis heute andauernd ein intensiver gesellschaftsrechtlicher Reformprozess zu beobachten, der sich auch auf das Aktionärsstimmrecht auswirkt.[417] So wurde dem britischen *Secretary of State* im *Electronic Communications Act 2000* die Möglichkeit eingeräumt, durch Rechtsverordnung

---

408 *Davies*, Gower's Principles of Modern Company Law, 66; Palmer's Company Law, Volume 1, Rdn. 2.302.1; zu den jeweiligen Voraussetzungen für eine Änderung siehe *Hannigan*, Annotated Guide to the Companies Act, 16f. Eine Nachschusspflicht kann beispielsweise nur mit Zustimmung *aller* betreffenden Aktionäre begründet werden, Art. 16 CA 1985.

409 *Davies*, Gower's Principles of Modern Company Law, 66 Fn. 24.

410 *Davies*, Gower's Principles of Modern Company Law, 66.

411 Companies Regulations 1985, SI 1985/805.

412 *„[…] in so far as they [the articles] do not exclude or modify Table A, that Table […] constitutes the company's articles […]"*.

413 The Combined Code – Principles of Good Corporate Governance and Code of Best Practice, http://www.fsa.gov.uk/pubs/ukla/lr_comcode.pdf. Zum Combined Code aus der deutschsprachigen Literatur siehe *Davies*, GesRZ 2002, Sonderheft, 14 (14ff); *Lutter*, GesRZ 2002; Sonderheft, 19 (20); *Ulmer*, AcP 2002, 143 (167).

414 Sondern vom Committee on Corporate Governance, dem sog. Hampel Committee.

415 *Davies*, Gower's Principles of Modern Company Law, 15.

416 Chapter 9.8.6 (6) der Listing Rules; *Davies*, Gower's Principles of Modern Company Law, 15; *Mayson/French/Ryan*, Company Law, 21. Aufl., Rdn. 15.2.2.

417 *„Modernising Company Law"*, die offizielle Website, ist abrufbar unter: http://www.dti.gov.uk/cld/review.htm (zuletzt abgerufen am 10. Dezember 2005); dort findet sich der jeweils aktuelle Stand der Reformbemühungen; siehe ferner *Rickford*, ECFR 2004, 391–415, ECFR 2005, 63–106.

(Order) Einzelgesetze im Hinblick auf neue elektronische Kommunikationsmedien zu ändern. Von dieser Möglichkeit wurde für das Kapitalgesellschaftsrecht durch die am 22. Dezember 2000 in Kraft getretene *Electronic Communications Order*[418] zum Companies Act 1985 Gebrauch gemacht. Damit wurde begonnen, moderne Kommunikationsmittel im Zusammenhang mit der Information der Aktionäre und der Stimmrechtsausübung nutzbar zu machen.[419] Zudem wurde 1998 die sog. *Company Law Review Steering Group* (CLR) beauftragt, das Aktienrecht zu überprüfen und Reformvorschläge zu unterbreiten.[420] Sie legte 2001 ihren Abschlußbericht vor.[421] Nun ist es an der Regierung, den Reformprozess gesetzgeberisch fortzuführen.[422] Einer der Vorschläge der CLR, der bereits von der Regierung akzeptiert wurde,[423] geht dahin, den Anwendungsbereich des *Combined Code* demnächst auf Unternehmen zu erweitern, die an anderen als der Londoner Börse notiert sind.[424]

2) Grundsätzliche Ausgestaltung des Stimmrechts

Aus Art. 54 Table A lassen sich die zwei Grundregeln der Ausgestaltung des Aktionärsstimmrechts ersehen: Grundsätzlich hat jeder Aktionär einer britischen Aktiengesellschaft auf der Hauptversammlung eine Stimme, die durch Handaufheben *(show of hands)* ausgeübt wird.[425] Es gilt also das Prinzip des *„one man – one vote"*. Erfolgt die Abstimmung allerdings nicht – wie im Regelfall[426] – durch ein *show of hands*, sondern vielmehr im Rahmen eines *poll*, so ist das Stimmrecht dagegen beteiligungsproportional ausgestaltet. Auch Art. 370 Abs. 6 CA 1985, wonach jeder Aktie eine Stimme zukommen soll, bezieht sich lediglich auf das *poll* – Abstimmungsverfahren,[427] so dass im britischen Recht nicht vom Grundsatz des *„one share – one vote"* ausgegangen werden kann. Begründet ist das *„one man – one vote"*-Prinzip in der früher vorherrschenden Ansicht, das Stimmrecht sollte anders als die bloß finanziellen Interessen des Aktionärs (beispielsweise das Dividendenrecht) behandelt werden und wie bei einer *partnership* jedem Gesellschafter in gleichem Umfang zukommen.[428] Eben dieser Gedanke der Gleichheit „zwischen den Aktionären" statt „zwischen den Aktien" findet sich im *show of hands*-Verfahren wieder. Zwar wird dieses Verfahren auch in großen Aktiengesellschaften üb-

---

418 SI 2000/3373, abrufbar unter: http://www.hmso.gov.uk/si/si2000/20003373.htm.
419 *Siems*, RIW 2002, 202 (203). Für börsennotierte Gesellschaften wurden zudem die Listing Rules angepasst; die Änderungen sind abrufbar unter: http://www.fsa.gov.uk/pubs/ukla/lr_electronic.pdf.
420 *Davies*, Gower's Principles of Modern Company Law, 53f.
421 Modern Company Law – For a Competitive Economy, Final Report, 2001.
422 *Davies*, Gower's Principles of Modern Company Law, 53f.
423 White Paper Modernising Company Law, Para 5.11, abrufbar unter: http://www.dti.gov.uk/companiesbill/whitepaper.htm (zuletzt abgerufen am 10. Dezember 2005).
424 In Zukunft sollen auch Unternehmen erfasst werden, die nach dem Companies Act 1985 gegründet wurden und deren Wertpapiere in einem Staat des Europäischen Wirtschaftsraums, der New York Stock Exchange oder Nasdaq gehandelt werden, *Just*, RIW 2004, 199 (203).
425 *Mayson/French/Ryan*, Company Law, 21. Aufl., Rdn. 14.9.1.1.
426 Vgl. *Davies*, Gower's Principles of Modern Company Law, 619.
427 *Impey*, Company Meetings, 69.
428 *Davies*, Gower's Principles of Modern Company Law, 618.

licherweise primär angewendet, weil es als zügig und praktisch gilt. Jedoch steht den Aktionären grundsätzlich das Recht zu, im Anschluss an eine solche Abstimmung stets auch die Durchführung eines *poll* zu verlangen. Zumindest bei strittigen Entscheidungen richtet sich also die Stimmkraft in der Regel nach dem Proportionalitätsprinzip.

3) Überproportionales Stimmrecht

a) *Mehrstimmrechte*

Im britischen Recht steht den Gesellschaften im Hinblick auf die Ausgestaltung der Stimmkraft eine prinzipielle Satzungsfreiheit zu.[429] Diese große Satzungsfreiheit begründet sich daher, dass der Ursprung aller Aktionärsrechte der Vertrag des Aktionärs mit der Gesellschaft ist, dessen Inhalt im *memorandum* und den *articles of association* niedergelegt ist.[430] Den Inhalt dieses Vertrages sollen die Parteien grundsätzlich frei bestimmen können. Dabei wird das Stimmrecht nach britischem Verständnis trotz seiner Bedeutung nicht als dem Aktionärsstatus inhärent angesehen, sondern ist ein Vertragsbestandteil „wie jeder andere“, über den frei verfügt werden kann. Daher ist auch ein satzungsmäßiger Ausschluss oder eine satzungsmäßige Einschränkung des Stimmrechts im britischen Aktienrecht ohne weiteres möglich. Soweit eine gesetzlich vorgesehene Zuweisung von Stimmrechten besteht, ist sie dispositiv und kann in jeder Hinsicht abgeändert werden.[431] Dazu werden die ausgegebenen Aktien in unterschiedliche *classes* (Gattungen) eingeteilt und je nach *class* mit verschiedenen Stimmrechten versehen. Die Leitentscheidung zu dieser Gestaltungsfreiheit der Stimmrechte ist *Bushell* v *Faith*,[432] in der Richter *Lord Upjohn* ausführte: *„Parliament has never sought to fetter the right of a company to issue a share with rights or restrictions as it sees fit“*. Auch Art. 2 des Table A umschreibt diesen Sachverhalt mit größtmöglicher Offenheit: *„Subject to the provisions of the Act* [der keine weiteren Vorschriften enthält] *and without prejudice to any rights attached to any existing shares, any share may be issued with such rights or restrictions as the company may by ordinary resolution determine.“ Memorandum* oder *articles* einer englischen *PLC* können also unbeschränkt Aktiengattungen gestalten, die ein Vielfaches der Stimmrechte anderer Gattungen gewähren.[433] Das kann explizit bestimmt werden, zum Beispiel indem 1-Pfund-Aktien der Gattung X zehn Stimmen, 1-Pfund-Aktie der Gattung Y dagegen nur eine Stimme gewährt werden. Es kann aber auch mittelbar erreicht werden, indem der Nennwert einer Aktiengattung geringer als der Nennwert der anderen Aktiengattung ausgestaltet wird. Die Erweiterungen des Stimmrechts können so ausgestaltet sein, dass sie für alle Be-

---

429 So könnte auch die *„one head – one vote“*-Regel bei der *show of hands*-Abstimmung theoretisch statutarisch abgeändert werden (was aber praktisch nicht vorkommt).
430 *Xuereb*, The Rights of Shareholders, 4.
431 Arg. ex. Art. 370 (1) und (6) CA 1985; *Hannigan*, Annotated Guide to the Companies Act, 714; siehe auch *Pennington*, Pennington's Company Law, 781 mit Beispielen.
432 *Bushell v Faith* [1970] AC 1099 (1106) = 1 All ER 53.
433 *Hannigan*, Annotated Guide to the Companies Act, 716.

schlüsse gelten oder aber nur für bestimmte Beschlussgegenstände (z.B. die Bestellung oder Abberufung des Vorstands).[434] Es ist im britischen Recht ferner möglich, dass Aktien, die von bestimmten Individuen gehalten werden, Mehrstimmrechte oder sogar Mehrheitsstimmrechte erhalten. Die Personen müssen entweder namentlich bestimmt oder durch Beschreibung genau identifizierbar sein (z.B. Vorstandsmitglieder).[435] Auch dabei ist es wiederum möglich, dass die Erweiterung für alle oder nur für bestimmte Beschlussgegenstände gilt. So ist beispielsweise eine Satzungsbestimmung ohne weiteres zulässig, die einem aktienbesitzenden *director* Mehrfachstimmrechte hinsichtlich des Beschlusses über seine eigene Abberufung gewährt, selbst wenn das zur Folge hat, dass dieser nicht mehr gegen seinen Willen abberufen werden kann.[436] Die Ausgestaltung der Rechte einzelner Aktiengattungen ist normalerweise im *memorandum* oder den *articles* der Gesellschaft beschrieben, allerdings ist dies nicht zwingend vorgegeben.[437] In jedem Fall gewährleistet aber Art. 128 CA 1985 eine Öffentlichmachung dieser Angaben.[438] Bis vor kurzem schrieben zudem die Listing Rules der Londoner Börse vor, dass Abweichungen vom Proportionalitätsprinzip in der Kapitalmarktpublizität auf der Effekte selbst hervorgehoben werden müssen.[439] Die entsprechenden Bestimmungen wurden mittlerweile gestrichen.[440] Die Listing Rules stellen heute keine besonderen Publizitätsanforderungen im Hinblick auf disproportionale Stimmrechtsgestaltungen mehr auf, insbesondere auch nicht für Aktien mit eingeschränktem oder ausgeschlossenem Stimmrecht.[441]

Anzumerken ist, dass die britischen Aktiengesellschaften die ihnen eingeräumte Ausgestaltungsfreiheit in der heutigen Praxis nicht besonders ausnutzen. Ihnen scheint wenig daran gelegen, ihre Kapitalstrukturen durch eine große Anzahl verschiedener Aktiengattungen zu verkomplizieren.[442] Daher begegnet man nur selten Gesellschaften mit mehr als zwei oder drei verschiedenen Aktiengattungen. Das gilt gerade auch für Gesellschaften, deren Anteile an Kapitalmärkten gehandelt werden, da die Existenz vieler verschiedener Aktiengattungen den börslichen Handel zumindest erschwert.[443] Zudem werden in Großbritannien ca. 60 Prozent

---

434 *Pennington*, Pennington's Company Law, 781.

435 *Pennington*, Pennington's Company Law, 781.

436 Vgl. *Bushell* v *Faith*, aaO. In dem der Entscheidung zugrunde liegenden Sachverhalt sah die Satzung vor, dass jede Stammaktie, die von einem *director* gehalten wird, bei allen Abstimmungen über die Abberufung eines *directors* drei anstelle von einer Stimme gewährt.

437 *Davies*, Gower's Principles of Modern Company Law, 620; *Hannigan*, Annotated Guide to the Companies Act, 207; *Mayson/French/Ryan*, Company Law, 21. Aufl., Rdn. 6.1.4.

438 *Davies*, Gower's Principles of Modern Company Law, 620; *Hannigan*, Annotated Guide to the Companies Act, 215f; *Mayson/French/Ryan*, Company Law, 21. Aufl., Rdn. 6.1.4.

439 Vgl. Chapter 13.22 lit. h der Listing Rules in der Fassung von 2001; *Grundmann/Möslein*, ZVglRWiss 102 (2003), 289 (320).

440 *Weinberg*, Weinberg and Blank on Takeovers and Mergers, Rdn. 4-7070 Fn. 6.

441 Vgl. den Wortlaut des mittlerweile aufgehobenen 13.22 lit. h mit dem Wortlaut des Chapter 9.5.16, der nicht auf *„voting rights"*, sondern nur auf *„capital, dividends and conversion"* Bezug nimmt.

442 *Davies*, Gower's Principles of Modern Company Law, 619f.

443 *Grundmann/Möslein*, ZVglRWiss 102 (2003), 289 (320); zum vergleichbar ausgestatteten Recht des Staates Delaware, *Wunderlich/Labermeier*, in: von Rosen/Seifert, Die Namensaktie, 143 (150).

aller Stammaktien börsennotierter Aktiengesellschaften von institutionellen Anlegern gehalten[444] und diese lehnen Kapitalstrukturen, die vom Prinzip des *„one share – one vote"* abweichen, strikt ab.[445]

b) *Aktionärsstimmrechte als Staatskontrollrechte*

In den letzten Jahren wurde in Großbritannien eine ganze Reihe von Unternehmen privatisiert, und in einigen dieser Fälle hat sich die Regierung Sonderrechte zurückbehalten.[446] Diese Sonderrechte wurden überwiegend an das Halten einer einzigen Aktie, der „Goldenen Aktie", die üblicherweise lediglich den symbolischen Wert von einem Pfund hat, geknüpft (*„one pound special share"*).[447] Ihre Existenz kann sich auf die Entscheidungsstruktur in der Aktiengesellschaft auswirken und stellt dann einen Verstoß gegen das Proportionalitätsprinzip dar. Häufig verbriefen diese Aktien nämlich exorbitant erhöhte Stimmrechte, die in keinem Verhältnis zur Einlage stehen, teils sogar absolute Veto- und Alleinentscheidungsrechte.[448] Da im britischen Recht ohne Beschränkung verschiedene *classes of shares* geschaffen werden können, kann auch eine „Goldene Aktie" hier als einziges Exemplar einer besonderen Vorzugsaktiengattung prinzipiell durch bloße Bestimmung in den *articles of association* geschaffen werden.[449] Mit diesem Umstand argumentierte auch die Regierung des Vereinigten Königreiches in dem gegen sie von der EG-Kommission eingeleiteten Verfahren wegen Verletzung der Kapitalverkehrsfreiheit.[450] In dem zugrunde liegenden Fall wurde bei der Privatisierung der *British Airport Authority plc* zu Gunsten des Staates eine Sonderaktie geschaffen, die dem Staat die Befugnis gab, die Veräußerung des Vermögens der Gesellschaft ebenso wie den Erwerb von Aktien, die das Recht auf mehr als 15% der Stimmen umfassen, von einer vorherigen Genehmigung abhängig zu machen. Da diese Sonderrechte ausschließlich in der Satzung der *British Airport Authority plc (BAA plc)* verankert waren, stellte sich die Regierung des Vereinigten Königreichs auf den

---

444 *Davies*, Gower's Principles of Modern Company Law, 337. *Stapledon* spricht von beinahe 70% im Jahre 1998, siehe: Table 1: Beneficial ownership of UK equities, 1998, in: Analysis and data of share ownership and control in UK, abrufbar unter: http://www.dti.gov.uk/cld/staple.pdf (zuletzt abgerufen am 10. Dezember 2005).

445 *Rickford*, EBLR 2004, 1379 (1383); *Grundmann/Möslein*, ZVglRWiss 102 (2003), 289 (320 und 294 Fn. 16).

446 *Farrar/Hannigan*, Farrar's Company Law, 230. Beispielsweise im Rahmen der Privatisierung von *British Energy*, *British Gas*, *Northern Ireland Electricity*, *British Airports Authority* und *Rolls-Royce*, weitere Beispiele bei: Europäische Kommission, Special rights in privatised companies, 14.

447 *Farrar/Hannigan*, Farrar's Company Law, 230; *Grundmann/Möslein*, ZVglRWiss 102 (2003), 289 (303).

448 *Grundmann/Möslein*, ZGR 2003, 317 (322f); *dies.*, ZVglRWiss 102 (2003), 289 (302f).

449 *Farrar/Hannigan*, Farrar's Company Law, 230. Damit die Sonderrechte nicht durch eine einfache Satzungsänderung wieder abgeschafft werden können, wird regelmäßig zusätzlich in der Satzung festgeschrieben, dass jede Veränderung der Rechte dieser speziellen Aktiengattung der Zustimmung des betreffenden Aktieninhabers bedarf.

450 EuGH Urteil vom 13. 5. 2003 – Rs. C-98/01 *Kommission/Vereinigtes Königreich Großbritannien und Nordirland* (British Airport Authority plc), Slg. 2003, I-4641 = NJW 2003, 2666f = EuZW 2003, 536ff; zum entsprechenden Parteivorbringen des Vereinigten Königreichs siehe Rdn. 31 des Urteils und EuZW 2003, 536 (538).

Standpunkt, die fraglichen Beschränkungen ergäben sich allein aus einer normalen Anwendung ihres nationalen Gesellschaftsrechts, das eben die Ausgabe verschiedener Aktiengattungen gestatte.[451] Da die Satzung der *BAA plc* keine nationale Rechtsvorschrift und damit keine staatliche Maßnahme darstelle sowie mangels europarechtlicher Harmonisierungsvorgaben in diesem Bereich liege keine Vertragsverletzung durch das Vereinigte Königreich vor. Der EuGH gab der Klage dennoch statt. Er verwies darauf, dass jede Satzung der *BAA plc* auf Grund des Airports Act von 1986 der staatlichen Genehmigung bedarf. Diese Einflussmöglichkeit reiche aus, um die Prüfung der Gemeinschaftswidrigkeit einzelner Satzungsbestimmungen vornehmen zu können. Das Vereinigte Königreich habe als Staat gehandelt, denn derartige Genehmigungsvorbehalte ergäben sich eben nicht aus der normalen Anwendung des Gesellschaftsrechts.

Das Urteil macht deutlich, dass sich der Mitgliedstaat der europarechtlichen Kontrolle nach dem Willen des EuGH nicht einfach dadurch entziehen kann, dass er die Regelungen über „Goldene Aktien" in das Privatrecht verlagert. Es soll danach keinen Unterschied machen, ob die Sonderrechte unmittelbar durch Gesetz oder Durchführungsverordnung oder aber durch von staatlicher Genehmigung abhängiger Satzung eingeräumt werden. Für das britische Aktienrecht bedeutet das, dass nur solche „Goldene Aktien" europarechtskonform sind, die der Staat aufgrund seiner hohen kapitalmäßigen Beteiligung durch Satzungsbestimmung durchsetzen konnte, wenn nicht eine Rechtfertigung für den Einsatz staatlicher Maßnahmen nach den vom EuGH aufgestellten Voraussetzungen in Betracht kommt.[452]

c) *Stimmrechte aus teileingezahlten Aktien*

Grundsätzlich steht das Stimmrecht auf der Hauptversammlung zwar jedem Aktionär der Gesellschaft zu, jedoch kann die Satzung Abweichendes vorsehen. In der Praxis beschränken die Satzungen der meisten Gesellschaften das Stimmrecht eines Aktionärs, der die fällige Zeichnungsforderung der Gesellschaft nicht oder nicht vollständig beglichen hat.[453] Früher war es üblich, dem rückständigen Aktionär in einem solchen Fall das Stimmrecht aus all seinen Aktien zu versagen, also auch aus Aktien, hinsichtlich derer keine Forderungen offen stehen, vgl. Art. 65 des Table A zum Companies Act 1947. Heute dagegen wird das Stimmverbot in der Regel auf die nicht voll amortisierten Aktien begrenzt, vgl. Art. 57 des Table A zum Companies Act 1985.

---

451 EuGH Urteil vom 13. 5. 2003 Rdn. 31; EuZW 2003, 536 (538).
452 Zu den Voraussetzungen für die Rechtmäßigkeit von Goldenen Aktien unten Kap. 3 II; siehe auch *Grundmann/Möslein*, ZGR 2003, 317ff; *Ruge*, EuZW 2003, 540 (541). Nach einer Studie der Europäischen Kommission bestehen Golden Aktien in Großbritannien derzeit lediglich noch in den Gesellschaften *BAE Systems*, *Rolls Royce*, *British Energy* und *Devonport Dockyard*, Europäische Kommission, Special rights in privatised companies, 38.
453 *Davies/Briggs/Impey/Evans/Ellis*, Modern Law of Meetings, Rdn. 8.9; *Hannigan*, Annotated Guide to the Companies Act, 716; *Jones/Jakobs*, Company Meetings, 60.

4) Vereinbarte Stimmrechtsschranken

a) *Höchststimmrechte*

Britischen Gesellschaften steht es frei, Höchststimmrechte durch entsprechende Bestimmungen der *articles* zu installieren.[454] Sie unterliegen dabei keinen rechtlichen Beschränkungen.[455] Für die Höchststimmrechte in Großbritannien gilt allerdings dasselbe wie für die Mehrstimmrechte: Da sie von den wichtigen institutionellen Investoren abgelehnt werden, machen Gesellschaften, deren Anteile an Kapitalmärkten gehandelt werden von dieser aktienrechtlichen Gestaltungsform nur wenig Gebrauch.[456]

b) *Aktien ohne Stimmrecht*

Im britischen Aktienrecht ist es aufgrund der dargelegten Satzungsfreiheit ferner möglich, dass bestimmte Aktiengattungen gar keine oder nur unter bestimmten Umständen oder nur in Bezug auf bestimmte Beschlussgegenstände Stimmrechte gewähren.[457] Auch in dieser Hinsicht ergeben sich weder aus dem Companies Act noch aus dem Table A irgendwelche Beschränkungen. Insbesondere ist in Großbritannien die Einräumung von Vorzugsrechten kein zwingendes Pendant zum Ausschluss des Stimmrechts. Es können also auch sog. *non-voting ordinary shares* ausgegeben werden.[458] Zu beachten ist, dass die Bezeichnung einer Aktiengattung als *preference shares* nicht zwingend bedeutet, dass diesen Aktien ein Dividendenvorzug zukommt.[459] Der Begriff *preference shares* wird vielmehr für völlig verschiedene Aktiengattungen verwendet, ob sie nun besondere Rechte im Hinblick auf Dividende, Stimmrecht, Liquidationserlös o.ä. gewähren.[460] Für *preference shares* mit Dividendenvorzug ist es allerdings üblich, die Stimmrechte aus den Aktien nur auf solche Situationen zu beschränken, in denen die Vorzugsdividende über einen bestimmten Zeitraum hinaus nicht ausgezahlt wurde.[461] In der Praxis bestimmen die Satzungen börsennotierter Gesellschaften üblicherweise, dass solche stimmrechtslosen Vorzugsaktien auch im Hinblick auf satzungsändernde Beschlüsse und bei Beschlüssen, die Gattungsrechte betreffen, das Stimmrecht erhalten.[462] Die ent-

---

454 *Farrar/Hannigan*, Farrar's Company Law, 226f, 230; Palmer's Company Law, Volume 2, Rdn. 7.611; *Pennington*, Pennington's Company Law, 781.
455 *Bushell* v *Faith* (1970) 1 All ER 53.
456 *Grundmann/Möslein*, ZVglRWiss 102 (2003), 289 (320).
457 *Davies/Briggs/Impey/Evans/Ellis*, Modern Law of Meetings, Rdn 8.8; *Hannigan*, Annotated Guide to the Companies Act, 716; *Mayson/French/Ryan*, Company Law, 21. Aufl., Rdn. 6.1.5. und 6.1.7; Palmer's Company Law, Volume 1, Rdn. 6.010; *Weinberg*, Weinberg and Blank on Takeovers and Mergers, Rdn. 4-7066–4-7069.
458 *Davies*, Gower's Principles of Modern Company Law, 620; *Mayson/French/Ryan*, Company Law, 21. Auflage, Rdn. 6.1.7.
459 *Davies*, Gower's Principles of Modern Company Law, 620 und 624.
460 *Davies*, Gower's Principles of Modern Company Law, 620f; Palmer's Company Law, Volume 1, Rdn. 6.101.
461 *Davies*, Gower's Principles of Modern Company Law, 622; siehe bspw. *Re Bradford Investment Ltd* [1991] B.C.L.C. 224.
462 *Jones/Jakobs*, Company Meetings, 62.

sprechenden Regelungsdetails lassen sich allerdings genau nur durch Einsichtnahme der Satzung oder des *register of companies* beim *Companies House* gewinnen.[463]

Mit den stimmrechtslosen Aktien kann die Kontrolle über die Aktiengesellschaft bei einer Minderheit mit geringer Kapitalbeteiligung angesiedelt werden, was gerade die *non voting ordinary shares* in den vergangenen Jahren in Großbritannien sehr umstritten machte.[464] Dennoch sind sie nach wie vor rechtlich zulässig.[465] Obwohl sie auch an der Londoner Börse weiter zur Notierung zugelassen sind, gab es in den letzten Jahren aber so gut wie keinen Fall, in denen eine Gesellschaft eine neue Gattung stimmrechtsloser Aktien dort notieren lassen wollte.[466] Schließlich werden beispielsweise die vorzugslosen *non voting ordinary shares* in der Regel mit einem Preisabschlag von 10 bis 20% gegenüber den stimmberechtigten Aktien gehandelt.[467] In Übernahmesituationen sind die Angebote für Stimmrechtsaktien teilweise sogar bis zu drei einhalb Mal höher als für stimmrechtslose Aktien.[468] Vor allem die Kritik institutioneller Investoren hat dazu geführt, dass immer mehr Gesellschaften freiwillig auf die Emission stimmrechtsloser Aktien verzichten bzw. bereits ausgegebene stimmrechtslose Aktien mit dem Stimmrecht versehen, so dass stimmrechtslose Aktien heute in Großbritannien nicht mehr weit verbreitet sind.[469]

5) Gesetzliche Stimmrechtsschranken

a) *Starre Stimmrechtsschranken*

Im britischen Recht ist es der Aktiengesellschaft grundsätzlich verboten, eigene Aktien zu erwerben, Art. 143 Abs. 1 und Art. 23 CA 1985.[470] Dennoch gibt es bestimmte Ausnahmefälle, in denen die Gesellschaft Inhaberin eigener Aktien ist.[471] In diesen Fällen steht der Gesellschaft gemäß Artt. 23 Abs. 5 HS 2 und 146 Abs. 4 CA 1985 im Einklang mit den europarechtlichen Bestimmungen das Stimmrecht

---

463 Vgl. *Davies*, Gower's Principles of Modern Company Law, 620; *Hannigan*, Annotated Guide to the Companies Act, 215f. Insbesondere ist auch bei börsennotierten Gesellschaften keine Kenntlichmachung der Stimmrechtsbeschränkungen auf der Aktie selber mehr erforderlich, *Weinberg*, Weinberg and Blank on Takeovers and Mergers, Rdn. 4-7070 Fn. 6.

464 Ausführlich *Weinberg*, Weinberg and Blank on Takeovers and Mergers, Rdn. 4-7070–4-7076; ferner *Davies*, Gower's Principles of Modern Company Law, 624f; *Mayson/French/Ryan*, Company Law, 21. Auflage, Rdn. 6.1.7; *Siebel*, ZHR 161 (1997), 628 (640).

465 *Weinberg*, Weinberg and Blank on Takeovers and Mergers, Rdn. 4-7070, mit Hinweis auf das Jenkins Committee, dass die stimmrechtslosen Aktien zwar kritisierte, ihre Abschaffung durch den Gesetzgeber jedoch für einen „*too drastic step*" hielt.

466 *Weinberg*, Weinberg and Blank on Takeovers and Mergers, Rdn. 4-7077.

467 *Weinberg*, Weinberg and Blank on Takeovers and Mergers, Rdn. 4-7073.

468 Vgl. das Beispiel bei *Weinberg*, Weinberg and Blank on Takeovers and Mergers, Rdn. 4-7073.

469 *Weinberg*, Weinberg and Blank on Takeovers and Mergers, Rdn. 4-7073 und 4-7077; *Davies*, Gower's Principles of Modern Company Law, 625; Palmer's Company Law, Volume 1, Rdn. 6.010.

470 *Trevor* v *Whitworth* (1887) 12 App. Cas. 409, HL; *Davies*, Gower's Principles of Modern Company Law, 245ff; *Hannigan*, Annotated Guide to the Companies Act, 51ff und 250ff.

471 Vgl. Art. 23 Abs. 5, Art. 143 Abs. 3 CA 1985; nähere Erläuterung zu diesen Fällen bei *Davies*, Gower's Principles of Modern Company Law, 245ff; siehe auch *Hannigan*, Annotated Guide to the Companies Act, 51ff und 250ff.

aus diesen Aktien nicht zu.[472] Daneben kommt ein Ruhen des Stimmrechts in Betracht, wenn ein Aktieninhaber seiner Offenlegungspflicht im Hinblick auf eine Anfrage nach Art. 212 CA 1985 nicht nachkommt. Gemäß Artt. 212 i.V.m. 216, 454ff CA 1985 kann die Unternehmensleitung in solchen Fällen eine gerichtliche Verfügung erwirken, die das Stimmrecht aus den betreffenden Aktien suspendiert.[473]

Neben diesen Fällen des ruhenden Stimmrechts kennt das britische Recht nur noch eine weitere starre gesetzliche Stimmrechtsschranke: Art. 164 Abs. 5 CA 1985 stellt ein Stimmverbot auf, wenn die Gesellschaft über den Erwerb von Aktien eines Aktionärs entscheidet.[474] Solche Aktienaufkäufe durch die Gesellschaft bedürfen vorab der Billigung der Hauptversammlung durch *special resolution*, Art. 164 Abs. 1 und 2 CA 1985. Bei dieser Beschlussfassung darf der veräußernde Aktionär aus denjenigen Aktien nicht abstimmen, über deren Kauf entschieden wird. Übt er sein Stimmrecht doch aus, so hat dies allerdings nur Konsequenzen, wenn diese Stimmen für die Beschlussfassung entscheidend waren.[475] Weitere starre gesetzliche Stimmrechtsschranken existieren im britischen Recht nicht.[476]

b) Bewegliche Stimmrechtsschranken

Der Aktionär einer britischen Aktiengesellschaft kann sein Stimmrecht grundsätzlich frei von jeglichen Restriktionen ausüben.[477] Dabei kann er sich insbesondere auch vollständig von seinen persönlichen Interessen leiten lassen, selbst wenn diese im Widerspruch zu den Interessen der Gesellschaft stehen.[478] Das gilt im Grundsatz auch für Aktionäre oder koordiniert abstimmende Gruppen von Aktionären, die die Mehrheit der Stimmen der Gesellschaft innehaben.[479] Eine Treuepflicht *(fiduciary duty)* des (Mehrheits-)Aktionärs gegenüber der Gesellschaft oder den Mitgesellschaftern, die zu einer Beschränkung der Abstimmungsfreiheit führen könnte, ist im britischen Aktienrecht nicht anerkannt.[480] Der Grund dafür liegt

---

472 *Davies*, Gower's Principles of Modern Company Law, 246f; *Hannigan*, Annotated Guide to the Companies Act, 52 und 256.

473 *Davies/Briggs/Impey/Evans/Ellis*, Modern Law of Meetings, 8.9; *Davies*, Gower's Principles of Modern Company Law, 603f; Palmer's Company Law, Volume 2, Rdn. 7.304 und 10.026; *Siems*, ZGR 2003, 218 (230). Siehe dazu unten Teil 2 Kap. 3 I.

474 Mit dieser Norm werden nur Käufe erfasst, die sich außerhalb der London Stock Exchange vollziehen, *Hannigan*, Annotated Guide to the Companies Act, 294ff.

475 Dann ist der Beschluss unwirksam; *Hannigan*, Annotated Guide to the Companies Act, 297.

476 *Grundmann*, Europäisches Gesellschaftsrecht, § 12 Rdn. 417.

477 Vgl. das Grundsatzurteil *Pender v Lushington* (1877) 6 ChD 70.

478 *Pender v Lushington* (1877) 6 ChD 70; *North-West Transportation Co. Ltd* v *Beatty* (1887) 12 App Cas 589; *Carruth* v *ICI Ltd* (1937) 2 All ER 422; *Davies*, Gower's Principles of Modern Company Law, 486; Palmer's Company Law, Volume 2, Rdn. 7.609.

479 *North-West Transportation Co. v Beatty* (1887) 12 App Cas 589; *Dominion Cotton Mills Co. Ltd v Amyot* (1912) AC 546.

480 *Phillips v Manufacturers' Securities Ltd* (1917) 116 LT 290, 296; *Davies*, Gower's Principles of Modern Company Law, 487 („*It is wrong to see the voting powers of shareholders as being of a fiduciary character*"); *Flannigan*, The Journal of Business Law, 2004, 285 („*Shareholders do not, as a matter of status, owe fiduciary duties to each other or to their corporations*"); *Hannigan*, Annotated Guide to the Companies Act, 716 („*Shareholders are not trustees for the company or for one another*"); *Mayson/French/Ryan*, Company Law, 21. Aufl., Rdn. 14.9.3.

darin, dass das Aktionärsstimmrecht in Großbritannien ausschließlich als Eigentumsrecht angesehen wird und ein jeder bei der Ausübung seiner Eigentumsbefugnisse frei ist. So formulierte das Gericht in *Peters' American Delicacy Co Ltd.* v *Heath:*[481] *„They* [the shareholders] *vote in respect of their shares, which are property, and the right to vote is attached to the share itself as an incident of property to be enjoyed and exercised for the owner's personal advantage"*. In *Phillips* v *Manufactures Securities Ltd.* (1919)[482] argumentierte das Gericht, da das englische Recht keine allgemeine Lehre über den Missbrauch von Eigentumsrechten kenne, könne auch die Stimmrechtsausübung eines Aktionärs nicht mit dem Argument angefochten werden, sie schädige andere. *Flannigan* weist zudem darauf hin, dass die Aktionäre von vornherein von einer egoistischen Stimmrechtsausübung ihrer Mitaktionäre ausgehen und dass alle Aktionäre gleichermaßen das Risiko tragen, durch eine solche Stimmrechtsausübung benachteiligt zu werden.[483] Selbst die Tatsache, dass ein Aktionär zugleich Mitglied des *board* ist, verbietet es ihm folglich im britischen Recht nicht, bei der Abstimmung seine persönlichen Interessen über die wohlverstandenen Interessen der Gesellschaft zu stellen.[484]

Die fehlende Anerkennung von mitgliedschaftlichen Treuepflichten im britischen Aktienrecht[485] bedeutet aber nicht, dass die Stimmrechtsausübung hier überhaupt keinen gesetzlichen Beschränkungen unterliegt.[486] Schon vor mehr als hundert Jahren begann die Rechtsprechung, der Stimmrechtsmacht der Mehrheit in der Aktiengesellschaft zumindest im Hinblick auf satzungsändernde Beschlüsse Grenzen zu setzen.[487] Die Stimmrechtsausübung der Mehrheitsgesellschafter muss in diesem Fall *„bona fide for the benefit of the company as a whole"* erfolgen.[488] Begründet wurde diese Beschränkung mit *„general principles of law and equity"*, die für alle Fälle gelten sollen, in denen Mehrheiten aufgrund ihrer Mehrheitsmacht Minderheiten binden können.[489] Große Schwierigkeiten bereitete der Rechtswissenschaft aber in

---

481 [1939] 61 C.L.R. 457, 504, HC.

482 116 LT 290; vgl. auch *North-West Transportation Co. v Beatty* (1887) 12 App Cas 589 (593); *Mayson/French/Ryan*, Company Law, 21. Aufl., Rdn. 14.9.3.

483 *Flannigan*, The Journal of Business Law, 2004, 277 (286).

484 *North-West Transportation Co.* v *Beatty* (1887) 12 App Cas 589. Die einzige Einschränkung der Stimmrechtsausübung eines Vorstands aus seinen eigenen Aktien wird für den Fall gemacht, dass er und die anderen Vorstandsmitglieder die Mehrheit der Stimmen auf einer Hauptversammlung kontrollieren: Dann dürfen sie sich nicht mit Hilfe ihrer Stimmen aus der Haftung für eine Verletzung ihrer Pflichten gegenüber der Gesellschaft entlassen, vgl. auch *Cook* v *Deeks* (1916) 1 AC 554; *Mayson/French/Ryan*, Company Law, 21. Aufl., Rdn. 14.9.3.

485 Siehe zuletzt die Aussage bei *Flannigan*, The Journal of Business Law, 2004, 277 (287), die sich auf die unten dargestellte *bona fide*-Rechtsprechung bezieht: *„Whatever the limitation on shareholder voting power might be, it is not a fiduciary limitation."*

486 *Davies*, Gower's Principles of Modern Company Law, 487; *Flannigan*, The Journal of Business Law, 2004, 277 (286).

487 Vgl. die Leitentscheidung *Allen* v *Gold Reefs of West Africa Ltd* (1900) 1 Ch. 656 (671 f).

488 *Lindley* MR in *Allen v Gold Reefs of West Africa Ltd* (1900) 1 Ch. 656 (671): *„It* [the shareholder power] *must be exercised, not only in the manner required by law, but also bona fide for the benefit of the company as a whole, and it must not be exceeded"*; siehe ferner *British American Nickel Corp. v O'Brien* (1927) AC 369; *Greenhalgh v Arderne Cinemas Ltd* (1951) Ch. 286, *Mayson/French/Ryan*, Company Law, 21. Aufl., Rdn. 3.5.3.5.

489 *Lindley* M.R., aaO.

der Folge die Frage, wie der Begriff des *„benefit of the company as a whole“* ausgelegt werden muss und welche Art von Beschlüssen dagegen verstoßen.[490] Nichtsdestotrotz forderten Einzelstimmen, dieses Prinzip auch auf nicht satzungsändernde Beschlüsse und ebenso auf Minderheitsaktionäre auszuweiten,[491] was sich aber im Ergebnis nicht durchsetzen konnte.[492]

Ein weiterer Ansatz der Gerichte, Beschlüsse auf benachteiligende Wirkungen gegenüber den überstimmten Minderheitsaktionären hin zu überprüfen, ist das Verbot des *„fraud on the minority“*. Unter dieses Verbot fallen alle Fälle, in denen die kontrollierenden Aktionäre ihre Stimmenmehrheit bewusst dazu einsetzen, sich auf Kosten der Gesellschaft und zu Lasten der Minderheit zu bereichern.[493] Die Kontrolle der Gerichte ist in diesem Fall nicht auf satzungsändernde Beschlüsse beschränkt. Damit eine Stimmrechtsausübung als unzulässiger *fraud on the minority* qualifiziert wird, muss der in Rede stehende Beschluss objektiv in schädigender Weise in die Stellung der Minderheitsgesellschafter eingreifen[494] und subjektiv zur Erlangung persönlicher Vorteile auf Kosten der Minderheit getroffen worden sein.[495] Eine Diskriminierung der Minderheit allein reicht aber nicht aus; die Benachteiligung muss vielmehr unter grob unbilliger Ausnutzung der Mehrheitsmacht bewirkt worden sein.[496] Diese engen Voraussetzungen machen deutlich, dass die Stimmrechtsausübung nur bei exzessivem Machtmissbrauch eingeschränkt wird.[497] Das Vorliegen eines unzulässigen *fraud on the minority* wurde beispielsweise für einen Beschluss bejaht, der die unter Wert erfolgende Veräußerung von Gesellschaftsvermögen an herrschende Gesellschafter genehmigte;[498] ferner für einen Beschluss, der die Minderheitsaktionäre mit Hilfe einer Satzungsänderung zum Verkauf ihrer Aktien zwingen sollte.[499]

Neben der allein von der Rechtsprechung entwickelten Stimmrechtsschranke des *fraud on the minority* hat auch der englische Gesetzgeber gehandelt und dem (Minderheits-)Gesellschafter mit dem 1980 eingeführten Art. 459 CA 1985 einen weite-

490 Vgl. die Aufarbeitung der einschlägigen Rechtsprechung von *Davies*, Gower's Principles of Modern Company Law, 486 ff; *Farrar/Hannigan*, Farrar's Company Law, 124 ff; *Hannigan*, Annotated Guide to the Companies Act, 27 ff; *Xuereb*, The Rights of Shareholders, 93 ff und die Beispiele bei *Mayson/French/Ryan*, Company Law, 21. Aufl., Rdn. 14.9.4.

491 *Xuereb*, The Rights of Shareholders, 97.

492 Trotz Spekulationen über eine dahingehende Öffnung der Rechtsprechung infolge der Entscheidungen *Clemens* v *Clemens Bros Ltd and another* (1976) 2 All ER 268 und *Estmanco (Kilner House) Ltd* v *Greater London Council* (1982) 1 WLR 2; *Xuereb*, The Rights of Shareholders, 93 ff.

493 *Jones/Jakobs*, Company Meetings, 65.

494 Insbesondere muss er geeignet sein, zu einem Vermögensnachteil bei den Minderheitsgesellschaftern zu führen.

495 Vgl. *Pavlides* v *Jensen* (1956) Ch. 565; 2 All E.R. 518 (Ch.).

496 *Pennington*, Pennington's Company Law, 7. Auflage 1995, 876. Nur in Ausnahmefällen genügt bloße Fahrlässigkeit, nämlich dann, wenn der Mehrheit tatsächlich aus der Beschlussfassung ein Vorteil erwachsen ist, *Daniels* v *Daniels* (1978) Ch. 406; 2 All E.R. 89 (Ch.); *Prudential Assurance Co. Ltd* v *Newman Industries Ltd and others* (1980) 2 All E.R. 841 (843).

497 So auch *Grundmann*, Europäisches Gesellschaftsrecht, § 12 Rdn. 417.

498 *Menier* v *Hooper's Telegraph Works* (1874) L.R. 9 Ch. App. 350.

499 *Brown* v *British Abrasuve Wheel Co.* (1919) 1 Ch. 290; *Dafen Tinplate Co.* v *Llanelly Steel Co. Ltd* (1920) 2 Ch. 124.

ren Rechtsbehelf zur gerichtlichen Kontrolle der Stimmrechtsausübung an die Hand gegeben.[500] Der (weite) Tatbestand der Norm setzt voraus, dass die Angelegenheiten der Gesellschaft so geführt werden oder wurden, dass die Interessen eines Teils der Gesellschafter (inklusive des Antragstellers) unfair beeinträchtigt sind, oder dass eine bevorstehende Maßnahme eine solche Beeinträchtigung erwarten lässt.[501] Der durch diese Vorschrift gewährte Schutz der Minderheitsgesellschafter umfasst den des *fraud on the minority,* wie die einschlägige Rechtsprechung zunehmend zeigt.[502] So lässt sich die Abberufung eines *directors,* die nicht am Wohl der Gesellschaft orientiert ist, sondern lediglich dem persönlichen Machtzuwachs des Mehrheitsgesellschafters dient, unter diese Vorschrift subsumieren.[503] Das gleiche gilt für einen Kapitalerhöhungsbeschluss, den der Mehrheitsgesellschafter mit dem Wissen herbeiführt, dass ein anderes Mitglied aus finanziellen Gründen nicht zur Zeichnung der neuen Aktien in der Lage ist und es daher seine bislang bedeutende Beteiligung verlieren wird[504] sowie für eine restriktive, nicht durch die Belange der Gesellschaft gerechtfertigte Dividendenpolitik.[505] Vor diesem Hintergrund erscheinen die von der Rechtsprechung entwickelten Stimmrechtsschranken des – stets umstrittenen – *bona fide in the interest of the company* und des *fraud on the minority* heute überflüssig.[506] Diese Konzepte wurden entwickelt, um den Missbrauch mehrheitlicher Stimmrechtsmacht in Extremfällen zu verhindern, und hatten bis zur Einführung des Art. 459 CA 1985 eine wichtige Bedeutung. Nunmehr kann durch das Gesetzesrecht ein mindestens gleichwertiger, wenn nicht besserer Schutz der Minderheitsgesellschafter erreicht werden.[507]

6) Stimmbindung

Angesichts der sehr liberalen Ausgestaltung des Aktionärsstimmrechts in der britischen Rechtsordnung verwundert es nicht, dass auch gegen eine vertragliche Bindung des Stimmrechts niemals Bedenken geäußert wurden. Der Aktionär einer

---

500 *Davies,* Gower's Principles of Modern Company Law, 509; *Rajak,* in: Lutter/Wiedemann (Hrsg.), Gestaltungsfreiheit im Gesellschaftsrecht, 187 (211).

501 Vgl. Wortlaut Art. 459 CA1985 i. V. m. Art. 461 CA 1985: „[...] *that the company's affairs are being or have been conducted in a manner which is unfairly prejudicial to the interests of its members generally or of some part of its members (including at least himself) or that any actual or proposed act or omission of the company is or would be so prejudicial*"; zur näheren Bestimmung der einzelnen Tatbestandsmerkmale *Hannigan,* Annotated Guide to the Companies Act, 915 ff.

502 Vgl. die ausführliche Übersicht bei *Hannigan,* Annotated Guide to the Companies Act, 915 ff. Er geht sogar noch darüber hinaus, da Art. 459 CA 1985 nicht nur die Kontrolle der Stimmrechtsausübung durch den Mehrheitsaktionär, sondern auch die Kontrolle der geschäftsführenden *directors* der Gesellschaft ermöglicht, vgl. *Davies,* Gower's Principles of Modern Company Law, 509.

503 *Re London School of Electronics Ltd* (1986) Ch. 211.

504 *Re a Company* (1985) BCLC 80.

505 *Re Sam Weller and Sons Ltd* (1990) BCLC 80.

506 *Davies,* Gower's Principles of Modern Company Law, 494.

507 *Davies,* Gower's Principles of Modern Company Law, 494; siehe auch *Davies/Briggs/Impey/Evans/Ellis,* Modern Law of Meetings, Rdn. 8.4, die auf die weiten Reaktionsmöglichkeiten des angerufenen Gerichtes im Rahmen des Art. 459 CA 1985 hinweisen; ferner *Rajak,* in: Lutter/Wiedemann (Hrsg.), Gestaltungsfreiheit im Gesellschaftsrecht, 187 (211).

britischen Aktiengesellschaft kann zulässigerweise eine Vereinbarung mit einer anderen Person, sei es ein Aktionär oder ein Dritter, treffen, in der er sich verpflichtet, auf der Hauptversammlung in einer bestimmten Weise oder nach den Weisungen des Vertragspartners abzustimmen.[508] Des Weiteren kann ein Aktionär einem Dritten entgeltlich die dauerhafte und unwiderrufliche Vollmacht zur Ausübung seiner Stimmrechte erteilen *(irrevocable proxy)*, allerdings nur, wenn daran ein Interesse besteht, d.h. nach britischem Verständnis in der Regel nur, wenn sie gegen Entgelt erteilt wird.[509] Schließlich können sich mehrere Aktionäre einer Gesellschaft wirksam verpflichten, ihre Stimmen zusammenzulegen *(pool)* und aus allen Aktien so abzustimmen, wie es die Mehrheit (oder auch bestimmte Mitglieder) dieser Interessengemeinschaft beschließt.[510] Eine derartige Koordinierung der Stimmen ist auch bezüglich satzungsändernder Beschlüsse zulässig.[511] Gesetzliche Stimmbindungsverbote fehlen völlig. Daher sind auch Stimmrechtsvereinbarungen mit einzelnen *directors* zulässig, nur gegenüber der Gesellschaft als solches ist die Stimmbindung wohl unzulässig.[512]

Die Verpflichtung aus einer Stimmrechtsvereinbarung kann eingeklagt und vollstreckt werden,[513] bindet aber nur die Vertragspartner selbst.[514] Das bedeutet, eine vertragswidrig abgegebene Stimme ist wirksam, selbst wenn die Gesellschaft von den Umständen Kenntnis hat.[515] Zu den Schranken der Zulässigkeit der Stimmrechtsbindung findet sich – abgesehen von der Frage der Zulässigkeit einer Stimmbindung gegenüber der Gesellschaft selbst – nur wenig Rechtsprechung und einschlägige Literatur. Klar ist, dass die Stimmbindungsvereinbarung nicht auf *fraud on the minority* gerichtet sein darf.[516] Denn da das Stimmrecht als solches nicht arglistig zu Lasten der Minderheit ausgeübt werden darf, kann auch eine entsprechende vertragliche Vereinbarung nicht verpflichtend sein. Dagegen findet sich keine eindeutige Stellungnahme zur Zulässigkeit von Vereinbarungen, die eine Umgehung von Stimmzahlbeschränkungen bezwecken; zumindest die unter Umgehung der Stimmzahlbeschränkung abgegebenen Stimmen sollen jedoch in jedem Fall wirksam sein.[517] Demgegenüber lassen Urteile zu vergleichbaren Problemstellungen allerdings den Schluss zu, dass die Gerichte die Umgehung von Anteilsvinkulierungen missbilligen würden.[518] Grundsätzlich ist die Stimmbin-

508 *Davies/Briggs/Impey/Evans/Ellis*, Modern Law of Meetings, Rdn. 8.12; *Mayson/French/Ryan*, Company Law, 21. Aufl., Rdn. 14.9.8; *Pennington*, Pennington's Company Law, 784.
509 *Pennington*, Pennington's Company Law, 785.
510 *Pennington*, Pennington's Company Law, 785.
511 *Russel* v *Northern Bank Development Corporation Ltd* (1992) 1 WLR 588 = 3 All ER 161; *Hannigan*, Annotated Guide to the Companies Act, 28.
512 *Russel v Northern Bank Development Corporation Ltd* (1992) 1 WLR 588 = 3 All ER 161; *Davies/Briggs/Impey/Evans/Ellis*, Modern Law of Meetings, Rdn. 8.15; *Rodemann*, Stimmbindungsvereinbarungen im Aktienrecht, 340f.
513 *Puddlephatt* v *Leith* (1916) 1 Ch. 200; *Greenwell* v *Porter* (1902) I Ch. 530; *Mayson/French/Ryan*, Company Law, 21. Aufl., Rdn. 14.9.8.
514 *Mayson/French/Ryan*, Company Law, 21. Aufl., Rdn. 14.9.8.
515 *Jones/Jakobs*, Company Meetings, 63; Palmer's Company Law, Volume 2, Rdn. 7.609.
516 *Xuereb*, The Rights of Shareholders, 101.
517 *Rodemann*, Stimmbindungsvereinbarungen im Aktienrecht, 341f m.N.
518 *Rodemann*, Stimmbindungsvereinbarungen im Aktienrecht, 342f m.N.

dung in Großbritannien also sehr weit reichend möglich, was sich mit dem britischen Verständnis des Stimmrechts als prinzipiell unbeschränktem Eigentumsrecht erklären lässt.[519] Auch der Stimmkauf in Form der Geldzahlung als Gegenleistung für die vereinbarungsgemäße Stimmabgabe wird in Großbritannien nicht als sittenwidrig angesehen.[520] Tauchen derartige Vereinbarungen in einem streitbefangenen Sachverhalt auf, so werden sie von englischen Gerichten nicht einmal als problematisch angesehen.[521]

7) Gegenständliche Stimmrechtsmacht

Das britische Recht unterscheidet zwischen *general meetings*, an denen alle Aktionäre teilnehmen dürfen, und so genannten *class meetings*, bei denen die Teilnahme Inhabern von Aktien einer bestimmten Gattung vorbehalten ist und die der Entscheidungsfindung in Bezug auf spezielle Gattungsrechte dienen.[522] Bei den hier allein interessierenden *general meetings* wird weiter zwischen dem *annual general meeting* (AGM) und *extraordinary general meetings* unterschieden.[523] Gemäß Art. 366 Abs. 1 CA 1985 muss jede Aktiengesellschaft ein AGM pro Kalenderjahr abhalten.[524] Bei der Kompetenzverteilung zwischen der Hauptversammlung und der Gesellschaftsverwaltung geht das britische Recht von dem Grundgedanken aus, dass die letzte Kontrolle in fast allen Angelegenheiten der Gesellschaft bei den Aktionären liegen soll.[525] Lediglich bestimmte Kompetenzen sind den *directors* ausdrücklich und zwingend gesetzlich zugewiesen. Das betrifft vor allem die Erstellung der Bilanz und der Gewinn- und Verlustrechnung für jedes Geschäftsjahr, Art. 226 Abs. 1 CA 1985.[526] Die Aktionäre – vor allem die Gesellschaftsgründer – können die ihnen obliegende originäre Entscheidungsmacht im Übrigen aber grundsätzlich durch Bestimmungen in den *articles of association* auf die *directors* de-

---

519 Zum britischen Verständnis des Stimmrechts bereits ausführlich oben 5b).

520 So die Erkenntnis von *Rodemann*, Stimmbindungsvereinbarungen im Aktienrecht, 339.

521 Vgl. *Greenwell* v *Porter* (1902) I Ch. 530; *Elliott* v *Richardson* (1870) L. R. 5 CP 744; näher zu diesen Fällen *Rodemann*, Stimmbindungsvereinbarungen im Aktienrecht, 339. Allerdings finden sich im Schrifttum vereinzelt Stimmen, nach denen der Stimmkauf unzulässig ist, so bei *Xuereb*, The Rights of Shareholders, 101, jedoch ohne nähere Begründung.

522 *Mayson/French/Ryan*, Company Law, 399.

523 Zwar enthält der Companies Act 1985 keine positive Definition des *extraordinary general meetings*, jedoch bestimmt Art. 36 Table A, das alle Versammlungen, die keine AGMs sind, als *extraordinary meetings* zu betrachten sind; Palmer's Company Law, Volume 3, Rdn. 7.406.1. Anstelle einer Beschlussfassung im Rahmen einer Hauptversammlung ist es im britischen Recht auch möglich, dass Entscheidungen im Wege eines *„unanimous assent"*, also durch einheitliche Zustimmung getroffen werden. Dann ist das Abhalten einer Hauptversammlung nicht notwendig. Bei großen Aktiengesellschaften ist ein *unanimous assent* aber kaum herbeizuführen.

524 *Hannigan*, Annotated Guide to the Companies Act, 702; *Pennington*, Pennington's Company Law, 751.

525 *Rickford*, ECFR 2004, 391 (403 f).

526 Weitere zwingende gesetzliche Pflichten sind die Erstellung und Genehmigung des *directors report* gemäß Artt. 234, 234 A, sowie die Weiterleitung aller genannter Berichte an den *registrar* und die Vorlage vor der Hauptversammlung, Artt. 241 und 242 CA 1985; *Davies*, Gower's Principles of Modern Company Law, 295 f; *Hannigan*, Annotated Guide to the Companies Act, 410–412.

legieren.[527] Lediglich bestimmte Kompetenzen müssen der Hauptversammlung zwingend vorbehalten werden und dürfen nicht durch Satzungsbestimmung auf die Unternehmensleitung übertragen werden.[528] Bei den zwingenden Hauptversammlungskompetenzen handelt es sich im Wesentlichen um Entscheidungen über Maßnahmen, die geeignet sind, die statutarisch bestimmten Rechte der Aktionäre zu tangieren. So ist allein die Hauptversammlung zuständig für Satzungsänderungen (Artt. 2 Abs. 7, 4, 9 Abs. 1 CA 1985),[529] insbesondere für Änderungen des Grundkapitals (vgl. Artt. 121 Abs. 1 und 135 Abs. 1 CA 1985).[530] Die Zuständigkeit für Kapitalerhöhungen und -herabsetzungen ist dabei durch europarechtliche Richtlinienbestimmung vorgeschrieben.[531] Ebenfalls europarechtlich vorgegeben ist die Hauptversammlungszuständigkeit für Verschmelzungen und Spaltungen.[532] Allerdings sind Verschmelzungen mit Gesamtrechtsnachfolge, wie sie die Richtlinie voraussetzt, in Großbritannien eher selten anzutreffen.[533] Üblicher ist hier das Instrument der Übernahme durch Aktienkauf.[534] Verschmelzungen und Spaltungen im Sinne der 3. und 6. Richtlinie werden unter Anwendung der allgemein gehaltenen Art. 425–427 A CA 1985 durch Aufstellung sog. *schemes of arrangements* durchgeführt, die gemäß Artt. 425 Abs. 2, 427 A i. V. m. Nr. 1 Schedule 15 B einer Zustimmung von 3/4 des vertretenen Kapitals bedürfen.[535] Neben diesen Zuständigkeiten für Strukturmaßnahmen finden sich zwingende Kompetenzen auch im Hinblick auf Entscheidungen, für die aus dem Gesichtspunkt der Kontrolle der Unternehmensleitung ein Bedürfnis besteht. Das betrifft die Kompetenz der Hauptversammlung zur Genehmigung der Abschlussprüfer (Art. 385 CA 1985)[536] und die Kompetenz zur Einwilligung in bestimmte Geschäfte der *directors* mit der Gesellschaft (Art. 320 CA 1985).[537]

Durch ihr exklusives und unabänderliches Recht zur Satzungsänderung können die Aktionäre aber theoretisch auch die von den Gründern an die *directors* delegierten Kompetenzen durch eine Veränderung der *articles* mit qualifizierter Mehrheit

527 *Davies*, Gower's Principles of Modern Company Law, 299f; vgl. in diesem Zusammenhang insbesondere Art. 70 Table A; dazu sogleich.
528 *Davies*, Gower's Principles of Modern Company Law, 294f.
529 *Davies*, Gower's Principles of Modern Company Law, 294; *Hannigan*, Annotated Guide to the Companies Act, 27f.
530 *Davies*, Gower's Principles of Modern Company Law, 294f, hier finden auch weitere Beispiele für die gesetzliche zwingend vorgesehene Kompetenz der Hauptversammlung; *Hannigan*, Annotated Guide to the Companies Act, 197, 231, 299; *Mayson/French/Ryan*, Company Law, 21. Auflage, Rdn. 14.4.2. Vgl. auch 166 Abs. 1 CA 1985, der das Aufkaufen eigener Aktien durch die Gesellschaft von der Hauptversammlungszustimmung abhängig macht.
531 Siehe oben Fn. 240.
532 Siehe oben Fn. 241 f.
533 *Grundmann*, Europäisches Gesellschaftsrecht, Rdn. 845 Fn. 1.
534 *Grundmann*, Europäisches Gesellschaftsrecht, Rdn. 845 Fn. 1.
535 Ausführlich *Davies*, Gower's Principles of Modern Company Law, 793–801; *Hannigan*, Annotated Guide to the Companies Act, 823, 826 und 834.
536 *Davies*, Gower's Principles of Modern Company Law, 295; *Hannigan*, Annotated Guide to the Companies Act, 754.
537 *Davies*, Gower's Principles of Modern Company Law, 405–407; Charlesworth's Company Law, 288–291; *Mayson/French/Ryan*, Company Law, 21. Auflage, Rdn. 14.4.2.

jederzeit wieder auf sich zurückübertragen.[538] Die Hauptversammlung hat im britischen Recht also die sog. Kompetenz-Kompetenz inne und kann damit – zumindest dogmatisch – als „oberstes Organ" der Gesellschaft angesehen werden. In der Praxis wird dieser Eindruck freilich nicht bestätigt. Abgesehen von den aufgeführten zwingenden Kompetenzzuweisungen bleibt die restliche Zuständigkeitsverteilung in die Satzungsfreiheit der Gesellschaft gestellt, wobei die wichtigste und praktisch ausnahmslos in allen *articles* zu findende Regel ist, dass die Kompetenz zur Führung des operativen Geschäftes den *directors* obliegt. Diese Kernbestimmung zur Kompetenzverteilung in der *PLC* findet sich in Art. 70 der Mustersatzung Table A: *„The business of the company shall be managed by the directors who may exercise all the powers of the company"*. Die Aktionäre in Großbritannien sind also in der Praxis grundsätzlich vom täglichen Geschäftsbetrieb ausgeschlossen. Allerdings bestimmt Art. 70 Table A auch, dass die Hauptversammlung befugt ist, den *directors* durch qualifizierten Mehrheitsbeschluss Anweisungen in jeglichen Angelegenheiten und damit auch in Fragen des operativen Geschäfts zu erteilen.[539] Eine Restkompetenz in Fragen der Geschäftsführung haben die Gerichte ferner anerkannt, indem sie der Hauptversammlung in Fällen, in denen die Satzung unvollständig oder die Unternehmensleitung handlungsunfähig ist („*deadlock*"), eine Ersatzzuständigkeit zubilligten.[540] Eine weitere Ausnahme zu dem Grundsatz, dass die Geschäftsführung allein den *directors* obliegt, findet sich in Chapter 10.5.1 (2) der Listing Rules.[541] Diese Vorschrift sieht ein kapitalmarktrechtliches Zustimmungserfordernis der Hauptversammlung für so genannte „*Class 1 transactions*" vor. Bestimmte Geschäftsführungsmaßnahmen bedeutenden Umfangs soll die Verwaltung einer börsennotierten Gesellschaft zum Schutz der Aktionäre nicht ohne vorherige Zustimmung der Hauptversammlung wirksam vornehmen können. Die Wesentlichkeitsschwelle wird in Chapter 10.2.2 (3) an eine Verhältniszahl von 25% gekoppelt, wobei Chapter 10 Annex 1 bestimmte Berechnungsmodi offen legt. So werden als Referenzgrößen für den Umfang der Transaktion im Vergleich mit dem Volumen der Gesellschaft beispielsweise das Gesamtvermögen, der Gewinn, der Umsatz und das Eigenkapital der Gesellschaft sowie das Verhältnis von Kaufpreis und Marktkapitalisierung herangezogen.[542]

---

538 *Rickford*, ECFR 2004, 391 (404). Allerdings ist dies nur im Rahmen eines *extraordinary general meeting* möglich. Das *annual general meeting* muss sich demgegenüber an der statutarisch festgelegten Kompetenzverteilung auch während seiner Abhaltung festhalten lassen: Seit einer Grundsatzentscheidung aus dem Jahre 1906 ist es ihm grundsätzlich untersagt, Befugnisse, die in der Satzung dem *board of directors* zugewiesen sind, durch einfachen Mehrheitsbeschluss wieder an sich zu ziehen, vgl. *Automatic Self-Cleansing Filter Syndicate Co. v Cuninghame* (1906) 2 Ch. 34.

539 Vgl. den Wortlaut der Norm: *„Subject to* [ ] *any directions given by special resolution, the business of the company shall be managed by the directors"*, („subject to" = „vorbehaltlich"); ausführlich *Davies*, Gower's Principles of Modern Company Law, 303; *Rickford*, ECFR 2004, 391 (404 Fn. 60).

540 Vgl. *Davies*, Gower's Principles of Modern Company Law, 304f mit Rechtsprechungsnachweisen.

541 *Davies*, Gower's Principles of Modern Company Law, 299; *Mayson/French/Ryan*, Company Law, 21. Aufl., Rdn. 15.10.6; *Fleischer*, AG 2004, 2335 (2338f).

542 Allerdings stehen diese Indikatoren unter dem Vorbehalt des Chapter 10 Annex 1 Nr. 10 G der Listing Rules: *„In circumstances where any of the above calculations produces an anomalus result or where*

Abgesehen von diesen Ausnahmen ist die Führung der Geschäfte den Aktionären aber in aller Regel entzogen. Vor diesem Hintergrund ist eine weitere wichtige gesetzlich zwingend vorgesehene Kompetenz der Hauptversammlung zu beachten: Das Recht der Hauptversammlung, das *board of directors* jederzeit mit einfacher Mehrheit abzuberufen, Art. 303 Abs. 1 CA 1985.[543] Dies ist ein bedeutendes Disziplinierungs- und Kontrollinstrument der Aktionäre gegenüber der Gesellschaftsverwaltung.[544]

Genauso wenig wie der CA 1985 die Zuständigkeitsverteilung zwingend regelt, stellt er einen bestimmten Pflichtenkatalog von zustimmungsbedürftigen Tagesordnungspunkten auf, die im Rahmen eines AGM zu behandeln sind. Dies wird vielmehr ebenfalls in der Regel in den *articles* der Gesellschaft festgelegt (sog. *ordinary business of the annual general meeting*).[545] Im Gegensatz zu früher enthält der Table A allerdings keine entsprechenden Bestimmungen mehr.[546] In der Praxis steht ganz üblicherweise die Beschlussfassung über die Verwendung des Bilanzgewinns auf der Agenda eines AGM.[547] Auch die wichtige Kompetenz zur Feststellung des Jahresabschlusses ist zwar nicht zwingend dem AGM vorbehalten, wird jedoch gemeinhin in der Satzung so vorgesehen.[548] Dies mag daran liegen, dass der Combined Code eine Feststellung durch die Hauptversammlung empfiehlt; allerdings folgen auch die meisten nicht börsennotierten Gesellschaften diesem Prinzip.[549] Zwingend dagegen ist, dass der Jahresabschluss der Hauptversammlung zumindest zur Einsicht vorgelegt werden muss (Art. 241 Abs. 1 CA 1985) und dies wiederum erfolgt ganz üblicherweise im Rahmen des *annual general meetings*.[550] Bemerkenswert ist, dass das Recht der Aktionäre, das *board of directors* zu bestellen, ebenfalls nicht satzungsfest ausgestaltet ist.[551] Aufgrund entsprechender Marktinteressen finden sich freilich in den Satzungen großer Aktiengesellschaften so gut wie nie anders lautende Regelungen.[552] Vielmehr ist die Wahl der Mitglieder des *boards* in aller Regel ein satzungsmäßig vorgesehener Tagesordnungspunkt eines AGM, ebenso wie die Ernennung der Abschlussprüfer.[553]

---

the calculations are inappropriate to this sphere of activity of the listed company, the UK Listing Authority may disregard the calculation and may substitute other relevant indicators of size, including industry specific tests".

543 *Davies*, Gower's Principles of Modern Company Law, 310; *Hannigan*, Annotated Guide to the Companies Act, 558f; *Mayson/French/Ryan*, Company Law, 21. Auflage, Rdn. 15.6.3; Palmer's Company Law, Volume 2, Rdn. 8.032.

544 *Davies*, Gower's Principles of Modern Company Law, 310; Palmer's Company Law, Volume 2, Rdn. 8.032.1.

545 Palmer's Company Law, Volume 3, Rdn. 7.405; *Hohloch*, in: Hohloch (Hrsg.), EU-Handbuch Gesellschaftsrecht, Vereinigtes Königreich, Rdn. 179.

546 Palmer's Company Law, Volume 3, Rdn. 7.405.

547 Charlesworth's Company Law, 243; *Mayson/French/Ryan*, Company Law, 399f; *Hohloch*, in: Hohloch (Hrsg.), EU-Handbuch Gesellschaftsrecht, Vereinigtes Königreich, Rdn. 179.

548 *Hannigan*, Annotated Guide to the Companies Act, 442.

549 *Mayson/French/Ryan*, Company Law, 21. Auflage, Rdn. 14.5.2.

550 *Hannigan*, Annotated Guide to the Companies Act, 442; Palmer's Company Law, Volume 3, Rdn. 7.405.1.

551 *Davies*, Gower's Principles of Modern Company Law, 307–309.

552 *Davies*, Gower's Principles of Modern Company Law, 309.

553 *Davies*, Gower's Principles of Modern Company Law, 563; *Hohloch*, in: Hohloch (Hrsg.), EU-Handbuch Gesellschaftsrecht, Vereinigtes Königreich, Rdn. 179; *Mayson/French/Ryan*, Company Law, 399f.

2. Kapitel: Rechtsvergleichende Zusammenfassung

(1) In allen drei untersuchten Rechtsordnungen ist ein aktienrechtlicher Reformprozess zu beobachten, der vor einigen Jahren begann und aktuell noch andauert. Dieser Reformprozess betrifft in allen drei Rechtsordnungen auch Fragen der Ausgestaltung des Stimmrechts der Aktionäre.

(2) Das deutsche und das französische Recht gehen grundsätzlich vom Prinzip des *„one share – one vote"* aus. Ausnahmen sind in beiden Rechtsordnungen nur zulässig, wenn das Gesetz sie ausdrücklich erlaubt. Das britische Recht dagegen folgt grundsätzlich dem *„one man – one vote"*-Prinzip, was sich aus der traditionellen Anschauung der *presumption of equality between shareholders* – im Gegensatz zu einer *equality between shares* – herleitet. Allerdings beschränkt sich der britische *„one man – one vote"*-Grundsatz auf die Stimmrechtsausübung nach dem *show of hands*-Verfahren und ist damit heute im Wesentlichen als Praktikabilitätsregel für Entscheidungen zu verstehen, die per Akklamation getroffen werden. Bei strittigen Entscheidungen, die im Wege des *poll* getroffen werden, gilt dagegen auch in Großbritannien der Proportionalitätsgrundsatz. Insofern kann man zusammenfassend feststellen, dass in der heutigen Rechtswirklichkeit alle drei Rechtsordnungen vom Grundsatz der Proportionalität zwischen Kapitalbeteiligung und Stimmrechtsmacht ausgehen.

(3) Weiter ist allerdings zu konstatieren, dass keine Rechtsordnung dieses Prinzip konsequent durchhält. Für statutarisch installierbare Abweichungen vom *„one share – one vote"*-Grundsatz gilt Folgendes: Während in Deutschland die Einführung von Mehrstimmrechten seit 1998 in keiner Aktiengesellschaft mehr möglich ist, lässt das französische Aktienrecht zumindest die Einführung eines Doppelstimmrechts als Treueprämie für diejenigen Namensaktionäre zu, die ihre Aktien über einen bestimmten Zeitraum hinweg gehalten haben. Das Doppelstimmrecht darf Angehörigen französischer Nationalität und Personen aus EU-Staaten vorbehalten werden. Da diese Beschränkung nur durch die Satzung und damit privatautonom eingeführt werden kann, ist sie auch mit der Kapitalverkehrsfreiheit, auf die sich schließlich auch Bürger aus Drittstaaten berufen können, vereinbar. Zudem ist in Frankreich die Ausgabe von Genussaktien zulässig. Diese erhöhen die Stimmkraft zwar nicht direkt, gewähren jedoch den Genussaktionären die gleiche Stimmkraft wie den normalen Aktionären, die ihr Vermögen weiterhin in Höhe des Nennbetrages mit allen Risiken festgelegt haben. Im Gegensatz zum deutschen und französischen Recht herrscht im britischen Aktienrecht eine weit reichende Satzungsfreiheit in Bezug auf die überproportionale Ausgestaltung des Aktionärsstimmrechts. So ist es britischen Aktiengesellschaften ohne Einschränkungen gestattet, in ihrem *memorandum* oder den *articles* eine Vielzahl verschiedener Aktiengattungen mit unterschiedlichen Stimmrechten zu bestimmen. Aktien einer Gattung können hier ein Vielfaches der Stimmrechte von Aktien anderer Gattungen gewähren. Mehrstimmrechte sind in Großbritannien also in jeglicher Form möglich.

(4) Eine ähnliche „Hierarchie“ der Rechtsordnungen wie bei den Mehrfachstimmrechten lässt sich bei den Höchststimmrechten beobachten. Das deutsche Recht ist dabei am striktesten und lässt Höchststimmrechte ausschließlich bei nicht börsennotierten Aktiengesellschaften zu. Das für die börsennotierte *Volkswagen AG* geltende Sondergesetz ist insoweit als europarechtswidrig einzustufen. In Frankreich dagegen sind satzungsmäßige Höchststimmrechte auch in börsennotierten Gesellschaften zulässig und werden in der Praxis auch häufig eingesetzt. Allerdings muss das Höchststimmrecht hier sämtliche Aktien und Aktiengattungen gleichermaßen betreffen. In Großbritannien dagegen sind die Gesellschaften auch in der Ausgestaltung von Höchststimmrechten völlig frei. So können Höchststimmrechte beispielsweise auch nur für bestimmte Aktiengattungen vorgesehen werden. Die Erkenntnis, dass das deutsche Recht den *„one share – one vote“*-Grundsatz am konsequentesten durchhält, wird weiter im Hinblick auf die Entstehung des Stimmrechts bestätigt. Damit auch die Entstehung verkappter Mehrstimmrechtsaktien verhindert wird, entsteht das Stimmrecht im deutschen Recht grundsätzlich erst dann, wenn der Aktionär die Einlage auf die Aktie vollständig geleistet hat. Für teileingezahlte Aktien steht dem Aktionär also kein Stimmrecht zu. In Frankreich dagegen erhält der Aktionär das Stimmrecht schon ab dem Zeitpunkt der Zeichnung der Aktien, auch wenn die Einlage noch nicht vollständig geleistet ist. In Großbritannien verhält es sich im Grundsatz wie in Frankreich, jedoch kann in der Satzung abweichendes vorgesehen werden, was auch üblicherweise getan wird.

Die einzige Ausnahme vom Proportionalitätsgrundsatz im deutschen Recht, die auch für börsennotierte Gesellschaften gilt, besteht für Vorzugsaktien ohne Stimmrecht. Allerdings ist die Schaffung dieser stimmrechtslosen Aktien hier nur unter engen gesetzlichen Voraussetzungen zulässig. Dazu gehört vor allem, dass die Aktien zwingend mit einem Dividendenvorzug ausgestattet sein müssen. Außerdem fällt das Stimmrecht in der Hauptversammlung nicht gänzlich weg, sondern ist lediglich suspendiert und kann unter bestimmten Umständen zum Schutz der Vorzugsaktionäre wieder aufleben. Ganz ähnlich war die Ausgabe von stimmrechtslosen Aktien bis vor kurzem auch in Frankreich geregelt. Auch dort war es zwingend notwendig, dass der Entzug des Stimmrechts mit einem Dividendenvorzug „kompensiert“ wird, und das Stimmrecht lebte unter vergleichbaren Voraussetzungen in der Hauptversammlung wieder auf. Doch wurde das detaillierte und strikte französische Regelungswerk Mitte 2004 grundlegend reformiert. Nunmehr haben französische Emittenten sehr große Freiheiten bei der unterproportionalen Stimmrechtsgestaltung. So kann das Stimmrecht Aktien bestimmter Gattungen dauerhaft und endgültig entzogen werden, ohne dass den Aktieninhabern dafür ein finanzieller Vorteil erwachsen muss. Vielmehr sind weit reichende Ausstattungsmöglichkeiten vorhanden, beispielsweise die Verknüpfung mit besonderen Informationsrechten. Teilweise wird das Gesetz auch so interpretiert, dass gar kein Vorteil gewährt werden muss. Nach dieser Gesetzesänderung steht das französische Recht hinsichtlich unterproportionaler Stimmrechtsgestaltungen nicht länger dem deutschen Recht nahe, sondern vielmehr dem extrem liberalen britischen Recht. In Großbritannien herrscht nämlich auch in Bezug auf den Ausschluss von Stimmrechten eine vollständige Satzungsfreiheit.

Eine besondere Abweichung von dem „*one share – one vote*"-Grundsatz sind Aktien in Staatsbesitz, die Mehrfachstimmrechte und Vetorechte gewähren. Diese sog. „Goldenen Aktien" sind unter europarechtlichen Gesichtspunkten bedenklich und werden vom EuGH in den letzten Jahren einer verschärften Kontrolle unterzogen, so dass ihre Tendenz insgesamt rückläufig ist. Von den untersuchten Rechtsordnungen sind sie vermehrt nur noch in Großbritannien anzutreffen.

(5) In keiner der untersuchten Rechtsordnungen wird den Aktionären die Ausübung ihres Stimmrechts gänzlich schrankenlos gewährt. Die starren gesetzlichen Stimmrechtsschranken spielen vor allem in Deutschland und Frankreich eine große Rolle. Hier wird versucht, der Gefahr von Interessenkonflikten abstrakt-generell zu begegnen. Das Gesetz sieht Stimmverbote für bestimmte Beschlussgegenstände vor, die auf typische Kollisionslagen abstellen und den konkreten Einzelfall unberücksichtigt lassen. Dahinter steht das Bestreben, Interessenkonflikte soweit wie möglich von vornherein zu vermeiden, anstatt sich mit einer *ex-post*-Kontrolle des gefassten Beschlusses im Einzelfall zu begnügen. Im deutschen Recht existieren starre gesetzliche Schranken insbesondere bei den verschiedenen Formen der Entlastung der eigenen Person. Dies wird in Frankreich gerade nicht verboten, hier unterliegen aber Insichgeschäfte einer starren gesetzlichen Schranke. Das britische Recht kennt dagegen keine Stimmverbote aufgrund von Interessenkollision, lediglich bei der Entscheidung über den Erwerb seiner Aktien entfällt das Stimmrecht des Aktionärs. Der Grund für diesen Unterschied zwischen den Rechtsordnungen liegt darin, dass nach britischem Verständnis der Aktionär gar nicht loyal gegenüber der Gesellschaft sein muss. Es steht ihm vielmehr bei der Abstimmung grundsätzlich frei, seine persönlichen Interessen über die wohlverstandenen Interessen der Gesellschaft zu stellen. Genau konträr ist demgegenüber das deutsche und französische Verständnis, wonach sich der Aktionär bei der Ausübung seiner Stimmrechtsmacht grundsätzlich am Gesellschaftsinteresse zu orientieren hat. Eine gemeinsame starre gesetzliche Stimmrechtsschranke aller drei Länder ist das Ruhen des Stimmrechts aus eigenen Aktien der Gesellschaft, das durch Richtlinienbestimmung europaweit vorgegeben ist.

Neben den genau definierten starren Beschränkungen des Stimmrechts existieren in allen drei Rechtsordnungen sog. bewegliche Stimmrechtsschranken, unter deren Blickwinkel man eine zulässige Stimmabgabe im Nachhinein inhaltlich überprüfen lassen kann. Die praktisch bedeutendste inhaltliche Stimmrechtsschranke stellt das Verbot des Missbrauchs der Mehrheitsmacht dar. Dieses Verbot gilt in allen untersuchten Rechtsordnungen und wurde überall durch Richterrecht entwickelt, wenn auch die dogmatische Herleitung divergiert. Im deutschen Recht folgt diese Stimmrechtsschranke aus der gesellschaftsrechtlichen Treuepflicht des Mehrheitsaktionärs. Diese verpflichtet ihn bei der Ausübung seines Stimmrechts zu einem mindestens loyalen Verhalten gegenüber der Gesellschaft und zu einer angemessenen Rücksichtnahme auf die gesellschaftsrechtlich vermittelten Interessen seiner Mitaktionäre. Im französischen Recht ist das Verbot des *abus de majorité* eine besondere Ausformung des allgemeinen Verbots des Rechtsmissbrauchs und erfasst inhaltlich die gleichen Verhaltensweisen, denen in Deutschland die Treuepflicht entgegensteht. Das britische richterrechtliche Verbot des *fraud on the minority* erfasste ursprünglich nur extreme Fälle des Mehrheitsmissbrauchs, da in Großbritannien den Aktionären prinzipiell eine größere Freiheit bei der Stimmrechtsausübung zugestanden wird als in den beiden kontinentaleuropäischen Rechtsordnungen. Durch Einführung des Art. 459 CA 1985 wurde der Minderheitenschutz aber auch hier weiter ausgedehnt. In allen Rechtsordnungen existieren also bewegliche Stimmrechtsschranken, die den bzw. die Minderheitsgesellschafter vor unfairer Ausübung der Stimmrechtsmacht der Mehrheit schützen. Umgekehrt sind bewegliche Stimmrechtsschranken für den bzw. die Minderheitsgesellschafter bisher nur in Deutschland, basierend auf der Treuepflicht, und in Frankreich (*abus de minorité*), nicht dagegen in Großbritannien anerkannt.

(6) Aus der in allen untersuchten Rechtsordnungen zumindest im Grundsatz vorgesehenen Proportionalität von Kapitaleinsatz und Stimmrechtsmacht ergibt sich die Konsequenz, dass derjenige, der mehr Macht ausüben will als seinem Kapitaleinsatz entspricht, sich Verbündete suchen und den Einsatz der Stimmrechte koordinieren muss. Die Zulässigkeit der Stimmbindung ist in allen drei Ländern anerkannt, womit sich in Frankreich seit den siebziger Jahren ein bedeutender Wandel vollzogen hat. Auch besteht Einigkeit darüber, dass die Verletzung eines wirksamen Stimmbindungsvertrages grundsätzlich keinen Einfluss auf die Gültigkeit der abgegebenen Stimme hat. Zudem schlagen in allen Ländern die korporationsrechtlichen Schranken des Stimmrechts auf die schuldrechtliche Ebene der Stimmbindungsvereinbarungen durch. Darüber hinaus existieren unterschiedlich weit reichende Beschränkungen der Stimmbindungsvereinbarungen in den Rechtsordnungen. Deutschland ist bei diesen Beschränkungen am striktesten, gefolgt von Frankreich. So stehen in Frankreich – anders als in Deutschland – einer Stimmbindung gegenüber der Gesellschaft oder ihren Verwaltungsorganen keine grundsätzlichen Bedenken entgegen. Großbritannien kennt dagegen so gut wie keine Einschränkungen der Stimmbindungsmacht. Der Stimmkauf, also die Stimmbindung gegen Entgelt, ist im deutschen und im französischen Recht verboten, im britischen Recht dagegen gestattet.

(7) Entscheidend für die Intensität der Aktionärsbeteiligung ist die Zuständigkeitsverteilung zwischen der Hauptversammlung und den anderen Organen der Gesellschaft. Die Kompetenzen der Hauptversammlung stecken den gegenständlichen Rahmen der Stimmrechtsmacht ab. Während diese Kompetenzen in Deutschland fast ausschließlich und in Frankreich weitestgehend gesetzlich festgelegt sind, ist dies in Großbritannien nur für einige bestimmte Entscheidungsfragen der Fall. In allen drei untersuchten Rechtsordnungen fällt das operative Geschäft grundsätzlich in die Kompetenz des Leitungsorgans, während die Hauptversammlung für Satzungsänderungen zuständig ist. In Frankreich und Großbritannien ist dabei anders als in Deutschland für Satzungsänderungen die außerordentliche Hauptversammlung zuständig. Auch kann in Frankreich die Hauptversammlung

für das operative Geschäft immerhin Zustimmungsvorbehalte formulieren und sogar einzelne Geschäfte von besonderer Bedeutung an sich ziehen und in Großbritannien kann die Satzung ein Weisungsrecht der Hauptversammlung an die *directors* vorsehen, während das deutsche Recht der Hauptversammlung keine Kompetenz in dieser Hinsicht zugesteht. Ein einheitliches Bild ergibt sich für einige bedeutende Strukturmaßnahmen, die durch Richtlinienbestimmung zwingend der Hauptversammlung zur Entscheidung zugewiesen sind, so im Falle der Kapitalerhöhung und -herabsetzung, der Verschmelzung und der Spaltung.

Ein wichtiger Unterschied zwischen den Kompetenzen der Hauptversammlung liegt demgegenüber bei der Bestellung des Leitungsorgans, der Feststellung des Jahresabschlusses und der Entscheidung über die Gewinnverwendung. Auch hier beschreitet das deutsche Recht im Verhältnis zum französischen und britischen einen Sonderweg. Während vor allem in Frankreich die Hauptversammlung zwingend den Jahresabschluss feststellt und ihr auch der Abschlussprüfer verantwortlich ist, ist dies in Großbritannien zumindest nach der Mustersatzung der Fall und in der Praxis die Regel. Dagegen hat die Hauptversammlung in Deutschland diesbezüglich den geringsten Einfluss. Den Jahresabschluss stellt sie nicht fest und der Abschlussprüfer wird zwar von ihr gewählt, ist aber dem Aufsichtsrat gegenüber verantwortlich. Schließlich hat die deutsche Hauptversammlung keine Kompetenz zur Bestellung des Vorstandes. Auf die Zusammensetzung des Leitungsorgans hat sie vielmehr nur mittelbaren Einfluss durch Wahl der Aufsichtsratsmitglieder, wobei dieser Einfluss im Anwendungsbereich von Mitbestimmungsregelungen weiter begrenzt wird. In Frankreich dagegen bestehen keine vergleichbaren Einschränkungen bei der Wahl des Aufsichtsrats im dualistischen System, im monistischen System obliegt ihr zwingend die Berufung des gesamten Leitungsorgans. In Großbritannien ist die Kompetenz zur Bestellung des *boards* zwar nicht zwingend den Aktionären übertragen, jedoch wird dies in aller Regel in der Satzung so vorgesehen. Überdies hat die Hauptversammlung mit dem unentziehbaren Recht zur jederzeitigen Abberufung der Gesellschaftsleiter ein adäquates Disziplinierungsinstrument inne.

3. Kapitel: Europäisches Recht

I. Gesellschaftsrechtliche Richtlinien

1) Überblick über untersuchungsrelevante Bestimmungen

Den Kernbestand des Europäischen Gesellschaftsrechts bilden die derzeit 14 gesellschaftsrechtlichen Richtlinien.[554] Vorschriften mit Relevanz für die Ausgestaltung des Stimmrechts der Aktionäre finden sich in der 2., 3., 6. und schließlich auch in der 13. gesellschaftsrechtlichen Richtlinie. Aktuell umgesetzt wurden im Wesentlichen ausschließlich Bestimmungen über die gegenständliche Stimmrechtsmacht. Auf die entsprechenden Normen aus der Kapitalschutz-, der Verschmelzungs- und der Aufspaltungsrichtlinie wurde in den Länderberichten bereits hingewiesen. Sie stellen Mindestvorgaben für solche Situationen auf, in denen eine Verwässerung des Engagements der Aktionäre droht; so in den Fällen der Kapitalerhöhung und -herabsetzung, der Verschmelzung und der Spaltung der Gesellschaft. Hier werden zwingende Hauptversammlungszuständigkeiten festgeschrieben und teilweise auch Vorgaben bezüglich der erforderlichen Mehrheiten aufgestellt.[555] Satzungseingetragene Einschränkungen des einzelnen Stimmrechts bleiben insoweit allerdings von den Harmonisierungsvorgaben stets unberührt.[556] Auch das europarechtliche Verbot der Stimmrechtsausübung aus eigenen Aktien der Gesellschaft dient letztlich der Wahrung des Aktionärseinflusses, da ansonsten die Verwaltung durch Stimmrechtsausübung in der Hauptversammlung in Bereiche gegenständlicher Stimmrechtsmacht vordringen könnte, die konzeptionell gerade den Anteilseignern zur Entscheidungsfindung zugewiesen worden sind. Die rechtsvergleichende Untersuchung hat gezeigt, dass diese Normen in Deutschland, Frankreich und Großbritannien auch umgesetzt worden sind. Mittelbare Auswirkung auf die Ausgestaltung des Aktionärsstimmrechts hat ferner das Gebot der Gleichbehandlung aus Art. 42 der 2. Richtlinie (Kapitalschutzrichtlinie). Da es allgemein formuliert ist, findet es auch über Kapitalfragen hinaus Anwendung.[557] Allerdings ist seine Reichweite insofern beschränkt, als es nur gilt, soweit sich Aktionäre „in denselben Verhältnissen" befinden, weshalb insbesondere gattungsbezogene Stimmrechtsdifferenzierungen dieser Norm nicht widersprechen.

Damit findet sich aber lediglich eine sehr überschaubare Anzahl europarechtlicher Richtlinienbestimmungen zur Ausgestaltung des Aktionärsstimmrechts, die bis zum heutigen Tage in die nationalen Rechtsordnungen Eingang gefunden haben. Es ist jedoch nicht so, dass es keine Vorhaben zu einer weitergehenden Rechtsangleichung in der Europäischen Union gegeben hätte. Vielmehr sollte die Ausge-

---

554 *Grundmann*, Europäisches Gesellschaftsrecht, Rdn. 106.

555 So für die Entscheidung über die Verschmelzung und Spaltung sowie die Kapitalherabsetzung, nicht dagegen für die Entscheidung über Kapitalerhöhungen *Grundmann*, Europäisches Gesellschaftsrecht, Rdn. 353, 362, 874.

556 Vgl. *Grundmann*, Europäisches Gesellschaftsrecht, Rdn. 354 für die Kapitalerhöhung.

557 *Grundmann*, Europäisches Gesellschaftsrecht, Rdn. 325.

staltung der Verwaltungsrechte des Aktionärs und die Abgrenzung der Organkompetenzen Gegenstand der fünften gesellschaftsrechtlichen Richtlinie, der sog. Strukturrichtlinie, werden. Nachdem der entsprechende Richtlinienvorschlag aber auch nach dreimaliger Änderung keine Mehrheit finden konnte, wurde er gänzlich zurückgezogenen und die Bemühungen insoweit eingestellt.[558] Nur zur Verdeutlichung der Zielsetzungen des Europäischen Gesetzgebers seien an dieser Stelle einige rechtshistorische Bemerkungen zum Inhalt des Vorschlages erlaubt. Zur Kompetenzaufteilung und damit zur gegenständlichen Stimmrechtsmacht sollte prinzipiell gelten, dass der Hauptversammlung keine Zuständigkeiten in Bezug auf das operative Geschäft der Gesellschaft, auch nicht in Form von Weisungsrechten oder Zustimmungsvorbehalten, zukommen.[559] Umgekehrt war eine Zuständigkeit für jede Satzungsänderung, die Bestellung und Abberufung der Organmitglieder mit Aufsichtsfunktion und der Abschlussprüfer sowie für die Feststellung des Jahresabschlusses und die Entscheidung über die Gewinnverwendung vorgesehen.[560] Zur grundsätzlichen Ausgestaltung des Aktionärsstimmrechts sah der Richtlinienvorschlag in Art. 33 vor, dass in allen Mitgliedstaaten strikt vom Grundsatz des *„one share – one vote"* ausgegangen wird. Insbesondere sollten Mehr- und Höchststimmrechte danach unzulässig sein. Aufgrund des Scheiterns der Richtlinie hat sich Letzteres bis heute nicht in den Mitgliedstaaten durchsetzen können, wie aus den Länderberichten ersichtlich wird. Über- und unterproportionale Ausgestaltungen des Aktionärsstimmrechts haben nämlich eine große Bedeutung als Mechanismen zur Abwehr feindlicher Übernahmen. Vor diesem Hintergrund könnte sich aber möglicherweise durch die Umsetzung der 13. gesellschaftsrechtlichen Richtlinie – der sog. Übernahmerichtlinie[561] – ein neuer Entwicklungsimpuls hin zu einer proportionalen Stimmrechtsgestaltung in der Europäischen Union ergeben.

2) Insbesondere: Übernahmerichtlinie

Die Übernahmerichtlinie ist am 30. März 2004 nach 15 Jahren der Verhandlungen und vier erfolglos gebliebenen vorangegangenen Entwürfen[562] formell durch den

558 Vorschlag einer fünften Richtlinie vom 9. 10. 1972 zur Koordinierung der Schutzbestimmungen, die in den Mitgliedstaaten den Gesellschaften im Sinne des Art. 58 Abs. 2 des Vertrages im Interesse der Gesellschafter sowie Dritter hinsichtlich der Struktur ihrer der Aktiengesellschaft sowie der Befugnisse und Verpflichtungen ihrer Organe vorgeschrieben sind, ABl. EG 1972 C 131/49 = KOM (72) 887; erste Änderung des Vorschlags vom 19. 8. 1983, ABl. EG 1983 C 240/2; zweite Änderung des Vorschlags vom 20. 12. 1990, ABl. EG 1991 C 7/4; dritte Änderung des Vorschlags vom 20. 11. 1991, ABl. EG 1991 C 321/9; zurückgezogen KOM (2001) 763 endg.

559 Vgl. Artt. 12 und 21, *Grundmann*, Europäisches Gesellschaftsrecht, Rdn. 369.

560 Vgl. Artt. 4, 4a, 13 Abs. 2, 21a Abs. 1, lit. a, 37 Abs. 1, 48 Abs. 1, 50 Abs. 1, 55 Abs. 1, *Grundmann*, Europäisches Gesellschaftsrecht, Rdn. 369.

561 Vgl. Fn. 24.

562 Vorschlag v. 16. 2. 1989, ABl. EG 1989 C 64/8; geänderter Vorschlag v. 14. 9. 1990, ABl. EG C 240/7; geänderter Vorschlag v. 7. 2. 1996, ABl. EG C 162/5; sowie geänderter Vorschlag v. ABl. Nr. v. 11. 11. 1997, ABl. EG C 378/10.

Ministerrat verabschiedet worden.[563] Zu den Gründen, die die langjährige Verhandlungsdauer auslösten, zählten vor allem auch die geschilderten unterschiedlichen Regelungen der Stimmkraft in den nationalen Rechtsordnungen, also die Möglichkeit von statutarischen Mehr-[564] und Höchststimmrechten,[565] aber auch die Zulässigkeit der Ausgabe von Vorzugsaktien ohne Stimmrechte[566] und von „Goldenen Aktien".[567] Inwieweit die nun verabschiedete Regelung unmittelbare Auswirkungen auf das Stimmrecht der Aktionäre in den Mitgliedstaaten haben wird, soll im Folgenden kurz dargestellt werden.

a) Optionsmodell

Die Übernahmerichtlinie gilt für Gesellschaften, die dem Recht eines Mitgliedstaats unterliegen und deren Wertpapiere ganz oder teilweise zum Handel an einer Börse der Europäischen Union zugelassen sind, Art. 1 RL. Es steht den Mitgliedstaaten allerdings frei, den Anwendungsbereich auf nicht börsennotierte Gesellschaften auszudehnen. Die Übernahmerichtlinie beinhaltet mit Blick auf den Abbau von Übernahmehindernissen ein zweistufiges Optionsmodell, vgl. Art. 12 RL. Das Modell räumt den Mitgliedstaaten durch Art. 12 Abs. 1 RL auf einer ersten Stufe das Recht ein, die Anwendung von Art. 9 Abs. 2 und 3 RL (Neutralitätspflicht) und/oder des Art. 11 RL (Durchbrechung verschiedener Übernahmehindernisse) nicht vorzuschreiben.[568] Hat ein Mitgliedstaat von diesem Recht des *opt-out* Gebrauch gemacht, so bleibt es den Gesellschaften dieses Landes aber unbenommen, die genannten Vorschriften dennoch anzuwenden (*opt-in* durch die Gesellschaften), vgl. Art. 12 Abs. 2 RL. Die Entscheidung über das *opt-in* muss von der Hauptversammlung mit qualifizierter Mehrheit getroffen werden und kann auf gleichem Wege auch wieder rückgängig gemacht werden.[569] Die betreffenden Vorschriften sind von den Mitgliedstaaten in jedem Fall in nationales Recht umzusetzen, selbst wenn das Land ihre Anwendung nicht zwingend vorschreibt; schließlich müssen sie im nationalen Recht für den Fall eines *opt-in* vorhanden sein.[570] Daneben können die Mitgliedstaaten optional die sog. Reziprozitätsregelung festlegen, die besagt, dass eine Zielgesellschaft nur dann der Neutralitätspflicht und/oder der Durchbrechungsregelung unterliegt, wenn auch die Bietergesell-

---

563 Guter Überblick über den Gesetzgebungsprozess bei *Edwards*, ECFR 2004, 416 (417–431) und *Rickford*, EBLR 2004, 1379–1389; kürzer bei *Grundmann*, Europäisches Gesellschaftsrecht, § 27 Rdn. 926–928.

564 Wie gezeigt in Großbritannien und – als Doppelstimmrecht – in Frankreich möglich

565 Wie gezeigt in Großbritannien, Frankreich und in Deutschland für nicht börsennotierte Aktiengesellschaften möglich.

566 In allen untersuchten Rechtsordnungen anzutreffen.

567 *Maul/Muffat-Jeandet*, AG 2004, 221 (223); dazu auch *Edwards*, ECFR 2004, 416 (417–431); Palmer's Company Law, Volume 3, Rdn. 16.316.

568 Die Neutralitätspflicht verbietet es der Unternehmensleitung, Abwehrmaßnahmen zu ergreifen, es sei denn, die Maßnahmen werden von einer nach Unterbreitung des konkreten Übernahmeangebotes einberufenen Hauptversammlung genehmigt. Für die vorliegende Untersuchung ist aber im Wesentlichen die Durchbrechungsregelung gemäß Art. 11 RL von Belang, die unten näher erläutert wird.

569 *Rickford*, EBLR 2004, 1379 (1396).

570 *Maul/Muffat-Jeandet*, AG 2004, 306 (310).

schaft die entsprechenden Regelungen anwendet, Art. 12 Abs. 3 RL. Hat sich der Mitgliedstaat für die Möglichkeit der Reziprozität entschieden, so muss die Hauptversammlung einer betroffenen Gesellschaft noch darüber bestimmen, ob sie von der Reziprozität in dem jeweiligen Fall auch Gebrauch machen will, Art. 12 Abs. 5 RL.

Obgleich es aus einem politischen Kompromiss geboren wurde und alles andere als einen Durchbruch hin zu einem einheitlichen *level playing field* in der Europäischen Union darstellt,[571] hat das Optionsmodell einige Fürsprecher gefunden und zwar insbesondere unter denjenigen, die sich gegen Regulierung oder doch zumindest für einen Wettbewerb der Rechtsordnungen in diesen Fragen aussprechen.[572] Dem liegt folgender Gedankengang zugrunde: Nach bisherigem Erkenntnisstand werden nur die wenigsten Mitgliedstaaten die Neutralitätspflicht und die Durchbrechungsregel zwingend vorschreiben. So haben sich insbesondere Deutschland, Frankreich und Großbritannien gegen die zwingende Einführung der Durchbrechungsregel (Art. 11 RL) entschieden, ebenso die Niederlande und Spanien.[573] Im Falle eines solchen *opt-out* kann jedoch jede Gesellschaft, die der entsprechenden Rechtsordnung unterliegt, von sich aus in das Regime wieder hinein optieren. Weigert sich eine Gesellschaft, so können andere Mitgliedstaaten vorsehen, dass für eigene Gesellschaften, wenn die fragliche Gesellschaft ein Angebot für sie abgibt, Neutralitätspflicht und/oder Durchbrechungsregel ebenfalls keine Anwendung finden. Die Gesellschaften müssen sich also entscheiden, ob sie eigene Verteidigungsmöglichkeiten höher einstufen oder aber die verbesserten Chancen für den Fall vorziehen, dass sie selbst Übernahmeangebote abgeben.[574] Sollte der Verzicht auf Verteidigungsinstrumente mit einem Kurszuschlag belohnt werden, dürfte dies den freiwilligen Abbau von Übernahmehindernissen weiter befördern. In diesem Sinne entscheidet letztlich der Kapitalmarkt über die weitere Entwicklung des *level playing field*.

b) Durchbrechungsregel, Art. 11 RL

Die Durchbrechungsregel in Art. 11 RL wurde letztlich auf Initiative der deutschen Regierung in die Richtlinie aufgenommen.[575] Angesichts der in Deutschland erfolgten weitgehenden Umsetzung des „*one share – one vote*"-Grundsatzes für börsenno-

571 So statt vieler auch *Rickford*, EBLR 2004, 1379 (1420).
572 Vgl. *Grundmann*, NZG 2005, 122 (124 und 128); siehe auch *Wiesner*, ZIP 2004, 343 (350), der von einem „umsichtigen und liberalen Ausweg" spricht. Positiv zur Kompromisslösung soll sich auch die britische Regierung geäußert haben („*Half a loaf is better then no loaf*"), *Edwards*, ECFR 2004, 416 (439).
573 Vgl. für Deutschland das Umsetzungsgesetz zur EG-Übernahmerichtlinie, Gesetzesbeschluss v. 19. 5. 2006, BR-Drs. 336/06, dazu *Merkt/Binder*, BB 2006, 1285 (1288); *van Kann/Just*, DStR 2006, 328 (330); für Frankreich, Großbritannien, die Niederlande und Spanien *Freshfields/Bruckhaus/Deringer*, Implementing the Takeover Directive in the EU, 4, 6. Obwohl die Übernahmerichtlinie bis zum 20. Mai 2006 in nationales Recht umgesetzt worden sein sollte, fehlen entsprechende Rechtsakte noch in einigen großen Mitgliedstaaten, so in Italien und Belgien.
574 *Grundmann*, NZG 2005, 122 (127); *Ipekel*, EBLR 2005, 341 (346).
575 *Baums*, EBLR 2004, 1453 (1457 f); *Ipekel*, EBLR 2005, 341 (342); *Skog*, EBLR 2004, 1439 (1442–1445).

tierte Gesellschaften befürchtete man hier nämlich einen Nachteil der nationalen Gesellschaften gegenüber Gesellschaften aus Mitgliedstaaten, die nach wie vor besondere Stimmrechtsgestaltungen als Mechanismen zum Schutz vor feindlichen Übernahmen verwenden können. Die Durchbrechungsregelung in ihrer jetzigen Gestalt schreibt den Proportionalitätsgrundsatz freilich weder zwingend noch generell vor, da sie zum einen nur unter den oben geschilderten Voraussetzungen des Optionsregimes und zum anderen gegenständlich lediglich auf Hauptversammlungen in konkreten Übernahmesituationen Wirkung entfaltet. Kommt die Regelung des Art. 11 RL zur Anwendung, so besteht für Aktionärsstimmrechte folgende Besonderheit: Gemäß Art. 11 Abs. 3 S. 1 RL entfalten satzungsmäßige Stimmrechtsbeschränkungen, also insbesondere Höchststimmrechte, bei der Abstimmung der Hauptversammlung der Zielgesellschaft über Verteidigungsmaßnahmen keine Wirkung.[576] Es wird vielmehr dem Proportionalitätsprinzip entsprechend abgestimmt. Ferner kommen Beschränkungen, die sich aus Stimmbindungsverträgen ergeben, nicht zur Anwendung.[577] Und schließlich sollen gemäß Art. 11 Abs. 3 S. 3 RL Mehrstimmrechtsaktien bei solchen Beschlussfassungen nur eine Stimme tragen; eine Regelung, die der deutschen Delegation angesichts der vielfachen Verwendung solcher Ausgestaltungen in anderen Mitgliedstaaten besonders am Herzen lag.[578] Die gleichen Durchbrechungen gelten gemäß Art. 11 Abs. 4 RL für die erste Hauptversammlung, die der Bieter einberuft, nachdem er 75% des stimmberechtigten Kapitals auf sich vereinigen konnte. Ebenso sind besondere Entsendungs- und Abberufungsrechte für Leitungsorganmitglieder, über die andere Gesellschafter verfügen, auf dieser ersten Hauptversammlung nach Abschluss des Angebots suspendiert.[579] Dadurch soll der Bieter in die Lage versetzt werden, etwa das Leitungsorgan neu zu besetzen. Zudem soll dem Bieter ermöglicht werden, die genannten Sonderrechte auf dieser einen Hauptversammlung auch zugleich mit satzungsändernder Mehrheit zu beseitigen, vgl. Art. 11 Abs. 5 RL.[580] Die Rechtslage in der Gesellschaft kann also sofort nach Abschluss des Angebots durch Änderung des Gesellschaftsstatutes umgestellt und geklärt werden.[581]

Ausgenommen von der Durchbrechung sind ausdrücklich solche Stimmrechtsbeschränkungen, für die ein finanzieller Vorteil gewährt wird, Art. 11 Abs. 5 RL. Dazu zählen wohl vor allem die stimmrechtslosen Vorzugsaktien. Diese Aktien gewähren also auch in den benannten Situationen im Übernahmekontext kein Stimmrecht. Angesichts dieser Regelung stellt sich aber die grundsätzliche Frage, ob nicht die einfachen *(ordinary)* stimmrechtslosen Aktien – wie sie bspw. in Großbritannien und neuerdings auch in Frankreich zulässig sind – dann im Umkehr-

---

576 Nicht erfasst sind hier Schranken für das Stimmrecht, die sich aus dem objektiven Recht ergeben, vor allem solche aus „Treuepflicht", *Grundmann*, NZG 2005, 122 (126). Ausführlich zu den „gesetzlichen" Stimmrechtsschranken in den Länderberichten jeweils unter 5.

577 Das gilt nur für Stimmbindungsverträge, die nach dem Inkrafttreten der Richtlinie abgeschlossen wurden, vgl. Art. 11 Abs. 3 S. 2 RL.

578 *Ipekel*, EBLR 2005, 341 (343). Betroffen sind insbesondere die skandinavischen Länder.

579 Vgl. Abs. 4, *Rickford*, EBLR 2004], 1379 (1390f).

580 *Grundmann*, Europäisches Gesellschaftsrecht, § 27 Rdn. 971.

581 *Grundmann*, Europäisches Gesellschaftsrecht, § 27 Rdn. 972; *Ipekel*, EBLR 2005, 341 (343).

schluss von der Durchbrechung erfasst werden. Für eine solche Auslegung sprechen einige gute Gründe,[582] doch müssen letztlich Wortlaut und Intention der Richtlinie entscheidend sein. So fällt es bereits schwer, den vollständigen Entzug des Stimmrechts solcher Aktien unter den Begriff der „satzungsmäßigen Stimmrechts*beschränkung*" zu subsumieren. Vor allem aber definiert Art. 2 Abs. 1 e) der Richtlinie den Begriff „Wertpapier" als „stimmberechtigtes Wertpapier". Die Ausgabe stimmrechtsloser Aktien, ob mit oder ohne finanziellen Vorzug, zum Erhalt bestehender Kontrollstrukturen bleibt also auch im Anwendungsregime der Durchbrechungsregelung eine Möglichkeit, Übernahmen zu erschweren.[583]

Die Regelung des Art. 11 RL soll ferner keine Anwendung auf Wertpapiere finden, die von einem Mitgliedstaat gehalten werden und ihm Sonderrechte einräumen („Goldene Aktien"),[584] wenn sich die Sonderrechte direkt aus einem Gesetz ergeben, Art. 11 Abs. 6 RL.[585] Sonderrechte eines Mitgliedstaates, die sich aus der Satzung ergeben, fallen dann nicht unter den Art. 11 RL, wenn sie mit Art. 56 EG vereinbar sind.[586] Die grundsätzliche Ausnahme der „Goldenen Aktien" von der Durchbrechungsregelung stieß zunächst noch auf starke Kritik, die aber vor dem Hintergrund der zunehmenden Praxis der Kommission zur Einreichung entsprechender Vertragsverletzungsverfahren und der fortschreitenden restriktiven EuGH-Rechtsprechung ab Juni 2002[587] zunehmend verstummte. Demgegenüber sollen zwar Mehrfachstimmrechte grundsätzlich von der Durchbrechung erfasst werden, allerdings sind Mehrstimmrechtsaktien im Sinne des Art. 11 Abs. 3 S. 3 RL nach der Legaldefinition in Art. 2 Abs. 1 lit. g RL nur solche Wertpapiere, „die einer gesonderten und eigenen Gattung angehören und das Recht auf mehr als eine Stimme verleihen" (sog. *dual class shares*). Diese Definition umfasst nicht die verbreiteten französischen *votes doubles*, die keine eigene Aktiengattung bilden.[588] Den Inhabern der *votes doubles* verbleibt also im Falle der Anwendbarkeit der Durchbrechungsregel das doppelte Stimmrecht. Die Kommission versuchte die Herausnahme damit zu begründen, dass diese Instrumente Teil eines Systems der Unternehmensfinanzierung seien und es keinen Beweis dafür gäbe, dass sie Übernahmen vereiteln könnten.[589] Diese Argumentation vermag nicht zu überzeugen. Gerade Mehrstimmrechte sind ein probates Mittel gegen Unternehmensübernahmen, da hier eine im Verhältnis zum Kapitaleinsatz überproportionale Stimmrechtsmacht ausgeübt werden kann. Am Beispiel Frankreichs sei zudem angemerkt, dass zwar theoretisch jeder europäische[590] Anleger diese „Treueprämie" erwerben kann, dafür aber ge-

582 Vgl. *Rickford*, EBLR 2004, 1379 (1391).
583 So auch *Rickford*, EBLR 2004, 1379 (1392).
584 Dazu unten Kap. 3 II.
585 *Edwards*, ECFR 2004, 416 (437); *Ipekel*, EBLR 2005, 341 (345); *Maul/Muffat-Jeandet*, AG 2004, 306 (312).
586 *Edwards*, ECFR 2004, 416 (437); *Maul/Muffat-Jeandet*, AG 2004, 306 (312).
587 Dazu ausführlich unten II.
588 So auch *Kindler/Horstmann*, DStR 2004, 866 (869); *Rickford*, EBLR 2004, 1379 (1391). Zur Rechtsnatur der *votes doubles* oben Kap. 1 II 3 a).
589 *Neye*, NZG 2002, 1144 (1145).
590 Zur Wirksamkeit einer Beschränkung des Doppelstimmrechts auf Staatsbürger der Europäischen Union oben Kap. 1 II 3 a).

gebenenfalls vier Jahre warten muss. Auch steht die Argumentation der Kommission im Widerspruch zu den eindeutigen Aussagen in dem von ihr selbst in Auftrag gegebenen Gutachten der Hochrangigen Expertengruppe auf dem Gebiet des Gesellschaftsrechts.[591] Dort werden Aktien mit Doppel- oder Mehrstimmrechten als eines der wichtigsten Hindernisse für Übernahmeangebote angesehen.[592] Schließlich erscheint auch die Unterscheidung verschiedener Mehrstimmrechtsaktien anhand des Kriteriums „eigene Gattung" formalistisch und willkürlich. Zweck der Regelung war wohl in Wirklichkeit, die Zustimmung Frankreichs zur Richtlinie zu erlangen.[593] Dass dadurch nun gerade in einem zentralen Punkt[594] die nötige Konsequenz im Hinblick auf den *„one share – one vote"*-Grundsatz fehlt, ist bedauerlich und schmälert die (Signal-)Wirkung der Richtlinie erheblich. Zudem führt diese Regelung auch zu Problemen bei der Berechnung der „75% des stimmberechtigten Kapitals", die der Bieter erlangt haben muss. Unklar ist in diesem Zusammenhang, ob diejenigen Mehrstimmrechtsaktien, die wie das französische Doppelstimmrecht in keinem Fall „durchbrochen" werden, besonders berücksichtigt werden müssen oder ob rein nach dem Nominalwert gerechnet werden kann.[595] Auch Art. 11 Abs. 5 RL ist problematisch, da die Norm eine Kompensation für durch die Durchbrechungsregelung bewirkte Rechtsverluste vorsieht, ohne jedoch Anhaltspunkte für die Kalkulation zu geben.[596]

Neben diesen definitorischen und handwerklichen Mängeln[597] wird der Durchbrechungsregelung auch vielfach generell ihre Effektivität abgesprochen. Abgesehen von der Tatsache, dass sie nur optional Anwendung findet und sich die meisten großen Mitgliedstaaten bereits gegen ihre zwingende Einführung entschieden haben,[598] soll auch im Falle ihrer tatsächlichen Heranziehung nur eine relativ geringe Wirkung erzielt werden können: Nach einer Studie von *Bennedsen* und *Nielsen* würden von 1.035 europäischen Gesellschaften mit disproportional ausgestalteten Stimmrechten nur 3–5% eine unmittelbare Änderung der Kontrollstrukturen erleben.[599] Vor allem aber wird vorgebracht, die Durchbrechungsregelung würde lediglich dazu führen, dass die Gesellschaften auf alternative Mechanismen der Übernahmeerschwerung durch Verschiebung der Kontrollstrukturen zurückgreifen werden, die gerade nicht von der Durchbrechungsregelung erfasst werden.[600] Gerade letzterem Kritikpunkt muss man sich vor dem Hintergrund der rechtsver-

---

591 *Edwards*, ECFR 2004, 416 (431).
592 *High Level Group of Company Law Experts*, Bericht über die Abwicklung von Übernahmeangeboten vom, 21–36.
593 Vgl. *Wiesner*, ZIP 2004, 343 (348).
594 Zur großen Bedeutung dieser Frage im Verhandlungsprozess siehe *Edwards*, ECFR 2004, 416 (417–431).
595 *Edwards*, ECFR 2004, 416 (437 Fn. 54); *Rickford*, EBLR 2004, 1379 (1392f).
596 *Rickford*, EBLR 2004, 1379 (1394).
597 Deutliche Worte findet *Rickford*, EBLR 2004, 1379 (1393 und 1420), der bemerkt „[...] *the rules seem to be complex, arbitrary, obscure and highly imperfect in achieving the desired results*" bzw. „*incoherent, incomplete and unjustifiable*".
598 Vgl. oben Fn. 573.
599 *Bennedsen/Nielsen*, The Impact of a Break-Through Rule on European Firms, 1.
600 *Ipekel*, EBLR 2005, 341 (345f); vgl. auch *Bernitz*, EBLR 2004, 1423 (1425f).

gleichenden Analyse anschließen. Der Richtliniengeber ist bei der Bestimmung des sachlichen Anwendungsbereichs der Durchbrechungsregelung sehr selektiv vorgegangen und hat von den aufgezeigten zahlreichen Möglichkeiten, das Aktionärsstimmrecht auszugestalten, längst nicht alle erfasst. Neben der Kritik an der kaum gerechtfertigten Herausnahme der französischen *votes doubles* gilt dies vor allem auch für stimmrechtslose Aktien. Durch die Ausgabe von Vorzugsaktien oder gar *ordinary non-voting shares* kann eine Gesellschaft zukünftig auch unter dem Regime des Art. 11 RL ihr Eigenkapital erhöhen, ohne bestehende Kontrollstrukturen lockern zu müssen.

II. EuGH-Rechtsprechung zu den „Goldenen Aktien"

Über- und unterproportional ausgestaltete Aktionärsstimmrechte sind für (potentielle) Anleger besonders problematisch, wenn sie zielgerichtet die Einflussmacht eines ganz speziellen (Mit-)Aktionärs stärken: Die des Staates. Auf diese Problematik ist der Europäische Gerichtshof mit seiner Rechtsprechung zu den „Goldenen Aktien" eingegangen, in der er insbesondere den Begriff und die Reichweite der europäischen Kapitalverkehrsfreiheit näher definierte.[601] Im Ergebnis hat der EuGH die „Goldenen Aktien" zwar nicht generell für unzulässig erklärt, jedoch bestimmte Anforderungen aufgestellt, denen sie in ihrer konkreten Ausgestaltung genügen müssen.[602] Da diese Judikatur, die bereits teilweise in den Länderberichten dargestellt wurde, für den einflusssuchenden Investor in Aktiengesellschaften der Europäischen Union von unbestreitbar großer Relevanz ist, sollen ihre Kernaussagen an dieser Stelle kurz zusammenfassend dargestellt werden.

In den Entscheidungen des Gerichtshofes ging es um besondere Rechte, die staatliche Stellen auch nach der Privatisierung ehemals staatlicher Unternehmen zurückbehalten hatten, obwohl sie kapitalmäßig allenfalls noch minimal beteiligt waren, und die insbesondere als Instrument zur Verhinderung von Übernahmen eingesetzt werden können.[603] Diese Sonderrechte werden überwiegend an das Halten einer Aktie – der „Goldenen Aktie" – geknüpft,[604] und können sehr vielgestaltig

601 Vgl. EuGH vom 4. Juni 2002 – Rs. C-483/99 *Kommission/Frankreich* (Elf-Aquitaine), Slg. 2002, I-4781 = WM 2002, 1393; EuGH vom 4. Juni 2002 – Rs. C-503/99 *Kommission/Belgien*, Slg. 2002, I-4809 = WM 2002, 1397; EuGH vom 4. Juni 2002 – Rs. C-367/98 *Kommission/Portugal*, Slg. 2002, I-4731 = WM 2002, 1402; EuGH vom 13. Mai 2003 – Rs. C-463/00 *Kommission/Spanien*, Slg. 2003, I-4581 = NJW 2003, 2663; EuGH vom 13. Mai 2003 – Rs. C-98/01 *Kommission/Großbritannien* (British Airports Authority), Slg. 2003, I-4641 = NJW 2003, 2666; siehe zu den ersten drei Urteilen *Grundmann/Möslein*, ZVglRWiss 102 (2003), 289; zu den übrigen *Kilian*, NJW 2003, 2653; Gesamtüberblick ferner bei *Klinke*, ECFR 2005, 270 (304 – 308).

602 *Europäische Kommission*, Special rights in privatised companies, 12; *Ruge*, Anmerkung zu EuGH vom 13. Mai 2003 – Rs. C-98/01 *Kommission/Großbritannien* (Goldene Aktien V), EuZW 2003, 536 (540).

603 *Grundmann/Möslein*, ZGR 2003, 317 (317 f); *Kiemel*, in: von der Groeben/Schwarze (Hrsg.), Kommentar zum EUV, Art. 56 EG Rdn. 8.

604 Daneben können Sonderrechte aber auch unmittelbar durch (Privatisierungs-)Gesetz verliehen werden; vgl. bereits oben zum Volkswagen Gesetz (Kap. 1 I 4 a); siehe auch *Grundmann/Möslein*, ZVglRWiss 102 (2003), 289 (295); *dies.*, ZGR 2003, 317 (322 f).

sein.[605] So kann insbesondere die Stimmkraft des Staates in der Hauptversammlung deutlich über das *„one share – one vote"*-Prinzip hinaus erhöht und dem Staat sogar ein Vetorecht für Entscheidungen der Hauptversammlung eingeräumt werden. Diese überproportionalen Gestaltungen des Aktionärsstimmrechts schmälern die stimmrechtliche Einflussmacht der Mitaktionäre. Zudem besteht das Problem, dass der Staat als Aktionär besondere Eigeninteressen verfolgen könnte, die mit denen der privaten Mitaktionäre nicht übereinstimmen.[606]

Der EuGH hat die durch „Goldene Aktien" eingeräumten Sonderrechte in mehreren Entscheidungen auf ihre Vereinbarkeit mit der Kapitalverkehrsfreiheit aus Art. 56 EG überprüft. Träger dieser Grundfreiheit ist vor allem der (potentielle) Aktionär einer Aktiengesellschaft in der Europäischen Union, aber auch Anleger aus Drittstaaten sind umfasst.[607] Art. 56 EG verbietet ganz allgemein Beschränkungen des Kapitalverkehrs.[608] Zum Kapitalverkehr gehören nach der EuGH-Rechtsprechung auch die sog. Direktinvestitionen, bei denen der Anleger die Möglichkeit erhält, sich tatsächlich an der Verwaltung der Gesellschaft oder der Kontrolle der Verwaltung zu beteiligen. Daher wird der Schutzbereich der Grundfreiheit nach Auffassung des Gerichtshofs bereits durch jede Regelung berührt, die den Anleger davon abhalten könnte, in eine Gesellschaft zu investieren und an ihrer Verwaltung und Kontrolle teilzuhaben.[609] Damit sind auch die Fälle erfasst, bei denen der Zugang zum Erwerb eines Gesellschaftsanteils zwar grundsätzlich eröffnet ist, der Anteil jedoch in der Attraktivität gemindert wird. Die Attraktivitätsminderung erfolgt vor allem dadurch, dass andere Aktionäre für bestimmte, strategische Geschäftsführungsfragen Alleinentscheidungs- oder Vetorechte oder zumindest ein weit überproportionales Stimmgewicht haben. Auch (gesetzlich eingeführte) Höchststimmrechte können darunter subsumiert werden, sofern sie einen Kontrollerwerb erschweren.[610] Nach der Rechtsprechung des EuGH fällt jede Art der „Goldenen Aktie", die dem Staat Sonderrechte einräumt, sei es durch Gesetz, Durchführungsverordnung oder auch durch von staatlicher Genehmigung anhängige gesellschaftsrechtliche Satzung, in den Anwendungsbereich von Art. 56 EG.[611] Alle Entscheidungen zu den „Goldenen Aktien" betrafen bisher Schutznormen zugunsten der öffentlichen Hand, die nicht vollständig satzungsautonom durch ausschließliche Anwendung des nationalen Gesellschaftsrechts eingeführt wurden. Die beschränkenden Regelungen müssen also nach Ansicht des EuGH zwingend gelten und dürfen nicht zur Disposition des Satzungsgebers ste-

605 Ausführliche Darstellung bei *Grundmann/Möslein*, ZVglRWiss 102 (2003), 289 (301–315).
606 Bspw. den Erhalt von unrentablen Betriebszweigen zur Sicherung von nationalen Arbeitsplätzen.
607 Vgl. EuGH verb. Rs. C-163/94, C-164/94 bis C-250/94, *Sanz de Lera u.a.*, Slg. 1995, I-4821, Rdn. 25; *Kiemel*, in: von der Groeben/Schwarze (Hrsg.), Kommentar zum EUV, Art. 56 EG Rdn. 26; *Ohler*, Europäische Kapitalverkehrsfreiheit, Art. 56 EGV Rdn. 214.
608 Vgl. schon Wortlaut sowie EuGH Rs. C-367/98 *Kommission/Portugal*, Slg. 2002, I-4731, Rdn. 45; *Konle*, Slg. 1999, I-3099, Rdn. 44; *Grundmann*, Europäisches Gesellschaftsrecht, § 18 Rdn. 640.
609 Siehe bereits oben Kap. 1 I 4 a).
610 Siehe oben Kap. 1 I 4 a).
611 *Ruge*, Anmerkung zu EuGH vom 13. Mai 2003 – Rs. C-98/01 *Kommission/Großbritannien* (Goldene Aktien V), EuZW 2003, 536 (541).

hen.[612] Eine Beschränkung ist zu verneinen, soweit eine Bereichsausnahme im Sinne der Keck-Rechtsprechung[613] vorliegt, die der EuGH in seinen jüngsten „Goldenen Aktien"-Entscheidungen auch auf die Kapitalverkehrsfreiheit übertragen hat.[614] Die Gestaltungsform muss also als echte Marktzutrittschranke und nicht als bloße Ausübungsmodalität einzuordnen sein.[615]

Beschränkungen der Kapitalverkehrsfreiheit stellen nur dann keine Vertragsverletzungen dar, wenn sie durch einen der in Art. 58 Abs. 1 EG genannten Gründe oder durch zwingende Gründe des Allgemeininteresses gerechtfertigt, nichtdiskriminierend und verhältnismäßig sind.[616] Der Rechtfertigungsgrund der „öffentlichen Sicherheit und Ordnung" aus Art. 58 Abs. 1 b) Var. 4 EG ist exakt so auszulegen wie bei der Niederlassungsfreiheit[617] und umfasst damit auch die Verbürgung unverzichtbarer Einrichtungen im Technologiezeitalter (Daseinsvorsorge).[618] Hierzu zählen jedenfalls die Erdöl-, Telefon- und Stromversorgung.[619] Zwingende Gründe des Allgemeininteresses sind bspw. Anleger-, Gläubiger-, Arbeitnehmer- und auch Umweltschutz.[620] Demgegenüber ist eine auf allgemeine finanzielle Interessen eines Mitgliedstaates gestützte Rechtfertigung nicht zulässig.[621] Eine Rechtfertigung kommt nach den vom EuGH aufgestellten Grundsätzen unter folgenden Voraussetzungen in Betracht:[622] Wenn zwingende Allgemeininteressen nicht vorliegen, dann muss es sich bei dem betroffenen Unternehmen jedenfalls um ein solches handeln, das eine Funktion als Erbringer öffentlicher Dienstleistungen im Bereich der Daseinsvorsorge wahrnimmt.[623] Dieses Erfordernis führte zur Unzulässigkeit der „Goldenen Aktien" bei einem spanischen Tabakhersteller sowie beim spanischen Bankenverband.[624] Als nächste Voraussetzung fordert der EuGH Bestimmtheit hin-

---

612 So auch *Pannier*, Harmonisierung der Aktionärsrechte in Europa, 47.

613 EuGH verb. Rs. C-267/91 und 168/91, *Keck*, Slg. 1993, I-6097, Rdn. 13.

614 Vgl. EuGH vom 13. Mai 2003 – Rs. C-463/00 *Kommission/Spanien*, Slg. 2003, I-4581 = NJW 2003, 2663 ff; EuGH vom 13. Mai 2003 – Rs. C-98/01 *Kommission/Großbritannien* (British Airports Authority), Slg. 2003, I-4641 = NJW 2003, 2666 f.

615 Die Abgrenzung kann freilich im Einzelfall schwierig sein, vgl. bspw. *Kleinschmitt*, 111 f; *Pannier*, 49.

616 Vgl. EuGH, Rs. C-483/99 *Kommission/Frankreich*, Slg. 2002, I-4781 (4803 f); EuGH, Rs. C-503/99 *Kommission/Belgien*, Slg. 2002, I-4809 (4832 f); EuGH, Rs. C-367/98 *Kommission/Portugal*, Slg. 2002, I-4731 (4775 f).; *Kiemel*, in: von der Groeben/Schwarze (Hrsg.), Kommentar zum EUV, Art. 56 EG Rdn. 12.

617 EuGH Rs. C-503/99 *Kommission/Belgien*, Slg. 2002, I-4809 (4832).

618 *Grundmann*, Europäisches Gesellschaftsrecht, § 19 Rdn. 641; *Kiemel*, in: von der Groeben/Schwarze (Hrsg.), Art. 56 EG Rdn. 12.

619 *Kilian*, NJW 2003, 2653 (2654); *Ruge*, Anmerkung zu EuGH vom 13. Mai 2003 – Rs. C-98/01 *Kommission/Großbritannien* (Goldene Aktien V), EuZW 2003, 536 (541); vgl. EuGH, Rs. C-483/99 *Kommission/Frankreich*, Slg. 2002, I-4781 Rdn. 43; EuGH, Rs. C-367/98 *Kommission/Portugal*, Slg. 2002, I-4731 Rdn. 47; EuGH Rs. C-503/99 *Kommission/Belgien*, Slg. 2002, I-4809 Rdn. 43.

620 *Grundmann*, Europäisches Gesellschaftsrecht, § 19 Rdn. 641.

621 Vgl. EuGH, Rs. C-367/98 *Kommission/Portugal*, Slg. 2002, I-4731 (4775 f).; *Kiemel*, in: von der Groeben/Schwarze (Hrsg.), Art. 56 EG Rdn. 12.

622 Orientiert an der Zusammenstellung bei *Ruge*, EuZW 2003, 536 (541 f).

623 EuGH Rs. C-463/00 *Kommission/Spanien*, Slg. 2003, I-4581 (Rdn. 70).

624 Vgl. EuGH vom 13. Mai 2003 – Rs. C-463/00 *Kommission/Spanien*, Slg. 2003, I-4581 = NJW 2003, 2663.

sichtlich der Regelungen, die die Sonderrechte des Staates begründen.[625] Weiter verlangt der EuGH, dass die Regelung verhältnismäßig sein muss.[626] An diesem Kriterium scheiterte beispielsweise die französische Golden Shares-Regelung in *Elf-Aquitaine*.[627] Im Rahmen der Verhältnismäßigkeit kann vor allem auch berücksichtigt werden, wie intensiv der Eingriff tatsächlich war.[628] Im Hinblick auf die Gestaltungen, bei denen eine unternehmerische Maßnahme einem Vetorecht des Staates unterliegt, ist nach Ansicht des EuGH ein System nachträglicher Genehmigung im Vergleich zur vorherigen Einwilligung das mildere Mittel. Eine solche staatliche Entscheidung soll innerhalb bestimmter Fristen erfolgen müssen und schließlich muss es gegen derartige Entscheidungen Rechtsschutz auf nationaler Ebene geben. Angesichts der großen Variationsmöglichkeit von Sonder(stimm)rechten verbietet sich nach dem Gesagten eine pauschale Aussage zu ihrer generellen Zulässigkeit. Vielmehr muss für jede einzelne Regelung eine gesonderte Überprüfung anhand der vorgenannten Kriterien erfolgen.

Fest steht heute, dass der Aktionär durch die Kapitalverkehrsfreiheit unabhängig vom Umfang seiner Beteiligung an einem Unternehmen geschützt wird und dass die Kapitalverkehrsfreiheit ihre deregulierende Wirkung dabei insbesondere auch im Bereich der Aktionärsstimmrechte entfaltet. Praktische Konsequenzen aus der dargestellten Judikatur des EuGH und der zunehmenden Anstrengung entsprechender Vertragsverletzungsverfahren durch die Europäische Kommission zeigen sich darin, dass die Mitgliedstaaten ihre staatlichen Sonder(stimm)rechte in privatisierten Aktiengesellschaften in den letzten Jahren signifikant abgebaut haben.[629] So sind nach einer Studie der Europäischen Kommission beispielsweise in Großbritannien von den *Golden Shares*-Regelungen in ursprünglich fast 20 Gesellschaften nurmehr 4 übrig geblieben.[630] Noch ungeklärt ist allerdings, inwieweit die Rechtsprechung des EuGH auf weitere Sachverhalte ausgeweitet werden kann. Alle Entscheidungen zu den „Goldenen Aktien“ betrafen bisher Schutznormen zugunsten der öffentlichen Hand, die nicht vollständig satzungsautonom durch ausschließliche Anwendung des nationalen Gesellschaftsrechts eingeführt wurden. Die beschränkenden Regelungen galten also stets zwingend und standen nicht zur Disposition des Satzungsgebers.[631] In der Literatur wird derzeit aber darüber hinausgehend diskutiert, ob nicht auch andere, privatautonom eingeführte Hemmnisse unabhängig von einer Bevorteilung des Staates auf den Prüfstand der Kapitalverkehrsfreiheit gehören.[632]

---

625 *Klinke*, ECFR 2005, 270 (307f).

626 Zu diesem Kriterium ausführlich *Grundmann/Möslein*, ZGR 2003, 317 (342–348).

627 EuGH, Rs. C-483/99 *Kommission/Frankreich*, Slg. 2002, I-4781 (4803f; Rdn. 50); siehe oben Kap. 1 II 3b.

628 *Grundmann*, Europäisches Gesellschaftsrecht, § 19 Rdn. 641; *Grundmann/Möslein*, ZGR 2003, 317 (335–338).

629 Europäische Kommission, Special rights in privatised companies, 17.

630 Europäische Kommission, Special rights in privatised companies, 14 und 38.

631 So auch *Pannier*, Harmonisierung der Aktionärsrechte in Europa, 47.

632 Vgl. zu diesem Ansatz *Grundmann*, Europäisches Gesellschaftsrecht, § 18 Rdn. 639f; *Grundmann/Möslein*, ZGR 2003, 317 (332–334; 350–355): *„Unter Wertungsgesichtspunkten ist es kaum zu rechtfertigen, Regeln, die nur für einzelne Kapitalanlagen Behinderungen schaffen, grundfreiheitlich zu kontrollieren,*

4. Kapitel: Beurteilung des Rechtsstoffes aus der Sicht grenzüberschreitend agierender Anleger

I. Durchsetzung des Proportionalitätsgrundsatzes

In allen untersuchten Rechtsordnungen sind trotz der grundsätzlichen Anerkennung des Proportionalitätsprinzips Differenzierungsmöglichkeiten im Hinblick auf die Stimmkraft anzutreffen. Keine Rechtsordnung hält das *„one share – one vote“*-Prinzip im Hinblick auf die Stimmkraft der Aktien konsequent durch. Eine konsequente Anwendung dieses Prinzips käme ausländischen Anlegern jedoch sehr entgegen.[633] Gebietsfremde Anleger, die in Aktiengesellschaften in der Europäischen Union investieren, sind an einer weitgehenden Standardisierung der Stimmkraft der Aktien interessiert.[634] Sind in einer Rechtsordnung vom Proportionalitätsprinzip abweichende Satzungsgestaltungen möglich, so weiß der ausländische Investor zum einen vor seiner Anlageentscheidung grundsätzlich nicht, was ihn erwartet. Er ist stets gezwungen, die Kapitalstruktur in der Gesellschaft anhand der Satzung oder auch sonstiger Unternehmensverträge genau zu analysieren,[635] was vor allem auch Informationskosten verursacht. Dabei ist von den untersuchten Rechtsordnungen die britische Rechtsordnung für den Anleger am unübersichtlichsten, da sie eine äußerste Vielgestaltigkeit von Aktiengattungen mit unterschiedlichen Stimmrechten erlaubt. Hier wären zumindest ausdruckskräftige Bezeichnungen der verschiedenen Aktiengattungen notwendig.

Gerade die wichtigen institutionellen Investoren fordern aber eine konsequente Durchsetzung des *„one share – one vote“*-Prinzips ihrer Portfoliogesellschaften, weil sie sich davon die größte Leitungsverantwortung des Managements versprechen und bei abweichenden Kapitalstrukturen auf lange Sicht ein höheres Risiko für eine gleichgültige Verwaltungseinstellung und rückläufige Aktiennotierungen sehen.[636] Der einflusssuchende Anleger erwartet ferner, dass er ein seiner Beteiligung zumindest entsprechendes Einflusspotential in der Gesellschaft erhält. Schließlich entspricht das Risiko, das ein Aktionär eingeht, der Anzahl an Aktien, die er hält. Vor allem große ausländische Anleger kritisieren daher besonders sol-

---

weil sie die öffentliche Hand begünstigen, Regeln hingegen, die faktisch die gleichen Folgen für ganze Märkte haben, also marktstrukturell wirken, nicht zu überprüfen, weil sie Privatrechtssubjekte als Gründer oder beherrschende Gesellschafter begünstige“; ferner zur Diskussion *Andenas/Gütt/Pannier*, EBLR 2005, 757 (785 f).

633 *Teichmann*, ZGR 2001, 645 (671 Fn. 86): Verletzungen des Grundsatzes *„one share – one vote“* erschweren institutionellen Investoren die Wahrnehmung ihrer Rechte.

634 Vgl. The International Corporate Governance Network (ICGN), Global Share Voting Principles, Nr. 1: *„The same voting rights should attach to shares regardless of how much equity a shareholder holds or how geographically distant a shareholder may be from the company“*. Das ICGN repräsentiert – nach eigenen Angaben – institutionelle und private Anleger aus mehr als 20 Ländern, die insgesamt mehr als zehn Billionen Euro an Unternehmenswerten halten.

635 Vgl. dazu bspw. die Empfehlungen der Unternehmensberatungsgesellschaft *Ernst & Young* im Hinblick auf ein Investment in Frankreich in *Ernst & Young*, Unternehmerische Betätigung in Frankreich, 1999, 88.

636 So das *California Public Employees' Retirement System* (*CalPERS*), International Corporate Governance, Global Proxy Voting Principles, III. Nr. 3, abrufbar unter: http://www.calpers-governance.org/principles/global/globalvoting.pdf.

che Satzungsgestaltungen, die Großaktionären ihrer Kapitalanlage entsprechende Stimmrechte vorenthalten.[637] Durch Höchststimmrechte kann das Kapitalprinzip für die Stimmkraftbemessung erheblich durchbrochen werden und der Unternehmensleitung ein deutlicher Machtgewinn zukommen.[638] Daher ist die Möglichkeit der Installation von Höchststimmrechten in börsengängigen Aktiengesellschaften in Großbritannien und Frankreich aus dem Blickwinkel ausländischer Aktionäre abzulehnen.[639] Ebenso bedenklich, da auch sie im Endeffekt den stimmrechtlich vermittelten Einfluss der Anleger mindern, sind Mehrstimmrechte. Als weitere Form der Möglichkeit kapitalloser Herrschaft werden auch diese von den institutionellen Investoren strikt abgelehnt. Die Ablehnung von Höchst- und Mehrfachstimmrechten durch institutionelle Investoren beruht daneben auch auf dem Gedanken, dass sich die übernahmehemmende Wirkung solcher Stimmrechtsgestaltungen negativ auf den Marktwert der Aktien niederschlägt.[640] Das britische Recht lässt aber wie gezeigt neben den Höchststimmrechten auch die Ausgestaltung von Mehrstimmrechten, sowohl für bestimmte Aktiengattungen als auch für bestimmte Aktionäre, unbeschränkt zu. In Frankreich dürfen Gesellschaften ein Doppelstimmrecht für Namensaktionäre vorsehen, wovon in der Praxis auch reger Gebrauch gemacht wird. Obwohl dieses Doppelstimmrecht als Anachronismus erkannt wird, wird es weiter von namhaften französischen Wissenschaftlern[641] und Praktikern[642] verteidigt. Dabei wird für diese „Treueprämie" ins Felde geführt, die mit ihr bezweckte langfristige Investorenbindung stütze gerade auch längerfristige Strategien der Gesellschaft, was die Entwicklung einer nachhaltigen Wertsteigerung des Unternehmens fördere. Dennoch fordern ausländische (Groß-)Investoren explizit die Abschaffung dieses Doppelstimmrechts.[643] Für nicht EU-stämmige Anleger ist insbesondere bedenklich, dass das *vote double* durch entsprechende Satzungsbestimmung Franzosen und EU-Bürgern vorbehalten werden darf.[644]

Anders zu bewerten ist demgegenüber die Möglichkeit der Einflusssteigerung einzelner Aktionäre durch den Abschluss von Stimmbindungsvereinbarungen mit anderen Aktionären, die weitgehend von der Kritik ausgenommen bleibt. Wäh-

---

637 *Arnold*, in: Baums/Wymeersch (Hrsg.), Shareholder Voting Rights and Practices in Europe, 391 (397); *Buxbaum*, in: Baums/Buxbaum/Hopt (Hrsg.), Institutional Investors and Corporate Governance, 1 (3 ff); *Hauck*, in: Baums/Buxbaum/Hopt (Hrsg.), Institutional Investors and Corporate Governance, 555 (555 ff); siehe auch Nachweise bei *Grundmann/Möslein*, ZVglRWiss 102 (2003), 291 (294).

638 *Zöllner*, in: KölnKomm AktG, § 12 Rdn. 6; vgl. auch *Siems*, Konvergenz der Rechtssysteme, 146 f.

639 Zur Frage der Europarechtswidrigkeit von Höchststimmrechten in börsennotierten Gesellschaften der Europäischen Union siehe *Grundmann/Möslein*, ZGR 2003, 317 (350 ff, 366).

640 *Ipekel*, EBLR 2005, 341 (350).

641 *Guyon* in: Baums/Wymeersch (Hrsg.), Shareholder Voting Rights and Practices in Europe, 95 (108).

642 *Valuet*, Generalsekretär von ANSA, in: Droit et Patrimoine, Nov. 1997, 28 (31 f); siehe auch FAZ vom 21. 5. 2005, S. 18.

643 *CalPERS*, International Corporate Governance, France Market Principles, aaO; siehe auch FAZ vom 21. 5. 2005, S. 18.

644 Zur Konformität dieser Beschränkungsmöglichkeit mit dem Europarecht siehe oben Kap. 1 II 3 a).

rend die Stimmbindung heutzutage in allen drei untersuchten Rechtsordnungen für zulässig erachtet wird, fehlt bislang ein entsprechender Hinweis im europäischen Recht: Zwar werden Stimmbindungsvereinbarungen im EU-Recht sporadisch angesprochen.[645] Die einschlägigen Vorschriften knüpfen aber lediglich an tatsächliche Umstände an, die in manchen Ländern zulässig sind, ohne diese europaweit für zulässig zu erklären.[646] Eine europarechtliche Billigung der Stimmbindung lässt sich aus den Regelungen daher nicht ableiten.

Alle drei untersuchten Rechtsordnungen gestatten den Unternehmen schließlich die Ausgabe von stimmrechtslosen Aktien. Festzuhalten ist, dass der generelle Ausschluss des Stimmrechts dieser Aktien dem aktienrechtlichen Grundgedanken zuwider läuft, nach dem dem Aktionär im Gegenzug zu dem erhöhten Risiko neben dem Anspruch auf den Residualgewinn ein Einfluss auf die Geschäftspolitik zusteht.[647] Daher liegen die Notierungen stimmrechtsloser Vorzugsaktien in der Praxis der untersuchten Rechtsordnungen auch in der Regel unter denen der Stammaktien. So liegt der durchschnittliche Kursabschlag der Vorzugs- gegenüber den Stammaktien in Deutschland bei 26%, in Großbritannien bei 13% und in Frankreich sogar bei 51% (Vorzugsaktien nach altem Zuschnitt).[648] In Deutschland muss eine Aktie ohne Stimmrecht als Kompensation für den entzogenen Einfluss zumindest einen zwingenden Dividendenvorzug genießen. Die Börsenkurse zeigen aber, dass das Stimmrecht heutzutage am Kapitalmarkt für wesentlich bedeutender gehalten wird als der Gewinnvorzug. In der deutschen Praxis wird deshalb auch neuerdings bei Umwandlung von Vorzugs- in Stammaktien eine Zuzahlung von Vorzugsaktionären verlangt, die sich an der Differenz des Börsenkurses orientieren soll.[649] In Großbritannien und seit Mitte 2004 auch in Frankreich ist dagegen der Stimmrechtsausschluss bestimmter Aktiengattungen nicht einmal zwingend mit einem Dividendenvorzug verbunden. Zudem zeigt sich mit Blick auf diese beiden Rechtsordnungen bei den Aktien ohne Stimmrecht das Problem der Heterogenität des Produkts Aktie in besonderem Maße. In Großbritannien ist die Benennung der Aktiengattungen noch nie sehr aussagekräftig gewesen; aber auch in Frankreich kann seit der Wertpapierreform von 2004 eine Vielzahl von Ausgestaltungsmöglichkeiten des Stimmrechts unter den Sammelbegriff der *actions de préférence* fallen. Das ist ein weiterer Grund, unterproportional ausgestattete Aktien aus Sicht grenzüberschreitend agierender Anleger abzulehnen.

Etwas anderes gilt freilich für das Ruhen des Stimmrechts aus eigenen Aktien der Gesellschaft. Zum einen gilt es in allen untersuchten Rechtsordnungen, da es

---

645 Beispielsweise in Art. 11 Abs. 3 S. 1 Übernahmerichtlinie (siehe oben) und Art. 92 Wertpapierzulassungsrichtlinie (Richtlinie 2001/34/EG).
646 *Siems*, Konvergenz der Rechtssysteme, 65.
647 *Pellens/Hillebrandt*, AG 2001, 57 (67).
648 *Pellens/Hillebrandt*, AG 2001, 57 (58).
649 *Altmeppen*, AG 2005, 771. Die Rechtsprechung billigt dieses Vorgehen, vgl. OLG Köln, NZG 2002, 966 („Metro"). Der Gesetzgeber des Aktiengesetzes von 1965 ging dagegen noch davon aus, dass die Vorzugsaktien ohne Zuzahlungen in Stammaktien umgetauscht werden (vgl. § 141 AktG).

durch Richtlinienbestimmung europaweit vorgegeben ist.[650] Zum anderen schützt diese Durchbrechung des *„one share – one vote"*-Grundsatzes die Kontrollfähigkeit des Managements durch die Hauptversammlung und sucht die Einrichtung eines sich selbst stützenden Verwaltungsapparates zu verhindern, womit sie im Interesse aller einflusssuchenden Anleger liegt.

Während in Deutschland von einem gesetzgeberischen Trend hin zu einer Durchsetzung des Proportionalitätsgrundsatzes gesprochen werden kann, muss für Frankreich vor dem Hintergrund der Wertpapierreform von 2004 eine genau entgegengesetzte Entwicklung hin zu einer weiteren Diversifizierung des Aktionärsstimmrechts festgestellt werden. Für Großbritannien bleibt es nach wie vor bei der großen Ausgestaltungsfreiheit, gegenläufige Gesetzesvorhaben sind nicht geplant. Auch von der Umsetzung der Übernahmerichtlinie ist in dieser Hinsicht wenig Veränderung der nationalen Rechte zu erwarten, da keines der schwerpunktmäßig untersuchten Mitgliedsländer die Durchbrechungsregelung zwingend vorschreiben wird.[651] Es bleibt vielmehr den Gesellschaften vorbehalten, sich durch einen mit satzungsändernder Mehrheit gefassten Hauptversammlungsbeschluss – reversibel – für eine freiwillige Anwendung der Durchbrechungsregel in Übernahmesituationen zu entscheiden. Hinzu kommt, dass selbst bei der Aufhebung der Stimmrechtsbeschränkungen durch die Durchbrechungsregel die am Risikokapital beteiligten stimmrechtslosen Vorzugsaktien, die französischen Doppelstimmrechte sowie mit dem EG-Vertrag zu vereinbarende „Goldene Aktien" der einzelnen Mitgliedstaaten unangetastet bleiben. Die Übernahmerichtlinie bringt also keine entscheidende Veränderung hin zu einem europaweit gültigen *„one share – one vote"*-Prinzip.

Dabei war dieses Konzept schon Bestandteil des – inzwischen zurückgezogenen – Vorschlags zur sog. Strukturrichtlinie.[652] Zwar scheiterte die Strukturrichtlinie in erster Linie an den Regeln zur Mitbestimmung, dennoch ist es auch heute sehr fraglich, ob eine europaweite Durchsetzung des *„one share – one vote"*-Prinzips politisch mehrheitsfähig wäre. Anlass für diese Bedenken ergibt sich aus den langwierigen Verhandlungen zur Übernahmerichtlinie. Diese hat ihren jetzigen Inhalt erst in fünfzehn Jahren andauernden Verhandlungen erhalten, wobei der Abbau besonderer Stimmkraftgestaltungen eine der zentralen Kontroversen war. Mehrstimmrechte, Doppelstimmrechte, Höchststimmrechte, Vorzugsaktien ohne Stimmrecht und „Goldene Aktien" sind nämlich vor allem Kontroll- und Abwehrmechanismen der Gesellschaften und haben in den einzelnen Mitgliedstaaten unterschiedlich starke Bedeutung. Ein allgemeiner Verzicht auf diese Kontrollstrukturen innerhalb der Europäischen Union erscheint im derzeitigen politischen Klima nicht durchsetzbar.[653] Selbst bei einem europaweit einheitlichen *level playing field* bleibt nämlich die Angst vor Übernahmen durch Investoren aus

---

650 Art. 22 (1) lit. a) der Kapitalschutzrichtlinie, vgl. oben Fn. 153.
651 Vgl. Fn. 573.
652 Vgl. Fn. 558.
653 So auch *Pannier/Rickford*, EBLR 2005, 975 (991).

Drittstaaten.[654] Im Vordergrund steht die Sorge, mit der Erleichterung von Übernahmen durch einen ausländischen Mehrheitsgesellschafter die Prosperität und die Arbeitsplätze der Unternehmen zu gefährden, da infolge von Übernahmen Umstrukturierungen und „Filetierungen" der Unternehmen drohen. Allerdings stellt sich vor dem Hintergrund der „Golden-Shares"-Rechtsprechung des EuGH die Frage, inwieweit insbesondere Höchst- und Mehrfachstimmrechte in börsennotierten Gesellschaften überhaupt als grundfreiheitenkonform eingestuft werden können.[655] Hier bleibt zumindest abzuwarten, wie sich das Verständnis von Behinderungen der Kapitalverkehrsfreiheit weiter entwickelt.

Bemerkenswert ist zudem eine Beobachtung aus Großbritannien. Die hier existierende große Satzungsfreiheit in Bezug auf die Ausgestaltung des Aktionärsstimmrechts wird zumindest von den börsennotierten Gesellschaften in der Praxis kaum genutzt.[656] So folgen laut einer Studie für die *Association of British Insurers* 88% der britischen Unternehmen im FTSE-Eurofirst-Index streng dem *„one share – one vote"*-Prinzip.[657] Diesen Unternehmen scheint wenig daran gelegen, ihre Kapitalstrukturen durch eine große Anzahl verschiedener Aktiengattungen zu verkomplizieren. Schließlich werden abweichende Praktiken und Gestaltungen im internationalen Vergleich mit einem niedrigeren Preisverhältnis belegt und die Existenz vieler verschiedener Aktiengattungen erschwert den Handel an der Börse.[658] Zudem werden in Großbritannien ca. 60 bis 70% aller Stammaktien börsennotierter Aktiengesellschaften von institutionellen Anlegern gehalten[659] und diese lehnen wie gezeigt Kapitalstrukturen, die vom Prinzip des *„one share – one vote"* abweichen, strikt ab.[660] Dazu gesellt sich die Beobachtung aus Deutschland, wo der Trend zu einer Abkehr von den Vorzugsaktien ohne Stimmrecht geht.[661] Und schließlich reagieren auch in Frankreich die Unternehmen auf den zunehmenden Druck der Investoren: Während Ende der neunziger Jahre noch vier von fünf Unternehmen des Börsenindex CAC-40 satzungsmäßige Doppelstimmrechte vorsahen, waren es im Jahre 2003 nach einer Studie der Investmentbank *Lazard* nur noch 58%.[662] Als prominentes Beispiel folgte

---

654 *Maul/Muffat-Jeandet*, AG 2004, 221 (223).

655 Eingehend dazu *Grundmann/Möslein*, ZGR 2003, 317 (350 ff); *dies.*, ZVglRWiss 102 (2003), 289 (315 f).

656 *Davies*, Gower's Principles of Modern Company Law, 619 f; *Ipekel*, EBLR 2005, 341 (343).

657 Damit liegen britische Unternehmen im Rahmen dieser Studie europaweit bereits auf dem dritten Platz (nach belgischen und deutschen Unternehmen) bei der strengen Anwendung des Proportionalitätsgrundsatzes, Financial Times Deutschland vom 24. 3. 05, S. 19; siehe auch FAZ vom 21. 5. 2005, S. 18.

658 So zum vergleichbar ausgestatteten Recht des Staates *Delaware, Wunderlich/Labermeier*, in: von Rosen/Seifert, Die Namensaktie, 143 (150).

659 *Davies*, Gower's Principles of Modern Company Law, 337; *Stapledon*, Table 1: Beneficial ownership of UK equities, 1998, in: Analysis and data of share ownership and control in UK; *Charkham*, Keeping better Company, 307.

660 *Grundmann/Möslein*, ZVglRWiss 102 (2003), 289 (320; Nachweise 294 Fn. 16).

661 *Ipekel*, EBLR 2005, 341 (350) beobachtet auch in Frankreich und Großbritannien eine Abkehr von stimmrechtslosen Aktien.

662 FAZ vom 21. 5. 2005, S. 18, unter der Überschrift „Doppelstimmrechte verlieren in Frankreich an Bedeutung"; ohne nähere Zahlen, aber ebenfalls einen solchen Trend bejahend *Ipekel*, EBLR 2005, 341 (350).

im Jahre 2004 auch das Unternehmen *L'Oréal* diesem Trend. Vor diesem Hintergrund bleibt auch erst einmal abzuwarten, inwieweit börsennotierte französische Gesellschaften von den ihnen 2004 neu eingeräumten Rechten in der Praxis auch tatsächlich Gebrauch machen.

Es scheint also, dass die fortschreitende Internationalisierung der Beteiligungsstrukturen und die zunehmende Bedeutung der Kapitalmärkte für die Unternehmensfinanzierung auch die Emittenten selbst zu einem freiwilligen Abbau von Hindernissen für das *cross-border voting* animieren. Die Verflechtung des europäischen, aber auch des außereuropäischen Wirtschaftsraumes und der dadurch entstehende verschärfte Wettbewerb erfordern immer umfangreichere Kapitalmittel, die an den internationalen Finanzmärkten gesucht werden. Da grenzüberschreitend agierende Anleger insbesondere die Heterogenität der Produkte als problematisch empfinden, da diese aufgrund der mangelnden Vergleichbarkeit mit erheblichen Informationskosten und Unsicherheiten verbunden ist, bemühen sich die Gesellschaften um eine Standardisierung der mit den Aktien verbundenen Rechte, insbesondere auch der Stimmrechte. Zudem sehen gerade institutionelle Anleger Stimmrechtsgestaltungen, die als Übernahmehindernisse eingesetzt werden, mehr und mehr als wertdrückend an und bevorzugen Investitionen in Unternehmen, die auf derartige Instrumente verzichten.[663] Kurz gesagt: Die Chancen für eine zunehmende Harmonisierung der Stimmrechtsgestaltung in der Europäischen Union stehen gut, wenn sie sich auch weniger durch gesetzgeberische Impulse als vielmehr durch das freie Spiel der Marktkräfte vollziehen wird.

II. Lösung von Interessenkonflikten durch Beschränkung der Stimmrechtsmacht

Anders zu beurteilen sind die gesetzlichen Stimmrechtsschranken, worunter auch die Schranken der Stimmrechtsbindung und die Begrenzung der gegenständlichen Stimmrechtsmacht durch Festlegung der Hauptversammlungskompetenzen zu fassen sind. Hinter diesen gesetzlich vorgegebenen Stimmrechtsschranken stehen Interessenkonflikte bestimmter Interessenträger der Gesellschaft (im internationalen Gesellschaftsrecht auch als *„agency problems"* bezeichnet). Die Kernkonflikte, denen durch eine Begrenzung der Stimmrechtsmacht jeweils begegnet werden soll, sind zum einen die zwischen den Aktionären und der Verwaltung und zum anderen die zwischen Mehrheits- und Minderheitsaktionären.

Dabei wird im deutschen und im französischen Recht teilweise versucht, der Gefahr von Interessenkonflikten in der Person des Stimmrechtsinhabers abstrakt-generell und *ex ante* zu begegnen. Die Rechtsordnungen sehen Stimmverbote für bestimmte Beschlussgegenstände vor, die auf typische Kollisionslagen abstellen und den konkreten Einzelfall unberücksichtigt lassen. Anstatt sich mit einer Kontrolle des gefassten Beschlusses im Einzelfall zu begnügen, sollen bestimmte vor-

663 So auch *Ipekel*, EBLR 2005, 341 (350f).

hersehbare Interessenkonflikte also soweit wie möglich von vornherein vermieden werden. Diese starren Stimmrechtsschranken betreffen insbesondere die Verwaltung. Bemerkenswert ist, dass in Deutschland die Verwaltungsmitglieder nicht über ihre eigene Entlastung abstimmen dürfen, in Frankreich dagegen schon. Dafür ist in Frankreich das Insichgeschäft der Abstimmungsbefugnis des betreffenden Verwaltungsmitglieds entzogen. Während sich der Aktionär bei der Ausübung seiner Stimmrechtsmacht nach deutschem und französischem Recht grundsätzlich am Gesellschaftsinteresse zu orientieren hat, kann der Aktionär im britischen Recht seine persönlichen Interessen jederzeit über die Interessen der Gesellschaft stellen. Es verwundert daher nicht, dass auch die praktisch bedeutsamste bewegliche Stimmrechtsschranke, das Verbot des Missbrauchs der Mehrheitsmacht, zwar in allen untersuchten Rechtsordnungen existiert, aber im britischen Recht deutlich weniger stark ausgeprägt ist als in den anderen beiden Ländern. Die gleiche Beobachtung lässt sich bei den Stimmbindungsvereinbarungen machen: Die Zulässigkeit der Stimmbindung ist zwar in allen drei Ländern im Grundsatz anerkannt, sie unterliegt aber vor allem in Deutschland, wo insbesondere eine Stimmbindung gegenüber der Verwaltung verboten ist, aber auch in Frankreich weiter reichenden Beschränkungen als in Großbritannien. Dabei ist insbesondere das fehlende Verbot des Stimmkaufs im britischen Recht bedenklich.

Für den ausländischen Aktionär, der an einer guten Unternehmensführung und dadurch einer langfristigen Steigerung seines *shareholder value* interessiert ist, stellen sich das deutsche und das französische System auf den ersten Blick in punkto „Schutz vor Interessenkonflikten" bei Ausübung der Stimmrechtsmacht besser dar. Diese Systeme scheinen eine größere Gewähr dafür zu bieten, dass sich alle Aktionäre am Gesamtinteresse der Gesellschaft ausrichten und insbesondere auch die Verwaltung bei der Stimmrechtsausübung keine egoistischen Ziele auf Kosten des Gesamtinteresses der Aktionäre verfolgt. Eine Beobachtung ist, dass im Hinblick auf Interessenkonflikte zwischen Mehrheits- und Minderheitsaktionären der Stimmrechtsmacht des Mehrheitsaktionärs in Deutschland und Frankreich weiter reichende Schranken gezogen werden als in Großbritannien. Dieses Ergebnis des Rechtsvergleichs ist allerdings vor dem Hintergrund der Beteiligungsstrukturen der Aktiengesellschaften in den untersuchten Rechtsordnungen zu sehen. Die Aktiengesellschaften der kontinentaleuropäischen Länder Deutschland und Frankreich sind geprägt von einer hohen Konzentration des Aktienbesitzes, während in Großbritannien eine deutlich breitere Streuung der Aktien besteht. In nur 16% der britischen börsennotierten Gesellschaften hält ein Aktionär mehr als 25% der Aktien, dagegen ist ein solcher Mehrheitsaktionär in ca. 85% der deutschen börsennotierten Gesellschaften und in fast 80% der französischen Gesellschaften zu finden.[664] Von den börsennotierten deutschen Gesellschaften mit einem Mehrheitsaktionär haben ca. 18% einen Mehrheitsaktionär, der über 75% des Grundka-

---

664 *Franks/Mayer*, in: Chew (Hrsg.), Studies in International Corporate Finance and Governance Systems, 281 (283 und Fig. 3). Allerdings hat der Streubesitz in börsennotierten deutschen Aktiengesellschaften in den letzten Jahren leicht zugenommen; vgl. Zahlenmaterial des Bundesverbands Deutscher Banken, bei der Autorin einsehbar.

pitals hält.[665] Die Mehrheitsaktionäre der deutschen und französischen Gesellschaften sind vor allem andere Gesellschaften und Familiengruppen.[666] Laut einer Studie von *Baums* und *Fraune* gab es im Jahre 1995 nur 24 deutsche Aktiengesellschaften, in denen die Mehrheit der Aktien im Streubesitz stand.[667] In Frankreich befinden sich lediglich 18% der Aktien börsennotierter Gesellschaften im Streubesitz. In Großbritannien dagegen ist der Aktienbesitz deutlich verteilter (84% in Streubesitz).[668] Das meiste Kapital börsennotierter Gesellschaften wird hier von institutionellen Investoren gehalten, allerdings halten diese nur selten große Blöcke.[669] Die Strukturen des Anteilsbesitzes spiegeln sich auch in der Stimmrechtskonzentration wieder: Während im Jahre 1999 in Frankreich und in Deutschland der größte Aktionär einer Gesellschaft in ca. der Hälfte aller Fälle mehr als 50% der gesamten Stimmrechte innehatte, war dies in Großbritannien im Jahre 2001 nur bei 4,7% der größten Aktionäre der Fall.[670] Damit sind Konflikte zwischen Mehrheits- und Minderheitsaktionären in Deutschland und Frankreich von wesentlich größerer Relevanz und der Schutz der Minderheitsgesellschafter ist hier praktisch bedeutsamer als in Großbritannien. Die geringere Ausprägung der Kontrolle mehrheitlicher Stimmrechtsmacht in Großbritannien ist also vor dem Hintergrund der Beteiligungsstruktur britischer Aktiengesellschaften zu sehen. Der entsprechende *agent*-Konflikt tritt dort schlichtweg deutlich weniger auf. Da dies aber nicht bedeutet, dass derartige Interessenkonflikte in Großbritannien gar nicht auftreten, ist ein höheres Schutzniveau hier prinzipiell ebenfalls wünschenswert. Einen entsprechenden Rechtsbehelf hat der britische Gesetzgeber den Aktionären mit Art. 459 CA 1985 bereits an die Hand gegeben. Die Intensivierung des Minderheitenschutzes liegt im Weiteren bei der Auslegung dieses Artikels durch die Rechtsprechung, wobei sich bereits ein positiver Trend erkennen lässt.

Die zweite Beobachtung bezieht sich auf Konflikte zwischen der Verwaltung auf der einen und den Aktionären als Gesamtheit auf der anderen Seite. Es wurde festgestellt, dass die deutsche Rechtsordnung die am weitesten reichenden Stimmrechtsschranken für Verwaltungsmitglieder aufstellt. So dürfen beispielsweise die Mitglieder der Verwaltung nicht mitstimmen, wenn es um ihre Entlastung geht, und Aktionäre dürfen mit Verwaltungsmitgliedern keine Stimmbindungsvereinbarungen treffen. Anders ist dies in Frankreich und Großbritannien. Im Hinblick auf diese Regelungen ist es aufschlussreich, sich die Stellung der Geschäftsleiter in den drei Rechtsordnungen vor Augen zu führen. In Deutschland

665 *Baums*, in: Baums/Wymeersch (Hrsg.), Shareholder Voting Rights in Europe, 109 (113).
666 *Franks/Mayer*, in: Chew (Hrsg.), Studies in International Corporate Finance and Governance Systems, 281 (284 ff).
667 *Baums/Fraune*, AG 1995, 97 (97 ff).
668 Vgl. auch die Daten bei *van der Elst*, in: Hopt/Wymeersch (Hrsg.), Capital Markets and Company Law, Table 15: Danach gab es in Deutschland im Jahre 1999 nur in 7,2% der Aktiengesellschaften keinen Aktionär, der mehr als 10% der Anteile hielt, in Frankreich im selben Jahr in 7,5% der Gesellschaften, dagegen in Großbritannien im Jahre 1994 in 25,0% der Gesellschaften.
669 *Franks/Mayer*, in: Chew (Hrsg.), Studies in International Corporate Finance and Governance Systems, 281 (283).
670 Genaue Zahlen bei *Wackerbarth*, ZGR 2005, 686 (694 Tabelle 3 e).

sind die Verwaltungsmitglieder tendenziell unabhängiger von den Aktionären als in Frankreich und Großbritannien.[671] So ist die Abberufung der Verwaltungsorgane in Deutschland anders als in Frankreich und Großbritannien nur bei Vorliegen eines wichtigen Grundes möglich.[672] Auch bei der Bestellung der Verwaltung haben die Aktionäre deutscher Aktiengesellschaften die geringste Einflussmacht. Zum einen bestellen sie nur den Aufsichtsrat und haben auf die Auswahl der Vorstandsmitglieder damit nur mittelbaren Einfluss. Zum anderen ist ihr Einfluss auch aufgrund der deutschen Regeln zur Mitbestimmung begrenzt, da nur ein Teil der Aufsichtsratsmitglieder von den Aktionären bestellt wird, während der andere Teil aus Vertretern der Arbeitnehmer besteht.[673] Im Übrigen werden bei Publikumsgesellschaften auch die Anteilseignervertreter tatsächlich oft durch den amtierenden Aufsichtsrat und den Vorstand ausgewählt, was den tatsächlichen Einfluss der Aktionäre auf die Zusammensetzung des Aufsichtsrats weiter schmälert. Damit sind in Deutschland wichtige Schutzmechanismen für Konflikte der Aktionäre mit der Verwaltung im Vergleich zu den anderen Rechtsordnungen weniger stark ausgeprägt, was das Bedürfnis für andere Kontrollinstrumente im deutschen Recht erhöht. Als solch ein anderes Kontrollinstrument dient eben die Begrenzung der stimmrechtlich vermittelten Einflussmacht der Verwaltung. Im Übrigen soll die Kontrolle des Vorstands nach der deutschen Konzeption des dualistischen Verwaltungsaufbaus auch vordringlich vom Aufsichtsrat wahrgenommen werden. Dies kann aber nur bedingt als adäquater Ersatz für eine geschwächte Aktionärsdemokratie angesehen werden, da die Erfahrungen der Praxis zeigen, dass der Aufsichtsrat der ihm vom Gesetzgeber zugedachten Funktion heutzutage häufig nur unzureichend nachkommt. Ein Grund dafür mag in der personellen Zusammensetzung der Gremien liegen. So kann die in Deutschland übliche personelle Verflechtung, wie beispielsweise der Wechsel scheidender Vorstandsmitgliedern in den Aufsichtsrat,[674] zu starken Interessenverbindungen führen, die die nötige Objektivität und Distanz bei der Kontrolle beeinträchtigen können.[675]

---

671 So auch *Grundmann*, Europäisches Gesellschaftsrecht, § 11 Rdn. 395.

672 Vgl. für Deutschland § 84 Abs. 3 AktG; für Frankreich Art. L. 225-18 C. com und für Großbritannien Art. 303 CA 1985; ferner *Hansmann/Kraakman*, in: *Kraakman/Davies/Hansmann/Hertig/Hopt/Kanda/Rock*, The Anatomy of Corporate Law, 33 (37); *Grundmann*, Europäisches Gesellschaftsrecht, § 11 Rdn. 395; In Großbritannien hat die Hauptversammlung zudem sogar ein Weisungsrecht gegenüber der Geschäftsleitung, vgl. Art. 70 Table A, dazu oben Kap. 1 III 7.

673 Demgegenüber ist in Frankreich die Mitbestimmung deutlich schwächer ausgeprägt: hier muss die Gesellschaft lediglich zwei stimmrechtslosen Arbeitnehmerrepräsentanten gestatten, Sitzungen des Verwaltungsrates beizuwohnen; Großbritannien sieht gesetzlich überhaupt keine Form der Arbeitnehmerrepräsentation vor; *Grundmann*, Europäisches Gesellschaftsrecht, § 12 Rdn. 385 f; *Hansmann/Kraakman*, in: Kraakman/Davies/Hansmann/Hertig/Hopt/Kanda/Rock (Hrsg.), The Anatomy of Corporate Law, 33 (62).

674 So enthalten immerhin 43% der Aufsichtsräte in Deutschland ehemalige Vorstandsmitglieder, *Prigge*, in: Hopt/Kanda/Roe/Wymeersch/Prigge (Hrsg.), Comparative Corporate Governance, 943 (957). Zudem werden die Aufsichtsratssitzungen regelmäßig vom Vorstand vorbereitet, einschließlich der Bestimmung der Tagesordnungspunkte und der Informationsversorgung.

675 Ebenfalls kritisch – auch mit Blick auf Frankreich – *Grundmann*, Europäisches Gesellschaftsrecht, § 11 Rdn. 382.

Neben den Defiziten bei der Bestellungs- und Abberufungskompetenz fehlt den Aktionären deutscher Aktiengesellschaften auch die gegenständliche Stimmrechtsmacht zur Feststellung des Jahresabschlusses. Im Vergleich zur französischen und britischen Rechtsordnung haben Anleger im deutschen Recht damit den geringsten Einfluss auf die Höhe der Dividende. Insgesamt ist die gegenständliche Stimmrechtsmacht, das „Mitspracherecht" der Aktionäre, in Deutschland damit am schwächsten ausgeprägt. Das mag daran liegen, dass die in deutschen Aktiengesellschaften typischen Blöcke von Mehrheitsaktionären zum einen andere, informelle Einflussmöglichkeiten haben und zum anderen ein mit der Verwaltung gleichlaufendes Interesse an der weitgehenden Thesaurierung der Gesellschaftsgewinne besitzen.[676] Allerdings hat die Analyse der Beteiligungsstrukturen gezeigt, dass auch in französischen Aktiengesellschaften der konzentrierte Aktienbesitz die Regel ist; dennoch ist hier die gegenständliche Stimmrechtsmacht stärker als in Deutschland ausgestaltet. Das lässt sich damit erklären, dass es früher in Frankreich nur den monistischen Verwaltungsaufbau gab und der Hauptversammlung daher in Ermangelung eines Aufsichtsorgans weiter reichende Kontrollrechte zugebilligt wurden. So wird in Frankreich und Großbritannien die Hauptversammlung zumindest in der theoretischen Konzeption auch als das oberste Organ der Gesellschaft verstanden, während man in Deutschland allenfalls von einer Gleichordnung mit den anderen Gesellschaftsorganen ausgeht.[677] Aus Sicht des an Einflussnahme interessierten Aktionärs ist nach alledem die schwache Ausprägung der Aktionärsdemokratie im deutschen Recht zu kritisieren.

5. Kapitel: Rechtslage in weiteren Ländern der Europäischen Union

I. Disproportionale Stimmrechtsgestaltungen

Der Blick in zahlreiche weitere Mitgliedstaaten bestätigt das aus den untersuchten Rechtsordnungen gewonnene Ergebnis: Von einem Gleichlauf der Ausgestaltung des Aktionärsstimmrechts in der Europäischen Union kann derzeit keine Rede sein. So gehen zwar auch die übrigen Rechtsordnungen grundsätzlich vom Proportionalitätsgrundsatz aus,[678] jedoch wird es – soweit ersichtlich – in keiner von ihnen hundertprozentig durchgehalten. Vielmehr gestatten alle Länder den Aktiengesellschaften Abweichungen vom Prinzip des *„one share – one vote"*, so dass sich ein überaus vielgestaltiges Bild im europäischen Rechtsraum ergibt. Eine Tendenz

---

676 *Grundmann*, Europäisches Gesellschaftsrecht, § 12 Rdn. 400.
677 Für Frankreich *Cozian/Viandier/Deboissy*, Droit des sociétés, Rdn. 833; *Jura Europae*, 30.10 Nr. 100; für Großbritannien *Michalsky*, DStR 1991, 1563 (1567); für Deutschland *Hüffer*, Aktiengesetz, § 119 Rdn. 1; zu allem *Grundmann*, Europäisches Gesellschaftsrecht, § 12 Rdn. 400.
678 Vgl. die Länderberichte in der DSW Europe Study, bei *Baums/Wymeersch* (Hrsg.), Shareholder Voting Rights in Europe, und bei *Hohloch* (Hrsg.), EU-Handbuch Gesellschaftsrecht.

zur freiwilligen[679] Reduzierung der Ausgestaltungsfreiheit durch die nationalen Gesetzgeber kann dabei trotz entsprechender Interessen grenzüberschreitend agierender Anleger bei einer zunehmenden Internationalisierung der Beteiligungsstrukturen nicht generell festgestellt werden.[680]

Nimmt man das Beispiel Italien, die nach Deutschland, Frankreich und Großbritannien viertgrößte Volkswirtschaft in der Europäischen Union,[681] so ist auch hier in den vergangenen Jahren ein vergleichbar aktiver Reformprozess im Aktienrecht zu vermerken wie in Deutschland und in Frankreich.[682] Im Hinblick auf die Ausgestaltung des Aktionärsstimmrechts steht dabei aktuell die Gesetzesverordnung Nr. 6 vom 17. Januar 2003[683] im Vordergrund, mit der einige wichtige Vorschriften des *Codice Civile* reformiert wurden.[684] Während das italienische Aktienrecht zuvor bei der Ausgestaltung des Aktionärsstimmrechts ähnlich wie das deutsche Recht den Gesellschaften kaum Gestaltungsfreiheit lies, wird ihnen durch diese Reform von 2003 deutlich mehr Flexibilität zugestanden. Vergleichbar der französischen Wertpapierreform vom Juni 2004 haben nun auch die italienischen Aktiengesellschaften im Interesse einer Erweiterung der Finanzierungsmöglichkeiten weitgehende Satzungsautonomie bei der Schaffung neuer Aktiengattungen. So können neuerdings Aktien ausgegeben werden, deren Stimmrecht vollständig ausgeschlossen, auf bestimmte Beschlussfassungsgegenstände beschränkt oder etwa vom Eintritt bestimmter Bedingungen abhängig ist.[685] Letzteres soll vor allem als Verteidigungsinstrument bei drohenden Übernahmen eingesetzt werden können.[686] Aktionäre, deren Aktien keine Stimmrechte gewähren, müssen nun auch nicht mehr zwingend einen ökonomischen Vorteil

---

679 Zur Abschaffung von „klassischen" Golden-Shares-Gestaltungen infolge der restriktiven EuGH-Rechtsprechung und der vermehrten Einleitung von entsprechenden Vertragsverletzungsverfahren durch die Europäische Kommission siehe oben Kap. 3 II.

680 So wurde bspw. in Belgien erst im Jahre 1991 die Ausgabe von Vorzugsaktien ohne Stimmrecht gestattet Art. 48 § 1 Lois Coordennées sur les Sociétés Commerciales, *Wymeersch/de Vylder/de Wulf*, in: Hohloch (Hrsg.), EU-Handbuch Gesellschaftsrecht, Belgien, Rdn. 158; zum Beispiel Italien sogleich. In der Praxis halten sich denn auch nur 65% der Gesellschaften im FTSE Eurofirst 300 Index an das *one share – one vote*-Prinzip, *Andemas/Gütt/Pannier*, EBLR 2005, 757 (785) mit Verweis auf eine Erhebung der *Association of British Insurers*.

681 Zahlen bei *Grundmann/Möslein*, ZVglRWiss 102 (2003), 289 (315 f); vgl. auch *Grundmann*, Europäisches Gesellschaftsrecht, Rdn. 456.

682 Besondere Beachtung verdient dabei eine Reform aus dem Jahr 1998, durch die das Recht der Stimmrechtsausübung, insbesondere der organisierten Stimmrechtsvertretung, in wesentlichen Teilen neu geregelt wurde; eingeführt durch die Verordnung Nr. 58/1998 („*Testo Unico delle disposizioni in materia di intermediazione finanziaria*"), Gazzetta Uffiziale della Repubblica Italiana Nr. 52/L vom 26. März 1998. Das nunmehr geltende Regime wird im dritten Teil der Untersuchung zusammenfassend dargestellt.

683 Gazzetta Uffiziale della Repubblica Italiana Nr. 17/L vom 22. Januar 2003, in der durch die Verordnungen Nr. 37/2004 und Nr. 310/2004 gefundenen Fassung; *Magrini*, Italienisches Gesellschaftsrecht, 2; *Ventoruzzo*, ECFR 2005, 207 (209 Fn. 2).

684 Ein guter englischsprachiger Überblick über die Reform findet sich bei *Montalenti*, ECFR 2004, 368.

685 *Magrini*; Italienisches Gesellschaftsrecht, 60; *Ventoruzzo*, ECFR 2005, 207 (215 ff); *Steinhauser*, AG 2004, R 230.

686 *Ventoruzzo*, ECFR 2005, 207 (218); vgl. auch *Magrini*; Italienisches Gesellschaftsrecht, 3.

erhalten.[687] Gewährt die Gesellschaft dennoch einen, so kann sie diesen nunmehr in der Satzung völlig individuell bestimmen, was zu Schwierigkeiten bei der Vergleichbarkeit führt.[688] Es bleibt lediglich dabei, dass Aktien mit beschränktem Stimmrecht maximal bis zur Hälfte des Stammkapitals ausgegeben werden dürfen.[689] Die zuvor generell unzulässigen Höchststimmrechte dürfen nunmehr zumindest in nicht börsennotierten Aktiengesellschaften statutarisch festgelegt werden,[690] was freilich grenzüberschreitend agierende Anleger in der Regel weniger tangieren wird. Mehrstimmrechte bleiben dagegen auch nach der Reform weiterhin unzulässig.[691] Trotzdem bedeutet diese Entwicklung im italienischen Recht insgesamt gesehen eine weitere Reduzierung der Standardisierung des Produkts „Aktie“ bei zumindest zweifelhaftem Nutzen.[692]

Aber auch in anderen europäischen Rechtsordnungen sind disproportionale Stimmrechtsregelungen weit verbreitet, vor allem solche, die Übernahmen erschweren. Das prominenteste Beispiel dafür sind satzungsmäßige Stimmrechtsbeschränkungen in Form von Höchststimmrechten, die eine äußerst effektive Form der Übernahmeprophylaxe darstellen können. Sie sind in vielen großen[693] Mitgliedstaaten wie Belgien,[694] den Niederlanden[695] und Spanien[696] sowie in zahlreichen kleineren Staaten wie Dänemark, Finnland, Griechenland, Irland, Luxemburg, Österreich, Portugal und Schweden rechtlich zulässig und das in den verschiedensten Varianten.[697] In Dänemark beispielsweise kann das Stimmrecht pro Aktionär satzungsmäßig auf je eine Stimme pro zehn Aktien beschränkt werden[698] und zulässig ist auch eine Beschränkung des Stimmrechts nur bestimmter Aktionäre – namentlich Finanzinstitutionen – auf maximal vier Prozent aller stimmberechtigten Aktien.[699] Sehr extensive Beschränkungsmöglichkeiten sind

---

687 Vgl. Artt. 2348 und 2351 nF Codice Civile; *Sangiovanni*, RIW 2002, 680 (681, 683); *Ventoruzzo*, ECFR 2005, 207 (219).
688 *Sangiovanni*, RIW 2002, 680 (686).
689 *Magrini*, Italienisches Gesellschaftsrecht, 60.
690 *Magrini*; Italienisches Gesellschaftsrecht, 59.
691 *Magrini*; Italienisches Gesellschaftsrecht, 59.
692 Ebenfalls kritisch mit Blick auf die Vorteile der geschilderten Neuerungen *Ventoruzzo*, ECFR 2005, 207 (221 und 267f).
693 Die Bezeichnung eines Mitgliedstaates als „groß“ oder „klein“ richtet sich in dieser Untersuchung nach der wirtschaftlichen Bedeutung und dem Grad der Entwicklung der Börsenplätze eines Staates.
694 *Wymeersch*, in: Baums/Wymeersch (Hrsg.), Shareholder Voting Rights in Europe, Belgium, 21 (38); *ders./de Vylder/de Wulf*, in: Hohloch (Hrsg.), EU-Handbuch Gesellschaftsrecht, Belgien, Rdn. 138.
695 *Mehring*, in: Hohloch (Hrsg.), EU-Handbuch Gesellschaftsrecht, Niederlande, Rdn. 256; *Timmerman*, in: Lutter/Wiedemann (Hrsg.), Gestaltungsfreiheit im Gesellschaftsrecht, 215 (220).
696 *Grechenig*, Spanisches Aktien- und GmbH-Recht, 120; *Irujo/Sanz*, in: Lutter/Wiedemann (Hrsg.), Gestaltungsfreiheit im Gesellschaftsrecht, 228 (240); *Martinez*, in: Hohloch (Hrsg.), EU-Handbuch Gesellschaftsrecht, Spanien, Rdn. 188. Allerdings sieht ein geplantes Reformgesetz die Abschaffung der Höchststimmrechte in börsennotierten Gesellschaften vor, *Grechenig*, Spanisches Aktien- und GmbH-Recht, 15f und 74.
697 Vgl. die jeweiligen Länderberichte bei Baums/Wymeersch (Hrsg.), Shareholder Voting Rights and Practices in Europe sowie die DSW Europe Study, Europe Study.
698 *Gomard*, in: Baums/Wymeersch (Hrsg.), Shareholder Voting Rights and Practices in Europe, Denmark, 57 (69).
699 DSW Europe Study, 28.

auch in Portugal zu finden, wo das Recht betreffend Aktionärsstimmrechte seit 20 Jahren nicht reformiert wurde.[700] Hier sind Höchststimmrechte vor allem auch in börsennotierten Gesellschaften zulässig und weit verbreitet.[701] Vor dem Hintergrund der Freiheit des Kapitalverkehrs und der EuGH-Rechtsprechung zu den „Goldenen Aktien" ist insbesondere die Praxis portugiesischer Gesellschaften bedenklich, die hohe Hand von der Höchststimmrecht-Regel auszunehmen, um den Einfluss des Staates in privatisierten Gesellschaften weiter zu erhalten.[702] Ferner dürfen portugiesische Gesellschaften satzungsmäßig bestimmen, dass nur eine bestimmte Mindestzahl an Aktien das Stimmrecht gewährt, wodurch Kleinaktionäre stark benachteiligt werden können.[703] In Schweden ist zumindest der früher bestehende gesetzliche Grundsatz, dass kein Aktionär auf der Hauptversammlung für mehr als ein Fünftel der auf der Hauptversammlung vertretenen Aktien abstimmen darf, abgeschafft,[704] die Einführung von Höchststimmrechten durch die Satzung bleibt aber weiterhin zulässig.[705] In den neuen Mitgliedstaaten ist das Bild uneinheitlich: Während in Ungarn Höchststimmrechte soweit ersichtlich ohne Restriktionen möglich sind,[706] kann in Polen nur das Stimmrecht von Großaktionären beschränkt werden.[707] In Slowenien dagegen sind zumindest für börsennotierte Gesellschaften Höchststimmrechtsklauseln unzulässig.[708]

Ein ähnlicher Befund zeigt sich für Mehrstimmrechte. Zwar sind diese insbesondere in den größeren Mitgliedstaaten Belgien, Spanien und in Italien unzulässig und damit auf den europäischen Kapitalmärkten insgesamt weniger weit verbreitet als Höchststimmrechtsklauseln.[709] In vielen kleineren europäischen Ländern sowie in den Niederlanden sind sie aber nach wie vor – mit unterschiedlichen Restriktionen – anzutreffen. So dürfen Mehrstimmrechtsaktien in Polen wie in Frankreich grundsätzlich maximal zwei Stimmen[710] und in den Niederlanden maximal sechs Stimmen gewähren.[711] In Ungarn wird demgegenüber an den

---

700 *Antunes*, ECFR 2005, 323 (328).

701 *Antunes*, ECFR 2005, 323 (355f Fn. 130).

702 Vgl. zu dieser Praxis *Antunes*, ECFR 2005, 323 (355 Fn. 130).

703 *Antunes*, ECFR 2005, 323 (349 Fn. 108 und 356); *ders.*, in: Baums/Wymeersch (Hrsg.), Shareholder Voting Rights in Europe, Portugal, 231 (242).

704 *Foerster*, in: Hohloch (Hrsg.), EU-Handbuch Gesellschaftsrecht, Schweden, Rdn. 227; *Foerster/Strempel*, RIW 1999, 33 (35).

705 *Bernitz*, EBLR 2004, 1423 (1427); *Foerster/Strempel*, RIW 1999, 33 (35).

706 *Pajor-Bytomski*, Gesellschaftsrecht in Ungarn, 97.

707 Höchststimmrechte möglich im Hinblick auf Aktionäre, die mehr als ein Fünftel aller Stimmrechte innehaben, *Brockhuis/Schnell*, Gesellschaftsrecht in Polen, 84; *dies.*, in: Knaus/Wakounig (Hrsg.), Steuer- und Gesellschaftsrecht der EU-Beitrittskandidaten, 33 (64).

708 *Wakounig/Knaus*, in: Knaus/Wakounig (Hrsg.), Steuer- und Gesellschaftsrecht der EU-Beitrittskandidaten, 257 (288).

709 Für Belgien, *Wymeersch/de Vylder/de Wulf*, in: Hohloch (Hrsg.), EU-Handbuch Gesellschaftsrecht, Belgien, Rdn. 157; für Italien siehe oben Fn. 703; für Spanien *Grechenig*, Spanisches Aktien- und GmbH-Recht, 120. Auch in Portugal sind Mehrstimmrechte zwar grundsätzlich verboten, allerdings existieren hier noch viele *golden shares*-Regelungen, *Antunes*, ECFR 2005, 323 (349); *ders.*, in: Baums/Wymeersch (Hrsg.), Shareholder Voting Rights in Europe, Portugal, 231 (246).

710 *Brockhuis/Schnell*, Gesellschaftsrecht in Polen, 76.

711 Bzw. nicht mehr als drei Stimmen, wenn das Grundkapital der Aktiengesellschaft in weniger als hundert Aktien aufgeteilt ist, vgl. Art. 118 Abs. 5 niederländischen BGB (zweites Buch).

Nennwert der Aktie angeknüpft: Das Stimmrecht einer Aktie darf maximal das Zehnfache des ihr nach dem Nennwert zustehenden Stimmgewichts haben.[712] Besonders beliebt sind Mehrstimmrechtsaktien in den nordischen Ländern, weshalb aus diesen Ländern auch besonders heftige Kritik an der Durchbrechungsregelung der Europäischen Übernahmerichtlinie kommt.[713] Welche Bedeutung die Mehrstimmrechtsaktien hier haben, kann exemplarisch am schwedischen System demonstriert werden. In Schweden sind gattungsbezogene Mehrstimmrechte zulässig, wobei allerdings keine Aktiengattung ein Stimmrecht haben darf, das mehr als zehnmal so hoch ist, wie das anderer Gattungen.[714] Die Ausgabe von Aktiengattungen unterschiedlicher Stimmkraft ist sehr weit verbreitet,[715] wobei im Falle zweier Gattungen in sog. A- und B-Aktien unterschieden wird.[716] 53% der börsennotierten Gesellschaften in Schweden haben zwei oder mehr Aktiengattungen emittiert,[717] wobei in einem *dual class*-System die A-Aktien in aller Regel ein zehnfach so hohes Stimmrecht gewähren wie die B-Aktien.[718] Bei Vorhandensein zweier Gattungen werden dann entweder beide Gattungen (in ca. 25% der Fälle) oder aber ausschließlich die B-Aktien (75% der Fälle) notiert.[719] In Dänemark ist die Rechtslage vergleichbar; auch hier darf keine Gattung im Vergleich zu anderen Gattungen mehr als zehnmal so viele Stimmrechte gewähren,[720] während in Finnland die gattungsbezogene Grenze auf ein zwanzigfaches festgelegt ist.[721]

Durch das System der *dual class shares* in Skandinavien kann existierenden Kontrollstrukturen bei Aufnahme von neuem Kapital ein gewisser Bestandsschutz zukommen. Die Bewahrung bestehender Kontrollstrukturen trotz Aufnahme neuen Kapitals wird auch durch die Ausgabe von stimmrechtslosen Aktien bezweckt. Diese sind in den meisten europäischen Ländern zulässig,[722] unterliegen aber häufig gewissen Beschränkungen. Beispielsweise dürfen sie höchstens bis zu einem

---

712 *Pajor-Bytomski*, Gesellschaftsrecht in Ungarn, 100.
713 Siehe nur den Aufsatz von *Bernitz*, EBLR 2004, 1423–1437, mit dem bezeichnenden Titel „*The Attack on the Nordic Multiple Voting Rights Model*".
714 *Bernitz*, EBLR 2004, 1423 (1427); *Foerster*, in: Hohloch (Hrsg.), EU-Handbuch Gesellschaftsrecht, Schweden, Rdn. 216.
715 *Bernitz*, EBLR 2004, 1423 (1428); *Foerster*, in: Hohloch (Hrsg.), EU-Handbuch Gesellschaftsrecht, Schweden, Rdn. 216.
716 *Skog*, EBLR 2004, 1439 (1448).
717 *Skog*, EBLR 2004, 1439 (1447).
718 *Bernitz*, EBLR 2004, 1423 (1428); *Skog*, EBLR 2004, 1439 (1447).
719 *Skog*, EBLR 2004, 1439 (1448).
720 *Alsted/Hansen*, in: Hohloch (Hrsg.), EU-Handbuch Gesellschaftsrecht, Dänemark, Rdn. 163; *Gomard*, in: Baums/Wymeersch (Hrsg.), Shareholder Voting Rights and Practices in Europe, Denmark, 57 (69); *Kusznier*, Dänisches Kapitalgesellschaftsrecht, 97.
721 *Hohloch*, in: Hohloch (Hrsg.), EU-Handbuch Gesellschaftsrecht, Finnland, Rdn. 575 und 585; *Toiviainen*, in: Baums/Wymeersch (Hrsg.), Shareholder Voting Rights in Europe, Finland, 77 (91). Hier ist auch eine graduelle Steigerung der Stimmkraft möglich, *Toiviainen*, in: Baums/Wymeersch (Hrsg.), Shareholder Voting Rights in Europe, Finland, 77 (90).
722 So in Belgien, *Wymeersch/de Vylder/de Wulf*, in: Hohloch (Hrsg.), EU-Handbuch Gesellschaftsrecht, Belgien, Rdn. 158; Dänemark, *Kusznier*, Dänisches Kapitalgesellschaftsrecht, 99; Griechenland, *Georgakopoulos*, in: Baums/Wymeersch (Hrsg.), Shareholder Voting Rights and Practices in Europe, Greece, 131 (131 f); der Tschechischen Republik, *Bohata*, Gesellschaftsrecht in der Tschechischen Republik, 48.

gewissen Teil des Grundkapitals ausgegeben werden,[723] müssen zwingend mit einem finanziellen Vorzug als Kompensation für den Stimmrechtsausschluss verbunden werden[724] oder dürfen nur bestimmte Beschlussgegenstände betreffen.[725] In Schweden allerdings sind Aktien ohne Stimmrecht in jedweder Form unzulässig.[726] Das verwundert insofern nicht, als dass das durch die Ausgabe von stimmrechtslosen Aktien bezweckte Ergebnis bereits durch das beschriebene Instrument der schwedischen Mehrstimmrechte annähernd erreicht werden kann. Dieses Beispiel demonstriert zugleich die Schwierigkeit, die bei einer unterschiedlichen Behandlung disproportionaler Stimmrechtsgestaltungen im Rahmen von Harmonisierungsvorhaben auftritt. Wenn ein vergleichbarer Effekt durch unterschiedliche Regelungsinstrumente geschaffen werden kann, so führt die Untersagung nur eines dieser Regelungsinstrumente in der Praxis zu einer Benachteiligung derjenigen Rechtsordnungen, die neben dem untersagten Instrument keine weiteren mit einem vergleichbaren Effekt vorsehen. Vor diesem Hintergrund ist die Opposition Schwedens zur Durchbrechungsregelung der Übernahmerichtlinie durchaus verständlich. Die Konsequenz aus dieser Beobachtung muss aber nicht zwingend ein Absehen von Angleichung sein. Vielmehr könnte auch über einen kompromissloseren Ansatz, der die aufgezeigten Schwächen der Durchbrechungsregelung vermeidet, nachgedacht werden.

Jeder Versuch einer wirklich umfassenden Durchsetzung des Proportionalitätsgrundsatzes in der Europäischen Union müsste sich jedoch angesichts der Vielgestaltigkeit der Möglichkeiten, den Gleichlauf von Kapital und Stimmrechtsmacht in den Aktiengesellschaften zu unterbinden, mit einer großen Anzahl von Umgehungstatbeständen auseinandersetzen. So ist beispielsweise in den Niederlanden zwar die Ausgabe von stimmrechtslosen Aktien grundsätzlich verboten,[727] dafür existiert aber mit den *certificaten van aandelen* („Aktienzertifikaten“) eine besondere Rechtsfigur, mit der die Entscheidungsmacht innerhalb der Gesellschaft trotz Aufnahme neuen Kapitals ebenfalls bei einer bestimmten Gruppe konzentriert bleiben

---

723 Bis höchstens 30% des Grundkapitals in Belgien, *Wymeersch*, in: Baums/Wymeersch (Hrsg.), Shareholder Voting Rights in Europe, Belgium, 21 (25); *ders./de Vylder/de Wulf*, in: Hohloch (Hrsg.), EU-Handbuch Gesellschaftsrecht, Belgien, Rdn. 158; bis höchstens 50% des Grundkapitals in Luxemburg, *Hohloch/Schultheiß*, in: Hohloch (Hrsg.), EU-Handbuch Gesellschaftsrecht, Luxemburg, Rdn. 202; in der Slowakei *Jankovicovd/Kettler*, in: Knaus/Wakounig (Hrsg.), Steuer- und Gesellschaftsrecht der EU-Beitrittskandidaten, 161 (189); und in Ungarn, *Pajor-Bytomski*, Gesellschaftsrecht in Ungarn, 100.

724 So in Portugal *Antunes*, ECFR 2005, 323 (348); *Stieb*, in: Hohloch (Hrsg.), EU-Handbuch Gesellschaftsrecht, Portugal, Rdn. 265; in der Slowakei, *Jankovicová/Kettler*, in: Knaus/Wakounig (Hrsg.), Steuer- und Gesellschaftsrecht der EU-Beitrittskandidaten, 161 (189); in Spanien, *Grechenig*, Spanisches Aktien- und GmbH-Recht, 120; *Martinez*, in: Hohloch (Hrsg.), EU-Handbuch Gesellschaftsrecht, Spanien, Rdn. 186.

725 So in Finnland, *Toiviainen*, in: Baums/Wymeersch (Hrsg.), Shareholder Voting Rights in Europe, Finland, 77 (90); *Hohloch*, in: Hohloch (Hrsg.), EU-Handbuch Gesellschaftsrecht, Finnland, Rdn. 582f.

726 *Bernitz*, EBLR 2004, 1423 (1427).

727 *Timmerman*, in: Baums/Wymeersch (Hrsg.), Shareholder Voting Rights in Europe, 209 (212); *Weller/Zahn*, in: von Rosen/Seifert (Hrsg.), Die Namensaktie, 177 (213).

kann.[728] Diese Zertifikate entstehen durch eine Spaltung der Eigentumsverhältnisse an der Aktie in das juristische und das bloß wirtschaftliche Eigentum.[729] Das juristische Eigentum der Aktien ist weiterhin durch die Aktie verkörpert und verbleibt meistens bei einer zu diesem Zweck von der Gesellschaft errichteten Stiftung, vergleichbar einer Treuhandgesellschaft. Diese Stiftung gibt die Aktienzertifikate, die das wirtschaftliche Eigentum verkörpern, an Investoren aus. Als juristische Eigentümerin der Aktien ist sie Inhaberin des Stimmrechts und gegenüber der Emittentin zum Empfang der Dividende berechtigt.[730] Während das Recht auf die Dividende stets durch vertragliche Vereinbarung zwischen der Stiftung und den Inhabern der Zertifikate auf letztere übertragen wird, erfolgt dies bezüglich des Stimmrechts gerade nicht. Vielmehr sehen die Vertragsbedingungen nur in besonderen Fällen vor, dass der Stiftungsvorstand nach Weisungen der Zertifikatsinhaber abstimmen muss.[731] Im Normalfall hat er sich lediglich am Stiftungszweck zu orientieren, der aber vor allem auch die Unterstützung der Interessen der betreffenden Aktiengesellschaft und ihrer Geschäfte umfasst.[732] Daran ändern auch die niederländischen Börsenregeln nichts, die bestimmen, dass die Mehrheit der Vorstandsmitglieder der Stiftung von der Gesellschaft unabhängig zu sein hat.[733]

Das Beispiel zeigt deutlich, welcher Umgehungsgefahr jegliche Regeln zur Durchsetzung des Proportionalitätsgrundsatzes unterliegen. Die Stiftung ist in der geschilderten Konstellation schließlich formal-juristische Aktieneigentümerin und erhält vorbehaltlos jegliche Stimmrechte, auch wenn sie das wirtschaftliche Risiko des Investments nach Ausgabe der Zertifikate nicht mehr trägt. Zur Sicherstellung der effektiven Wirksamkeit von *„one share – one vote"*-Regelungen müsste also ein flankierendes Regime geschaffen werden, wonach vordringlich entscheidend das wirtschaftliche, nicht das bloß formal-juristische Eigentum an den Aktien ist. Auf die Schwierigkeiten, die solche Regelungsansätze mit sich bringen, wird im nächsten Untersuchungsteil ausführlich eingegangen werden.

Neben der Durchsetzung des *„one share – one vote"*-Prinzips, das die Europäische Kommission augenscheinlich trotz aller Rückschläge weiter verfolgen will,[734] sind aktuell keine weiteren Brüsseler Bestrebungen zu konzeptionellen Angleichungen im Bereich der Ausgestaltung der Stimmrechtsmacht des Aktionärs ersichtlich.

---

728 *Loeff*, Das Niederländische Gesellschaftsrecht, Einführung, 6. Daher wird diese Rechtsfigur gerade auch bei börsennotierten Gesellschaften mit dem Ziel der Erschwerung von Übernahmen eingesetzt, *Timmerman*, in: Baums (Hrsg.), Shareholder Voting Rights in Europe, Netherlands, 209 (212).

729 *Loeff*, Das Niederländische Gesellschaftsrecht, Einführung, 6.

730 *Loeff*, Das Niederländische Gesellschaftsrecht, Einführung, 6; *Timmerman*, in: Baums (Hrsg.), Shareholder Voting Rights in Europe, Netherlands, 209 (212).

731 *Timmerman*, in; Baums (Hrsg.), Shareholder Voting Rights in Europe, Netherlands, 209 (212).

732 *Timmerman*, in: Baums (Hrsg.), Shareholder Voting Rights in Europe, Netherlands, 209 (212).

733 *Timmerman*, in: Baums (Hrsg.), Shareholder Voting Rights in Europe, Netherlands, 209 (212).

734 Vgl. den Aktionsplan zur Modernisierung des Gesellschaftsrechts und zur Stärkung der Corporate Governance durch vom 21. Mai 2003, in dem die Europäische Kommission unter dem Stichwort *Corporate Governance* angekündigt kurz- bis mittelfristig eine Studie zu den Konsequenzen der europaweiten Einführung eines *„one share – one vote"*-Systems für börsennotierte Gesellschaften zu erstellen. Eine solche ist bis heute nicht veröffentlicht.

II. Inhaltliche Schranken der Stimmrechtsmacht

Bei den inhaltlichen Schranken des Stimmrechts scheint auch im erweiterten Rechtsvergleich der kleinste gemeinsame Nenner das Verbot des Missbrauchs von Mehrheitsmacht in der Aktiengesellschaft zu sein, während die Interessenkonflikte im Übrigen unterschiedlich behandelt werden. Dies geht wohl damit einher, dass der Konflikt zwischen Mehrheits- und Minderheitsaktionär angesichts der Eigentümerstrukturen in den Aktiengesellschaften der meisten übrigen kontinentaleuropäischen Rechtsordnungen, die denen in Deutschland und Frankreich ähneln, von größerer Relevanz ist.[735]

Das italienische Recht geht von dem Grundsatz aus, dass die Stimmrechtsausübung dazu dient, den Gesellschaftsvertrag umzusetzen, und es daher unzulässig ist, für einen außerhalb des Vertragszwecks liegenden Gegenstand zu stimmen.[736] Daher kann ein Gesellschaftsbeschluss angefochten werden, wenn ein Gesellschafter bei der Stimmrechtsausübung offensichtlich das Gesellschaftsinteresse zugunsten eines anderen, außerhalb des gesellschaftlichen Bereichs liegenden Interesses zurückgestellt hat und die Gesellschaft durch den so zustande gekommenen Beschluss Schaden nehmen könnte.[737] Durch diese inhaltliche Beschränkung der Stimmrechtsmacht werden mittelbar auch die Minderheitsgesellschafter geschützt. So sind beispielsweise solche Beschlüsse anfechtbar, durch die mittels einer Kapitalerhöhung lediglich die Beteiligungsquote von Minderheitsgesellschaftern weiter gesenkt werden sollen.[738] Im Hinblick auf die Regelung von Interessenkonflikten zwischen den Aktionären und der Verwaltung ähnelt das italienische Recht dem deutschen Recht: Es existieren starre gesetzliche Stimmrechtsschranken für Vorstände bezüglich ihrer Haftung und bezüglich der Bestellung, Entlassung oder Haftung von Aufsichtsräten.[739] Auch im spanischen Recht wurden im Jahre 2003 erstmals Stimmverbote für Verwaltungsmitglieder aufgestellt.[740]

Dass auch solche Rechtsordnungen, die grundsätzlich weniger restriktive inhaltliche Schranken für die Stimmrechtsausübung vorsehen, zumindest den Minderheitenschutz im Blick haben, zeigt sich am niederländischen und belgischen Recht. So ist es Aktionären niederländischer Gesellschaften zwar grundsätzlich gestattet, ihre persönlichen Interessen bei der Stimmrechtsausübung über die Interessen der Gesellschaft zu stellen. Minderheitsaktionäre haben aber ein gesetzliches Anfechtungsrecht im Hinblick auf Beschlüsse, die nicht den Maßstäben der Redlichkeit und Billigkeit entsprechen.[741] In Belgien gibt es ebenfalls keine ge-

735 So für Italien *Marchetti/Carcano/Ghezzi*, in: Baums/Wymeersch (Hrsg.), Shareholder Voting Rights in Europe, Italy, 155 (166); für Spanien *Grechenig*, Spanisches Aktien- und GmbH-Recht, 19.
736 *Magrini*, Italienisches Gesellschaftsrecht, 95.
737 Vgl. Art. 2373 Abs. 1 i. V. m. 2377 Codice Civile; *Magrini*, Italienisches Gesellschaftsrecht, 94.
738 *Magrini*, Italienisches Gesellschaftsrecht, 95.
739 *Magrini*, Italienisches Gesellschaftsrecht, 95.
740 *Wagner*, RIW 2004, 258 (262f).
741 *Timmerman*, in: Lutter/Wiedemann (Hrsg.), Gestaltungsfreiheit im Gesellschaftsrecht, 215 (222).

setzliche Regelungen, die bestimmte Aktionäre im Falle von Interessenkonflikten ihrer Stimme entheben, und es ist umstritten, ob der Aktionär bei der Stimmrechtsausübung generell einer Pflicht zum gesellschaftstreuen Verhalten unterliegt.[742] Nach herrschender Meinung darf der (Mehrheits-)Aktionär seine Stimmrechte aber jedenfalls nicht so ausüben, dass dadurch seine Mitaktionäre unverhältnismäßig geschädigt werden.[743] In Portugal ist das Verbot des Stimmrechtsmissbrauchs durch den Mehrheitsaktionär sogar gesetzlich vorgeschrieben.[744]

Es zeigt sich also, dass auch ohne zwingende europarechtliche Vorgaben in allen größeren Mitgliedstaaten der Stimmrechtsmacht des Mehrheitsaktionärs inhaltliche Schranken gezogen werden. Vor diesem Hintergrund ist das mangelnde Bemühen des Europäischen Regelgebers in diesem Bereich dann auch nicht zu kritisieren.

III. Umfang der gegenständlichen Stimmrechtsmacht

Auch die Frage der gegenständlichen Stimmrechtsmacht scheint die Europäischen Kommission nach dem Scheitern der Strukturrichtlinie derzeit nicht mehr umfassend regeln zu wollen. Vielmehr erfolgen in diesem Bereich eher punktuelle Harmonisierungsvorgaben, indem im Zusammenhang mit anderen Regelungsmaterien quasi als Annex bestimmte zwingende Hauptversammlungszuständigkeiten als Schutzinstrumente bestimmt werden.[745] Dabei ist der Umfang der gegenständlichen Stimmrechtsmacht von zentraler Bedeutung für die stimmrechtlich vermittelte Einflussmacht der Aktionäre.

Der Blick in weitere Mitgliedstaaten der Europäischen Union zeigt, dass – quasi als Grundprinzip – die Hauptversammlung stets für Strukturmaßnahmen und Satzungsänderungen zuständig sein soll, während das operative Geschäft grundsätzlich in die Kompetenz des Leitungsorgans fällt.[746] Während es nach alter Rechtslage in Italien von diesem Grundsatz noch weit reichende Ausnahmen gab,[747] hat die Neuregelung aus dem Jahre 2003 hier eine striktere Trennung zwischen der Entscheidungsfindung und der Unternehmensleitung eingeführt. Nach neuem Recht ist die Hauptversammlung – unabhängig von dem gewählten Aufbau der

---

742 *De Bauw*, Assemblées Générales, 272; *Wymeersch/de Vylder/de Wulf*, in: Hohloch (Hrsg.), EU-Handbuch Gesellschaftsrecht, Belgien, Rdn. 120.
743 *Wymeersch/de Vylder/de Wulf*, in: Hohloch (Hrsg.), EU-Handbuch Gesellschaftsrecht, Belgien, Rdn. 120.
744 *Antunes*, in: Baums/Wymeersch (Hrsg.), Shareholder Voting Rights in Europe, Portugal, 231 (246 f).
745 Siehe oben Kap. 3 I.
746 Vgl. die Länderberichte in der DSW Europe Study, bei *Baums/Wymeersch* (Hrsg.), Shareholder Voting Rights in Europe, und bei *Hohloch* (Hrsg.), EU-Handbuch Gesellschaftsrecht; zusammenfassend auch *Grundmann*, Europäisches Gesellschaftsrecht, Rdn. 393.
747 So konnten der Hauptversammlung früher auch gewöhnliche Geschäftsführungsmaßnahmen satzungsmäßig übertragen werden, *Marchetti/Carcano/Ghezzi*, in: Baums/Wymeersch (Hrsg.), Shareholder Voting Rights in Europe, Italy, 155 (156).

Gesellschaft[748] – nicht zu Beschlüssen hinsichtlich der Unternehmensleitung befugt.[749] Die Hauptversammlung kann insbesondere nicht im Wege einer allgemeinen Zuständigkeit über jeden Gegenstand beschließen, der für die Gesellschaft von Bedeutung ist. Ihre gesetzlich zugewiesenen Zuständigkeitsbereiche sind als Spezialzuweisungen abschließend, arg. ex. Art. 2364 Abs. 1 Nr. 5 Codice Civile.[750] Die allgemeine, subsidiäre Kompetenzzuweisung gilt im neuen italienischen Gesellschaftsrecht vielmehr für das Geschäftsführungsorgan, das in jedem Fall zuständig ist, für den kein spezieller Kompetenzbereich der Hauptversammlung oder des Kontrollrats existiert. Überschreitet die Hauptversammlung die Grenzen ihrer Kompetenz, weil sie dem Vorstand etwa Richtlinien oder einzelne Weisungen hinsichtlich der Führung der Gesellschaft erteilt, können diese rechtmäßig zurückgewiesen werden. Ebenso wenig ist die Hauptversammlung befugt, einzelne Beschlüsse des Vorstands zu widerrufen. Sie kann lediglich satzungsmäßig Genehmigungsvorbehalte vorsehen.[751] Ein Gegengewicht zu dieser großen inhaltlichen Unabhängigkeit des Leitungsorgans bildet das Recht der Hauptversammlung, den Vorstand jederzeit abberufen zu können.[752] Dennoch wurde die Position der Hauptversammlung gegenüber der Verwaltung durch die Reform insgesamt deutlich beschränkt. Die Hauptversammlung kann nun ebenso wie im deutschen Recht in Italien kaum mehr als „oberstes" Organ der Gesellschaft angesehen werden. Auch im belgischen Recht ist die Hauptversammlung nur für die Angelegenheiten zuständig, die ihr ausdrücklich vom Gesetzgeber zugewiesen sind, und sie hat ebenfalls keine Weisungsbefugnis gegenüber der Verwaltung.[753] Anders ist die Situation in Spanien, wo der Hauptversammlung in der Satzung bestimmte Weisungsrechte in Geschäftsführungsangelegenheiten eingeräumt werden können und darüber hinaus auch Zustimmungsvorbehalte für bestimmte Geschäfte möglich sind.[754] In Dänemark kann die Hauptversammlung in einzelnen Fällen, die nicht ausdrücklich der Verwaltung zugewiesen sind, eine Entscheidung herbeiführen, die die tägliche Leitung der Gesellschaft betreffen.[755]

---

748 Nach der Gesellschaftsrechtsreform ist neben dem traditionellen italienischen Gesellschaftsaufbau nunmehr auch das dualistische System in Anlehnung an die deutsche Aktiengesellschaft sowie das monistische System in Anlehnung an das angelsächsische Board-System zulässig, *Magrini*, Italienisches Gesellschaftsrecht, 2.

749 Vgl. Art. 2380bis Abs. 1, Art. 2409^{novies} Abs. 1 und Art. 2409^{septiesdecis} Abs. 1 Codice Civile, *Magrini*, Italienisches Gesellschaftsrecht, 75.

750 *Magrini*, Italienisches Gesellschaftsrecht, 77; *Vaccaro*, EBLR 2005, 913 (924).

751 Letzteres wohl streitig, vgl. *Magrini*, Italienisches Gesellschaftsrecht, 76; *Grundmann*, Europäisches Gesellschaftsrecht, Rdn. 399.

752 Art. 2383 Abs. 3 Codice Civile, *Magrini*, Italienisches Gesellschaftsrecht, 77.

753 *Wymeersch*, in: Lutter/Wiedemann (Hrsg.), Gestaltungsfreiheit im Gesellschaftsrecht, 148 (176f); *ders./de Vylder/de Wulf*, in: Hohloch (Hrsg.), EU-Handbuch Gesellschaftsrecht, Belgien, Rdn. 134.

754 *Grechenig*, Spanisches Aktien- und GmbH-Recht, 93.

755 *Alsted/Hansen*, in: Hohloch (Hrsg.), EU-Handbuch Gesellschaftsrecht, Dänemark, Rdn. 139; *Gomard*, in: Baums/Wymeersch (Hrsg.), Shareholder Voting Rights and Practices in Europe, Denmark, 57 (57). Noch weiter reichende Zuständigkeiten in Fragen der Geschäftsführung bestehen in Finnland und vor allem in Irland, *Hohloch*, in: Hohloch (Hrsg.), EU-Handbuch Gesellschaftsrecht, Finnland, Rdn. 674f; *Murphy*, in: Baums/Wymeersch (Hrsg.), Shareholder Voting Rights and Practices in Europe, Ireland, 139 (140).

Neben etwaigen (Reserve-)Zuständigkeiten im Bereich der Unternehmensleitung wurden als weitere wichtige Kompetenzen die Feststellung des Jahresabschlusses und die Bestellung des Leitungsorgans ausgemacht. In Italien ist die Zuständigkeit in diesen Fällen abhängig vom gewählten Verwaltungsaufbau. Entscheidendes Kriterium ist dabei die Existenz eines Aufsichtsrats. Nur falls ein solcher nicht vorhanden ist, entscheidet die Hauptversammlung über die Feststellung des Jahresabschlusses, die Bestellung und Abberufung der Vorstände und die Bestellung der Abschlussprüfer.[756] Obwohl die Kompetenz zur Bestellung des Vorstands auch im dualistischen Modell Deutschlands und Frankreichs auf den Aufsichtsrat übergeht, scheint dies aber interessanterweise keine zwingende Folge des zweistufigen Verwaltungsaufbaus zu sein. Insofern zeigt ein Blick auf das Gesellschaftsrecht in den Niederlanden sowie auf das Recht in einigen osteuropäischen Staaten, dass es sich nicht um ein Wesenselement des dualistischen Systems handelt. So liegt nach niederländischem Recht trotz des dualistischen Verwaltungsaufbaus die Bestellung des Vorstandes in der Kompetenz der Hauptversammlung;[757] allerdings nur, solange die Gesellschaft nicht unter die Regelungen für „große" Aktiengesellschaften fällt. Ab einem bestimmten Grundkapital und einer bestimmten Anzahl von Arbeitnehmern[758] muss der Vorstand nämlich zwingend vom Aufsichtsrat bestellt werden.[759] In den Rechtsordnungen der Tschechischen Republik, der Slowakei und Ungarns existiert eine solche gesetzliche Einschränkung nicht. Trotz des dualistischen Verwaltungsaufbaus liegt die Kompetenz zur Bestellung des Vorstandes in diesen Ländern grundsätzlich bei der Hauptversammlung und nur bei abweichender Satzungsgestaltung beim Aufsichtsrat.[760] Die Feststellung des Jahresabschlusses fällt in der Slowakei und Ungarn sogar zwingend in die Kompetenz der Hauptversammlung.[761] Demgegenüber ist die Aktiengesellschaft in Spanien und Belgien nach dem einstufigen Verwaltungssystem organisiert.[762] Die Hauptversammlung ist hier sowohl für die Genehmigung des Jahresabschlusses als auch zur Bestellung und Abberufung der Verwalter zuständig.[763] Von den weiteren grö-

---

756 *Magrini*, Italienisches Gesellschaftsrecht, 77; *Marchetti/Carcano/Ghezzi*, in: Baums/Wymeersch (Hrsg.), Shareholder Voting Rights in Europe, Italy, 155 (156); vgl. auch *Becker*, Institutionelle Stimmrechtsvertretung in Europa, 157 (nur bzgl. des traditionellen italienischen Verwaltungsaufbaus).

757 Artt. 132 und 134 BW; *Schuit*, Corporate Law and Practice of the Netherlands, 100.

758 Näher zur Definition der „großen" Aktiengesellschaften *Schuit*, Corporate Law and Practice of the Netherlands, 93.

759 *Schuit*, Corporate Law and Practice of the Netherlands, 100.

760 Für die Slowakei *Jankovicová/Kettler*, in: Knaus/Wakounig (Hrsg.), Steuer- und Gesellschaftsrecht der EU-Beitrittskandidaten, 161 (192f); für die Tschechische Republik *Bohata*, Gesellschaftsrecht in der Tschechischen Republik, 60; *Bauer-Mitterlehner/Tochácková*, in: Knaus/Wakounig (Hrsg.), Steuer- und Gesellschaftsrecht der EU-Beitrittskandidaten, Tschechien, 345 (361); für Ungarn (abweichende Satzungsgestaltungen hier unüblich) *Pajor-Bytomski*, Gesellschaftsrecht in Ungarn, 92; *Szécsényi/Szemerédi/Taskár*, in: Knaus/Wakounig (Hrsg.), Steuer- und Gesellschaftsrecht der EU-Beitrittskandidaten, Ungarn, 425 (438); auch *Doralt/Török*, AG-Mustersatzung Ungarn, 57; *Kalls*, ZGR 2000, 819 (847, 850).

761 Vgl. vorherige Fußnote.

762 *Grechenig*, Spanisches Aktien- und GmbH-Recht, 23.

763 Für Belgien *Wymeersch*, in: Lutter/Wiedemann (Hrsg.), Gestaltungsfreiheit im Gesellschaftsrecht, 148 (176); *ders./de Vylder/de Wulf*, in: Hohloch (Hrsg.), EU-Handbuch Gesellschaftsrecht, Belgien, Rdn. 134f; für Spanien *Grechenig*, Spanisches Aktien- und GmbH-Recht, 23 und 91f.

ßeren Mitgliedstaaten wird nur im niederländischen Recht die gegenständliche Stimmrechtsmacht durch Regelungen zur Mitbestimmung beschränkt.[764]

Der Blick in weitere Mitgliedstaaten zeigt also deutliche Unterschiede im Hinblick auf den Umfang der gegenständlichen Stimmrechtsmacht der Aktionäre. Dabei fällt auf, dass das deutsche Recht im europaweiten Vergleich besonders schwach ausgeprägt ist.

6. Kapitel: Ergebnisse des 1. Teils

Die Regelungen zur Ausgestaltung des Aktionärsstimmrechts sind noch weitgehend unbeeinflusst von europarechtlichen Vorgaben. Soweit Europäisches Recht in diesem Bereich existiert, wirkt es sich lediglich punktuell aus. Vielmehr gilt: Wer auf dem europäischen Kapitalmarkt das Produkt „Aktie“ erwirbt, bekommt im Hinblick auf seine Stimmkraft keine Mindeststandards garantiert.

Zwar gehen alle europäischen Rechtsordnungen bei der Ausgestaltung des Aktionärsstimmrechts im Grundsatz von einem Gleichlauf zwischen Kapitaleinsatz und Stimmrechtsmacht aus, was im Hinblick auf grenzüberschreitende Beteiligungen begrüßenswert ist. Nach wie vor bestehen jedoch europaweit zahlreiche Durchbrechungsmöglichkeiten des *„one share – one vote“*-Prinzips. Während Deutschland dank weit reichender gesetzgeberischer Tätigkeit in den letzten Jahren im Vergleich der Rechtsordnungen als vorbildlich bei der Durchsetzung des Proportionalitätsgrundsatzes zu bewerten ist, bieten die französische und mehr noch die britische Rechtsordnung keine Gewähr dafür, dass eine hohe Kapitalbeteiligung auch durch ein entsprechend hohes Stimmrecht berücksichtigt wird. Den Emittenten wird vielmehr ein großer Freiraum bei der satzungsmäßigen Ausgestaltung des Stimmrechts verschiedener Aktiengattungen eingeräumt. Bemerkenswert ist, dass sich das Aktienrecht in Frankreich mit der Wertpapierreform von 2004 im Gegensatz zu den Interessen grenzüberschreitend agierender Anleger und den wirtschaftspolitischen Zielsetzungen der Europäischen Kommission eher weiter von der Durchsetzung des *„one share – one vote“*-Grundsatzes entfernt. Eine ähnliche Beobachtung lässt sich in Italien machen. Auch von der Umsetzung der Übernahmerichtlinie für börsennotierte Gesellschaften ist keine signifikante Verbesserung der Durchsetzung des Proportionalitätsgrundsatzes zu erwarten, nicht zuletzt, da die Richtlinie die große Variationsbreite disproportionaler Stimmrechtsgestaltungen nicht genügend berücksichtigt. Eine mit der nötigen Konsequenz betriebene weitere Harmonisierung der Stimmrechtsmacht durch den europäischen Regelgeber erscheint angesichts des politischen Klimas derzeit unwahrscheinlich. Dennoch ist ein im Interesse grenzüberschreitend agierender An-

764 *Hansmann/Kraakman*, in: Kraakman/Davies/Hansmann/Hertig/Hopt/Kanda/Rock (Hrsg.), The Anatomy of Corporate Law, 33 (35f). Im Übrigen existiert eine der deutschen ähnliche Arbeitnehmermitbestimmung im Verwaltungsrat noch in Dänemark *Alsted/Hansen*, in: Hohloch (Hrsg.), EU-Handbuch Gesellschaftsrecht, Dänemark, Rdn. 198

leger liegender Fortschritt bei der Durchsetzung des Proportionalitätsgrundsatzes zu verzeichnen, der weniger durch die Gesetzgeber, als vielmehr durch die Emittenten selbst vorangetrieben wird. So ist insbesondere in Großbritannien, wo die rechtliche Ausgestaltung des Aktionärsstimmrechts von einer großen Liberalität geprägt ist, zu beobachten, dass börsennotierte Gesellschaften die ihnen eingeräumte Satzungsfreiheit gar nicht nutzen, sondern eher eine einfache und damit investorenfreundliche Ausgestaltung des Aktionärsstimmrechts präferieren. Der Druck der internationalen Kapitalmärkte scheint vor allem in Bezug auf Vorzugsaktien ohne Stimmrecht Wirkung zu zeigen, die zunehmend – auch in Deutschland und Frankreich – abgeschafft werden.

Neben den statutarischen divergieren auch die gesetzlichen Stimmrechtsschranken zum Teil erheblich zwischen den nationalen Rechtsordnungen. Mit den vom Gesetzgeber jeweils vorgegebenen Beschränkungen des Stimmrechts soll den gesellschaftsrechtlichen Kernkonflikten begegnet werden: Zum einen den Interessenkonflikten zwischen den Aktionären und der Verwaltung und zum anderen den Interessenkonflikten zwischen Mehrheits- und Minderheitsaktionären. Der kleinste gemeinsame Nenner scheint dabei europaweit der Schutz des Minderheitsaktionärs zu sein. Auffällig ist dabei die im Vergleich zu Großbritannien stärkere Beschränkung der Stimmrechtsmacht des Mehrheitsaktionärs in Deutschland und Frankreich. Vor dem Hintergrund der Beteiligungsstrukturen der Aktiengesellschaften in den untersuchten Ländern und der Einführung des Art. 459 CA 1985 im britischen Recht kann aber insoweit nicht von einer bedenklichen Schutzlücke gesprochen werden. Auffällig ist auch, dass Deutschland im Hinblick auf den gegenständlichen Umfang der Stimmrechtsmacht im europaweiten Vergleich abfällt. Zwar ist die vergleichsweise starke Ausprägung starrer Stimmrechtsschranken für Verwaltungsmitglieder im deutschen Recht in diesem Zusammenhang als Korrektiv zu sehen. Dennoch bleibt das Defizit der gegenständlichen Stimmrechtsmacht aus Sicht des einflusssuchenden Anlegers zu kritisieren.

Insgesamt lässt sich im Hinblick auf die Gestaltungsfreiheit des Aktionärsstimmrechts ein Unterschied zwischen *common law* und *civil law*-Systemen dahingehend erkennen, dass die einschlägigen kontinentaleuropäischen Regelungen im Gegensatz zu den britischen im Ansatz derzeit noch überwiegend zwingend sind. Allerdings sind die französische Wertpapierreform von 2004 und die italienische Gesellschaftsrechtsreform von 2003 ein deutlicher Schritt in Richtung Liberalisierung des Aktienrechts. Exemplarisch für diese Beobachtung ist die Ausgabe von Aktien mit eingeschränktem Stimmrecht, die in Deutschland nur unter sehr engen gesetzlichen Voraussetzungen möglich ist, während den Gesellschaften in Großbritannien und nunmehr auch in Frankreich und Italien ein großer Gestaltungsspielraum in diesem Bereich zusteht. Bezogen auf die *inhaltliche* Ausgestaltung des Aktionärsstimmrechts kann von einer klaren Unterscheidung zwischen *common law* und *civil law*-Systemen dagegen nicht (mehr) gesprochen werden.

2. Teil

Bestimmung und Legitimation des Stimmrechtsinhabers

1. Kapitel: Länderberichte für Deutschland, Frankreich und Großbritannien

I. Deutschland

1) Rahmenbedingungen

Gemäß § 10 Abs. 1 AktG ist es deutschen Aktiengesellschaften freigestellt, ob sie Inhaber- oder Namensaktien ausgeben.[765] Auch beide Formen können ausgegeben werden.[766] In der deutschen Praxis dominiert seit Jahrzehnten die Inhaberaktie, weil sie dem häufigen, an bloßer Kapitalanlage orientierten Aktionärstypus am besten entspricht.[767] Zwar ist in den letzten Jahren eine deutliche Zunahme von Namensaktien zu verzeichnen[768] – von den 30 DAX-Unternehmen sind inzwischen ein Drittel Namensaktiengesellschaften –, von den mehr als 1000 börsennotierten Gesellschaften geben aber insgesamt nur ca. 70 Namensaktien aus.[769] Für kleine börsennotierte Gesellschaften lohnt sich die Umstellung auf Namensaktien häufig nicht, da Verwaltung und Führung des Aktienregisters naturgemäß mit Aufwand verbunden sind.[770] In Deutschland existieren also sowohl Namens- als auch Inhaberaktien. Inhaber- und Namensaktien sind Wertpapiere. Während ursprünglich der Inhaber einer Aktie auch der unmittelbare Besitzer des Wertpapiers war, hat

---

765 Nur bei Ausgabe vor Volleinzahlung müssen zwingend Namensaktien ausgegeben werden, § 10 Abs. 2 S. 1 AktG.

766 *Heider*, in: MünchKomm AktG, § 10 Rdn. 14; *Hüffer*, Aktiengesetz, § 10 Rdn. 5.

767 *Heider*, in: MünchKomm AktG, § 10 Rdn. 15; *Hüffer*, Aktiengesetz, § 10 Rdn. 5; *Noack*, DB 1999, 1306; vgl. auch *Grundmann*, Europäisches Gesellschaftsrecht, § 12 Rdn. 413 m. w. N.

768 Zum gegenwärtigen Trend zur Namensaktie in Deutschland und den Gründen dafür *Butzke*, in: Obermüller/Werner/Winden, Die Hauptversammlung, 529f; *Noack*, Entwicklungen im Aktienrecht, 1999, 27ff; *ders.*, DB 1999, 1306; *Maul*, NZG 2001, 585; *Preissler*, WM 2001, 113; *Seibert* in FS Peltzer, 2001, 469 (470ff); *Siems*, ZGR 2003, 219 (221f); vgl. aber auch *Seibert*, AG 2004, 529 (532), mit neuesten Erkenntnissen, wonach die zahlenmäßige Entwicklung der Namensaktiengesellschaften zurückhaltender als erwartet ausgefallen ist.

769 Bericht des Bundesministeriums der Justiz über die Entwicklung der Stimmrechtsausübung in börsennotierten Aktiengesellschaften in Deutschland seit Inkrafttreten des Namensaktiengesetzes, Langfassung, A. Nr. 1.

770 Bundesministerium der Justiz, Bericht über die Entwicklung der Stimmrechtsausübung in börsennotierten Aktiengesellschaften in Deutschland seit Inkrafttreten des Namensaktiengesetzes, Ziff. 1.

sich im Laufe der Zeit die Ausgestaltung des Wertpapierwesens stark verändert. Schon im 19. Jahrhundert war es nicht mehr üblich, dass der Inhaber einer Aktie auch unmittelbarer Besitzer des Wertpapiers war. Vielmehr traten Banken als Lager und Verwaltungsstellen auf.[771] Im vorigen Jahrhundert wurde dann die Sonderverwahrung für jeden einzelnen Aktionär (sog. Streifbanddepot, vgl. § 2 DepotG) aus Kostengründen weitestgehend zugunsten der rationellen Sammelverwahrung bei Wertpapiersammelbanken aufgegeben.[772] Werden Aktien in Sammelverwahrung genommen, so verliert der bisherige Eigentümer das Alleineigentum an seinen Aktienurkunden und es entsteht Miteigentum nach Bruchteilen an den zum Sammelbestand gehörenden Aktien.[773] Dennoch behält der Aktionär seine das Alleinstimmrecht verschaffende Aktionärsstellung.[774] Die Sammelverwahrung der bankmäßig verwahrten Wertpapiere durch eine Wertpapiersammelbank im Sinne der Legaldefinition des § 1 Abs. 3 DepotG wird als „Girosammelverwahrung" bezeichnet.[775] Seit 1995 ist die Girosammelverwahrung die gesetzliche Regelform der Verwahrung, § 5 Abs. 1 DepotG. Die Entwicklung setzte sich fort mit der Schaffung von Globalurkunden.[776] Eine Globalurkunde ist eine Urkunde, in der alle oder mehrere Mitgliedsrechte einer Gesellschaft verbrieft sind.[777] Seit der Anspruch des Aktionärs auf Verbriefung seines Anteils statutarisch ausgeschlossen werden kann,[778] haben so gut wie alle börsennotierten Aktiengesellschaften inzwischen von dieser Möglichkeit Gebrauch gemacht und erstellen nur noch Globalurkunden.[779] In diesem Fall entsteht eine Verwahrkette der Aktien von der Emissionsgesellschaft hin zum Aktionär: Die Aktiengesellschaft erstellt nur noch Globalurkunden, die bei einer Wertpapiersammelbank als Zentralverwahrer liegen. In Deutschland existiert derzeit nur eine einzige Wertpapiersammelbank, die *Clearstream Banking AG* (im Folgenden: „*Clearstream*") in Frankfurt, eine Tochtergesellschaft der *Deutschen Börse AG*.[780] Dieser Zentralverwahrer führt Wertpapierkonten – traditionell auch heute noch Depot genannt – für seine Kunden, die Depotbanken, die wiederum ihrerseits Wertpapierkonten für ihre Depotkunden, die

---

771 *Noack/Zetzsche*, AG 2002, 651 (652).
772 *Noack/Zetzsche*, AG 2002, 651 (652).
773 Vgl. § 6 Abs. 1 DepotG; *Kümpel*, Bank- und Kapitalmarktrecht, Rdn. 11.209; *Schäfer*, in: Schwintowski/Schäfer, Bankrecht, § 17 Rdn. 15 ff.
774 *Hüffer*, Aktiengesetz, § 12 Rdn. 4.
775 *Kümpel*, Bank- und Kapitalmarktrecht, Rdn. 11.173.
776 Das DepotG spricht von „Sammelurkunden", vgl. § 9a DepotG; *Kümpel*, Bank- und Kapitalmarktrecht, Rdn. 11.229 ff.
777 Allerdings können nur mehrere Mitgliedschaftsrechte gleicher Art und gleicher Gattung in einer Sammelurkunde zusammengefasst werden, *Heider*, in: MünchKomm AktG, § 10 Rdn. 4 und 38.
778 Vgl. § 10 Abs. 5 AktG in der durch das KonTraG von 1998 geänderten Fassung.
779 *Noack/Zetzsche*, AG 2002, 652 (653). Die Namensaktie ist seit 1997 in die Girosammelverwahrung einbezogen; *Maul*, NZG 2001, 585 (585); *Than/Hannöver*, in: von Rosen/Seifert (Hrsg.), Die Namensaktie, 279 (284).
780 *Kümpel*, Bank- und Kapitalmarktrecht, Rdn. 11.180 ff. Dieser Zentralverwahrer wird im Folgenden auch CBF genannt. Die CBF fungiert als zentrale Wertpapiersammelbank gemäß §§ 1 Abs. 3 S. 1, 9a DepotG. Sie verwahrt über 90% aller in Deutschland gehandelten Wertpapiere in ihren Tresoren und insbesondere auch alle lediglich in einer Globalurkunde verbrieften Namens- und Inhaberaktien. Sie erfasst ferner alle Bestandsveränderungen und leitet diese weiter.

Aktionäre führen.[781] Die deutsche Aktie im modernen System von Globalurkunden ist in der Praxis ein bloßer Buchungsposten in einer Kette von Wertpapierkonten, während gegenständlich lediglich ein einziges Papier in einem Frankfurter Banktresor existiert.[782] Weil diese Globalurkunde jedoch nach wie vor unverzichtbar ist,[783] behält das deutsche Aktienwesen seine wertpapiermäßige Basis.[784]

2) Bestimmung des stimmberechtigten Aktionärs

a) *Aktieninhaber als stimmberechtigter Aktionär*

§ 12 Abs. 1 S. 1 AktG bestimmt zwar, dass jede Aktie das Stimmrecht gewährt, sagt jedoch nicht, *wem* es zusteht. Insoweit gilt grundsätzlich die Selbstverständlichkeit, dass Träger des Stimmrechts der Inhaber des Mitgliedschaftsrechts ist.[785] Es ist im deutschen Recht nicht zulässig, das Stimmrecht durch isolierte Übertragung einem Nichtaktionär zu verschaffen (sog. Abspaltungsverbot).[786] Ein Stimmrecht ohne Mitgliedschaft kann es mithin nicht geben.[787] Das Stimmrecht steht dem Inhaber des Wertpapiers zu, bei verkörperten Aktien also dem Eigentümer der Aktienurkunde.[788] Der bloße Besitz an Aktien verschafft dagegen kein Stimmrecht.[789] Wer aber ist Aktionär, wenn es kein Papier mehr gibt, weder Einzelstücke noch einen Sammelbestand, sondern nur noch eine einzige Globalaktie?

Sind in einer Globalaktie die Mitgliedschaften mehrerer Aktionäre zusammengefasst, so entsteht an der Aktie Miteigentum nach Bruchteilen.[790] Formell ist also Miteigentümer einer Globalaktie derjenige, der bei *Clearstream* als Inhaber von Aktien der betreffenden Gesellschaft registriert ist. Bei *Clearstream* können allerdings nur Kredit- und Finanzdienstleistungsinstitute Depots unterhalten.[791] Danach

---

781 *Noack/Zetzsche*, WM 2004, 1; *Schäfer*, in: Schwintowski/Schäfer, Bankrecht, § 17 Rdn. 11.

782 Zum Ganzen *Einsele*, Wertpapierrecht als Schuldrecht: Funktionsverlust von Effektenurkunden im internationalen Rechtsverkehr, 1995.

783 § 10 Abs. 5 AktG setzt das Bestehen eines mitgliedschaftlichen Anspruchs auf Verbriefung voraus und meint mit „Anteil" jeden Aktienbesitz, wenn er hinter 100% zurückbleibt, vgl. *Hüffer*, Aktiengesetz, § 10 Rdn. 10.

784 *Heider*, in: MünchKomm AktG, § 10 Rdn. 57 mit Verweis auf den gesetzgeberischen Willen; *Schäfer*, in: Schwintowski/Schäfer, Bankrecht, § 17 Rdn. 10; *Seibert*, DB 1999, 267 (269).

785 *Barz*, in: GroßKomm AktG, § 134 Anm. 4; *Hüffer*, Aktiengesetz, § 12 Rdn. 2; *Zöllner*, in: KölnKomm AktG, § 134 Rdn. 8.

786 RGZ 132, 149 (159); BGH NJW 1987, 780; *Zöllner*, in: KölnKomm AktG, § 134 Rdn. 17.

787 *Hüffer*, Aktiengesetz, § 133 Rdn. 17.

788 *Kümpel*, Bank- und Kapitalmarktrecht, Rdn. 11.140; *Noack/Zetzsche*, AG 2002, 652 (652); *Zöllner*, in: KölnKomm AktG, § 134 Rdn. 17.

789 *Zöllner*, in: KölnKomm AktG, § 134 Rdn. 12. Der unmittelbare Besitzer ist allerdings bei Inhaberaktien durch die Innehabung der Urkunden als Berechtigter formell legitimiert, d.h. die AG kann ihn als Stimmberechtigten zur Hauptversammlung zulassen; die Stimmrechtsausübung durch den formell Legitimierten ist in diesem Fall voll wirksam. Zur Unterscheidung zwischen der materiellen Stimmberechtigung und der formellen Legitimation – insbesondere im Hinblick auf Namensaktien – siehe ausführlich unten unter 3.

790 *Heider*, in: MünchKomm AktG, § 10 Rdn. 40; *Kümpel*, Bank- und Kapitalmarktrecht, Rdn. 11.237ff.

791 Vgl. Begriff des Kunden in Nr. 2 Abs. 1 der Allgemeinen Geschäftsbedingungen der *Clearstream Banking AG* vom 1. Februar 2004. Darunter fallen Kredit- und Finanzdienstleistungsinstitute müssten folglich die Kreditinstitute und Finanzdienstleister, die bei *Clearstream* als Miteigentümer registriert sind, die stimmberechtigten Aktionäre sein. Allerdings halten diese Kreditinstitute die Aktien nicht für sich selbst, sondern für Dritte, nämlich für ihre Depotkunden. Sie haben daher lediglich mittelbaren (Fremd-) Besitz erster Stufe[792] und mitteln den zur Eigentumserlangung notwendigen Aktienbesitz für ihre Depotkunden. Somit müssten die Depotkunden die stimmberechtigten Aktionäre sein. Zwar besitzen die Depotkunden im Regelfall die Aktien auch tatsächlich als mittelbare Eigenbesitzer,[793] zwingend ist dies freilich nicht. Die Depotkunden müssen nämlich nicht notwendigerweise private Endkunden sein, sondern können vielmehr selbst wiederum Kreditinstitute oder andere Finanzmittler (sog. Intermediäre) sein. Auf diese Weise können lange Verwahrketten entstehen, an deren Ende sich erst der stimmberechtigte Eigentümer der Aktien befindet. Auch bei Namensaktien wird der Aktionär nach den allgemeinen Regeln bestimmt. Insbesondere ist das Aktienregister keine hinreichende Quelle für die Ermittlung des Aktieninhabers als dem materiell Stimmberechtigten, da eine Eintragung in das Aktienregister für den Aktienerwerb nicht erforderlich ist.[794] Seit 1997 sind die Namensaktien in die Girosammelverwahrung mit einbezogen, daher besteht auch bei der Namensaktie heute in der Regel eine Verwahrkette wie bei den Inhaberaktien.[795]

b) *Praxis bei grenzüberschreitenden Beteiligungen*

Während der Aktionärsbestand deutscher Aktiengesellschaften früher überwiegend national und von überschaubarem Umfang war, so hat die Zahl der umlaufenden Aktien und der Aktionäre heute erheblich zugenommen und es ist eine deutliche Internationalisierung der Aktionärsstruktur zu beobachten.[796] Bei den börsennotierten Publikumsgesellschaften nehmen vor allem die Beteiligungen von ausländischen institutionellen Investoren kontinuierlich zu.[797] Gerade diese

---

mit Sitz im In- und Ausland, ferner ausländische Zentralverwahrer, (inter-)nationale Wertpapier-Clearinginstitute sowie internationale und supranationale Organisationen, die Finanzdienstleistungen erbringen; dazu auch *Kümpel*, Bank- und Kapitalmarktrecht, Rdn. 11.186.

792 *Kümpel*, Bank- und Kapitalmarktrecht, Rdn. 11.197.

793 *Schäfer*, in: Schwintowski/Schäfer, Bankrecht, § 17 Rdn. 13.

794 *Bayer*, in: MünchKomm AktG, § 67 Rdn. 36. Ferner besteht die Möglichkeit der Eintragung treuhänderisch agierender Dritter oder auch die Existenz sog. freier Meldebestände. Letztere werden allerdings voraussichtlich in Folge des UMAG verschwinden. Gemäß dem neuen Satz 2 des § 67 Abs. 4 AktG ist nämlich für den Fall, dass sich der Inhaber von Namensaktien nicht in das Aktienregister eintragen lässt, in Zukunft das depotführende Institut auf Verlangen der Gesellschaft zur Eintragung an dessen Stelle *verpflichtet* und wird damit Legitimationsaktionär (vgl. § 135 Abs. 7 AktG).

795 *Maul*, NZG 2001, 585; *Than/Hannöver*, in: von Rosen/Seifert (Hrsg.), Die Namensaktie, 279 (284).

796 *Seibert*, in: von Rosen/Seifert (Hrsg.), Die Namensaktie, 11 (14). So belaufen sich die Beteiligungen ausländischer Adressen im Jahr 2005 beispielsweise in der *Adidas-Salomon AG* auf 79%, bei *Continental* auf 70%, bei der *Deutschen Börse* auf 65%, bei *Schering* auf 59%, bei *Siemens* auf 57%, bei *BASF* auf 52%, bei der *Deutschen Bank* auf 51%, bei *Daimler Chrysler* auf 48% und bei *E.ON* auf 47%, Erhebung der Landesbank Baden-Württemberg, Quelle bei der Autorin einsehbar.

797 *Schneider/Burgard* in: FS Beusch, 783 (789). Vgl. das besonders prägnante Beispiel der Aktionärstruktur der *E.ON AG*, bei der insgesamt 61% aller Aktien auf institutionelle Investoren entfallen, Finanzplatz Nr. 5 2005, 7.

ausländischen Anleger, beispielsweise Pensionsfonds oder große Versicherungsgesellschaften, halten ihre Aktien in der Regel durch Einschalten eines Kreditinstitutes oder einer Anlagegesellschaft ihres Heimatlandes, die wiederum ein Depot bei einer deutschen, bei *Clearstream* angeschlossenen Bank führt (sog. *local agent*).[798] Im modernen deutschen System girosammelverwahrter Globalaktien ist der Zugang zum nationalen Zentralverwahrer nämlich unerlässlich. Um diesen Zugang zu erreichen, bedarf es in der Praxis grenzüberschreitender Aktieninvestitionen in der Regel der Einschaltung eines oder mehrerer zusätzlicher Intermediäre im Vergleich zu rein nationalen Sachverhalten, in denen zwischen *Clearstream* und dem Aktieninhaber in der Regel nur die der *Clearstream* angehörende Depotbank steht. Die Depotkunden der bei *Clearstream* als Miteigentümer registrierten Kreditinstitute halten die Aktien in grenzüberschreitenden Situationen also in der Regel nicht für sich, sondern als bloße Finanzintermediäre wiederum für andere. Am Ende einer jeden Kette steht der Inhaber eines Aktiendepots,[799] der dieses für sich selbst und nicht für einen Dritten hält, also der mittelbare Eigenbesitzer der Aktien ist. Diese Person ist der stimmberechtigte Aktionär. In grenzüberschreitenden Situationen vergrößert sich also in der Regel die Zahl der zwischengeschalteten Finanzintermediäre. Je länger aber die Verwahrkette ist, desto schwieriger wird die Ermittlung des Aktieninhabers in der Praxis.

3) Legitimation des stimmberechtigten Aktionärs

a) Legitimation bei Inhaberaktien

Bei Inhaberaktien ist nur der Inhaber der Aktien gegenüber der Gesellschaft zur Stimmrechtsausübung legitimiert. Die Gesellschaft kann aber nicht einfach jeden, der behauptet Aktionär zu sein, zur Hauptversammlung zulassen und ihm die Ausübung des Stimmrechts ermöglichen, da Beschlüsse der Hauptversammlung, die unter entscheidender Beteiligung nicht legitimierter Personen zustande gekommen sind, nach § 243 AktG anfechtbar sind.[800] Die Gesellschaft muss sich also in geeigneter Weise von der Legitimation der Abstimmenden überzeugen. Praktisch alle Publikumsgesellschaften bevorzugen aus organisatorischen Gründen eine vorgezogene Legitimationsprüfung, d.h. eine Prüfung im Vorfeld der Abhaltung der Hauptversammlung.[801] Die Legitimationsprüfung betrifft zum einen die Identität des Teilnehmers und zum andere die Frage, ob und mit welchem Anteil der Teilnehmer eine Beteiligung an der Gesellschaft innehat. Da bei Inhaberaktien nach deutschem Recht die Inhaberschaft an den Aktien das entscheidende Moment für die Stimmberechtigung ist, muss der Aktionär also gegenüber der Gesellschaft seine Inhaberschaft nachweisen.

---

798 Daneben besteht die Möglichkeit, dass die ausländische Depotbank bzw. der ausländische Broker selbst Mitglied bei dem deutschen Verwahrer *Clearstream* ist.

799 Dabei heißt „Aktiendepot" nur, dass das Kreditinstitut eine entsprechende Buchung für eine Person vorgenommen hat, vgl. *Noack/Zetzsche*, AG 2002, 651 (654).

800 *Hüffer*, Aktiengesetz, § 243 Rdn. 19.

801 *Butzke*, in: Obermüller/Werner/Winden, Die Hauptversammlung, 103.

Bei *effektiv ausgegebenen* Inhaberaktien, die vor allem bei Gesellschaften mit längerer Kapitalmarkthistorie durchaus noch vorkommen, ist dieser Nachweis durch Vorlage der Aktienurkunde oder durch eine Hinterlegung der Aktien und Vorlage einer Hinterlegungsbescheinigung denkbar. Im Laufe der Zeit hat sich dabei in der Praxis die Hinterlegung als gebräuchlichste Form des Nachweises des Stimmrechts herausgebildet. Für den Fall, dass die Aktionärsstellung im Zeitpunkt der Hauptversammlung für die Stimmberechtigung maßgeblich ist,[802] bietet nämlich die Hinterlegung der verbrieften Aktienurkunden bis zum Ablauf der Hauptversammlung eine – beschränkte[803] – Sicherheit dafür, dass der Hinterlegende auch im Zeitpunkt der Hauptversammlung (noch) aus den Aktien berechtigt ist.[804] Jedenfalls können auf diese Weise Doppelvertretungen zuverlässig ausgeschlossen werden. Als Hinterlegungsstellen kommen deutsche Notare, Wertpapiersammelbanken, die Gesellschaft selbst oder die Geschäftsbanken der Gesellschaft und deren spezialisierte Abwicklungseinheiten, sog. Wertpapierservicebanken, in Betracht.[805] Die Hinterlegung wird gegenüber der Gesellschaft durch eine Hinterlegungsbescheinigung nachgewiesen. Die Satzung kann eine Frist bestimmen, bis zu der die Bescheinigungen bei ihr eingegangen sein müssen.[806] Die Bestimmung einer Hinterlegungsfrist ist sinnvoll, wenn die Gesellschaft andere Hinterlegungsstellen als sich selbst vorsieht, da sie dann noch von diesen anderen Hinterlegungsstellen benachrichtigt werden muss, um ihre Vorbereitungen wie z.B. das Aufstellen eines Teilnehmerverzeichnisses treffen zu können.[807] Grundlage für das geschilderte Legitimationsverfahren der Hinterlegung von effektiv ausgegebenen Aktien war bis vor kurzem § 123 Abs. 2 S. 1 AktG aF.[808] Mit Inkrafttreten des Gesetzes zur Unternehmensintegrität und Modernisierung des Anfechtungsrechts (UMAG)[809] am 1. November 2005 wurde diese Norm insoweit geändert, als dass der Begriff der „Hinterlegung“ nun nicht mehr im Gesetzeswortlaut erscheint. Dennoch bleibt es den Gesellschaften auch weiterhin unbenommen, die Hinterlegung der Aktien als Voraussetzung für die Stimmrechtsausübung bei Inhaberaktien vorzuschreiben.[810] § 123 Abs. 3 S. 1 AktG nF stellt nämlich die Ausgestaltung des Legitimationsverfahrens für Inhaberaktien grundsätzlich in die Satzungsautonomie der Gesellschaften (*„Bei Inhaberaktien kann die Satzung bestimmen, wie die Berechtigung zur Stimmrechtsausübung nachzuweisen ist“*). Nur bei börsennotierten Gesellschaften reicht nunmehr von Gesetzes wegen ein bloßer Bestandsnach-

---

802 Zu der Möglichkeit, andere Zeitpunkte als maßgeblich zu bestimmen, und der Rechtslage nach dem UMAG sogleich.

803 Zu der jederzeitigen Möglichkeit der Veräußerung gemäß §§ 398, 413 BGB sogleich.

804 *Butzke*, in: Obermüller/Werner/Winden, Die Hauptversammlung, 104.

805 Z.B. die für die *Deutsche Bank* tätige *European Transaction Bank* oder die *Wertpapier Service Bank AG* der Sparkassen und Genossenschaften.

806 Das gilt auch nach neuem Recht.

807 *Hüffer*, Aktiengesetz, § 123 Rdn. 10.

808 „Die Satzung kann die Teilnahme an der Hauptversammlung oder die Ausübung des Stimmrechts davon abhängig machen, dass die Aktien bis zu einem bestimmten Zeitpunkt vor der Versammlung hinterlegt werden […]“.

809 Gesetz vom 22. September 2005, BGBl. I 2005, 2802.

810 Begr. RegE UMAG, BT-Drs. 15/5092, 13 (rechte Spalte); vgl. auch *Mimberg*, AG 2005, 716 (722f).

weis[811] des depotführenden Instituts in jedem Falle aus, § 123 Abs. 3 S. 2 AktG nF. Börsennotierte Gesellschaften können demnach auch künftig die Hinterlegung der Aktien vorsehen, allerdings können sie sich nicht mehr darauf berufen, sobald ein Nachweis nach § 123 Abs. 3 S. 2 vorliegt. Das geschilderte System der Hinterlegung effektiv ausgegebener Inhaberaktien kann bei entsprechender Satzungsgestaltung auch nach neuer Rechtslage zumindest von den nicht-börsennotierten Gesellschaften ohne Einschränkung weiter geführt werden. Dies ist insofern besonders beachtenswert, als die Beschränkung der praktischen Abschaffung des Hinterlegungserfordernisses auf börsennotierte Gesellschaften erst sehr spät im Gesetzgebungsverfahren eingeführt wurde.[812] Die gleiche Beschränkung gilt für die Einführung des Stichtagsprinzips, auf das unten näher eingegangen wird. Bei nicht-börsennotierten Gesellschaften verbleibt es also grundsätzlich bei dem Prinzip, dass die materielle Aktionärsstellung auch im Zeitpunkt der Hauptversammlung noch bestehen muss.

Stellt die Gesellschaft, wie nahezu alle börsennotierten Aktiengesellschaften,[813] allerdings nur noch *Globalaktien* aus, so entfällt die Möglichkeit der tatsächlichen Hinterlegung einer Aktienurkunde durch den Aktionär. In dieser Situation ist die Mitwirkung der Depotbank für das Legitimationsverfahren unerlässlich. Die Globalurkunden deutscher Aktiengesellschaften liegen in der Regel bei der Wertpapiersammelbank *Clearstream Banking AG* in Frankfurt, die als Zentralverwahrer Wertpapierkonten für die Depotbanken führt. Die Depotbanken ihrerseits führen Wertpapierkonten für die Aktionäre. In diesem System girosammelverwahrter Inhaberglobalaktien kann der Aktionär keine Aktienurkunde vorlegen und damit auch nicht hinterlegen. An die Stelle der Urkundsvorlage tritt die Bestätigung einer glaubwürdigen Stelle, dass eine Person tatsächlich Inhaber von Aktien einer Gesellschaft ist.[814] Der Zentralverwahrer der Globalurkunde (*Clearstream*) kann die Aktionärsstellung allerdings nicht nachweisen, weil nur Kreditinstitute und Finanzdienstleister bei ihm Depots eröffnen dürfen,[815] und seine Kunden deshalb in der Regel nicht Eigenbesitzer sind. Von den Personen aber, die bei seinen Kunden Depots innehaben, hat *Clearstream* keine Kenntnis. Somit bleibt nur die Depotbank, die auf Grund ihres Verwahrbuchs[816] über das für eine solche Bestätigung notwendige Wissen verfügt.[817] Sie kann einen Bestandsnachweis erstellen und diesen zusammen mit weiteren für die Ausstellung einer Eintrittskarte erforderlichen Aktionärsdaten an die Emittentin bzw. an die Hinterlegungsstelle weiterleiten.[818]

---

811 Zu diesem ausführlich sogleich.

812 Vgl. noch RegE UMAG, BT-Drs. 15/5092, 13 (rechte Spalte); zu diesem *Seibert*, WM 2005, 157 (157); *Holzborn/Bunnemann*, BKR 2005, 51 (52).

813 *Noack/Zetzsche*, WM 2004, 1 (1). Zu den Vorteilen des Ausschlusses der Einzelverbriefung siehe *Gruson*, AG 2004, 358 (361).

814 *Noack/Zetzsche*, WM 2004, 1 (1 f).

815 Vgl. Nr. 2 der Allgemeinen Geschäftsbedingungen der *Clearstream Banking AG* idF vom 1. Februar 2004.

816 § 14 DepotG.

817 *Noack/Zetzsche*, WM 2004, 1 (3).

818 Kleinere Kreditinstitute und ausländische Depotbanken, deren Kunden Aktien deutscher Unternehmen halten, leiten die Hinterlegungsdaten häufig zunächst an einen in- oder ausländischen

Mit dem Bestandsnachweis bestätigen die Depotbanken die Aktionärsstellung des jeweiligen Depotkunden. Die von den Depotbanken informierten Hinterlegungsstellen erstellen und versenden dann die Eintrittskarten an die Aktionäre. Gleichzeitig leiten sie die gesammelten Aktionärsdaten an die Gesellschaft weiter, die daraus ein Gesamtverzeichnis, den sog. Legitimationsbestand, erstellt.[819]

Dieses System führt zu Schwierigkeiten, wenn – wie bisher im deutschen Aktienrecht stets der Fall – die Aktionärseigenschaft *im Zeitpunkt der Hauptversammlung* für die Stimmberechtigung maßgeblich ist. Die Erstellung und Versendung eines Bestandsnachweises durch die Depotbanken schließt nämlich die Verfügung über die Aktien rechtlich nicht aus, selbst wenn sie als „Hinterlegungserklärung" oder „Sperrerklärung" deklariert wird. Vielmehr bleibt die Verfügungsbefugnis des Aktionärs im Grundsatz unbeschränkt erhalten. Der Aktionär kann rechtlich zu jedem Zeitpunkt gemäß §§ 398, 413 BGB über die Aktien verfügen.[820] Das bedeutet, dass es auch nach Übermittlung eines Bestandsnachweises der Depotbank an die Hinterlegungsstelle zu Veränderungen im Aktienbestand des Anlegers kommen kann. Zwar bedarf es bei einer Veräußerung über den organisierten Kapitalmarkt in der Regel der Mitwirkung der Depotbank, weil der einzelne Aktionär in der Regel nicht zur Teilnahme am Börsenhandel zugelassen ist.[821] Jedoch sind die Depotbanken in aller Regel aus dem Depotvertrag verpflichtet, auch während dieses Hinterlegungszeitraumes etwaige Veräußerungsaufträge ihrer Kunden durchzuführen.[822] Um Missbräuchen vorzubeugen, verlangten die Depotbanken bisher in einem solchen Fall üblicherweise zunächst die Hinterlegungsbescheinigung bzw. Eintrittskarte vom Aktionär zurück, bevor sie den Veräußerungsauftrag durchführten.[823] Aufgrund der Schutzwirkung, die der zwischen Aktionär und Depotbank vereinbarte Legitimationsauftrag zu Gunsten der Emittentin entfaltet, waren die Banken zudem in jedem Fall verpflichtet, zumindest den von ihr ausgestellten Bestandsnachweis zu widerrufen, um ein Auseinanderfallen von materieller Berechtigung und formeller Legitimation im Zeitpunkt der Stimmabgabe zu verhindern.[824] Veräußert der Aktionär lediglich Teile seiner Wertpapiere und will aus den übrigen Aktien weiterhin abstimmen, meldete die Depotbank also die entsprechenden Verkäufe der Gesellschaft, die dann

---

Intermediär weiter, der über eine EDV-Verbindung zu einer Hinterlegungsstelle verfügt oder selbst Hinterlegungsstelle ist, *Noack/Zetzsche*, WM 2004, 1.

819 *Noack/Zetzsche*, WM 2004, 1 (2).

820 HM, vgl. *Zöllner*, FS *Raiser*, 1974, 249 (270f); *Hefermehl*, Wechselgesetz und Scheckgesetz, Wertpapierrecht, Rdn. 31, 52; *Modlich*, DB 2002, 671 (672); *Noack/Zetzsche*, WM 2004, 1 (6).

821 Vgl. § 16 BörsG. Darüber hinaus besteht aber stets die Möglichkeit, die Aktien auch außerhalb des Börsenhandels zu veräußern.

822 So *Noack/Zetzsche*, WM 2004, 1 (7f).

823 *Butzke*, in: Obermüller/Werner/Winden, Die Hauptversammlung, 105; *Noack/Zetzsche*, WM 2004, 1 (2, 6ff); vgl. auch Nr. 13 Abs. 6 der RVO über die „Anforderungen an die Ordnungsmäßigkeit des Depotgeschäfts und der Erfüllung von Wertpapierlieferungsverpflichtungen" vom 21. Dezember 1998: *„Es sind Vorkehrungen zu treffen, dass das Stimmrecht für den bisherigen Aktionär nicht ausgeübt wird, falls er seine Aktien bis zur Hauptversammlung veräußert hat"*.

824 *Noack/Zetzsche*, WM, 2004, 1 (6f); *Simon/Zetzsche*, NZG 2005, 369 (370).

wiederum ihren Legitimationsbestand entsprechend reduzieren kann (sog. *reconciliation*).[825]

Das Verfahren der *reconciliation* ist für die Depotbanken und die betroffenen Gesellschaften allerdings sowohl kostenintensiv als auch risikobelastet. Die Zeit zum Widerruf und zur Anpassung des Legitimationsbestandes kann durchaus sehr knapp bemessen sein, wobei gerade im grenzüberschreitenden Verkehr erhöhte Zugangsrisiken bestehen, und im Falle der Säumnis der Gesellschaft die Anfechtbarkeit von Hauptversammlungsbeschlüssen und den Banken Schadensersatzforderungen drohen. Zudem fand sich das geschilderte Verfahren der Legitimation von girosammelverwahrten Inhaberglobalaktien nach alter Rechtslage nicht einmal ansatzweise im Gesetz wieder. Im Gesetzeswortlaut war vielmehr lediglich von der „Hinterlegung" als gesetzliche Grundform des Berechtigungsnachweises die Rede, da der Normgeber nur die verbriefte Urkunde im Auge hatte. Gerade der Gesetzeswortlaut gab aber gebietsfremden Anlegern Anlass zu Missverständnissen, die sich attraktivitätsmindernd auf eine Anlage in deutsche Aktien auswirken konnte. Mit dem Begriff „Hinterlegung" verbindet sich nämlich bei ausländischen Investoren häufig die Fehlvorstellung, eine Veräußerung der Aktien sei während der Hinterlegungsfrist ausgeschlossen.[826] Gerade die ausländischen institutionellen Anleger handelten aber bislang in der Regel gemäß der sog. *Wall Street-Rule*, wonach die Anteile schlicht veräußert werden, wenn das Unternehmensergebnis als unbefriedigend gewertet wird. Diese Strategie verlangt jedoch, dass die Aktien schnell und ohne besonderen Aufwand abgestoßen werden können. Insofern befürchten die Anleger, dass die notwendige Hinterlegung der Aktien ihre Verfügungsmöglichkeit beschränkt und sie bei Kursschwankungen im Vorfeld der Hauptversammlung die Aktien nicht zügig veräußern können.[827]

Wegen dieser potentiell imageschädigenden Wirkung hat der Gesetzgeber daher mit dem UMAG den Begriff der „Hinterlegung" aus dem Gesetzestext gestrichen, vgl. § 123 Abs. 2 und 3 AktG nF. Zudem wurde als wichtigste inhaltliche Änderung das System der Legitimation von Inhaberaktionären den Bedürfnissen der modernen Praxis von girosammelverwahrten Inhaberglobalaktien angepasst. So kann zwar die Satzung nach neuem Recht wie oben dargelegt grundsätzlich frei bestimmen, wie die Berechtigung von Inhaberaktionären zur Stimmrechtsaus-

---

825 Maßgeblich für das Storno der Depotbank ist dabei nicht das schuldrechtliche, sondern das dingliche Rechtsgeschäft, denn erst mit der Verfügung verliert der Bankkunde seine Aktionärsstellung. Bei einem wertpapierrechtlichen Abwicklungszeitraum von in Deutschland bis zu 48 Stunden können deshalb Aktionäre, die ihrer Depotbank am Vortag der Hauptversammlung einen Veräußerungsauftrag erteilt haben, dennoch ihr Stimmrecht auf der Hauptversammlung ausüben, *Noack/Zetzsche*, WM 2004, 1 (2).

826 Baums (Hrsg.), Bericht der Regierungskommission Corporate Governance, Rdn. 104; *Butzke*, in: Obermüller/Werner/Winden, Die Hauptversammlung, B 57; *Fraune*, Der Einfluss institutioneller Anleger in der Hauptversammlung, 110; *Schneider/Burgard*, FS Beusch, 783 (789); *Seibert*, AG 2004, 529 (532); siehe auch *International Corporate Governance Network*, Cross Border Proxy Voting – Case Studies from the 2002 Proxy Voting Season, aaO, Appendix C, 40, wo allein vier ausländische Teilnehmer der Studie das *blocking*, also die Aussetzung der Handelbarkeit der Aktien im Vorfeld der Hauptversammlung, in Deutschland als Hindernis nannten.

827 *Schneider/Burgard*, FS Beusch, 783 (789).

übung nachzuweisen ist (§ 123 Abs. 3 S. 1 AktG nF). Gemäß § 123 Abs. 3 S. 2 und 3 AktG nF reicht aber bei *börsennotierten* Gesellschaften in jedem Fall ein in Textform erstellter besonderer Nachweis des Anteilsbesitzes durch das depotführende Institut aus. Ausweislich der Begründung des Gesetzesentwurfs soll diesen Nachweis auch ein ausländisches depotführendes Finanzinstitut erbringen können.[828] Um nicht ungewollt bestimmte ausländische depotführenden Institute auszuschließen, die keine „Kreditinstitute" im engeren Sinne sind, wurde der zunächst verwendete Begriff „depotführendes Kreditinstitut" im Laufe des Gesetzgebungsverfahrens sogar noch durch den neutraleren Begriff „depotführendes Institut" ersetzt.[829] Ein Anspruch auf Erstellung des Bestandsnachweises ergibt sich aus dem Depotvertrag, so dass der Gesetzgeber von einer diesbezüglichen gesetzlichen Regelung absah.[830]

Wenn börsennotierte Gesellschaften nach der neuen Rechtslage den Nachweis der Depotbanken zur Legitimation zwingend für ausreichend erachten müssen, bedeutet das praktisch für sie, sich ganz auf die Zuverlässigkeit der Kreditinstitute zu verlassen. Dem stehen keine grundsätzlichen Bedenken gegenüber. Erstens waren es auch nach dem bisher praktizierten System die Depotbanken, die die Berechtigung der Inhaberaktionäre durch Ausstellung der Bestandsnachweise bzw. Sperrerklärungen nachweisen.[831] Zweitens werden die Kreditinstitute hinreichend beaufsichtigt. Und drittens soll die Gesellschaft nach der Begründung des Gesetzesentwurfs nicht gehindert sein, zweifelhafte Nachweise nachzuprüfen und bei schwerwiegendem Verdacht eines gefälschten oder fälschlich ausgestellten Nachweises den betreffenden Aktionär zurückzuweisen.[832] Diese Überprüfbarkeit insbesondere hinsichtlich von Bescheinigungen ausländischer Finanzinstitute stellte zwar das *Deutsche Aktieninstitut* in seiner Stellungnahme zum UMAG-Referentenentwurf vom 31. März 2004 in Frage und schlug vor, dass bei grenzüberschreitenden Sachverhalten in der Satzung der Gesellschaft vorgesehen werden kann, dass im Falle einer Bescheinigung durch ein ausländisches depotführendes Institut zusätzlich der lückenlose Nachweis der Verwahrkette erforderlich ist.[833] Einer solchen Differenzierung von innerhalb der Europäischen Union ansässigen Kreditinstituten könnte jedoch das europäische Gemeinschaftsrecht entgegenstehen.[834]

---

828 Begründung zum Regierungsentwurf UMAG, Sonderbeilage zu NZG Heft 4/2004, 1 (11).

829 Wohl auf Anregung des *Deutschen Aktieninstituts*, vgl. DAI Stellungnahme zu dem Referentenentwurf eines Gesetzes zur Unternehmensintegrität und Modernisierung des Anfechtungsrechts, 31. März 2004, S. 5.

830 *Seibert*, WM 2005, 157 (157).

831 Im Prinzip weisen sie auch die Berechtigung von Namensaktionären aus, da sie gemäß § 67 Abs. 4 AktG bei „Übertragung" der Aktien der Gesellschaft die erforderlichen Angaben machen müssen, zu denen auch die Identität des Erwerbers gehört. Diese Meldung findet dann Eingang ins Aktienregister, vgl. § 67 Abs. 1 AktG. Auch die Legitimation der Namensaktionäre ist damit letztlich auf das depotführende Kreditinstitut zurückzuführen, so *Noack/Zetzsche*, AG 2002, 651 (655).

832 Begründung zum Regierungsentwurf UMAG, Sonderbeilage zu NZG Heft 4/2004, 1 (11); *Seibert*, WM 2005, 157.

833 *Deutsches Aktieninstitut*, Stellungnahme zu dem Referentenentwurf eines Gesetzes zur Unternehmensintegrität und Modernisierung des Anfechtungsrechts, 31. März 2004, aaO, 1 (5).

834 Zu diesem Ergebnis kommen *Noack/Zetzsche* im Wege der europarechtskonformen Auslegung des aktuellen § 123 AktG, WM 2004, 1 (2).

Zudem wird die Nachprüfung zweifelhafter Nachweise wohl nur in den Fällen praktische Relevanz haben, in denen der behauptete Stimmrechtsanteil Einfluss auf das Abstimmungsergebnis hat. Wohl aus diesen Gründen findet sich der Vorschlag des DAI auch nicht in der endgültigen Gesetzesfassung wieder.

Gemäß § 123 Abs. 3 S. 3 AktG nF muss sich der Nachweis bei börsennotierten Gesellschaften zwingend auf den Beginn des einundzwanzigsten Tages vor der Hauptversammlung beziehen. Während also mit S. 2 der Norm im Prinzip lediglich die bereits gängige Legitimationspraxis des bankrechtlichen Bestandsnachweises nunmehr gesetzlich festgeschrieben wird, liegt die einschneidendere Neuerung des UMAG in der Einführung dieses Stichtagsprinzips. Damit wird für Inhaberaktionäre der Grundsatz aufgegeben, dass nur derjenige stimmberechtigt ist, der (noch) zum Zeitpunkt der Hauptversammlung Aktionär ist. Die Berechtigung kann bei börsennotierten Gesellschaften vielmehr nur erbringen, wer am Beginn des 21. Tages der Hauptversammlung Aktionär der Gesellschaft ist (sog. *record date*-Prinzip). Wer den Berechtigungsnachweis ordnungsgemäß erbracht hat, gilt im Verhältnis zur Gesellschaft durch unwiderlegliche Vermutung als Inhaber der Aktien, die ihm am *record date* zustanden, selbst wenn er alle oder einen Teil der Aktien nach dem Stichtag veräußert.[835] Im Falle einer Veräußerung zwischen Stichtag und Hauptversammlung wird nach der neuen Rechtslage also das Auseinanderfallen von formeller Legitimation und materieller Aktionärsstellung akzeptiert.[836] Dieses Auseinanderfallen von Stimmrecht und Inhaberschaft kann bei größeren Verkäufen problematisch werden. Der Gesetzgeber geht aber davon aus, dass in einem solchen Fall Stimmrechtsausübungsregelungen zwischen den Kaufvertragsparteien vertraglich vorgesehen sein werden bzw. eine Bevollmächtigung des Käufers durch den formell Legitimierten erfolgen wird.[837] Gerade im Hinblick auf grenzüberschreitende Verkäufe über die Börse mit einer Reihe zwischengeschalteter Intermediäre erscheint diese Annahme allerdings kaum zuzutreffen. Dennoch ist die Einführung des Stichtagsprinzips aus Gründen, auf die unten[838] noch näher eingegangen wird, prinzipiell zu begrüßen.

Der Gesetzgeber hat das Legitimationsverfahren weiter dadurch vereinfacht, dass er zugleich mit der Bestimmung des *record date* die Mitteilungsfrist nach § 128 Abs. 1 AktG auf 21 Tage verlängert hat. So wird es den Depotbanken ermöglicht, künftig jedem Inhaberaktionär den Bestandsnachweis zugleich mit den Hauptversammlungsunterlagen mitzuschicken. Dadurch wird ein kosten- und zeitintensiver Arbeitsschritt gespart. Zu beachten ist allerdings, dass das *record date* nach neuem deutschen Recht nur für börsennotierte Gesellschaften und hier auch nur

---

835 Begründung zum Regierungsentwurf UMAG, Sonderbeilage zu NZG Heft 4/2004, 1 (11).

836 Da die Berechtigung des angemeldeten Aktionärs aber nur relativ zur Gesellschaft gilt, ist er im Innenverhältnis zum Erwerber verpflichtet, die Stimmrechtsausübung zu unterlassen, bzw. im Interesse des Erwerbers auszuüben, was in vielen Fällen eine Nachfrage im Innenverhältnis erforderlich machen wird; vgl. Begründung zum Regierungsentwurf UMAG, Sonderbeilage zu NZG Heft 4/2004, 1 (11).

837 *Seibert*, WM 2005, 157 (158).

838 Kap. 3 IV.

für Inhaberaktien gilt. Auch ist zwischen dem für die Aktionärsstellung maßgeblichen Stichtag und dem Tag, bis zu dem der Nachweis der Gesellschaft zugegangen sein muss, zu unterscheiden. Diese Frist beträgt gesetzlich sieben Tage, soweit nicht die Satzung eine kürzere Frist bestimmt, damit den Depotbanken genügend Zeit bleibt, die Bestandsnachweise zu erstellen und zu übermitteln.

Neben dem satzungsdispositiven Nachweiserfordernis kann die Stimmrechtsausübung für Inhaberaktionäre in der Satzung – sowohl nach altem als auch nach neuem Recht – kumulativ an die Voraussetzung der vorherigen Anmeldung geknüpft werden (§ 123 Abs. 2 S. 1 AktG), was auch in aller Regel so gehandhabt wird. Für die Form der Anmeldung stellt das Gesetz keine besonderen Erfordernisse auf. Soweit die Satzung keine kürzere Frist vorsieht, muss die Anmeldung der Gesellschaft allerdings bis spätestens am siebten Tage vor der Versammlung zugehen, § 123 Abs. 2 S. 3 AktG nF.

b) Legitimation bei Namensaktien

Das Legitimationsverfahren bei Namensaktien erfolgt dagegen ausschließlich auf der Grundlage des Aktienregisters. Der für die Stimmberechtigung maßgebliche Zeitpunkt ist grundsätzlich der Moment der Beschlussfassung in der Hauptversammlung. Gemäß § 67 Abs. 2 AktG gilt bei Namensaktien im Verhältnis zur Gesellschaft nur derjenige als Aktionär, der als solcher im Aktienregister eingetragen ist.[839] Nach dem Wortlaut der Norm kommt es nur auf die Eintragung an, es besteht also eine unwiderlegbare Vermutung der Mitgliedschaft.[840] Das bedeutet: Der Eingetragene, und nur er, ist befugt, die mitgliedschaftlichen Rechte, also insbesondere auch das Stimmrecht, auszuüben, unabhängig davon, ob er wirklich der Eigentümer der Aktien ist.[841] Die Legitimationswirkung des Aktienregisters für die Stimmberechtigung tritt also auch zugunsten des fälschlich Eingetragenen ein, und dies sogar, wenn der Gesellschaft die materielle Nichtberechtigung des Eingetragenen positiv bekannt ist.[842] Daraus folgt, dass beispielsweise ein Hauptversammlungsbeschluss, bei dem der Eingetragene mitgewirkt hat, nicht mit der Begründung angefochten werden kann, er sei nicht Aktionär.[843] § 67 Abs. 2 AktG hat keinen Einfluss auf die materielle Rechtslage in Bezug auf die Aktien.[844]

§ 67 Abs. 1 AktG bestimmt, dass im Aktienregister der Inhaber der Aktien aufzuführen ist. Auch der Treuhänder ist demnach als Inhaber der Namensaktien im

---

839 *Bayer*, in: MünchKomm AktG, § 67 Rdn. 39ff; *Hüffer*, Aktiengesetz, § 67 Rdn. 13; *Kümpel*, Bank- und Kapitalmarktrecht, Rdn. 11.137; *Lutter*, in: KölnKomm AktG, § 67 Rdn. 16ff.

840 Immer vorausgesetzt, dass eine ordnungsgemäße Anmeldung erfolgt ist; aus der Rechtsprechung zuletzt OLG Jena v. 25. 2. 2004, AG 2004, 268; siehe auch OLG Zweibrücken v. 3. 12. 1996, WM 1997, 622 (623); *Barz*, in: GroßKomm AktG, § 67 Anm. 15; *Bayer*, in: MünchKomm AktG, § 67 Rdn. 39ff; *Hüffer*, Aktiengesetz, § 67 Rdn. 13; *Lutter*, in: KölnKomm AktG, § 67 Rdn. 16ff.

841 *Hüffer*, Aktiengesetz, § 67 Rdn. 14; *Lutter*, in: KölnKomm AktG, § 67 Rdn. 18.

842 OLG Jena v. 25. 2. 2004, AG 2004, 268; *Bayer*, in: MünchKomm AktG, § 67 Rdn. 40; *Hüffer*, Aktiengesetz, § 67 Rdn. 14; *Lutter*, in: KölnKomm AktG, § 67 Rdn. 18f.

843 RG 77, 256; *Barz*, in: GroßKomm AktG, § 67 Anm. 15.

844 OLG Jena v. 25. 2. 2004, AG 2004, 268.

deutschen Recht problemlos eintragungsfähig, wenn ihm der Treugeber das (Mit-) Eigentum an den Namensaktien übertragen hat.[845] Anzutreffen ist aber eher die Konstellation, dass das Eigentum an den Aktien beim Treugeber verbleibt und der Dritte (idR die Depotbank) aufgrund einer Ermächtigung des Treugebers gemäß § 185 BGB im Aktienregister als Inhaber eingetragen wird.[846] Die Treuhänderstellung des eingetragenen Dritten bezieht sich in diesem Fall also nicht auf die dingliche Berechtigung an der Aktie, sondern lediglich auf die Legitimationswirkung der Registereintragung.[847] Daher spricht man in diesen Fällen von einer Legitimationsübertragung.[848] Der Dritte wird damit ermächtigt, fremde Stimmrechte in eigenem Namen auszuüben.[849] Der Gesetzgeber hat diese Form der Legitimationsübertragung in §§ 128 Abs. 1 S. 1, Abs. 2 S. 2, 129 Abs. 3 S. 2, 135 Abs. 7 S. 1 AktG auch ausdrücklich anerkannt. Die genannten Vorschriften gehen davon aus, dass ein Dritter im Aktienregister eingetragen ist, obwohl ihm die Aktien nicht gehören.[850] Sofern ein Aktionär also nicht selbst in das Aktienregister eingetragen werden will, kann er beispielsweise seine Depotbank ermächtigen, sich für ihn eintragen zu lassen.[851] Der Legitimationsaktionär muss allerdings gemäß § 129 Abs. 3 S. 2 AktG die von ihm vertretenen Aktien im Teilnehmerverzeichnis der Hauptversammlung als Fremdbesitz deklarieren.[852]

Schon das Reichsgericht[853] hatte gegen die Eintragung eines solchen „Scheinaktionärs" keine Bedenken, da eine solche Eintragung den Zweck des Aktienregisters, nämlich die Klarstellung, wer gegenüber der Gesellschaft zur Ausübung der Aktionärsrechte berechtigt ist, nicht beeinträchtigt. Eine unzutreffende Eintragung im Aktienregister hat auch keinen Einfluss auf die materielle Rechtslage, da alle Verfügungen über die Aktie vollständig außerhalb des Registers erfolgen.[854] Die Übertragung des Aktieneigentums ist unabhängig von der Umschreibung im Aktienregister.[855] Das deutsche Aktienregister gibt also nicht zwingend die wirklichen Eigentumsverhältnisse an der Aktie wieder. Dennoch ist immer nur der Eingetragene gegenüber der Gesellschaft als stimmberechtigt legitimiert.

---

845 *Bayer*, in: MünchKomm AktG, § 67 Rdn. 20. Dann spielt es auch keine Rolle, wenn der Treuhänder (meist eine Depotbank) dem Treugeber im Gegenzug eine Vollmacht zur eigenen Wahrnehmung aller Verwaltungsrechte erteilt. Denn diese schuldrechtliche Nebenabrede zur dinglichen Übertragung der Namensaktien auf den Treuhänder wirkt nur intern, hat also keine Außenwirkung auf die Rechtsbeziehungen zur Aktiengesellschaft.
846 *Bayer*, in: MünchKomm AktG, § 67 Rdn. 21.
847 *Than/Hannöver*, in: von Rosen/Seifert (Hrsg.), Die Namensaktie, 279 (307).
848 *Barz*, in: GroßKomm AktG, § 68 Anm. 25; *Lutter*, in: KölnKomm AktG, § 68 Rdn. 18.
849 *Hüffer*, Aktiengesetz, § 129 Rdn. 12; *Lutter*, in: KölnKomm AktG, § 68 Rdn. 18.
850 *Bayer*, in: MünchKomm AktG, § 67 Rdn. 21; *Than/Hannöver*, in: von Rosen/Seifert (Hrsg.), Die Namensaktie, 279 (307).
851 *Than/Hannöver*, in: von Rosen/Seifert (Hrsg.), Die Namensaktie, 279 (307).
852 *Barz*, in: GroßKomm AktG, § 134 Anm. 35; *Hüffer*, Aktiengesetz, § 129 Rdn. 12.
853 RGZ 40, 80 (83); siehe ferner RGZ 118, 330 (332).
854 *Barz*, in: GroßKomm AktG, § 68 Anm. 2 ff; *Bayer*, in: MünchKomm AktG; § 67 Rdn. 36; *Hüffer*, Aktiengesetz, § 67 Rdn. 11; *Lutter*, in: KölnKomm AktG, § 67 Rdn. 16.
855 *Barz*, in: GroßKomm AktG, § 68 Anm. 16.

Gerade in grenzüberschreitenden Situationen spielt die Möglichkeit, einen Dritten (den sog. Legitimationsaktionär oder *nominee*) anstelle des wahren Eigentümers der Aktien im Aktienregister eingetragen zu lassen, eine große Rolle. Es sind nämlich vor allem ausländische Aktionäre, insbesondere große institutionelle Investoren aus den USA und Großbritannien, die von dieser Möglichkeit Gebrauch machen und an ihrer statt Intermediäre in das Aktienregister eintragen lassen (sog. *street name*- oder *nominee*-Registrierung).[856] Diese Aktionäre sind die Praxis der *nominee*-Registrierung vielfach aus ihrem Heimatland gewohnt[857] und behalten diese Gewohnheit auch bei einem grenzüberschreitenden Investment in Deutschland bei.[858] So liegt die Prozentzahl der namentlich eingetragenen Aktionäre bei Aktiengesellschaften mit ausländischen Aktionären erfahrungsgemäß bei nur 40–60%, während sie bei Gesellschaften mit ausschließlich inländischen Aktionären mit 70–90% deutlich höher ist.[859] Im Aktienregister der *Deutsche Bank AG* etwa, einer Gesellschaft mit internationalem Aktionärskreis, dürften beispielsweise für mehr als 40% des Aktienkapitals *nominee*-Eintragungen enthalten sein.[860] Aufgrund der zwingenden Legitimationswirkung des Aktienregisters im deutschen Recht ist die Konsequenz aus der Eintragung eines Intermediären anstelle des materiellen Aktionärs, dass nur der eingetragene Dritte (der Legitimationsaktionär) von der Gesellschaft als stimmberechtigt akzeptiert wird. Der Eigentümer der Aktien, der materiell Inhaber des Stimmrechts ist, kann sich der Gesellschaft gegenüber nicht (formell) legitimieren und sein Stimmrecht als Aktionär daher nicht ausüben.

Im Hinblick auf die geschilderte Legitimation von Namensaktionären hat das UMAG kaum substantielle Änderungen gebracht. Eine Neuerung ist, dass nach neuem Recht weder börsennotierte noch nicht-börsennotierte Gesellschaften die Möglichkeit haben, die Hinterlegung von Namensaktien in der Satzung zur Teilnahmevoraussetzung zu erklären. Diese Voraussetzung war bei Namensaktien ohnehin weniger erforderlich, da gemäß § 67 Abs. 2 AktG der Gesellschaft gegenüber zum Zeitpunkt der Hauptversammlung nur diejenigen als Aktionäre gelten, die auch zu diesem Zeitpunkt als solche im Aktienregister eingetragen sind. Mit dem zusätzlichen Erfordernis der Hinterlegung konnte nur verhindert werden, dass Personen an der Hauptversammlung teilnehmen, die zwar im Aktienregister eingetragen sind, ihre Aktien aber bereits, z.B. durch Indossament, weiter übertragen haben oder die trotz Eintragung des Rechtsnachfolgers noch nicht im Aktienregister gelöscht waren.[861] Von dem Erfordernis der Hinterle-

856 Vgl. Bericht des Bundesministeriums der Justiz, aaO, Langfassung, A Nr. 8; *Butzke*, in: Obermüller/Werner/Winden, Die Hauptversammlung, 530; *Maul*, NZG 2001, 585 (585 und 587); *Merkt*, in: von Rosen/Seifert (Hrsg.), Die Namensaktie, 63 (90ff); *Seibert*, in: von Rosen/Seifert (Hrsg.), Die Namensaktie, 11 (31); *ders.*, AG 2004, 529 (532).

857 Zur Praxis in den USA *Spindler/Hüther*, RIW 2000, 329 (331); *Wunderlich/Labermeier*, in: von Rosen/Seifert (Hrsg.), Die Namensaktie, 143 (151); zur Praxis in Großbritannien siehe unten unter III. 2 lit. c).

858 *Preissler*, WM 2001, 113ff.

859 *Maul*, NZG 2001, 585 (585 und 587).

860 *Butzke*, in: Obermüller/Werner/Winden, Die Hauptversammlung, 530 Fn. 7.

861 *Butzke*, in: Obermüller/Werner/Winden, Die Hauptversammlung, 106; *Zöllner*, in: KölnKomm AktG § 123 Rdn. 17. Dagegen wendet *Bayer* (in: MünchKomm § 67 Rdn. 49) ein, es sei allein Sache gung ist die nun in § 123 Abs. 2 S. 1 AktG für beide Aktienarten umfassend geregelte Anmeldepflicht zu unterscheiden. Da bei Inhaberaktien eine isolierte Anmeldepflicht ohne Nachweis der Aktionärseigenschaft wenig zweckmäßig ist, findet sich bei diesen die satzungsmäßige Pflicht zur Anmeldung häufig kumulativ neben einem weiteren Berechtigungsnachweis gemäß § 123 Abs. 2 AktG nF. Bei Namensaktien kann die Stimmrechtsausübung nunmehr allein von einer Anmeldung abhängig gemacht werden, weitere Voraussetzungen dürfen nicht aufgestellt werden. Das alleinige Anmeldeerfordernis ist auch für nicht-ansässige Aktionäre besser nachvollziehbar und daher zu begrüßen.[862] Damit die Gesellschaft das Teilnehmerverzeichnis bereits vor der Hauptversammlung aufstellen und beispielsweise auch die Stimmkarten schon drucken kann, was den Ablauf der Hauptversammlung wesentlich erleichtert, findet sich das Anmeldeerfordernis für Namensaktionäre in fast allen Satzungen größerer deutscher Aktiengesellschaften.[863] Die gesetzliche Anmeldefrist wurde durch das NaStraG von drei auf sieben Tage verlängert und blieb durch das UMAG unberührt. Das heißt, gemäß § 123 Abs. 2 S. 3 AktG nF muss die Anmeldung bis spätestens am siebten Tage vor der Hauptversammlung zugehen, soweit die Satzung keine kürzere Frist bestimmt.[864]

Beachtenswert ist vor allem, dass durch das UMAG gerade kein *record date* für Namensaktien eingeführt wurde. Das *record date* findet sich nämlich nur in § 123 Abs. 3 AktG nF, der ausdrücklich nur für Inhaberaktien gilt. Zwar wurde die Einführung einer Stichtagsregelung auch für Namensaktien von einigen vorgeschlagen, jedoch stieß dies auf den Widerstand vieler Namensaktiengesellschaften, die eine Einschränkung ihrer besonderen Flexibilität im Vergleich zu den Gesellschaften mit Inhaberaktien ablehnten.[865] Ohnehin gilt aufgrund der Regelung des § 125 Abs. 2 AktG, dass Namensaktiengesellschaften Mitteilungen nur an Aktionäre versenden müssen, die spätestens zwei Wochen vor der Hauptversammlung im Aktienregister eingetragen werden (Versendungsstopp).[866] Zudem ist bei der Anmeldung von Namensaktionären seit langem allgemein anerkannt, dass die Gesellschaft ihr Aktienregister bereits wenige Tage vor der Hauptversammlung

---

der Beteiligten, eingetretene Rechtsänderungen der Gesellschaft zur Fortschreibung des Registers zu melden (vgl. § 67 Abs. 3 und 4 AktG). Daher sei eine Hinterlegung von Namensaktien überflüssig und wegen § 23 Abs. 5 AktG unzulässig.

862 So auch *Butzke*, in: Obermüller/Werner/Winden, Die Hauptversammlung, 106.

863 *Maul*, NZG 2001, 585 (585); vgl. statt vieler §10 Nr. 2 der Satzung der *Allianz AG* idF vom September 2005, § 19 Abs. 1 der Satzung der *Deutsche Post AG* idF vom Juni 2005 und § 19 Nr. 2 der Satzung der *Siemens AG* idF vom Februar 2005; zur Bedeutung des Anmeldeerfordernisses bei Namensaktien auch *Butzke*, in: Obermüller/Werner/Winden, Die Hauptversammlung, 106.

864 In der Praxis wird in der Satzung häufig nur generell vorgesehen, dass der Vorstand in der Einladung zur Hauptversammlung eine kürzere Frist bestimmen kann, vgl. bspw. §10 Nr. 2 der Satzung der *Allianz AG* idF vom September 2005, § 19 Abs. 1 der Satzung der *Deutsche Post AG* idF vom Juni 2005 und § 19 Nr. 3 der Satzung der *Siemens AG* idF vom Februar 2005. Macht der Vorstand von diesem Recht Gebrauch, so ergibt sich die genaue Anmeldefrist also erst aus der Einladung zur Hauptversammlung.

865 *Seibert*, WM 2005, 157 (158).

866 *Seibert*, WM 2005, 157 (158).

„einfrieren" darf.[867] Für diesen Fall ist in der Satzung ein sog. Umschreibestopp vorgesehen, wonach Anträge auf Umschreibung im Aktienregister innerhalb einer bestimmten Frist vor der Hauptversammlung nicht mehr bearbeitet werden dürfen.[868] Diese Frist darf aber keinesfalls länger als sieben Tage sein.[869] Macht eine Gesellschaft, wie beispielsweise die *Lufthansa AG*,[870] von dieser Möglichkeit Gebrauch, so bestimmt sie gleichsam selbst ihr individuelles *record date*. Aufgrund der Maximalfrist von 7 Tagen für den Umschreibestopp sind diese satzungsmäßigen Stichtagsregelungen bei Namensaktien allerdings stets deutlich kürzer als das für börsennotierte Inhaberaktien zwingend festgelegte *record date* von 21 Tagen.

II. Frankreich

1) Rahmenbedingungen

Das französische Aktienrecht lässt die Ausgabe von Namensaktien und Inhaberaktien zu, letztere allerdings nur bei börsennotierten Gesellschaften.[871] Deshalb dominiert in Frankreich insgesamt die Namensaktie.[872] Sofern eine börsennotierte Aktiengesellschaft die Namensaktie in ihrer Satzung nicht zwingend vorschreibt, ist der Inhaber der Aktien berechtigt, zu entscheiden, in welcher Form die Aktien ausgestaltet werden sollen.[873] Die meisten ausländischen Aktionäre bevorzugen derzeit Inhaberaktien.[874]

Für beide Formen von Aktien gilt in Frankreich seit mehr als zwanzig Jahren zwingend das Prinzip der *dématérialisation*.[875] Die *dématérialisation* der Aktien im französischen Recht bedeutet, dass die Wertpapiere nicht mehr in verkörperter Form ausgegeben werden dürfen. Selbst wenn börsennotierte Aktiengesellschaften Inhaberaktien ausgeben, so bestehen diese also nie in verbriefter Form. Es gibt auch keine Globalurkunden. Die Aktien sind Wertrechte und existieren lediglich

---

867 RegBegr. zum NaStraG (zu § 67 Abs. 3 AktG), BT-Drs. 14/4051, 11; *Bayer*, in: MünchKomm AktG, § 67 Rdn. 93; vgl. auch *Seibert*, WM 2005, 157 (158). *Maul*, NZG 2001, 585 (586), weist allerdings daraufhin, dass die Gesetzesbegründung keinen Gesetzesrang hat und kritisiert insofern die Ermangelung einer ausdrücklichen gesetzlichen Grundlage für den durch den Umschreibestopp hervorgerufenen Eingriff in die Mitgliedschaftsrechte des Aktionärs.

868 *Maul*, NZG 2001, 585 (586); *Seibert*, WM 2005, 157 (158).

869 Vgl. RegBegr. zum NaStraG, BT-Drs. 14/4051, 11. Daran sollte auch durch das UMAG nichts geändert werden, *Seibert*, WM 2005, 157 (158).

870 § 15 Abs. 2 der Satzung der *Lufthansa AG* idF 2004: „Die Anmeldung zur Teilnahme an der Hauptversammlung muss der Gesellschaft spätestens am dritten Tag vor der Hauptversammlung zugegangen sein. Stimmberechtigt sind die *am Anmeldeschlusstag* im Aktienregister eingetragenen Aktien."

871 Art. L. 228-1 Abs. 1 C. com i. V. m. Art. 94 Loi de finances; *Cozian/Viandier/Deboissy*, Droit des sociétés, Rdn. 916.

872 *Weller/Zahn*, in: von Rosen/Seifert (Hrsg.), Die Namensaktie, 177 (187).

873 *Bissara*, L'amélioration des conditions de vote des actionnaires Non-Résidents des sociétés cotées françaises, Teil 1 II Nr. 4; *Weller/Zahn*, in: von Rosen/Seifert (Hrsg.), Die Namensaktie, 177 (187).

874 *Bissara*, aaO.

875 Eingeführt durch Art. 94 Abs. 1 *Loi de finances* (Loi Nr. 81-1160, vom 30. Dezember 1981, JO 31/12/1981, 1359) i. V. m. dem Dekret Nr. 83-359 vom 2. Mai 1983 JO 3/05/1983, 1359, sog. Dematerialisierungs-Verordnung; *Weller/Zahn*, in: von Rosen/Seifert (Hrsg.), Die Namensaktie, 177 (187).

als Buchungsposten eines Kontos, das von der emittierenden Gesellschaft bzw. von einer dazu vom *Conseil des marchés financiers* ermächtigten Finanzinstitution[876] geführt wird.[877] Dadurch wird der Unterschied zwischen Namens- und Inhaberaktien im französischen Recht marginalisiert.[878] Er besteht lediglich darin, dass bei Namensaktien das Wertpapierkonto bei der emittierenden Gesellschaft eröffnet wird, bei Inhaberaktien dagegen bei einer behördlich zugelassenen Finanzinstitution in Frankreich, die dem französischen Zentralverwahrer *Euroclear France* (ehemals SICOVAM)[879] angeschlossen ist.[880] Auf diese Weise verbleibt dem Inhaberaktionär – zumindest gegenüber der Emissionsgesellschaft – grundsätzlich[881] seine Anonymität. Die Wertpapierkonten sowohl für Namens- als auch für Inhaberaktien müssen jeweils auf den Namen des Eigentümers der Aktien lauten. Im französischen System der *dématérialisation* werden die Beteiligungen also grundsätzlich direkt gehalten.[882]

2) Bestimmung des stimmberechtigten Aktionärs

a) Aktieninhaber als stimmberechtigter Aktionär

Im französischen Recht ist – *„en toute bonne logique"*[883] – nur der wahre Eigentümer der Aktie als „Aktionär" stimmberechtigt.[884] Das folgt aus dem französischen Ver-

---

876 Eine aktuelle Liste dieser *„Établissements habilités à exercer le service de tenue de compte-conservation en France"*, kurz: *„Teneurs de compte habilités"*, findet sich unter: http://www.banque-france.fr/fr/supervi/telechar/popetscred/jotcc2004.pdf.

877 *Guyon*, ZGR 1985, 74 (80).

878 Gleichwohl hält der französische Gesetzgeber an der Terminologie fest, vgl. Art. L. 228-1 Abs. 1 C. com.

879 *La Société interprofessionnelle pour la compensation des valeurs mobilières*, kurz: die SICOVAM, war die zentrale Clearingsstelle Frankreichs. Nach Abschluss der Fusion mit der *Euroclear Bank* firmiert sie seit dem 10. Januar 2001 als 100%ige Tochter der *Euroclear Bank* unter dem Namen *Euroclear France*.

880 *Merle*, Sociétés Commerciales, 6. Auflage, Rdn. 271; *Mercadal/Janin*, Sociétés Commerciales 2000, Rdn. 10440f.

881 Seit dem Gesetz vom 17. Juni 1987 hat die emittierende Gesellschaft die Möglichkeit, satzungsmäßig ein „Enttarnungsrecht" zu installieren, Art. L. 228-2-1 C. com. Danach darf sie von der zentralen Clearingstelle, also mittlerweile *Euroclear France*, jederzeit u. a. den Namen, die Adresse und insbesondere die Nationalität der Inhaber von Stimmrechtsaktien erfragen. Die *Euroclear France* ihrerseits holt die entsprechenden Informationen von den kontoführenden autorisierten Finanzintermediären ein. Letztere haben zehn Tage Zeit, die Informationen weiterzugeben. Bei einer derartigen Satzungsgestaltung spricht man plastisch von *titres au porteur identifiable* (T. P. I.), also von identifizierbaren Inhaberaktien.

882 Im deutschen Recht dagegen kann zwar der Anspruch der Aktionäre auf Anteilsverbriefung in der Satzung ausgeschlossen werden (§ 10 Abs. 5 AktG), jedoch ist die Erstellung und Hinterlegung einer Globalurkunde nach wie vor unverzichtbar. Das deutsche Effektenwesen hat also eine wertpapiermäßige Basis, während in Frankreich ein reines Wertrechte-System besteht. Zwar ist die Abwicklung der Transaktionen im deutschen und französischen System in der Praxis sehr ähnlich, jedoch ist die rechtliche Ausgangssituation beim indirekten und beim direkten Beteiligungssystem substantiell unterschiedlich, was sich gerade im Hinblick auf die Ausübung des Aktionärsstimmrechts bemerkbar macht.

883 *Couret*, Rev. sociétés 1999, 555 (564).

884 Bei Miteigentum gilt, dass sich die Miteigentümer ungeteilter Aktien durch einen von ihnen oder einen (alleinigen) Beauftragten vertreten lassen müssen, um ihre Stimme abgeben zu können, ständnis von Eigentum, wonach Eigentum die Inhaberschaft aller Rechte an und aus einer Sache bedeutet.[885] Gemäß Art. L. 228-1 Abs. 2 C. com müssen die Aktien zwingend auf ein Konto im Namen des *Eigentümers* verbucht werden („[...] *doivent être inscrit en compte au nom de leur propriétaire* [...]").[886] Eigentümer im Sinne dieser Vorschrift ist derjenige, dem die Rechte an der Aktie letztendlich zustehen, *le véritable titulaire des droits attachés à une action*. Gemäß Art. L. 242-9 Nr. 2 C. com wird mit Geld- oder Gefängnisstrafe bestraft, wer sich „fälschlich als Eigentümer von Aktien ausgegeben und an der Abstimmung in der Hauptversammlung unmittelbar teilgenommen hat". Jeder Anleger, egal ob privater oder institutioneller, muss also ein Wertpapierkonto in eigenem Namen eröffnen, wenn er Aktien einer französischen Aktiengesellschaft halten will. Auch und gerade bei Namensaktien ist daher die Eintragung einer von dem Aktionär beauftragten Person *(nominee)* an seiner Stelle in das Aktienregister der Gesellschaft im französischen Aktienrecht nicht zulässig.[887] Stimmberechtigt ist im dematerialisierten Wertpapiersystem Frankreichs der Inhaber des Wertpapierkontos und dies wiederum kann zwingend nur der wirkliche Eigentümer der Aktien sein.

b) Praxis bei grenzüberschreitenden Beteiligungen

Dennoch ist es in der Praxis üblich, dass nicht der Eigentümer der Aktien, sondern ein bloßer Intermediär als Kontoinhaber firmiert. Dies gilt in besonderem Maße für grenzüberschreitende Beteiligungen, die heutzutage auch in Frankreich in der Regel über eine Vielzahl von Intermediären gehalten werden.[888] In einem solchen Fall tritt der im Ausland ansässige Anleger weder vor der ausgebenden Gesellschaft noch vor den zur Kontenführung autorisierten Finanzinstituten in Erscheinung, sondern übergibt sein Kapital einem Zwischenhändler. Dieser Zwischenhändler nimmt dann die Investitionen vor, in der Regel durch Einschaltung weiterer Finanzmakler, von denen dann letztendlich einer die Aktien unter seinem Namen erwirbt. Ca. 40% der französischen Börsentitel werden durch ausländische Investoren, vornehmlich amerikanische Pensionsfonds, gehalten.[889] Gerade bei diesen bedeutsamen angelsächsischen Pensionsfonds ist die Zwischenschaltung von Intermediären als sog. *nominees*, die dann im Aktienregister der emittie-

---

vgl. Art. L. 225-110 Abs. 2 C. com. Bei einem Nießbrauch an der Aktie ist allerdings in den ordentlichen Hauptversammlungen der Nießbraucher stimmberechtigt, der Eigentümer dagegen lediglich in den außerordentlichen, wenn die Satzung nichts anderes vorschreibt, vgl. Art. L. 225-110 Abs. 1 und 4 C. com.

885 *Bissara*, L'amélioration des conditions de vote des actionnaires Non-Résidents des sociétés cotées françaises, Teil 1 II Nr. 3.

886 Dahinter stehen steuerliche Erwägungen, vgl. *Bissara*, L'amélioration des conditions de vote des actionnaires Non-Résidents des sociétés cotées françaises, Teil 1 II Nr. 1.

887 *Weller/Zahn*, in: von Rosen/Seifert (Hrsg.), Die Namensaktie, 177 (191).

888 Vgl. *Guyon*, in: Baums/Wymeersch (Hrsg.), Shareholder Voting Rights and Practices in Europe, 95 (107).

889 *Storp*, RIW 2002, 409 (409 Fn. 5); vgl. auch *Sherman*, in: Chew (Hrsg.), Studies in International Corporate Finance, 346 (347), der zwar nur von 30% der Aktien in ausländischem Besitz spricht (Zahlen aus dem Jahre 1997), aber dennoch die Wichtigkeit der angelsächsischen Investoren betont.

renden Gesellschaft eingetragen werden und das Konto in eigenem Namen führen, besonders üblich.[890]

Da das Wertpapierkonto im französischen Recht zwingend auf den Namen des *propriétaire réel* geführt werden muss, ist diese Praxis an sich unzulässig.[891] Sie wird jedoch in der Regel toleriert, da nicht-ansässige Anleger häufig auf diese Form der Anlagegestaltung angewiesen sind. Allerdings wird der *nominee* in dieser Konstellation nicht als stimmberechtigt anerkannt, da er nicht der wahre Aktieneigentümer ist, sondern die Aktien lediglich als Intermediär für diesen hält. Er kann also die Stimmrechte aus den verwalteten Aktien nicht in seinem eigenen Namen ausüben. Der *nominee* kann aber das Stimmrecht auch nicht im Namen des wirklichen Aktieninhabers als dessen Bevollmächtigter ausüben, da er kein „anderer Aktionär" im Sinne des Art.L. 225-106 C. com ist und damit aus dem gesetzlich beschränkten Kreis der zulässigen Vertreter herausfällt. Und schließlich kann auch der wahre Eigentümer der Aktien das Stimmrecht nicht ausüben, weil er das Wertpapierkonto nicht auf seinen eigenen Namen führt. Damit entfällt praktisch das Stimmrecht aus Aktien, die über einen Dritten gehalten werden. Diese Situation wurde daher von Investorenseite sehr stark kritisiert.[892]

c) *Neuregelung für nicht-ansässige Aktionäre börsennotierter Gesellschaften*

Auf diese unbefriedigende Situation hat der französische Gesetzgeber mit dem Gesetz vom 15. Mai 2001 über *„Nouvelles Régulations Economiques"* (NRE) reagiert.[893] Danach verbleibt es bei dem dargestellten Grundsatz des Art.L. 228-1 Abs. 2 C. com, dem allerdings ein dritter Absatz angefügt wurde. Dieser regelt eine Ausnahmemöglichkeit für den Fall, dass die Aktien der Gesellschaft am *marché réglementé* zugelassen, also börsennotiert sind, und der Eigentümer der Aktien seinen Hauptwohnsitz nicht in Frankreich hat.[894] In diesem Fall kann die Kontoverbuchung der Aktien auch auf den Namen eines Intermediären vorgenommen werden.[895] Die Buchung kann dann gemäß Art.L. 228-1 Abs. 3 S. 2 C. com entweder als

890 *Le Cannu*, Droit des sociétés, Rdn. 806; *Valuet*, Droit et Patrimoine Nov. 1997, 28 (33).
891 *Le Cannu*, Droit des sociétés, Rdn. 806.
892 *Bissara*, aaO.
893 Gesetz Nr. 2001-420 vom 15. 5. 2001, Journal Officiel (JO) vom 15. 5. 2001, 7776ff. Das Gesetz trat mit Erlass der Durchführungsverordnung am 3. Mai 2002 in Kraft.
894 Vgl. Art.L. 228-1 Abs. 3 S. 2 C. com i.V.m. Art. 102 Code civil; *Le Cannu*, Droit des sociétés, Rdn. 806. Es kommt also nicht auf die Staatsangehörigkeit des Aktionärs an, sondern einzig darauf, ob er seinen Hauptwohnsitz i. S. v. Art. 102 Code civil in Frankreich hat oder nicht (*„leur propriétaire n'a pas son domicile sur le territoire français, au sens de l'article 102 du Code civil"*). Danach fällt auch ein französischer Staatsangehöriger unter diese Vorschrift, wenn er seinen Wohnsitz außerhalb Frankreichs hat. Auf der anderen Seite zählt bspw. ein deutscher Aktionär, der in Frankreich lebt, nicht zu den Normadressaten; vgl. auch *Bissara*, L'amélioration des conditions de vote des actionnaires Non-Résidents des sociétés cotées françaises, Teil 1 II Nr. 3.
895 Die Norm gewährt dem nicht-ansässigen Aktionär also eine zusätzliche Möglichkeit, Aktien einer französischen börsennotierten Gesellschaft zu halten. Es bleibt ihm aber weiterhin unbenommen, das Wertpapierkonto direkt bei einer autorisierten Finanzinstitution in Frankreich (Inhaberaktien) bzw. beim Emittenten (Namensaktien) in seinem eigenen Namen zu eröffnen, wie jeder Aktionär mit Hauptwohnsitz in Frankreich dies tun muss (vgl. Wortlaut des Art.L. 228-1 Abs. 3 S. 2 C. com: „[...] *tout intermédiaire peut être inscrit pour le compte de ce propriétaire* [...]").

Buchungsposten eines Sammelkontos erfolgen oder aber der Intermediär hat mehrere Konten auf seinem Namen, von denen jedes für einen anderen Anleger gehalten wird.[896] Allerdings ist der Intermediär gemäß Art. L. 228-1 Abs. 4 C. com i. V. m. 151 Abs. 1 und 2 D. com verpflichtet, bei der Eröffnung des Wertpapierkontos in seinem Namen seine Eigenschaft als bloßer Zwischenhändler offen zu legen.[897] Er muss also im Falle von Namensaktien der emittierenden Gesellschaft, bei Inhaberaktien dem zur Kontoführung autorisierten Finanzinstitut gegenüber erklären, dass er die Aktien lediglich für fremde Rechnung hält. Einem solchermaßen eingetragenen Intermediär bezeichnet das Gesetz dann als *„intermédiaire inscrit"*.[898] Das Gesetz lässt damit bei nicht in Frankreich ansässigen Aktionären börsennotierter französischer Gesellschaften ausnahmsweise zu, dass Aktien auf ein Wertpapierkonto einer Person verbucht werden, die nicht der Eigentümer der Aktien ist.[899] Der registrierte Intermediär wird dadurch nicht zum stimmberechtigten Aktionär, er hat vielmehr einen rechtlichen Sonderstatus.[900] Vielmehr verbleibt das Stimmrecht bei dem *actionnaire non-résident* als dem Eigentümer der Aktien.[901] Die durch das NRE eingeführte Neuerung liegt darin, dass das Gesetz nunmehr unter bestimmten Voraussetzungen das Stimmrecht von Personen anerkennt, die ihre Aktien durch einen Dritten halten lassen. Wenn der nicht-ansässige Aktionär sein Stimmrecht ausüben will, so muss er allerdings grundsätzlich bereit sein, sich von der Gesellschaft identifizieren zu lassen.[902]

---

896 *Le Cannu,* Droit des sociétés, Rdn. 806.
897 *Le Cannu,* Droit des sociétés, Rdn. 806.
898 Im Folgenden wird deutsch auch kurz vom „registrierten Intermediär" gesprochen.
899 Für französische Aktionäre börsennotierter Gesellschaften und alle Aktionäre nicht börsennotierter Gesellschaften besteht diese Möglichkeit aber nach wie vor nicht. Diese müssen aus steuerlichen Gründen zwingend ein Wertpapierkonto auf ihren eigenen Namen eröffnen, vgl. *Bissara,* aaO, Teil 2 I Nr. 1.
900 Als Nichtaktionär finden bspw. Stimmrechtsbegrenzungen wie statutarische Höchststimmrechte auf ihn keine Anwendung. Gleichzeitig kann er jedoch aufgrund einer umfassenden Geschäftsführungsbefugnis in Bezug auf die Aktien (die er fast immer haben wird) die Stimmen des Eigentümers abgeben oder auch Stimmrechtsvollmachten erteilen, vgl. Wortlaut des Art. L. 228-3-2 Abs. 1 C. com: *„L'intermédiaire peut, en vertu d'un mandat général de gestion des titres, transmettre pour une assemblée le vote ou le pouvoir d'un propriétaire d'actions tel qu'il a été défini au troisième alinéa du même article."* Will er dies tun, so muss er allerdings bei entsprechender Anfrage der Gesellschaft eine Liste der ausländischen Aktionäre, deren Stimmen oder Vollmachten er übermittelt, inklusive der Anzahl der von diesen gehaltenen Aktien, bereitstellen, Art. L. 228-3-2 Abs. 2 C. com; ausführlich dazu unten. Gemäß Art. 151-6 S. 1 D. com gibt der Intermediär dann die Stimmen des Aktionärs in seinem eigenen Namen ab (*„L'intermédiaire peut transmettre ou émettre sous sa signature les votes des propriétaires d'actions"*).
901 Vgl. Wortlaut des Art. L. 228-3-2 Abs. 1 C. com (*„le vote ou le pouvoir d'un propriétaire d'actions"*) und des Art. 151-6 S. 1 D. com (*„les votes des propriétaires d'actions*).
902 Identifizierung bedeutet sowohl die Preisgabe der Identität des Aktionärs als auch die Offenlegung der Anzahl von Aktien, die er hält.

3) Legitimation des stimmberechtigten Aktionärs

a) *Legitimation bei Inhaberaktien*

Da das Teilnahmerecht aufgrund des nichtöffentlichen Charakters der Hauptversammlung ausschließlich den Aktionären zusteht, ist es an den Nachweis der Aktionärsstellung geknüpft.[903] Nach französischem Recht ist nur stimmberechtigt, wer auch im Moment der Hauptversammlung (noch) Aktionär der Gesellschaft ist. Gemäß Art. 136 Abs. 1 D. com darf das Teilnahme- und Stimmrecht daher in der Gesellschaftssatzung von Voraussetzungen abhängig gemacht werden, welche die Einhaltung dieses Prinzips gewährleisten sollen. Sind die ausgegebenen Aktien Inhaberaktien, was impliziert, dass die Gesellschaft an der Börse notiert ist, ist der Gesellschaft die Identität ihrer Aktionäre in der Regel nicht bekannt.[904] Seit der Dematerialisierung der Wertpapiere existieren die Inhaberaktien als bloße Buchungsposten auf einem Konto, dass allerdings nicht von der Gesellschaft, sondern von dazu behördlich autorisierten Finanzinstituten geführt wird. Daher hat die emittierende Gesellschaft keine Kenntnis von etwaigen Veräußerungen der Aktien. Da die Kontoverbuchungen notwendigerweise auf den Namen des Eigentümers erfolgen müssen (vgl. Art. L. 228-1 Abs. 2 C. com), ist aber der behördlich zugelassene Kontoführer in Kenntnis der Identität des Aktionärs. Der Kontoführer kann daher die Aktieninhaberschaft einer bestimmten Person, die bei ihm ein Wertpapierkonto unterhält, auf dem Aktien der betreffenden Gesellschaft verbucht sind, bestätigen. Der Nachweis der Aktionärsstellung eines Inhaberaktionärs gegenüber der Gesellschaft erfolgt also dadurch, dass der Aktionär der emittierenden Gesellschaft eine schriftliche Bestätigung des kontoführenden Finanzinstituts vorlegt (sog. *certificat de dépôt*).[905] Die Mitteilung muss auch eine Angabe über die Anzahl der Aktien, die der Aktionär innehat, enthalten.

Vom Prinzip her müsste es genügen, wenn der Inhaberaktionär die oben beschriebene Bestätigung bei Versammlungsbeginn vorlegt. Denn entscheidend ist ja allein, dass er im Moment der Teilnahme und insbesondere der Stimmabgabe Aktionär der Gesellschaft und damit berechtigter Stimminhaber ist. Jedoch bedarf insbesondere das Aufstellen der Teilnehmerliste für die Hauptversammlung – vor allem bei Gesellschaften mit einem großen Aktionärskreis – einige Zeit.[906] Daher erlaubt Art. 136 Abs. 1 S. 1 Alt. 2 D. com[907] – und fast alle größeren Gesellschaften

---

903 *Guyon*, Droit des affaires, Rdn. 300; *Mercadal/Janin*, Sociétés Commerciales 2000, Rdn. 10341; nur zur Nichtöffentlichkeit der Versammlung *Cozian/Viandier/Deboissy*, Droit des sociétés, Rdn. 838.

904 Die meisten ausländischen Anleger in französischen Aktiengesellschaften erwerben Inhaberaktien.

905 *Cozian/Viandier/Deboissy*, Droit des sociétés, Rdn. 846; *Mercadal/Janin*, Sociétés Commerciales 2000, Rdn. 10441.

906 Die *feuille de présence* ist von großer Bedeutung, da auf ihrer Grundlage u.a. das Quorum und die Mehrheiten ausgerechnet werden; *Cozian/Viandier/Deboissy*, Droit des sociétés, Rdn. 839. Sie wird im Vorfeld der Hauptversammlung aufgestellt, enthält u.a. den Namen und die Anzahl der Stimmen, über die ein Teilnehmer verfügt und muss zu Beginn der Versammlung von jedem Teilnehmer abgezeichnet werden, vgl. Art. L. 225-114 C. com i. V. m. Art. 145 D. com.

907 In seiner Neufassung durch Art. 38 Décret Nr. 2002-803 vom 3. Mai 2002.

machen von dieser Möglichkeit Gebrauch –, dass die Satzung die Einreichung der Bescheinigung des kontoführenden Instituts bereits im Vorfeld der Versammlung als zwingende Voraussetzung für die Teilnahme an der Hauptversammlung vorschreiben darf. Die Mitteilung des Kontoführers muss dann aber gemäß Art. 136 Abs. 1 S. 1 HS 2 D. com neben der Legitimationsbestätigung auch die Erklärung enthalten, dass er die Aktien bis zum Ablauf der Hauptversammlung gesperrt halten wird.[908] Nur so kann sichergestellt werden, dass derjenige, der einige Tage vor der Hauptversammlung über eine bestimmte Anzahl von Aktien verfügte, dies auch noch im Zeitpunkt der Hauptversammlung tut. Schließlich kann der Aktionär ja grundsätzlich seine Aktien (oder Teile davon) jederzeit veräußern. Auf Wunsch des Aktionärs muss der Kontoführer die Sperrerklärung *(certificat d'immobilisation)* auf das (elektronische) Briefwahl- oder das Vollmachtsformular ausstellen.[909] Die Stelle, an die die Sperrerklärung übermittelt werden muss, wird im *avis de convocation* benannt. Der Zeitpunkt, bis zu dem die Einreichung erfolgt sein muss, wird ebenfalls in der Satzung festgelegt. In keinem Falle aber darf eine Frist von mehr als fünf Tagen vor der Hauptversammlung bestimmt werden, Art. 136 Abs. 2 D. com. An die Aktionäre, welche die benannte Formalie rechtzeitig erfüllen, werden dann *cartes d'admission*, Eintrittskarten, ausgegeben.

Bis zur Neufassung des Art. 136 D. com durch Décret vom 3. Mai 2002 führte die Ausgabe der Sperrerklärung des autorisierten Kontoführers zu einer tatsächlichen Aussetzung der Handelbarkeit der Aktien vom Zeitpunkt der Einreichung der Erklärung an bis nach Abhaltung der Hauptversammlung.[910] Nunmehr kann der Aktionär auch in dem Zeitraum zwischen satzungsmäßig festgelegtem letzten Einreichungstag der Sperrerklärung und Abhaltung der Hauptversammlung, der für die Verifizierung der Angaben und der Erstellung der *feuille de présence* notwendig ist, alle seine Aktien oder Teile davon veräußern. Gemäß Art. 136 Abs. 3 D. com muss er dafür lediglich bis spätestens 15 Uhr Pariser Zeit am Tage vor der Hauptversammlung seinem Kontoführer die Aufhebung der Nichtverfügbarkeit der Aktien mitteilen. Selbstverständlich muss die Gesellschaft im Anschluss an eine Veräußerung über die Änderungen im Aktienbestand des Aktionärs informiert werden, da die materielle Stimmberechtigung auch zum Zeitpunkt der Hauptversammlung noch zwingend vorliegen muss. Bei Inhaberaktien ist der autorisierte

---

908 Die Neufassung des Art. 136 Abs. 1 D. com beschränkt sich nunmehr einzig auf die Sperrerklärung, nachdem der Wortlaut der Vorschrift bis zum Jahr 2002 noch die Möglichkeit der Hinterlegung der Aktien bzw. der Ausstellung einer Hinterlegungsbescheinigung als gleichwertige Sicherheitsmaßnahmen vorsah. In der Rechtswirklichkeit der dematerialisierten Wertpapiere machten diese Varianten freilich schon lange keinen Sinn mehr.

909 Dann ist der Aktionär allerdings auch grundsätzlich an die von ihm gewählte Form der Stimmabgabe gebunden.

910 Zur alten Rechtslage *Guyon*, Droit des affaires, Rdn. 300. Während dieser Zeitspanne blieb ein Verkauf in gegenseitigem Einvernehmen von Veräußerer und Erwerber außerhalb des Börsenhandels zwar weiterhin möglich. Allerdings konnte eine solche Veräußerung der emittierenden Gesellschaft nicht entgegengehalten werden. Vielmehr wurde die Übertragung ihr gegenüber erst einen Tag nach der Hauptversammlung wirksam. Jedoch durfte eine unangemessen lange Dauer der *blocking period* auch nach alter Rechtslage nicht dazu eingesetzt werden, Neuaktionäre von der Teilnahme auszuschließen, um auf diese Weise Übernahmen zu verhindern.

Kontoführer zu der entsprechenden Berichtigung gegenüber der Gesellschaft verpflichtet.[911] Hat der Aktionär zum Zeitpunkt der Veräußerung bereits eine Eintrittskarte erhalten, ein Vollmachtsformular abgegeben oder aber schon seine Stimme per Briefwahl abgegeben, so muss er dies gemäß Art. 136 Abs. 3 D. com a.E. zwingend seinem Kontoführer mitteilen, damit letzterer die notwendigen Änderungen bzw. die Annullierung der Stimmabgabe besorgen kann.

b) Legitimation bei Namensaktien

Bei Namensaktien ist die ausgebende Gesellschaft selbst die Registerstelle.[912] Die Eintragung von Aktionären erlaubt der Gesellschaft den Zugang zu den Namen der Aktionäre. Der Aktionär ist der Gesellschaft also namentlich bekannt, was die Legitimation problemlos möglich macht.[913] Der Aktionär muss lediglich nachweisen, dass er derjenige ist, unter dessen Namen die Gesellschaft die Aktien registriert hat. Hier reicht daher als Beweis für die Aktionärsstellung die Übereinstimmung der Identität des Betreffenden mit dem Eintrag im Aktienregister der ausgebenden Gesellschaft.[914] Grundsätzlich ist dabei die Eintragung im Aktienregister zum Zeitpunkt der Hauptversammlung maßgeblich. Allerdings darf die Satzung gemäß Art. 136 Abs. 1 S. 1 Alt. 1 D. com bestimmen, dass der Namensaktionär schon einige Tage vor der Hauptversammlung im Aktienregister der Gesellschaft eingetragen sein muss, um an ihr teilnahmeberechtigt zu sein.[915] Diese Zeitspanne darf gemäß Art. 136 Abs. 2 D. com nur maximal fünf Tage bis zum Datum der Versammlung betragen. Im Falle einer solchen Satzungsgestaltung muss der Namensaktionär also an diesem Stichtag registrierter Aktieninhaber sein, um sein Stimmrecht ausüben zu können. Allerdings wird durch diese Eintragung die Handelbarkeit der Namensaktien in keiner Weise beeinträchtigt, was der neue Art. 136 Abs. 3 D. com klarstellt. Der Aktionär ist im Falle einer Veräußerung gemäß Art. 136 Abs. 3 HS 2 D. com verpflichtet, die Registereintragung bis spätestens 15 Uhr Pariser Zeit am Vortag der Hauptversammlung aufheben zu lassen und den Kontoführer über eventuell bereits abgegebene Stimmen im Wege der Briefwahl, Erhalt von Eintrittskarten o.ä. zu informieren, damit dieser die Annullierung dieser Maßnahmen besorgen kann. Aus dieser Mitteilungspflicht folgt, dass der Aktionär bei einer Veräußerung auch seine formelle Stimmberechtigung wieder verliert. Das Erfordernis einer Registrierung als Aktionär schon einige Tage vor der Hauptversammlung erleichtert der Gesellschaft die Aufstellung der Teilnahmeliste und lässt es zu, dass die Überprüfung der Stimmberechtigung nicht erst am Eingang des Veranstaltungsortes, sondern schon im Vorfeld vorgenom-

---

911 *Bissara*, L'amélioration des conditions de vote des actionnaires Non-Résidents des sociétés cotées françaises, Teil 1 II Nr. 9.

912 *Weller/Zahn*, in: von Rosen/Seifert (Hrsg.), Die Namensaktie, 177 (191).

913 *Cozian/Viandier/Deboissy*, Droit des sociétés, Rdn. 846. Zur Situation bei *intermédiaires inscrits* siehe unten unter c).

914 Oder aber der Eintrag in den Büchern eines autorisierten Finanzintermediärs, der für die Gesellschaft das Register führt, *Guyon*, in: Baums/Wymeersch (Hrsg.), Shareholder Voting Rights and Practices in Europe, 1999, 95 (99).

915 *Mercadal/Janin*, Sociétés Commerciales 2000, Rdn. 10440.

men werden kann. Auch die Eintrittskarten können den Namensaktionären dann schon vorher zugesandt werden.

c) Legitimation bei registrierten Intermediären

Vor der Reform durch das NRE akzeptierte das französische Recht in keinem Fall, dass Intermediäre anstelle der wirklichen Eigentümer ein Aktienkonto halten. Nunmehr dürfen bei börsennotierten Gesellschaften Intermediäre im eigenen Namen Wertpapierkonten für nicht-ansässige Aktionäre eröffnen. Stimmberechtigt bleiben dabei aber die wirklichen Eigentümer der Aktien, also die nicht-ansässigen *actionnaires intermédiés*. Bei Namensaktien kennt die Gesellschaft im Normalfall die Identität der Aktionäre, da sie selbst die entsprechenden Wertpapierkonten führt. Darauf fußt auch das Legitimationsverfahren. Bei der Einschaltung eines *intermédiaire inscrit* kennt die Gesellschaft dagegen die Identität der stimmberechtigten Aktieninhaber auch bei Namensaktien nicht. Daher wurde den Gesellschaften mit dem NRE eine entsprechende Identifizierungsmöglichkeit des stimmberechtigten Aktieninhabers an die Hand gegeben. Gemäß Art. 228-3 C. com kann sie jederzeit eine einfache Anfrage an den registrierten Intermediär richten, und ihn auffordern, innerhalb einer bestimmten Frist die Identität der Aktieneigentümer preiszugeben. Wenn eine solche Anfrage unmittelbar mit der Ausübung von Stimmrechten durch den Intermediär zusammenhängt und der Intermediär sie nicht, nicht rechtzeitig oder unvollständig beantwortet, so werden die betreffenden Stimmen nicht gezählt, Art. L. 223-3-2 Abs. 2 und 3 C. com.[916] Auf diese Weise soll die Legitimation von Namensaktionären auch bei der Zwischenschaltung eines Intermediärs erfolgen können.

Die Identität von Inhaberaktionären ist der emittierenden Gesellschaft auch im französischen Recht grundsätzlich unbekannt.[917] Dennoch hat der Gesetzgeber mit dem NRE in Art. L. 228-3-2 C. com auch für Inhaberaktien eine Offenlegungspflicht des *intermédiaire inscrit* vorgesehen, wenn dieser Stimmrechte im Auftrag der *propriétaires réels* – sei es selbst oder durch Erteilung einer Stimmrechtsvollmacht – ausüben will: Falls die Gesellschaft ihn zur Identifizierung der entsprechenden Stimmrechtsinhaber auffordert, so muss der Intermediär ihr gemäß Art. L. 228-3-2 Abs. 2 i. V. m. Art. L. 228-2 C. com eine Aufstellung der Eigentümer mit Angabe des Namen bzw. der Firma, Geburts- bzw. Gründungsjahr, der Anschrift, der Nationalität sowie dem jeweiligen Aktienbestand übermitteln.[918] Kommt der Intermediär einer entsprechenden Anfrage der Gesellschaft nicht im vollen Umfang nach, so werden die betreffenden Stimmen nicht gezählt, Art. L. 228-3-2 Abs. 3 Fall 2 C. com. Diese Offenlegungspflicht folgt direkt aus dem Gesetz, eine entsprechende Satzungsbestimmung ist dafür nicht notwendig.[919]

---

916 *Le Cannu*, Droit des sociétés, Rdn. 806.
917 Zur Ausnahme bei *titres au porteur identifiable* siehe oben Fn. 881.
918 *Bissara*, L'amélioration des conditions de vote des actionnaires Non-Résidents des sociétés cotées françaises, Teil 1 II Nr. 8.
919 *Bissara*, L'amélioration des conditions de vote des actionnaires Non-Résidents des sociétés cotées françaises, Teil 1 II Nr. 8.

Beispielsweise sendet die emittierende Gesellschaft *French S.A.* eine formelle Anfrage an den registrierten Intermediär *Nominees und Co.* Bank zur Übersendung einer Liste derjenigen Aktionäre, deren Stimmrechte die *Nominees und Co.* Bank auf der anstehenden Hauptversammlung ausüben will.[920] Erfüllt die *Nominees und Co.* Bank diese Anforderung, werden alle von ihr angegebenen Stimmen in die Abstimmung miteinbezogen. Deckt die von der *Nominees und Co.* Bank aufgestellte Liste dagegen nicht alle Aktien ab, aus denen sie abstimmt, so muss[921] die *French S.A.* den unidentifizierten Aktien das Stimmrecht für diese Hauptversammlung entziehen bzw. darf bereits ausgeübte Stimmen nicht zählen. Die dritte Variante ist, dass die Liste der *Nominees und Co.* Bank unter anderem die *Tax Paradise* Bank aufführt, von der die *French S.A.* glaubt, sie sei nicht Eigentümerin der Aktien (und damit stimmberechtigt), sondern vielmehr wiederum ein Mittelsmann für den wirklichen Eigentümer. Dann hat die *French S.A.* die Möglichkeit, die Stimmen aus den Aktien der *Tax Paradise* Bank zurückzuweisen.[922]

Wählt ein im Ausland ansässiger Anleger also die durch das NRE neu geschaffene Möglichkeit, sein Aktienkonto von einem Intermediär halten zu lassen, so muss er auch bei Inhaberaktien damit rechnen, dass der Emittent seine Identität erfahren will. Verweigert er sich einem solchen Verlangen, so werden seine Stimmen nicht berücksichtigt, obwohl er materiell stimmberechtigt ist.

III. Großbritannien

1) Rahmenbedingungen

In Großbritannien spielen im Gegensatz zu Deutschland und Frankreich Inhaberaktien traditionell keine Rolle.[923] Stattdessen werden dort fast ausschließlich Namensaktien ausgegeben.[924] Alle Aktionäre *(members)* der Gesellschaft werden in das Aktienregister eingetragen, das von der Gesellschaft oder einem von ihr beauftragten Unternehmen geführt wird.

In Großbritannien existiert ein System der optionalen Dematerialisierung der Wertpapiere. Das System von dematerialisierten Aktien in Großbritannien wurde

---

920 Angelehnt an das Beispiel bei *Bissara,* L'amélioration des conditions de vote des actionnaires Non-Résidents des sociétés cotées françaises, Teil 1 II Nr. 10.4.

921 Die Strafvorschrift in Art. L. 228-2-1 Abs. 3 C. com ist zwingend.

922 Sie müsste dies allerdings der *Nominees und Co.* Bank mitteilen, damit entweder diese oder die *Tax Paradise* Bank den Rechtsweg beschreiten kann.

923 *Davies,* Gower's Principles of Modern Company Law, 640; *ders.,* in: Baums/Wymeersch (Hrsg.), Shareholder Voting Rights and Practices in Europe, 331 (341); *Siems,* ZGR 2003, 219 (221). Auch ist in Zukunft keine Öffnung hin zur Inhaberaktie zu erwarten; vgl. *British Bankers' Association,* Response to the Expert Group's April 2002 Consultative Document, 11. Juni 2002, Frage 6, abrufbar unter: www.bba.org.uk („*We believe that bearer shares are a historical anachronism and that* [...] *they have no place in the modern market*").

924 *Charkham,* Keeping better Company, 308; *Davies,* Gower's Principles of Modern Company Law, 640, 682.

1995 eingeführt und basiert ausschließlich auf den zu *CREST* ergangenen Vorschriften.[925] *CREST* ist ein elektronisches System für die „papierlose" Abwicklung von Transaktionen mit Namensaktien.[926] *CREST* ist kein Zentralverwahrer wie beispielsweise *Clearstream* in Deutschland, sondern lediglich ein Medium, durch das Wertpapiere in elektronischer Form übertragen werden können.[927] Es wird von der Firma *CRESTCo Ltd.* geführt. Außerhalb von *CREST* erlaubt das englische Gesellschaftsrecht die Dematerialisierung von Aktien nicht, vgl. Art. 183 und 185 CA 1985. Dabei ist die Möglichkeit, die Aktien in unverbriefter Form in das *CREST*-System einzubringen, für die Gesellschaften grundsätzlich optional,[928] mit Ausnahme allerdings der an der Londoner Börse notierten Gesellschaften. Diese sind gemäß Chapter 6.1.23 der *Listing Rules* verpflichtet, die Aktien bei entsprechendem Anlegerwunsch in dematerialisierter Form durch *CREST* handeln zu lassen.[929]

Das *CREST*-System funktioniert folgendermaßen: Während bei den verbrieften Aktien die emittierende Gesellschaft das Aktienregister führt, so führt bei dematerialisierten Aktien der *operator* des Computer Systems, also *CRESTCo*, das Register. Da der Aktionär aber in der Regel wählen darf, ob er die Aktien unverbrieft oder verbrieft haben möchte, existieren bei den meisten englischen börsennotierten Gesellschaften die Aktien weiterhin in beiden Formen. Dabei werden die verbrieften Aktien nicht im *operator register* von *CRESTCo*, sondern weiterhin im *issuer register* der Gesellschaft geführt. Für die verbrieften Aktien finden sich also Namen, Adressen und Erwerbsdatum im *issuer register*, für die unverbrieften Wertpapiere finden sich diese (Detail-)Angaben dagegen im Register von *CRESTCo*.[930] Daher muss die emittierende Gesellschaft zusätzlich eine Art Abschrift des *operator register* führen, das sie in der Regel mit dem Original abgleichen muss. Es gibt für Anleger drei Möglichkeiten, am *CREST* System teilzunehmen. Einmal als Vollmitglied, wobei der Anleger selbst die für die Kommunikation mit *CREST* erforderliche Computereinrichtung bereithält; zum zweiten indem er die Dienstleistungen einer anderen Person („Sponsor") nutzt, um mit *CREST* zu kommunizieren und schließlich als Kunde eines Vollmitglieds oder eines gesponserten Mitglieds.[931] Im letzten Fall werden die Aktien in der Regel auf den Namen des beauftragten Vollmitglieds bzw. des gesponserten Mitglieds anstatt auf den Namen des Anlegers im Aktienregister eingetragen.[932]

---

925 The Uncertificated Securities Regulations 2001 (SI 2001/3755).

926 *Benjamin/Yates/Montagu*, The Law of Global Custody, 9.1, 166; *Weller/Zahn*, in: von Rosen/Seifert (Hrsg.), Die Namensaktie, 177 (183 f).

927 *Weller/Zahn*, in: von Rosen/Seifert (Hrsg.), Die Namensaktie, 177 (184).

928 *Benjamin/Yates/Montagu*, The Law of Global Custody, 9.1 Fn. 7.

929 *Davies*, Gower's Principles of Modern Company Law, 699.

930 *Mayson/French/Ryan*, Company Law, 21. Auflage, Rdn. 14.3.2.

931 *Mayson/French/Ryan*, Company Law, 21. Auflage, Rdn. 8.3.3.3; *Weller/Zahn*, in: von Rosen/Seifert (Hrsg.), Die Namensaktie, 177 (184); vgl. auch *Charkham*, Keeping better Company, 308.

932 *Weller/Zahn*, in: von Rosen/Seifert (Hrsg.), Die Namensaktie, 177 (184).

2) Bestimmung des stimmberechtigten Aktionärs

a) *Eingetragener Aktionär als stimmberechtigter Aktionär*

Wenn die Satzung der Gesellschaft nichts anderes vorschreibt, ist grundsätzlich jedes Mitglied (*member*) der Gesellschaft an jeder Hauptversammlung teilnahmeberechtigt und als Inhaber von mit Stimmrechten ausgestatteten Aktien stimmberechtigt.[933] Die Definition des Begriffs *member* findet sich in Art. 22 CA 1985. Danach ist *member* der Gesellschaft, wer entweder Gründer ist (Art. 22 Abs. 1 CA 1985) oder später seinem Eintritt in die Gesellschaft zustimmt (*„agrees to become a member“*)[934] und zudem im *issuer register* der Gesellschaft bzw. bei unverbrieften Aktien im *operator register* bei *CREST* eingetragen ist (Art. 22 Abs. 2 CA 1985).[935] Personen, die nicht Gründer sind, können nur Gesellschafter werden, wenn sie im Aktienregister eingetragen sind.[936] Die Eintragung ist also konstitutiv für die Gesellschafterstellung. Übertragungen der Aktien sind erst mit Eintragung des Erwerbers in das Register wirksam.[937] Auf der anderen Seite gilt gemäß Art. 361 i.V.m. 352 (2) CA 1985 (bzw. bei unverbrieften Aktien gemäß Reg. 24 (1) und (4) SI 2001/3755) derjenige, dessen Name im Register steht, als Gesellschafter und ist folglich stimmberechtigt. Das Aktienregister ist also ein Primafacie-Beweis für die Mitgliedschaft in der Gesellschaft.[938] Da britische Aktiengesellschaften fast ausschließlich Namensaktien ausgeben, fällt die Identifikation des teilnahme- und stimmberechtigten Aktionärs im britischen Recht also auf den ersten Blick leicht. Stimmberechtigt ist der Gesellschafter und Gesellschafter ist die im Aktienregister eingetragene Person.[939]

---

933 *Pennington*, Pennington's Company Law, 773. Bei Aktien, die in Miteigentum mehrerer Personen stehen, ist gemäß Art. 55 Satz 1 Table A der *senior*-Miteigentümer allein stimmberechtigt aus den gemeinsam gehaltenen Aktien. Satz 2 definiert den *senior shareholder* als denjenigen, dessen Name im Register als Erster geführt wird.

934 Genauer: Der Eintretende muss seiner Eintragung in das Register zustimmen.

935 *Hannigan*, Annotated Guide to the Companies Act, 48 f; *Weller/Zahn*, in: von Rosen/Seifert, Die Namensaktie, 177 (185). Das bedeutet, dass Aktionäre mit Inhaberaktien nach diesem Grundsatz nicht als Gesellschafter gelten und folglich nur dann stimmberechtigt sind, wenn die Satzung entsprechendes vorsieht, vgl. *Pennington*, Pennington's Company Law, 774.

936 *Re Florence Land and Public Works Co, Nicol's Case, Tufnell and Ponsonby's Case* (1885) 29 Ch.D. 421, CA; *Davies*, Gower's Principles of Modern Company Law, 639; 682, 687; *Hannigan*, Annotated Guide to the Companies Act, 48; *Hohloch*, in: Hohloch (Hrsg.), EU-Handbuch Gesellschaftsrecht, Vereinigtes Königreich, Rdn. 151; Palmer's Company Law, Volume 2, Rdn. 7.004.

937 *Davies*, Gower's Principles of Modern Company Law, 687. Hier liegt ein wesentlicher Unterschied zum deutschen Recht, wo Verfügungen über die Aktien vollständig außerhalb des Registers erfolgen.

938 Ein zwingender Beweis ist es nicht, weil die Gesellschafterstellung ja zusätzlich zur Eintragung eine Einigung über den Eintritt voraussetzt (s. o.). Allerdings kann die Satzung es als den einzig zulässigen Beweis bestimmen, *Hannigan*, Annotated Guide to the Companies Act, 685; Palmer's Company Law, Volume 2, Rdn. 7.110; *Xuereb*, The Rights of Shareholders, 81.

939 Bei Aktien, die in Miteigentum mehrerer Personen stehen, ist gemäß Art. 55 Satz 1 Table A der *senior*-Miteigentümer allein stimmberechtigt aus den gemeinsam gehaltenen Aktien. Satz 2 definiert den *senior shareholder* als denjenigen, dessen Name im Register als Erster geführt wird.

Schon 1877 wurde in der Entscheidung *Pender vs. Lushington*[940] allerdings klargestellt, dass die Stimmberechtigung des *registered shareholder* in keiner Weise durch die Tatsache berührt wird, dass dieser die Aktien für einen anderen hält. Im Verhältnis zur Gesellschaft spielt es also keine Rolle, ob der *registered shareholder* die Aktien für sich selbst oder als bloßer *nominee* für einen Dritten hält.[941] Dahinter steht im Wesentlichen eine Vorschrift des dispositiven Gesellschaftsrechts: Art. 360 CA 1985, der zurückgeht auf Art. 30 des CA 1862, bestimmt, dass das Vorliegen eines Treuhandverhältnisses über die Aktien nicht im Aktienregister der Gesellschaft vermerkt werden darf.[942] Eine entsprechende Vorschrift findet sich wohl in allen Satzungen britischer Gesellschaften,[943] was vor allem daran liegt, dass die Mustersatzung des Table A eine das dispositive Recht ergänzende Regelung enthält.[944] Danach kann der *beneficiary* im Hinblick auf die Aktien, die in einem Treuhandverhältnis gehalten werden, von der Gesellschaft nicht verlangen, dass sie seine Stimme anstelle der des registrierten Treuhänders akzeptiert.[945] Es ist also irrelevant, ob die Gesellschaft von der Treuhänderstellung des registrierten Aktionärs weiß. Diese Regelung ermöglicht der Gesellschaft eine wesentlich leichtere Verwaltung der Aktien, da sie sich nicht um die Beziehung zwischen den Treuhändern und ihren Begünstigten kümmern muss und damit keine komplizierten Rückverfolgungen in den aktienrechtlichen Verwahrketten vornehmen muss.[946] Die *nominee*-Eintragung hat in Großbritannien eine lange Tradition.[947]

b) *Praxis bei Investments institutioneller Investoren*

Mindestens 60 Prozent aller Stammaktien von britischen börsennotierten Aktiengesellschaften werden heute von institutionellen Anlegern[948] gehalten, insbesondere von Pensionsfonds und Versicherungsgesellschaften.[949] Sie formen also den

---

940 6 ChD 70.
941 *Hannigan*, Annotated Guide to the Companies Act, 685; Palmer's Company Law, Volume 2, Rdn. 7.106.
942 *„No notice of any trust, express, implied or constructive, shall be entered on the register or be receivable by the registrar, in the case of companies registered in England and Wales"*; Art. 360 CA 1985 gilt also nur für England und Wales, nicht dagegen für Schottland, Palmer's Company Law, Volume 2, Rdn. 7.106. Zu den Einschränkungen des Art. 360 CA 1985, insbesondere im Hinblick auf Vorstandsmitglieder, vgl. Palmer's Company Law, Volume 2, Rdn. 7.107.
943 *Nolan*, JCLS 2003, 73 (78).
944 Vgl. Regulation 5 des Table A 1985: *„Except as required by law, no person shall be recognised by the company as holding any share upon any trust and (except as otherwise provided by the articles or by law) the company shall not be bound by or recognise any interest in any share except an absolute right to the entirety thereof in the holder"*; *Hannigan*, Annotated Guide to the Companies Act, 685.
945 *Mayson/French/Ryan*, Company Law, 427.
946 Lord *Davey* in *Salomon v Salomon & Co. Ltd* [1897] AC 22, 55.
947 *Merkt*, in: von Rosen/Seifert, Die Namensaktie, 63 (90 f).
948 *Fraune* definiert „Institutionelle Anleger" als Finanzinstitutionen, die mit Wertpapieren handeln, und zählt dazu z.B. Banken, Versicherungsgesellschaften, Investmentfonds, Pensionsfonds und Stiftungen, *Fraune*, Der Einfluß institutioneller Anleger in der Hauptversammlung, 5. Diese Definition wird hier übernommen.
949 Vgl. Fn. 444. *Charkham* spricht für das Jahr 2001 von 16,1% der Aktien im Besitz von Pensionsfonds, 20% der Aktien im Besitz von Versicherungsgesellschaften, 14,2% der Aktien im Besitz von

deutlichen Hauptteil der Anleger britischer Gesellschaften. Anhand der Organisationsstruktur eines Pensionsfonds lässt sich beispielhaft ein zentrales Problem für die Ausübung von Aktionärsstimmrechten durch institutionelle Investoren im britischen Recht zeigen.[950]

Ein Arbeitgeber gründet einen Fonds, in den er und seine Arbeitnehmer in der Regel Kapitaleinlagen leisten und aus dem die Pensionen für die Ruheständler finanziert werden. Sowohl die Pensionäre als auch die einzahlenden Arbeitnehmer können als *beneficiaries* des Fonds angesehen werden. Die *trustees*, die Leiter des Fonds, sind für die Investierung des Einlagekapitals zuständig. Sie nehmen diese Aufgabe aber in der Regel nicht direkt selbst war, sondern engagieren dafür spezielle Fondsmanager. Die Fondsmanager erwerben Aktien diverser Aktiengesellschaften (sog. Portfoliogesellschaften). Der Vertrag zwischen dem Pensionsfonds und den Fondsmanagern gibt in der Regel letzteren das Recht, aus den von ihnen für den Fonds erworbenen Aktien abzustimmen.[951] Schließlich hält der Fondsmanager die für den Fonds erworbenen Aktien höchstwahrscheinlich nicht selbst, sondern lässt sie aus Effizienzgründen von einer separaten Verwaltungsgesellschaft, einer sog. *custodian company*, innehalten.

In einer solchen (typischen) Ausgestaltung eines Pensionsfonds ist formaler Inhaber der erworbenen Aktien die vom Fondsmanager eingeschaltete Verwaltungsgesellschaft.[952] Diese ist im Aktienregister der Portfoliogesellschaft als Aktionär eingetragen und aufgeführt, obwohl sie die Aktien letztlich lediglich als *nominee*[953] hält, sei es für die Fondsmanager oder die *trustees*. Die Verwaltungsgesellschaft ist lediglich formal Inhaberin der Aktien, während die *trustees* (und dahinter stehend die Arbeitnehmer und Pensionäre) das unmittelbare wirtschaftliche Interesse an den Aktien haben. Ihnen stehen etwaige Dividenden und Verkaufsgewinne zu, womit sie als „materielle" Aktionäre bzw. *beneficial owner* bezeichnet werden können. Die Fondsmanager tragen zumindest für die Auswahl der Aktien und deren „Performance" die Verantwortung. Die *custodian company* fungiert dagegen lediglich als Verwahrer der Aktien und hat kein eigenes Interesse daran, die Stimmrechte aus besagten Aktien auszuüben. Dennoch ist sie es als eingetragener *member* der Gesellschaft, die im britischen Recht stimm- und informationsberechtigt ist.

Investmenttrusts und Banken und 31,9% im Besitz von ausländischen Aktionären (inklusive Institutionen), in: Keeping better Company, 307.

950 Modell bei *Davies*, Gower's Principles of Modern Company Law, 339.

951 Obwohl die *trustees* sich auch durchaus selber die Stimmrechtsausübung vorbehalten können.

952 *Davies*, Gower's Principles of Modern Company Law, 342; siehe auch *Hannigan*, Annotated Guide to the Companies Act, 49.

953 Der Begriff „*nominee*" wird in einigen Wörterbüchern mit „Strohmann" übersetzt. Im hier dargestellten Zusammenhang muss er aber primär wertfrei verstanden werden, d. h. ohne die negativen Konnotationen, die dem Wort „Strohmann" im Deutschen anhaften. Orientiert werden sollte sich an der Begriffsumschreibung des Black's Law Dictionary: „*One designated to act for another as his representative in a rather limited sense. It is used sometimes to signify an agent or trustee. It has no connotation, however, other than that of acting for another, in representation of another, or as the grantee of another*". An der Definition des Dictionary of Law der Oxford University Press zeigt sich, dass es schon ein feststehender Ausdruck im Gesellschaftsrecht geworden ist („*A company member who holds the shares registered in his name for the benefit of another*").

Eine Verpflichtung der Portfoliogesellschaft, den „wahren" Aktionär zu ermitteln, ihn über Ort, Zeit, Inhalt etc. der Hauptversammlung zu informieren und als stimmberechtigt zu akzeptieren, existiert im britischen Recht nicht.[954]

Zusammenfassend lassen sich anhand der Struktur von Beteiligungen institutioneller Anleger verschiedene Interessenträger identifizieren. Zunächst einmal gibt es den *member*, also diejenige natürliche oder juristische Person, die im Aktienregister der emittierenden Gesellschaft eingetragen ist. Diese Person wird auch als *registered shareholder* oder *legal owner* bezeichnet.[955] Hält der *member*, der häufig eine bloße Verwaltungsgesellschaft ist, die Aktien für Rechnung eines Kunden, nennt man ihn einen *nominee*. Im Gegensatz dazu steht der *beneficial owner*, der wirtschaftliche Eigentümer der Aktien (im obigen Beispielsfall also die Pensionäre).[956] Schließlich kann es noch eine weitere Gruppe von Interessenträgern geben, die *holder of control rights*. Das sind diejenigen Personen, die über das „Ob und Wie" der Stimmrechtsausübung bestimmen können. Im obigen Beispiel wären es typischerweise die von den Trustees engagierten Fondsmanager, da sie in der Regel vertraglich dazu ermächtigt sind, den *custodians* Weisungen zur Stimmrechtsausübung zu erteilen.

Wenn auf treuhänderische Verwahrstrukturen zurückgegriffen wird, ist im britischen Recht also derjenige, der die inhaltliche Entscheidungsbefugnis über die Stimmrechtsausübung besitzt, nicht formell gegenüber der Gesellschaft stimmberechtigt. Aber auch bei Beteiligungen gebietsfremder Anleger ist der *registered shareholder* so gut wie immer ein bloßer *nominee*.[957] Nicht-ansässige Anleger halten Aktien von britischen Gesellschaften nämlich typischerweise durch einen Finanzintermediär aus ihrer eigenen Rechtsordnung, welcher wiederum ein Wertpapierkonto bei einer britischen Bank oder einem britischen Broker besitzt, die bzw. der der nationalen zentralen Clearingstelle angeschlossen ist. Bei unverbrieften Aktien ist es zudem gerade für kleinere Investoren einfacher und kostengünstiger, sich eines *nominees* zu bedienen, der Mitglied bei *CREST* ist, anstatt dort selbst Mitglied zu werden.[958] Um direkt am *CREST*-System teilnehmen zu können

---

954 Aber auch eine freiwillige direkte Kommunikation der Portfoliogesellschaft mit dem Letztinvestor ist wohl unzulässig, da dem der Vertraulichkeitsgedanke aus Art. 360 CA 1985 entgegensteht. Dazu sogleich.

955 Die hier verwendeten Begriffe finden sich so in der britischen Rechts- und Wirtschaftsliteratur. Ein Überblick mit Definitionen findet sich bei *Stapledon/Bates*, CFILR 2000, 293 (299).

956 Der Begriff *„beneficial owner"* wird allerdings nicht nur in der britischen Rechtsliteratur verwendet. Zu beachten ist, dass er in anderen Rechtssystemen anders definiert wird. Während der *beneficial owner* nach britischem Verständnis gerade nicht der formal-gesetzliche Eigentümer der Aktien ist, ist er es nach französischem Verständnis gerade doch. Gemäß Art. 22 CA 1985 ist Aktionär, wer mit seiner Zustimmung im Aktienregister eingetragen ist. Im französischen Recht dagegen ist der Aktionär der Eigentümer der Aktie und Eigentum bedeutet die Inhaberschaft der Rechte an einer Sache. Wer also über die Rechte an der Aktie verfügen kann, der ist nach französischem Verständnis auch der „wahre" Aktionär. Die Definition des *beneficial owners* kann also je nach Rechtsordnung und vertraglicher Ausgestaltung zwischen den Intermediären und den dahinterstehenden Investoren variieren.

957 Vgl. *Stapledon/Bates*, CFILR 2000, 293 (309).

958 *Nolan*, JCLS Vol. 3 Part I, 73 (83).

ist nämlich eine bestimmte elektronische Ausrüstung vonnöten, auf die Kleinanleger in aller Regel nicht zurückgreifen können. Vor dem Hintergrund der zunehmenden Dematerialisierung der Aktien in Großbritannien nehmen also auch die *nominee* Registrierungen der Kleinanleger zu.

c) *Ansätze zur Stärkung des indirekten Anlegers*

Das Problem des Auseinanderfallens von rechtlich anerkanntem, registriertem Aktionär und dem dahinter stehenden materiellen Aktieninhaber tritt in Großbritannien nach dem soeben Gesagten also ganz massiv auf.[959] Daher wurde es auch von der *Company Law Review Steering Group* in ihrem Abschlußbericht im Jahr 2002 aufgegriffen.[960] Das Ziel der *Steering Group* war es, die Position des indirekten Anlegers zu verbessern. Daher empfahl sie einige Rechtsänderungen, die gewährleisten sollen, dass der indirekte Anleger die Stimmrechte aus den Aktien selbst ausüben kann oder zumindest darüber bestimmen kann, wie die Stimmen ausgeübt werden. Der zentrale Vorschlag ist eine Änderung des oben skizzierten Art. 360 CA 1985 dergestalt, dass die Gesellschaft auch die Rechte anderer Personen als der registrierten Aktionäre anerkennen und zur Geltung kommen lassen kann.[961] Dazu gehört neben dem Stimmrecht auch das Recht einer solchen dritten Person, einen Stimmrechtsvertreter zu benennen. Damit setzt die *Steering Group* ihr Augenmerk auf die Beziehung zwischen der emittierenden Gesellschaft und dem indirekten Investor.[962]

Daneben gibt es aber auch die Beziehung des indirekten Investors zu dem formalen Aktionär. In dieser Beziehung gibt es schon unter dem geltenden britischen Recht zwei Möglichkeiten, dem materiellen Eigentümer seinen stimmrechtlich vermittelten Einfluss zu sichern. Zum einen kann der aus den Aktien voll berechtigte materielle Eigentümer dem formalen Aktionär Weisungen zur Stimmrechtsausübung erteilen.[963] Zum anderen kann der formale Aktionär den materiellen Eigentümer als Stimmrechtsvertreter einsetzen und ihm bei der Stimmabgabe freie Hand lassen.[964] Inwieweit von diesen beiden Möglichkeiten Gebrauch gemacht wird, was insbesondere von der Existenz bestimmter Mitwirkungsverpflichtungen der Intermediäre abhängt, ist allerdings primär eine Frage der rechtlichen Beziehungen zwischen dem *nominee* und dem *beneficial owner* und gehört damit in den Regelungsbereich des *contract* und *trust law* und weniger in den des Gesellschaftsrechts.

Das zeigt sich auch anhand eines praktischen Beispiels, indem ein Unternehmen, nämlich die *BP plc*, durch Satzungsbestimmungen seinen indirekten Aktionären

---

959 Vgl. *Charkham*, Keeping better Company, 307: „[...] *in practice most shares are held in nominee accounts as a matter of administrative convenience*".
960 *The Company Law Review Steering Group*, Modern Company Law for a Competitive Economy – Final Report, URN 01/942 (Vol. 1) und 01/943 (Vol. 2), DTI 2002, Kapitel 7.
961 *The Company Law Review Steering Group*, Final Report Vol. 1, Kapitel 7.4.
962 *Nolan*, JCLS 2003, 73 (77).
963 *Nolan*, JCLS 2003, 73 (79).
964 *Nolan*, JCLS 2003, 73 (79).

die Ausübung ihrer Stimmrechte zu ermöglichen versucht.[965] Ein großer Teil der Aktien von *BP* werden von der *JP Morgan Chase Bank* als Verwahrer gehalten. Die Bank hat sog. *depositary receipts* an Investoren ausgegeben.[966] Weil die *BP plc* daran interessiert war, dass sich diese indirekten Investoren wie Aktionäre in der Gesellschaft engagieren können,[967] hat sie in ihrer Satzung bestimmt,[968] dass der „*Approved Depositary*", also die *Morgan Chase* Bank, jeden ADS-Inhaber für eine äquivalente Anzahl an Aktien als Bevollmächtigten einsetzt. Damit sind die ADS-Inhaber in der Lage, das Stimmrecht aus den Aktien selbst auszuüben oder auch eine Unterbevollmächtigung zu erteilen.[969] Allerdings sind die ADS-Inhaber nicht Vertragspartner des Gesellschaftsvertrages und können damit diese Rechte aus der Satzung auch nicht gerichtlich einfordern, vgl. Art. 14 CA 1985.

3) Legitimation des stimmberechtigten Aktionärs

Das britische Aktienrecht macht es der emittierenden Gesellschaft verhältnismäßig einfach, die Stimmrechtslegitimation ihrer Aktionäre zu überprüfen. In einem System von Namensaktien stand ein Hinterlegungserfordernis nie zur Debatte. Die Legitimation erfolgt schlicht und einzig auf Grundlage des Aktienregisters: „*The register is the only evidence of a member's right to vote*".[970] Wer im Aktienregister als Aktionär registriert ist, ist gegenüber der Gesellschaft zur Stimmrechtsausübung legitimiert. Die *registrars* müssen nicht hinter diese Personen schauen.[971] Bei der Frage nach dem Zeitpunkt der Legitimation wird in Großbritannien nach dem Stichtagsprinzip verfahren. Folglich sind diejenigen Personen, die am sog. *record date* im Aktienregister der Gesellschaft bzw. im *operator*-Register bei *CRESTCo* eingetragen sind, auf der Hauptversammlung stimmberechtigt. Das *record date* ist nicht gesetzlich vorgegeben, sondern wird in der Satzung oder aber auch erst in der Einberufungsmitteilung *(notice of meeting)* festgelegt.[972] Für Aktionäre unverbriefter Aktien im *CREST*-System bestimmt Nr. 41 Abs. 1 des Uncertificated Securities Regulations 2001, dass das *record date* in der *notice* festgelegt werden, jedoch nicht länger als 48 Stunden vor der Hauptversammlung liegen darf. In der Praxis börsennotierter Gesellschaften liegt es denn auch in der Regel genau 48 Stunden

---

965 Beispiele aufgegriffen bei *Nolan*, JCLS 2003, 73 (81 ff).

966 Siehe www.bp.com (zuletzt abgerufen am 20. Dezember 2004). Diese Berechtigungsscheine werden ausgegeben, um eine Handelbarkeit an den US-amerikanischen Börsen zu erreichen, und werden daher gemeinhin als „*American Depositary Shares*" oder kurz „*ADS*" bezeichnet.

967 Zu den Gründen siehe *Nolan*, JCLS 2003, 73 (82 f).

968 Artt. 144 A–152 der Satzung von *BP plc*, abgedruckt als Anhang 4 bei *Nolan*, JCLS 2003, 73 (73 ff).

969 Auch die *Vodafone plc* gewährt ADS-Inhabern durch Satzungsbestimmung (Artt. 162–169) die Rechte eines Stimmrechtsvertreters und das Recht zur Unterbevollmächtigung.

970 Palmer's Company Law, Volume 2, Rdn. 7.609.

971 Komplizierte Rückverfolgungen in der Verwahrerkette braucht die Gesellschaft also nicht zu unternehmen. So wird vermieden, dass sie sich in Dispute über die exakte Lokalisierung der Herrschaft über das Stimmrecht verstrickt, vgl. *Ferran*, in: Ferrarini/Hopt/Winter/Wymeersch (Hrsg.), Reforming Company Law, 417 (444).

972 DSW Europe Study, 88.

vor der Hauptversammlung.[973] Auch in der Zeit zwischen dem *record date* und dem Abhalten der Hauptversammlung können die Aktionäre ihre Aktien nach Belieben veräußern. Der Erwerber ist dann jedoch nicht stimmberechtigt, da er ja nicht schon am Stichtag Aktionär war, der Veräußerer dagegen bleibt weiter formell legitimiert.[974] In einem solchen Fall kommt es beim *record date*-Prinzip zu einem Auseinanderfallen von formeller Legitimation zur Stimmrechtsausübung und Aktionärsstellung. Das wird angesichts der Vereinfachung, die das System mit sich bringt, in Kauf genommen.

2. Kapitel: Rechtsvergleichende Zusammenfassung

(1) Alle deutschen Aktiengesellschaften dürfen sowohl Inhaber- als auch Namensaktien ausgeben, während die Ausgabe von Inhaberaktien in Frankreich nur den börsennotierten Gesellschaften gestattet ist. In Großbritannien spielen Inhaberaktien in der Praxis keine Rolle, da die Unternehmen traditionell ausschließlich Namensaktien ausgeben.

In allen drei Rechtsordnungen stellt sich das Aktienwesen in seiner heutigen Ausgestaltung praktisch als ein System bloßer Buchungsposten dar. In Frankreich wurde bereits 1981 rechtlich eine vollständige Dematerialisierung des Aktienwesens vollzogen. Aktien existieren in Frankreich ausschließlich als unverbriefte Wertrechte, verkörperte Aktienurkunden kann es dort nicht mehr geben. In Großbritannien dagegen ist ein vergleichbar radikaler Schritt noch nicht gemacht, hier ist das System der Dematerialisierung lediglich optional. Seit 1995 können britische Gesellschaften alle oder einen Teil ihrer Aktien in unverbriefter Form ausgeben, indem sie diese in das *CREST*-System einbringen. Die an der Londoner Börse notierten Unternehmen sind allerdings bei entsprechendem Anlegerwunsch zur Dematerialisierung der Aktien verpflichtet. Bei den unverbrieften Aktien wird das Aktienregister nicht von der Gesellschaft, sondern von *CRESTCo* geführt. In Deutschland können die Unternehmen seit dem KonTraG von 1998 den Anspruch der Aktionäre auf Verbriefung ihres Anteils statutarisch ausschließen, was auch so gut wie alle börsennotierten Gesellschaften tun. Die Erstellung und Hinterlegung einer Globalurkunde ist jedoch nach wie vor unverzichtbar. Auf diese Weise behält das deutsche Effektenwesen seine wertpapiermäßige Basis. Die Globalaktie verbleibt allerdings unbewegt beim Zentralverwahrer („Demobilisierung"), womit in Deutschland in der Praxis des modernen Kapitalmarkts die Aktien ebenfalls lediglich Buchungsposten auf Wertpapierkonten darstellen.

(2) Inhaber des Stimmrechts ist im deutschen und im französischen Recht der Eigentümer der Aktien, im britischen Recht der *member* der Gesellschaft. In der Praxis halten in Deutschland die als Miteigentümer der Globalaktie bei *Clearstream* re-

---

973 *British Bankers' Association*, Response to the Expert Group's April 2002 Consultative Document, 11. Juni 2002, Frage 11; abrufbar unter: http://www.bba.org.uk.
974 Vgl. Nr. 41 Abs. 2 Uncertificated Securities Regulations 2001.

gistrierten Kreditinstitute die Aktien für ihre Depotkunden und mitteln diesen den notwendigen Besitz. Hält der Depotkunde die Aktien ebenfalls für einen Dritten, so ist schließlich derjenige Eigentümer der Aktien, der diese für sich selbst hält. Auf diese Weise können lange Verwahrketten entstehen, an deren Ende sich erst der stimmberechtigte Aktieneigentümer befindet. Dagegen ist die Bestimmung des stimmberechtigten Aktionärs in Frankreich deutlich leichter möglich. Im dematerialisierten französischen Aktienwesen wird das Wertpapierkonto bei Namensaktien vom Emittenten, bei Inhaberaktien von einer behördlich zugelassenen Finanzinstitution geführt. Beide Arten von Konten müssen jeweils zwingend im Namen des Eigentümers der Aktien eröffnet werden. Treuhänderisch agierende Dritte dürfen also grundsätzlich kein Aktienkonto auf ihren Namen eröffnen. Lange Verwahrketten und die damit einhergehenden Probleme bei der Bestimmung des stimmberechtigten Aktionärs entfallen. Allerdings lässt auch das französische Recht seit dem NRE von 2002 eine Ausnahme für nicht in Frankreich ansässige Aktionäre börsennotierter Gesellschaften zu. In diesem Fall kann das Wertpapierkonto auch auf den Namen eines Intermediärs lauten, wenn dieser bei der Kontoeröffnung seine Eigenschaft als bloßer Zwischenhändler dem Kontoführer gegenüber offen legt. Der *actionnaire non-résident* bleibt dabei Eigentümer der Aktien und somit Inhaber des Stimmrechts. Wenn er es ausüben will, muss er allerdings eine Identifizierung durch die Gesellschaft akzeptieren. Die Gesellschaft kann nämlich bei einer Stimmabgabe durch den *intermédiaire inscrit* verlangen, dass dieser die Identität des wahren Eigentümers der Aktien offen legt. Kommt der Intermediär einem entsprechenden Verlangen nicht nach, so finden die Stimmen keine Berücksichtigung. In Großbritannien ist stimmberechtigter Aktionär, wer seinem Eintritt in die Gesellschaft zugestimmt hat und im *issuer register* der Gesellschaft bzw. im *operator register* von *CRESTCo* eingetragen ist, unabhängig davon, ob er der wirkliche Eigentümer ist oder die Aktien lediglich treuhänderisch für einen anderen hält.

(3) Von der Frage, wer Inhaber der Aktien und damit materieller Inhaber des Stimmrechts ist, ist die Frage zu trennen, wer sich gegenüber der Gesellschaft formell als stimmberechtigt legitimieren kann. Das Legitimationsverfahren bei Namensaktien erfolgt im deutschen und britischen Recht auf Grundlage des Aktienregisters, im französischen Recht auf Grundlage der von dem Emittenten geführten Wertpapierkonten. Im deutschen Recht ist nur derjenige gegenüber der Gesellschaft als stimmberechtigt legitimiert, der im Aktienregister eingetragen ist. Allerdings gibt das deutsche Aktienregister nicht zwingend die wirklichen Eigentumsverhältnisse wieder, da sich der Eigentumsübergang der Aktien vollständig außerhalb des Registers vollzieht. Gerade in grenzüberschreitenden Situationen ist anstelle des Eigentümers häufig ein treuhänderisch agierender Dritter aufgrund einer Ermächtigung des treugebenden Aktieneigentümers nach § 185 BGB im Aktienregister als Inhaber eingetragen. Der deutsche Gesetzgeber hat diese Form der Legitimationsübertragung ausdrücklich anerkannt. Daher können in Deutschland formelle und materielle Stimmberechtigung bei Namensaktien divergieren. Die gleiche Situation kann in Großbritannien entstehen. Zwar ist die

Eintragung im Aktienregister hier – im Gegensatz zum deutschen Recht – für den Erwerb von Aktien konstitutiv, der Eingetragene *ist* also stimmberechtigter Aktionär und gilt nicht nur als solcher. Da aber auch in Großbritannien derjenige, der sich in das Aktienregister eintragen lässt, nicht notwendig derjenige sein muss, auf dessen Entschluss der Aktienerwerb beruht und der das dafür notwendige Kapital aufgebracht hat, sondern vielmehr auch ein bloßer Treuhänder sein kann, ergibt sich im Hinblick auf die Stimmberechtigung das gleiche Problem wie im deutschen Recht: Materielles Eigentum an den Aktien und formelle Aktionärsstellung (und damit Stimmberechtigung gegenüber der Gesellschaft) können divergieren. Anders als bisher in Deutschland ist diese Situation in Großbritannien in den börsennotierten Aktiengesellschaften heute sogar der Regelfall. Sie wird in der britischen Rechtswissenschaft als problematisch diskutiert, allerdings bislang ohne konkrete Ergebnisse. Im französischen Recht kann dieses Problem dagegen nicht entstehen, da hier der formell stimmberechtigte Aktionär immer auch zugleich materieller Eigentümer der Aktien sein muss. Ein Treuhänder kann damit nie formell als Aktionär stimmberechtigt sein.

Unterschiede bezüglich der Legitimation von Namensaktionären bestehen zwischen den Rechtsordnungen vor allem auch im Hinblick auf die Frage, zu welchem Zeitpunkt jemand Aktionär sein muss, wenn er sein Stimmrecht auf der Hauptversammlung ausüben will. In Deutschland und Frankreich soll prinzipiell nur derjenige stimmberechtigt sein, der zum Zeitpunkt der Hauptversammlung Aktionär der Gesellschaft ist. In Großbritannien dagegen ist der entscheidende Zeitpunkt einige Zeit vor der Versammlung, das sog. *record date*. Es ist nicht gesetzlich vorgegeben, sondern wird in der Satzung festgelegt, und liegt in der Praxis in der Regel 48 Stunden vor der Hauptversammlung. Selbst wenn der Aktionär danach seine Aktien veräußert und damit materiell nicht mehr stimmberechtigt ist, bleibt seine formelle Legitimation bestehen und er kann die Stimmrechte aus den Aktien ausüben. In Frankreich ist zwar grundsätzlich der Zeitpunkt der Hauptversammlung maßgebend, allerdings kann von Namensaktionären verlangt werden, dass sie schon einige Tage vor der Versammlung als Aktionäre registriert waren. Diese Vorgehensweise ist aber im französischen Recht nicht als wirkliches Stichtagsprinzip ausgestaltet, sondern vielmehr als eine zusätzliche Voraussetzung zur Stimmrechtsausübung. Denn wenn der Aktionär seine Aktien nach dem „Registertag" veräußert, so muss er dies der Gesellschaft mitteilen und verliert damit auch seine formelle Stimmberechtigung. In Deutschland wird das Prinzip ebenfalls etwas aufgeweicht, indem es den Gesellschaften gestattet wird, die Umschreibung im Aktienregister bis längstens sieben Tage vor der Hauptversammlung auszusetzen. Wichtig ist, dass es auch nach dem UMAG kein zwingendes gesetzliches *record date* für Namensaktien gibt, auch nicht für börsennotierte Gesellschaften.

Bei Inhaberaktien gestaltet sich das Legitimationsverfahren vom Ansatz her komplizierter als bei Namensaktien, da die Gesellschaft ihre Aktionäre grundsätzlich nicht kennt. Sowohl in Deutschland als auch in Frankreich wurde ursprünglich die Hinterlegung der Aktienurkunden als gängigstes Mittel der Legitimation praktiziert. Mit dem vollständigen Wegfall der Aktienurkunden in Frankreich durch das Dematerialisierungsgesetz und dem Trend zur Girosammelverwahrung bei börsennotierten Gesellschaften in Deutschland änderten sich allerdings die Grundvoraussetzungen des Hinterlegungssystems. Nunmehr ist es allein derjenigen Institution, die das Wertpapierkonto für die Aktionäre führt, möglich, die Aktionärseigenschaft der Inhaberaktionäre zu bestätigen. Im französischen Recht existiert zwischen dem Emittenten und dem Aktieninhaber nur ein zur Kontoführung speziell ermächtigter Finanzintermediär. Dieser bestätigt die Aktionärsstellung des Kontoinhabers. Im deutschen Recht stellen die Depotbanken die entsprechenden Bestätigungen aus. Neben dem Bestandsnachweis müssen die depotführenden Kontoführer in Frankreich eine sog. Sperrerklärung ausstellen, in der sie erklären, den bestätigten Aktienbestand des Depotkunden bis zum Ablaufe der Hauptversammlung gesperrt zu halten. Grund dafür ist, dass in Frankreich nur derjenige materiell stimmberechtigt ist, der auch im Zeitpunkt der Hauptversammlung (noch) Aktionär der Gesellschaft ist. Die Ausstellung einer solchen Sperrerklärung beeinträchtigt die Fungibilität der Aktien allerdings nicht. Mit der Ausstellung der Sperrerklärung verpflichten sich die Kreditinstitute lediglich, den Aktienbestand ihres Kunden zu beobachten und eventuelle Änderungen rechtzeitig vor der Hauptversammlung (in der Regel bis zum Vortag) an die Gesellschaft zu melden. Dieses bankengestützte Legitimationsverfahren wurde durch das NRE in Frankreich detailliert gesetzlich geregelt. In Deutschland wurde das Verfahren in der modernen Praxis girosammelverwahrter Inhaberglobalaktien bis zum Inkrafttreten des „Gesetzes zur Unternehmensintegrität und Modernisierung des Anfechtungsrechts“ am 1. November 2005 fast identisch gehandhabt. Durch das UMAG hat sich aber eine wesentliche Koordinate des Systems für börsennotierte Gesellschaften verändert: Nunmehr kommt es für die Stimmberechtigung nicht mehr auf die Aktionärsstellung im Zeitpunkt der Hauptversammlung, sondern auf die Aktionärsstellung am Beginn des 21. Tages vor der Versammlung an. Dadurch entfallen zumindest in börsennotierten deutschen Gesellschaften die aufwändigen *reconciliations* zwischen der Ausstellung des Bestandsnachweises durch die Depotbanken, die nunmehr auch zwingend als einziger Berechtigungsnachweis von den Gesellschaften anerkannt werden müssen, und dem Tag der Hauptversammlung.

3. Kapitel: Beurteilung des Rechtsstoffes aus der Sicht grenzüberschreitend agierender Anleger

I. Praxis der Eintragung von Intermediären im Aktienregister

In den untersuchten Rechtsordnungen zeigt sich eine zunehmende Internationalisierung der Beteiligungsstrukturen börsennotierter Aktiengesellschaften.[975] Dabei ist zu beobachten, dass nicht-ansässige Aktionäre es bevorzugen, bei Namensaktien an ihrer Statt einen Intermediär in das Aktienregister der Gesellschaft eintragen zu lassen.[976] Das britische und das deutsche Recht akzeptieren die Eintragung eines Intermediären *(nominee)*[977] mit der Folge, dass die gegenüber der Gesellschaft formal stimmberechtigte Person bzw. Institution nicht zugleich das unmittelbare ökonomische Interesse an den Aktien besitzt. In diesen Ländern kommt es also bei grenzüberschreitenden Beteiligungen häufig zu einer Trennung des wirtschaftlichen Eigentümers der Aktien (sog. *beneficial owner*) von dem formal gegenüber der Gesellschaft stimmberechtigten Aktionär.

Demgegenüber geht das französische Recht einen Sonderweg. Dort gilt die strikte Prämisse, dass Aktienkonten nur auf den Namen des wirklichen Eigentümers eröffnet werden dürfen, sei es bei dem Emittenten (Namensaktien) oder bei den autorisierten Finanzinstituten (Inhaberaktien). Diese Regelung stellt für gebietsfremde Aktionäre ein großes Hindernis für das *cross-border voting* dar.[978] Mit Erlass des NRE hat der französische Gesetzgeber versucht, das rechtliche Erfordernis der direkten Beteiligung mit der Praxis der Einschaltung von Intermediären zumindest für nicht-ansässige Aktionäre börsennotierter Gesellschaften in Einklang zu bringen. Die Lösung weicht aber im Hinblick auf das Stimmrecht von dem Ergebnis der deutschen und britischen Rechtsordnung ab: Zwar darf nunmehr auch in Frankreich ein Intermediär ein Wertpapierkonto im eigenen Namen eröffnen, formell gegenüber der Gesellschaft stimmberechtigt bleibt aber der dahinter stehende Aktieninhaber. Will dieser sein Stimmrecht ausüben,[979] so muss er allerdings bereit sein, auf Anfrage der Gesellschaft dieser gegenüber seine Identität preiszugeben. Das entsprechende Identifizierungsverfahren ergibt

---

975 Vgl. nur für Deutschland *Seibert*, AG 2004, 529; *ders.* in: von Rosen/Seifert (Hrsg.), Die Namensaktie, 11, (14); für Frankreich *Le Cannu*, Droit des sociétés, Rdn. 783; für Großbritannien *The International Corporate Governance Network*, Cross Border Proxy Voting, 18f.

976 Siehe oben Kap. 1, für Deutschland: I. 3b) und für Großbritannien: III 2b). Vgl. auch *Butzke*, in: Obermüller/Werner/Winden, Die Hauptversammlung, 530; *Le Cannu*, Droit des sociétés, Rdn. 806; *Maul*, NZG 2001, 585 (587); *Merkt*, in: von Rosen/Seifert (Hrsg.), Die Namensaktie, 63 (90ff); *Seibert*, in: von Rosen/Seifert (Hrsg.), Die Namensaktie, 11 (31); *ders.*, AG 2004, 529 (532).

977 *Hüffer*, Aktiengesetz, § 128 Rdn. 2a, verwendet den deutschen Begriff „Platzhalter", wenn jemand *„für Namensaktien, die ihm nicht gehören, im Aktienregister eingetragen ist"* (vgl. Wortlaut § 128 Abs. 1 Fall 2 AktG). In dieser Untersuchung wird aber auch für deutsche Sachverhalte der englische Begriff *nominee* gebraucht.

978 Zur Kritik im Einzelnen *Arnold*, in: Baums/Wymeersch (Hrsg.), Shareholder Voting Rights and Practices in Europe, 391 (397f).

979 Sei es direkt oder durch den eingetragenen Intermediär als Stimmrechtsvertreter.

sich unmittelbar aus dem Gesetz. Eine Verankerung in der Satzung ist nicht erforderlich.[980]

Gerade diese Offenlegungspflicht, auf die der französische Gesetzgeber auch bei Zulassung der Registrierung von Intermediären nicht verzichten wollte, erweist sich aber für diejenigen ausländischen Aktionäre als „Haken", die nicht nur aus Praktikabilitäts- und Effizienzgründen eine indirekte Beteiligung bevorzugen, sondern auch, weil sie gegenüber der Gesellschaft anonym bleiben wollen.[981] Die Aktionäre sollten aber grundsätzlich die Möglichkeit behalten können, von der Gesellschaft nicht gekannt zu werden. Das liegt schließlich in der Natur der Aktie als anonyme Kapitalanlage, was sich auch im französischen Begriff *„société anonyme"* wieder findet. Vergleichbare Offenlegungspflichten als Voraussetzung für die Stimmrechtsausübung sind im deutschen Recht nicht zu finden. Hier gibt es lediglich die gesetzlichen Meldepflichten für Aktionäre, deren Stimmrechtsanteil Einfluss auf das Abstimmungsergebnis haben kann (ab 5%).[982] Für die Höhe der Beteiligung sind hierbei nicht allein die stimmberechtigten Aktien des betreffenden Aktionärs entscheidend, sondern vielmehr sein tatsächlicher Einfluss.[983] Auch wirtschaftliche Eigentümer können so erfasst werden.[984] Für die übrigen Aktionäre gilt, dass sich die Gesellschaft eher aus Gründen der Verbesserung der *Investor relations* für ihre Identität interessiert. Dieses Ziel sollte aber nicht durch einen gesetzlichen Zwang auf Kosten der Anonymität der Aktionäre erreicht werden. Eine solche Regelung liefe wohl im Übrigen auch den Grundsätzen des deutschen Bankgeheimnisses zuwider.[985] Eher sollte man den Aktionären die Möglichkeit geben, sich gegenüber der Gesellschaft freiwillig zu identifizieren. In Großbritannien dagegen kennt das Gesetz mit Art. 212 CA 1985 eine Regelung, die es der Unternehmensleitung ermöglicht, jederzeit von einem *nominee* die Offenlegung der Identität des wirtschaftlichen Eigentümers der Aktien zu verlangen.[986] Diese Regelung betrifft nur voll stimmberechtigte Aktien.[987] Wenn sich der Bucheigentümer dieser Offenlegung ohne triftigen Grund verweigert, kann dies zur Folge haben, dass ihm die Ausübung seiner Stimmrechte durch gerichtliche *order* verboten wird, vgl. Art. 216 i.V.m. Art. 454 Abs. 1

---

980 Im Gegensatz zum Verfahren bei den „identifizierbaren Inhaberaktien", das eine entsprechende Satzungsgestaltung erfordert, dafür aber jederzeit durchführbar und nicht an die Stimmrechtsausübung gekoppelt ist; siehe Fn. 881.

981 Zum Anonymitätsbedürfnis als Hintergrund für die Einschaltung eines *nominees* siehe *Arnold*, in: Baums/Wymeersch (Hrsg.), Shareholder Voting Rights and Practices in Europe, 391 (397f).

982 Vgl. § 20 AktG, § 21 WpHG.

983 *Siems*, ZGR 2003, 218 (233).

984 § 22 WpHG; *Siems*, ZGR 2003, 218 (233).

985 So der Bundesverband deutscher Banken, *Comments to the Consultative Document on Cross-Border Voting in* Europe, 3. Juni 2002, unveröffentlicht, 6.

986 *Hannigan*, Annotated Guide to the Companies Act, 381ff; Palmer's Company Law, Volume 2, Rdn. 7.303; *Siems*, ZGR 2003, 218 (230). Auch 10% aller Mitaktionäre haben dieses Recht, Art. 214 CA 1985, Palmer's Company Law, Volume 2, Rdn. 7.303.2.

987 Dies ergibt sich aus dem Begriff *„relevant share capital"*; Auslegung bei Palmer's Company Law, Volume 2, Rdn. 7.303 und bei *Davies*, Gower's Principles of Modern Company Law, 601.

CA 1985.[988] Diese Offenlegungspflicht entspricht derjenigen im französischen Recht, da sie ebenfalls nicht an einen bestimmten Stimmrechtsanteil anknüpft, sondern generell für alle Aktionäre gilt. Die nachforschende Gesellschaft muss insbesondere auch nicht substantiiert darlegen, dass sie glaubt, der betreffende Aktionär würde eine maßgebliche Beteiligung halten bzw. aufbauen.[989] Der Gesetzgeber wollte der Gesellschaft – und der Öffentlichkeit – vielmehr grundsätzlich das Recht zubilligen, die Identität des Aktionärskreises zu erfahren.[990] Das Instrument der *notice* nach Art. 212 CA 1985 wird in der Praxis nicht selten in Anspruch genommen,[991] und zwar besonders häufig von Vorständen, die ihre Gesellschaft als einen potentiellen Übernahmekandidaten sehen.[992] Das *Department of Trade and Industry* (DTI) hat daher sogar einen Formularvordruck für entsprechende Anfragen erarbeitet, den es den Gesellschaften zur Verfügung stellt.[993]

Insofern besteht aus dem Blickwinkel gebietsfremder Anleger der Nachteil des französischen Systems nur im Vergleich zur deutschen Regelung. Dagegen liegt aber auch der Vorteil des französischen Systems gegenüber dem deutschen und dem britischen System auf der Hand, nämlich dass trotz Einschaltung eines Intermediären der wahre Aktionär gegenüber der Gesellschaft auch formell teilnahme- und stimmberechtigt bleibt. Er kann selbst abstimmen oder einen Bevollmächtigten mit der Stimmrechtsausübung betrauen, mithin seine inhaltliche Einflussmacht aus eigener Kraft gegenüber der Gesellschaft zur Geltung bringen. Zwar verbleibt auch in Deutschland und Großbritannien die materielle Kontrolle über das Stimmrecht beim *beneficial owner*, jedoch ist es ungleich umständlicher für ihn, diese Kontrolle auch tatsächlich auszuüben, da er zwingend der Mitwirkung des formell stimmberechtigten Intermediären bedarf. Damit ist die Wahrung seiner Interessen gefährdet. Das Auseinanderfallen von formeller Stimmberechtigung und materiellem Aktieneigentum, das bei grenzüberschreitenden Beteiligungen an deutschen und britischen Aktiengesellschaften häufig auftritt, stellt ein signifikantes Erschwernis für das *cross-border voting* dar.

---

988 *Davies/Briggs/Impey/Evans/Ellis*, Modern Law of Meetings, 8.9; *Davies*, Gower's Principles of Modern Company Law, 603 f; Palmer's Company Law, Volume 2, Rdn. 7.304 und 10.026; *Siems*, ZGR 2003, 218 (230).

989 Palmer's Company Law, Volume 2, Rdn. 7.303.

990 Vgl. *Judge Nourse* in *Re Lloyd Holdings Plc* [1985] B.C.L.C. 293: „*The clear purpose* [of this legislation] *is to give public companies, and ultimately the public at large, a prima facie unqualified right to know who are the real owners of ist voting shares*"; *Davies*, Gower's Principles of Modern Company Law, 604; Palmer's Company Law, Volume 2, Rdn. 7.303.

991 Vgl. nur das aktuelle Beispiel *Rock Nominees Ltd v RCO (Holdings) Plc* [2003] EWHC 936; ferner *Lonrho v Edelman* [1989] B.C.L.C. 309; *Hannigan*, Annotated Guide to the Companies Act, 381 („*provision is important in practice*"); vgl. auch die Aussage bei Palmer's Company Law, Volume 2, Rdn. 7.303.1 zu letzter Entscheidung: „*and* [where] *the recipient* [of the notice under Art. 212 CA 1985] *is an organisation* ***experienced*** *in dealing with such notices* [...]"; vgl. auch Chapter 9.3.9 Listing Rules.

992 *Davies*, Gower's Principles of Modern Company Law, 601.

993 Dieses Formular ist abrufbar unter www.dti.gov.uk; *Hannigan*, Annotated Guide to the Companies Act, 381; Palmer's Company Law, Volume 2, Rdn. 7.303. Ferner hat sich die *Company Law Review Steering Group* in ihrem Abschlußbericht explizit für eine Beibehaltung dieser Regelung ausgesprochen, Company Law for a Competitive Economy: Final Report, 2001, Chapter 7.32.

II. Bestimmung und Stärkung des indirekten Anlegers in grenzüberschreitenden Verwahrketten

Es wurde gezeigt, dass grenzüberschreitende Aktienanlagen heute in der Regel über eine Kette von Finanzintermediären getätigt werden. Diese langen Kontenketten können dazu führen, dass vor allem bei Inhaberaktien schwer zu ermitteln ist, wer der eigentliche Inhaber der Aktien und damit materiell stimmberechtigt ist. Das gleiche Problem kann sich angesichts der geschilderten Praxis der *nominee*-Eintragungen in Deutschland und Großbritannien aber auch bei Namensaktien ergeben. In beiden Fällen besteht die Gefahr, dass die Person, die eigentlich zur Entscheidung über die Ausübung der mit ihren Aktien verbundenen Stimmrechte berechtigt ist, dieses Recht in der Praxis nicht durchsetzen kann. Dies gilt in erster Linie dann, wenn der Anleger durch die Einschaltung von Intermediären seine formelle Stimmberechtigung gegenüber der Gesellschaft verliert. Im Vergleich der Rechtsordnungen ist dies im französischen Recht jedoch nicht möglich: Auch soweit hier nach der NRE-Reform die Aktien auf das Konto eines Intermediärs verbucht werden können, bleiben stets nur die wahren Eigentümer gegenüber der Gesellschaft stimmberechtigt. Demgegenüber ist das Problem in Großbritannien und zunehmend auch in Deutschland umso drängender. Gerade in Großbritannien wird die Frage nach einer Stärkung der Rechte indirekter Anleger schon seit längerem diskutiert. Da der Gesetzgeber bisher nicht reagiert hat, werden britische Gesellschaften in der Praxis vermehrt selbst aktiv und bemühen sich um kreative Lösungen. Denn angesichts der Tatsache, dass Kapitalmärkte immer offener und liquider werden, nimmt auch das Druckpotential der Investoren zu. Fraglich ist allerdings, ob man deshalb bereits der Argumentation von *Siems* folgen mag. Er verweist indirekte Anleger, die an der Ausübung ihrer Stimmrechte interessiert sind, darauf, durch entsprechende Verträge mit den Intermediären selbst sicherzustellen, dass sie wie Aktionäre aktiv werden können.[994] Für große Investoren mag dies eine gangbare Alternative sein, allerdings ist zu bezweifeln, dass auch kleinere Anleger die Intermediäre in jedem Falle zu entsprechenden vertraglichen Absprachen bewegen können. Schließlich bedeuten entsprechende Verpflichtungen für die Intermediäre vor allem einen Zuwachs an Aufwand und Kosten, auch wenn *Siems* argumentiert, dass durch den Einsatz der neuen Medien beim Einholen von Weisungen keine großen Kosten entstünden.[995] Der Einsatz von neuen Medien im Verhältnis Intermediär – Letztinvestor ist allerdings noch nicht umfassend gesichert. Vor allem aber gewähren vertragliche Verpflichtungen mit einem Intermediär keinen unmittelbar gegen den Emittenten durchsetzbaren Anspruch auf Teilhabe an den Beschlussfassungen. Vielmehr bleibt der Intermediär gegenüber der Gesellschaft formal stimmberechtigt und der indirekt anlegende Aktionär hat im Außenverhältnis gegenüber der Gesellschaft keine Handhabe gegen eine Stimmabgabe des Intermediären, die nicht seinen Interessen entspricht.

---

994 *Siems*, ZGR 2003, 218 (231); *ders.*, Konvergenz der Rechtssysteme, 189.
995 *Siems*, ZGR 2003, 218 (231 f).

Indes kann man nur denjenigen Anleger stärken, den man zuvor auch als den materiell stimmberechtigten Aktionär identifiziert hat. Im grenzüberschreitenden Kontext beginnen aber bereits an dieser Stelle die begrifflichen Schwierigkeiten. Wo eine lange Kette von Intermediären besteht und auch das Aktienregister letztlich nur Auskunft über einen Intermediär gibt, stellt sich die Frage, welches Glied in der Kette über die Ausübung des Stimmrechts inhaltlich bestimmen darf. Prinzipiell sollte dies natürlich derjenige sein, der letztlich das ökonomische Interesse an den Aktien hat und das wirtschaftliche Risiko der Anlage trägt, also der wirtschaftliche Letztinvestor. Offen ist aber, anhand welcher Begriffsmerkmale man diese Person oder Institution schnell und sicher auch im grenzüberschreitenden Kontext identifizieren kann. Mit dieser Frage hat sich im Jahre 2002 die international besetzte *Expert Group on Cross-Border Voting in Europe* auseinandergesetzt, die in ihrem Abschlussbericht konkrete Vorschläge für eine Richtlinie zur grenzüberschreitenden Stimmrechtsausübung unterbreitete.[996] Das zentrale Element des Vorschlags dieser Expertengruppe ist die Einführung einer europaweit einheitlichen Definition desjenigen, der inhaltlich über die Stimmrechtsausübung entscheiden können soll (sog. *ultimate accountholder*). In einem zweiten Schritt schlägt die Gruppe dann mehrere Maßnahmen zur Stärkung des *ultimate accountholder* vor, von denen die Mitgliedstaaten wenigstens eine bereitstellen müssen.

Nach der Definition der Gruppe soll inhaltlich entscheidungsbefugter Aktionär[997] sein, wer nicht als Wertpapierintermediär in der Kontenkette erscheint. Dabei soll der Begriff Wertpapierintermediär im Sinne dieser Definition nur solche Wertpapierunternehmen umfassen, die eine Kontoverbindung zu einem CSD[998] oder ICSD[999] innerhalb der Europäischen Union unterhalten. Ausgehend von der emittierenden Gesellschaft wird also die Kette der Aktiendepots solange zurückverfolgt, bis man zum ersten Mal auf einen Depotinhaber stößt, der nicht EU-Wert-

---

996 *The Expert Group on Cross-Border Voting in Europe*, Cross-Border Voting in Europe – Final Report. Der Bericht existiert nur in englischer Sprache. Die Ergebnisse der Gruppe sind insofern von besonderer Relevanz, als sie von der Generaldirektion Binnenmarkt der Europäischen Kommission bei ihren Vorarbeiten zum Erlass einer Europäischen Richtlinie zur Stärkung der Aktionärsrechte aufgegriffen und in einem ersten Konsultationspapier zur Stärkung der Aktionärsrechte aus dem Jahre 2004 offen zur Diskussion gestellt wurden, vgl. Konsultationspapier zur „Einführung einer angemessenen Regelung zur Stärkung der Aktionärsrechte" vom 16. September 2004, S. 5 (Fn. 20). Dennoch fand der Bericht selber in der deutschen Rechtsliteratur nur sehr geringe Beachtung. Einzig *Noack*, freilich selbst ein Mitglied der Gruppe, äußerte sich dazu, beschränkte sich allerdings inhaltlich auf eine kurze Wiedergabe der Arbeit der Gruppe, ZIP 2002, 1215 ff; aus der deutschen Literatur sonst nur noch *Siems*, ZGR 2003, 218 (231), der sich allerdings auf einen kleinen Teilbereich der Materie (Offenlegungspflichten) beschränkt. Dafür findet sich aber ein Beitrag in der österreichischen Rechtsliteratur: *Bachner*, FS Doralt 2004, 33 ff.

997 Deutsche Bezeichnung übernommen von *Bachner*, FS Doralt 2004, 33 (36 ff).

998 CSD steht für *Central Securities Depository* und meint die nationale zentrale Wertpapiersammelbank, die auch kurz als „Zentralverwahrer" bezeichnet wird; eine Übersicht über alle existierenden europäischen Zentralverwahrer findet sich bei *Lattemann/Neumann*, Kreditwesen 2002, 25 (26).

999 ICSD steht für *International Central Securities Depository*. Das sind Institutionen, die mit allen lokalen CSDs verbunden sind und so die grenzüberschreitenden Aktientransaktionen erleichtern (sog. internationale Zentralverwahrer). Zwei ICSDs operieren derzeit in Europa, *Euroclear* und *Clearstream*.

papierintermediär im obigen Sinne ist.[1000] Dieser soll als *ultimate accountholder* über die Stimmrechtsausübung inhaltlich entscheiden oder aber – im Sinne einer Ergänzungsregel – an seiner statt seinen Kunden als entscheidungsbefugt benennen dürfen. Auf diese Weise versucht die Expertengruppe nach eigenen Angaben, eine Annäherung der inhaltlichen Entscheidungsbefugnis an die wirtschaftliche Inhaberschaft der Aktie zu erreichen.

Dies gelingt ihr aber keineswegs überzeugend. Vielmehr kann nach dieser Definition ebenso gut ein bloßer Intermediär als *ultimate accountholder* anerkannt werden, solange er nicht ein Wertpapierunternehmen ist, das einem europäischen Zentralverwahrer angeschlossen ist. Dadurch wird bereits der überwiegende Teil der nichteuropäischen Letztinvestoren nicht erfasst. Zwar soll der *ultimate accountholder* nach dem Willen der Gruppe an seiner Stelle seine Kunden als entscheidungsbefugt benennen dürfen. Jedoch liegt hier die Betonung auf „darf“. Es wird also gerade keine Pflicht für den Intermediär aufgestellt, wodurch die Situation der hier betroffenen Investoren im Vergleich zur jetzigen Rechtslage nicht wesentlich verbessert werden würde. Entscheidend ist aber, dass diese Definition des *ultimate accountholder* auch für mitgliedstaatliche Begriffe zu kurz greift. So wird beispielsweise ein maßgeblicher Teil der für deutsche Aktionäre verwahrten Wertpapiere unter Inanspruchnahme von Instituten verwahrt, die selbst nicht Mitglied bei einem CSD sind, sondern sich hierzu eines Zentralinstituts bedienen. Dies trifft etwa für alle Sparkassen und Genossenschaftsbanken zu. Nach der Definition der Gruppe wäre dann die jeweilige Sparkasse bzw. Genossenschaftsbank der *ultimate accountholder*. Das Konzept stößt in diesem Falle also schon in einer noch verhältnismäßig einfach zu überschauenden Konstellation mit Zwischenschaltung von lediglich drei Intermediären zwischen dem Emittenten und dem Anleger (Emittent → Clearstream → Zentralinstitut → Sparkasse → Anleger) an seine Grenzen. Schließlich bedenkt der Bericht nur in einer Fußnote[1001] die Möglichkeit, dass ein EU-Wertpapierintermediär, etwa eine Bank, auch Aktien auf eigene Rechnung als Anlagevermögen halten kann.[1002]

Diese Überlegungen zeigen, wie schwer eine richtlinientaugliche Definition des entscheidungsberechtigten Aktionärs zu finden ist. Die europaweite Implementierung einer solchen Bestimmung macht aber nur Sinn, wenn dadurch in der großen Mehrzahl der Fälle die entsprechend definierte Person auch tatsächlich der ökonomische Risikoträger ist, was der von der Expertengruppe vorgeschlagenen Definition nicht gelingt.

Aber selbst wenn sich eine praxistaugliche Definition des inhaltlich entscheidungsberechtigten Aktionärs finden ließe, bliebe die entscheidende Frage, wie gewährleistet werden kann, dass die materielle Entscheidungsbefugnis des indirekten Anlegers auch stets zu praktischer Wirksamkeit gelangt. Soweit ersichtlich, ist die *Expert Group on Cross-Border Voting in Europe* die einzige Institution, die dafür bisher ein europaweites Konzept vorgeschlagen hat. Nach diesem Konzept sollen die

---

1000 *Bachner*, FS Doralt 2004, 33 (39).
1001 Auf S. 41.
1002 *Bachner*, FS Doralt 2004, 33 (39).

Mitgliedstaaten dem zuvor definierten *ultimate accountholder* zur Stärkung seiner Position wenigstens eine der folgenden Optionen nach nationalem Recht zur Verfügung stellen:[1003] Entweder soll der *ultimate accountholder* selbst abstimmen können, indem das nationale Recht ihn grundsätzlich auch formal als stimmberechtigten Aktionär anerkennt (Option a) oder weil er im Aktienregister als stimmberechtigte Person eingetragen wird (Option b). Oder er soll aufgrund einer Vollmacht abstimmen können, die ihm der formal stimmberechtigte Wertpapierintermediär erteilt (Option c). In jedem Fall[1004] soll das nationale Recht gewährleisten, dass der *ultimate accountholder* dem formal stimmberechtigten Wertpapierintermediär bindende Weisungen zur Stimmrechtsausübung erteilen kann („Option" d).

Nach diesem Modell wird die Aufspaltung zwischen formaler Stimmberechtigung und inhaltlicher Entscheidungsbefugnis gerade nicht zwingend aufgehoben, sondern kann beibehalten werden. Bei der Umsetzung dieses Vorschlags müsste vielmehr nicht nur – wie bisher – eine Person (der formal legitimierte Aktionär) gesellschaftsrechtlich bestimmt werden, sondern zusätzlich mit dem *ultimate accountholder* noch eine weitere Person. Option a) soll nach den Vorstellungen der Gruppe vor allem von Mitgliedstaaten umgesetzt werden können, die traditionell Inhaberaktien verwenden,[1005] was von den hier untersuchten Rechtsordnungen in erster Linie Deutschland beträfe. Das Aktiengesetz müsste dann nicht dem „Aktionär" das Stimmrecht zuerkennen, sondern dem *ultimate accountholder*. Anstatt die Kontenkette bis zum tatsächlichen Eigenbesitzer zurückzuverfolgen, wäre nach der Regel zur Bestimmung des *ultimate accountholder* zu verfahren. Dadurch wird die Rückverfolgung in der Kontenkette gegebenenfalls verkürzt, allerdings wohl oftmals um den Preis, dadurch nicht den wirklichen wirtschaftlichen Aktieneigentümer zu treffen. In Frankreich würde dies umso schwerer wirken, da hier nach dem aktuellen Regelungssystem das Stimmrecht stets beim wirklichen Eigentümer liegt, wegen der Schwächen der Definition des *ultimate accountholder* also eher eine Verschlechterung der Situation zu befürchten wäre. Die zweite Möglichkeit (Option b) setzt die Existenz eines Aktienregisters voraus, was diese Variante in den drei untersuchten Rechtsordnungen nur für Namensaktien praktikabel macht. Unklar ist bei dieser Option, ob der *ultimate accountholder* in diesem Fall *neben* dem formalen Aktionär eingetragen wird. Das wäre freilich nicht im Sinne der Prinzipien von Rechtssicherheit und -klarheit, die gerade durch das Aktienregister gewährleistet werden sollen.[1006] Der *ultimate accountholder* müsste in diesem Fall ferner zwingend seine

---

1003 *The Expert Group on Cross-Border Voting in Europe*, Cross-Border Voting in Europe, Recommendation 4, 40.

1004 Insofern ist die Benennung der vierten Variante als „Option" missverständlich.

1005 *The Expert Group on Cross-Border Voting in Europe*, Cross-Border Voting in Europe, 37; *Bachner*, FS Doralt 2004, 33 (42).

1006 Genau dies legt aber der Wortlaut der Option nahe: *„In line with this, Member States could provide that Securities Intermediaries included in shareholders registers are required to have ultimate accountholders at their request designated in the shareholders register as entitled to control the voting right"*; danach soll der ultimate accountholder eben nicht als *„shareholder"* in das Register eingetragen werden, sondern nur als *„person entitled to control the voting right"*. Zudem spricht der Bericht von Intermediären *„included in shareholders register"*, die für die Eintragung des ultimate accountholder sorgen müssen, *The Expert Group on Cross-Border Voting in Europe*, Cross-Border Voting in Europe, 38. Das impliziert, dass prinzi-

Identität gegenüber der Gesellschaft offen legen. Das Gleiche gilt für Option c) und zwar auch im Hinblick auf Inhaberaktien, für die gerade die Möglichkeit der Anonymität charakteristisch ist. Für die Optionen c) und d) schließlich ist denknotwendige Voraussetzung, dass nach der *lex societatis* klar bestimmbar ist, wer formell stimmberechtigt ist. Dies ist bei Inhaberaktien im deutschen Recht schlicht der Inhaber der Aktien.[1007] Dessen Bestimmung kann in grenzüberschreitenden Situationen mit langen Verwahrketten allerdings schwierig sein. Hier zeigt sich ein Zirkelschluss des Modells: Genau zur Lösung dieser Probleme bei der Bestimmung des stimmberechtigten Aktionärs wurde doch die Definition des *ultimate accountholder* ursprünglich entwickelt! Dennoch wäre es nach dem Modell bei Inhaberaktien weiterhin erforderlich, zur Ermittlung des *formell* stimmberechtigten Aktionärs auf die hergebrachten nationalen Systeme zurückzugreifen.

Schon dieser kurze Überblick über die Vorschläge zeigt exemplarisch die Schwierigkeiten eines einheitlichen Lösungsmodells zur Stärkung des indirekten Anlegers in der Europäischen Union. Allein in den drei untersuchten Rechtsordnungen sind die Rahmenbedingungen höchst unterschiedlich. Der Rechtsvergleich hat vor allem auch gezeigt, dass die Unterschiede in der Bestimmung und Legitimation der stimmberechtigten Aktionäre teilweise fest im Gesellschaftsrecht und im Aktienwesen der Mitgliedstaaten verankert sind. Daher müssen jegliche Harmonisierungsvorschläge in diesem Rechtsbereich eine ausgesprochen hohe Kompatibilität aufweisen, die nur schwer zu erreichen sein wird. Insofern scheint der europäische Regelgeber zumindest derzeit (noch) nicht die richtige Instanz zu sein, das Problem des Auseinanderfallens von materieller und formeller Stimmberechtigung anzugehen.

III. Anforderungen an die Legitimation von Inhaberaktionären

Eine weitere Erkenntnis ist, dass Aktien in der Praxis der größten europäischen Börsenplätze heute regelmäßig bloße Buchungsposten auf Wertpapierkonten sind. Dabei ist die Dematerialisierung in Frankreich schon vollständig vollzogen, während in Deutschland aufgrund der zwingenden Existenz einer Globalaktie in jedem Fall eine wertpapiermäßige Basis des Systems verbleibt. In englischen börsennotierten Gesellschaften ist ein Nebeneinander von verbrieften und unverbrieften Aktien möglich. Die Dematerialisierung bzw. Demobilisierung verändert vor allem das Legitimationsverfahren für Inhaberaktionäre, da dem Aktionär keine

piell ein Intermediär im Aktienregister eingetragen ist und (nur auf entsprechenden Wunsch) zusätzlich der ultimate accountholder; aA *Siems*, ZGR 2003, 218 (231).

1007 Zumindest die Option d) muss auch auf Inhaberaktien angewandt werden können, da ja ihre alleinige Implementierung der zwingend für ausreichend erachtet wird. Vgl. ferner die Äußerung in Bezug auf Option c), *The Expert Group on Cross-Border Voting in Europe*, Cross-Border Voting in Europe, 38: „*The Securities Intermediary who is considered to be formal shareholder as a matter of the lex societatis of the issuing company* (*either because it is on the shareholders register or because the relevant law acknowledges the accountholder with a participant in the national Securities Holding System as formal shareholder*) [...]"; die Formulierung ist unklar, gemeint ist offenbar: „*the accountholder* ***who is a*** *participant in the national Securities Holding System*"; *Bachner*, FS Doralt 2004, 33 (43 f Fn. 31).

verkörperten Urkunden mehr zur Verfügung stehen, mit denen er sich als Inhaber des Stimmrechts ausweisen könnte. Die Regelungsproblematik ist hier bei den girosammelverwahrten Inhaberglobalaktien in Deutschland die gleiche wie bei den französischen Wertrechten, während sich das Problem in Großbritannien aufgrund der praktischen Inexistenz von Inhaberaktien nicht stellt.

Soweit das Verkörperungselement verdrängt wurde, ist die Hinterlegung von Urkunden als Legitimationsverfahren für Inhaberaktionäre überholt. Konsequenterweise hat der französische Gesetzgeber daher das Hinterlegungserfordernis als statutarisch installierbare Voraussetzung für die Stimmrechtsausübung im Jahre 2002 gänzlich aus dem Gesetz gestrichen. In Deutschland dagegen ist das Hinterlegungserfordernis zwar bereits seit längerem aus der Praxis zumindest der börsennotierten Gesellschaften, aber erst seit Inkrafttreten des UMAG auch aus dem Gesetzestext verschwunden, vgl. § 123 Abs. 2 und 3 AktG nF. Zwar bleibt es den börsennotierten Gesellschaften nach neuer Rechtslage in Deutschland im Gegensatz zu Frankreich weiterhin unbenommen, in der Satzung die Hinterlegung der Aktien vorzuschreiben, jedoch müssen die Gesellschaften nunmehr in jedem Fall einen Bestandsnachweis des depotführenden Instituts als Legitimationsnachweis ausreichen lassen. Daher wird das Hinterlegungserfordernis aus der Satzungspraxis deutscher börsennotierter Gesellschaften in Zukunft wohl gänzlich verschwinden. Diese Entwicklung ist im Hinblick auf gebietsfremde Anleger vor allem insofern zu begrüßen, als dass viele ausländische Investoren bisher fälschlich glaubten, eine „Hinterlegung" beeinträchtige die Fungibilität ihrer Aktien.[1008]

Das Erfordernis eines sog. *blocking* der Aktien im Vorfeld der Hauptversammlung wird von ausländischen Aktionären als ein bedeutendes, teilweise sogar als das größte Hindernis für das *cross-border voting* angesehen.[1009] Ein Verbot von Aktienveräußerungen über den geregelten Kapitalmarkt, und sei es nur für eine geringe Zeitspanne, wird als „Preis" für die Stimmrechtsausübung als nicht hinnehmbar empfunden, da gerade im Vorfeld einer Hauptversammlung die Marktinteressen und der Aktienhandel besonders lebhaft sind.[1010] Vor allem große institutionelle Investoren wollen das Risiko von Verlusten oder verpassten Chancen zur Gewinnerzielung, das entsteht, wenn man auf Kursentwicklungen nicht umgehend reagieren kann, nicht eingehen. Diese Sorge konnte sie also bisher davon abhalten, das Legitimationsverfahren in Deutschland durchzuführen. Da nun sogar noch zusätzlich im deutschen Recht das *record date*-System für börsennotierte Gesellschaften bindend eingeführt wurde, ist die Gefahr eines solchen Missverständnisses hier gebannt. Problematischer bleibt die Situation vom Ansatz her in Frankreich,

---

1008 Siehe oben Fn. 826.
1009 *International Corporate Governance Network*, Cross Border Proxy Voting – Case Studies from the 2002 Proxy Voting Season, 15; *The Expert Group on Cross-Border Voting in Europe*, Cross-Border Voting in Europe, 5.3; *Seibert*, AG 2004, 529 (532f).
1010 Vgl. *Druey*, in: Baums/Wymeersch (Hrsg.), Shareholder Voting Rights in Europe, 367 (369). Es wird sogar von US-amerikanischen Unternehmen berichtet, deren strikte Politik es ist, niemals Stimmrechte auszuüben, wenn dafür *blocking* erforderlich ist, vgl. *Arnold*, in: Baums/Wymeersch (Hrsg.), Shareholder Voting Rights and Practices in Europe, 391 (396).

da dort nach wie vor die Aktionärsstellung im Zeitpunkt der Hauptversammlung für die Stimmberechtigung maßgeblich ist. Neben der Legitimationsbestätigung muss die Bestandsmitteilung des Kontoführers in Frankreich daher auch gemäß Art. 136 Abs. 1 S. 1 HS 2 D. com die Erklärung enthalten, dass er die Aktien bis zum Ablauf der Hauptversammlung gesperrt halten wird. Wegen des im Gesetz verwendeten Begriffs *„l'indisponibilité"* bleibt daher prinzipiell die Gefahr der geschilderten Fehlvorstellung bestehen. In Anbetracht dessen wird deshalb in Art. 136 Abs. 3 D. com ausdrücklich klarstellt, dass eine Veräußerung auch nach Einreichung der Sperrerklärung weiterhin möglich bleibt. Das abzulehnende *blocking*-Erfordernis existiert also heute weder im deutschen noch im französischen Inhaberaktiensystem.

Allerdings ergeben sich im modernen Legitimationsverfahren für Inhaberaktien neue Anforderungen für den grenzüberschreitenden Kontext. Auch für Inhaberaktien gilt nämlich der Befund, dass sie heute fast immer durch eine Vielzahl von Intermediären gehalten werden. In grenzüberschreitenden Situationen wird dabei in der Regel wenigstens ein Intermediär mehr eingeschaltet als in rein nationalen Sachverhalten. Das liegt daran, dass grenzüberschreitendes Agieren heutzutage systemübergreifendes Agieren bedeutet. Um grenzüberschreitend Aktien zu erwerben, bedarf es zunächst einmal des Zugangs zum Settlementsystem des betreffenden Staates. Investoren wählen aber nur selten den direkten Zugang zu einem ausländischen System, sondern greifen dafür typischerweise auf Intermediäre zurück.[1011] Bei der Suche nach einer Alternative für das Hinterlegungserfordernis bei dematerialisierten bzw. girosammelverwahrten Inhaberaktien stellt sich in dieser Situation die Frage, welche Institution in der Kontenkette in der Lage ist, die Aktionärsstellung einer Person zu bestätigen und einen Nachweis über den Aktienbestand des Aktieninhabers zu liefern. Weder im französischen noch im deutschen Recht kann der Emittent diese Bestätigungen selbst liefern, da ihm seine Inhaberaktionäre grundsätzlich unbekannt sind. Im französischen Recht muss ein Inhaberaktionär das Wertpapierkonto bei einer vom *Conseil des marchés financiers* autorisierten Finanzinstitution eröffnen. Er muss dies ferner zwingend im eigenen Namen tun. Damit kann die Legitimierung eines Inhaberaktionärs im französischen Recht durch die autorisierten Kontoführer vorgenommen werden. Folgerichtig erlaubt der im Jahre 2002 neu gefasste Art. 136 Abs. 1 S. 1 D. com den Gesellschaften, das Teilnahmerecht des Aktionärs von der Einreichung eines Bestandsnachweises gekoppelt mit einer Sperrerklärung, ausgestellt durch die vom *Conseil des marchés financiers* autorisierten Kontoführer, abhängig zu machen. Für nicht-ansässige Aktionäre ist dann die Frage relevant, ob die Gesellschaften auch die Bestätigung ausländischer Depotbanken akzeptieren müssen. In Frankreich hängt dies davon ab, ob die jeweilige Bank vom *Conseil des marchés financiers* zur Kontoführung in Frankreich autorisiert worden ist.

1011 So die Erkenntnis der *Giovannini Group*, Cross-Border Clearing and Settlement Arrangements in the European Union. Dafür kommen drei Arten von Intermediären in Betracht: ein *local agent*, also bspw. ein Kreditinstitut aus dem betreffenden ausländischen Land, das dem nationalen CSD angeschlossen ist, ein internationaler CSD oder ein *global custodian*.

Dies ist für eine ganze Reihe ausländischer Finanzinstitute der Fall, unter anderem für die *Deutsche Bank AG* und die *Dresdner Bank AG*.[1012]

Auch in Deutschland tritt an die Stelle der Urkundsvorlage die Bestätigung einer glaubwürdigen Stelle, dass eine Person tatsächlich Inhaber einer bestimmten Anzahl von Aktien ist. Diese Funktion übernehmen die Depotbanken, die auf die Informationen in ihrem Verwahrungsbuch zurückgreifen.[1013] Der durch das UMAG geänderte § 123 Abs. 3 AktG bestimmt, dass börsennotierte Gesellschaften in jedem Fall einen besonderen Nachweis des Anteilsbesitzes durch das depotführende Institut als Legitimationsnachweis der Aktionärsstellung genügen lassen müssen. Damit ist nach der Gesetzesbegründung zum UMAG grundsätzlich jedes depotführende Institut gemeint. Einer besonderen Autorisierung des Instituts wie im französischen Recht bedarf es hier nicht und es existiert auch keine Rechtsgrundlage, nach der die Gesellschaften zwischen den Bestandsnachweisen von inländischen und ausländischen Institutionen differenzieren dürfen. In der Gesetzesbegründung findet sich lediglich der allgemein gehaltenen Hinweis, dass die Gesellschaften nicht gehindert sein sollen, zweifelhafte Nachweise – egal von welchem Institut – nachzuprüfen.[1014] In der Tat ist es für die Emittenten nach dem modernen Legitimationssystem sehr wichtig, dass sie sich auf die Angaben der Depotbanken verlassen können. Schließlich sind Hauptversammlungsbeschlüsse, die unter relevanter Mitwirkung von Nichtaktionären zustande gekommen sind, anfechtbar. Den Nachweisen deutscher Depotbanken wurde dabei in der Vergangenheit vor allem deshalb Glauben geschenkt, weil eine hinreichende Beaufsichtigung der Kreditinstitute in Deutschland angenommen wird.[1015] Ein vergleichbar ausgeprägtes System der Bankenaufsicht nehmen *Noack/Zetzsche* beispielsweise für alle G7 Staaten an.[1016] Auf solche Differenzierungskriterien kommt es nun nicht mehr an, da die Gesellschaften *de lege lata* Bestandsnachweise aus prinzipiell allen ausländischen Staaten primär akzeptieren müssen. Sollten sie im Einzelfall Zweifel an der Richtigkeit oder Authentizität eines Nachweises haben, so können sie ihn überprüfen, wobei der Gesetzgeber die Methode einer solchen Überprüfung nicht näher erläutert. Dieser weite Ansatz ist im Sinne grenzüberschreitend agierender Aktionäre begrüßenswert. Eine enumerative Auflistung der depotführenden Institute kann zwar gegebenenfalls unseriöse Einrichtungen von vorneherein aus dem Verfahren ausschließen, trägt aber auch den Nachteil einer reduzierten Flexibilität in sich. Die Missbrauchsgefahr ist ohnehin nur in den Fällen wirklich relevant, in denen ein behaupteter Stimmrechtsanteil Einfluss auf das Abstimmungsergebnis haben kann, ohne die Meldeschwelle überschritten zu haben.

1012 Vgl. die aktuelle Liste der *„Établissements habilités à exercer le service de tenue de compte-conservation en France"* (Fn. 876).

1013 Allerdings ist zu beachten, dass die Depotkunden die Aktien nicht notwendigerweise für sich selber halten müssen, sondern ebenso gut selber nur als Intermediär fungieren können.

1014 Begr. RegE UMAG, Sonderbeilage NZG Heft 4 2004, 11.

1015 *Noack/Zetzsche*, WM 2004, 1 (1 f).

1016 WM 2004, 1 (2).

Einen engeren Ansatz, der weniger Vertrauen in die Verlässlichkeit der Depotbanken erkennen lässt, vertritt die *Expert Group on Cross-Border Voting*. In ihrem Richtlinienvorschlag präferiert sie im Hinblick auf das Legitimationsverfahren für Inhaberaktien den so genannten *chain approach*.[1017] Danach soll der Bestandsnachweis auf Ersuchen des *ultimate accountholder* beginnend vom Letztkonteninhaber die gesamte Kontenkette hinauf (*„up the chain"*) von Intermediär zu Intermediär über den Zentralverwahrer bis hin zum Emittenten durchgeleitet werden müssen.[1018] Während bei dem in Deutschland und Frankreich praktizierten System das depotführende Kreditinstitut den Bestandsnachweis also direkt an die Gesellschaft liefert *(direct approach)*, muss die Depotbank bei dem Verfahren der Gruppe ihre Bestätigung zunächst an den nächsten Intermediär in der Kette weiterleiten, der seinerseits bestätigt, dass das erstbestätigende Kreditinstitut bei ihm Kunde ist, und so fort. Dieser *chain approach* mag zwar eine höhere Gewähr für die Richtigkeit des Nachweises bieten können. Allerdings ist er deutlich aufwändiger und zeitintensiver als das heute in Deutschland und Frankreich praktizierte Verfahren und entspricht damit gerade nicht dem Ziel einer Vereinfachung des *cross-border voting*. Dies gilt umso mehr, als sich die Missbrauchsgefahr nach dem oben Gesagten in überschaubaren Grenzen hält und nach den Erfahrungen der Praxis mit dem bereits seit längerem in Deutschland betriebenen Verfahren auch keine größeren Probleme verbunden zu sein scheinen.

Im Ergebnis stellt also das aktuelle System der Legitimation von Inhaberaktionären aufgrund einer Reihe wichtiger Gesetzesänderungen weder in Deutschland noch in Frankreich ein besonderes Hindernis für das *cross-border voting* dar.

IV. Maßgeblicher Zeitpunkt für die Stimmberechtigung

Hinsichtlich des für die Stimmberechtigung maßgeblichen Zeitpunkts finden sich in den untersuchten Rechtsordnungen unterschiedliche Ansätze. Im Falle des britischen *record date* bleibt die Stimmberechtigung erhalten, auch wenn der Aktionär seine Aktien zwischen dem *record date* und dem Tag der Hauptversammlung verkauft. Nach dem französischen Modell muss der Aktionär hingegen im Zeitpunkt der Hauptversammlung noch Inhaber der Aktien sein. In Deutschland können nach dem UMAG beide Varianten in Kombination auftreten.[1019] Diese Situation ist für den grenzüberschreitend agierenden Anleger unübersichtlich und deshalb ungünstig. Finanzintermediäre, die ausländische Aktien verwalten und aus der heimatlichen Rechtsordnung das *record date*-System gewöhnt sind, sind häufig nicht darauf eingestellt, das Halten der Aktien auch tatsächlich bis zum Tag der Hauptversammlung

1017 Auch diesen Vorschlag hat die Generaldirektion Binnenmarkt in ihrer erster Konsultation zur Stärkung der Aktionärsrechte aufgegriffen, vgl. dazu oben Fn. 996.

1018 *The Expert Group on Cross-Border Voting in Europe*, Cross-Border Voting in Europe, Recommendation 7, 47.

1019 So im Falle börsennotierter Gesellschaften, die sowohl Namens- als auch Inhaberaktien ausgegeben haben.

überprüfen zu müssen.[1020] Zwar ist auf den ersten Blick keines der Modelle dem anderen eindeutig überlegen. Dennoch wäre es für grenzüberschreitend agierende Anleger prinzipiell begrüßenswert, wenn sich eine europaweit einheitliche Regelung dieses eher formalen Kriteriums finden ließe.[1021]

Das *record date*-System hat den grundsätzlichen Vorteil, dass es unkompliziert durchführbar ist, da es im Hinblick auf die Stimmberechtigung einen klaren Schnitt setzt. Aufwändige und kostenträchtige Datenanpassungen bis zum Zeitpunkt der Hauptversammlung, wie sie im französischen Recht zwingend notwendig sind, entfallen. Bei einem *record date*-System können die Gesellschaften das endgültige Teilnehmerverzeichnis ferner bereits am festgesetzten Stichtag aufstellen, was die Organisation der Hauptversammlung erheblich erleichtert. Allerdings besteht bei diesem System die Gefahr, dass Personen – unter Umständen in großem Rahmen – an der Abstimmung teilnehmen, die keine Aktionäre mehr sind, und deren Interessen sich daher nicht mehr mit denen der Aktionäre decken. Die Frage ist freilich, aus welchem Grund jemand sich die Mühe der Stimmrechtsausübung machen sollte, wenn die ökonomischen Konsequenzen der Entscheidung ihn nicht (mehr) betreffen. Ein größeres Problem besteht vielmehr im Hinblick auf Neuaktionäre, die ihre Aktien *nach* dem Stichtag erworben haben. Obwohl die Neuaktionäre auch für die Stimmrechte bezahlt haben, stehen sie ihnen in der unmittelbar anstehenden Hauptversammlung nicht zu. Wer Aktien im Paket erwirbt, kann zwar eventuell noch Vereinbarungen mit dem Verkäufer treffen, die ihm die materielle Entscheidungsbefugnis über die Stimmrechtsausübung zusichern, beispielsweise durch die Verpflichtung des Verkäufers, dem Käufer Vollmacht zu erteilen oder nach seinen Weisungen abzustimmen. Demjenigen, der Aktien über die Börse erwirbt, steht dieser Weg aber in der Regel nicht offen.

In jedem Fall nimmt die Bedeutung dieser Probleme ab, je näher das *record date* am Zeitpunkt der Hauptversammlung liegt. In Großbritannien, wo das *record date* in der Satzung frei bestimmt werden kann, liegt es heute schon in der Regel bei 48 Stunden vor der Hauptversammlung. Da in der europäischen Praxis Verkäufe ab ca. 24 Stunden vor der Hauptversammlung aufgrund üblicher Settlementzeiten von T+1 ohnehin keinen Einfluss mehr auf die materielle Aktieninhaberschaft haben, ist der Unterschied zwischen dem Legitimationsbestand zum Zeitpunkt der Hauptversammlung im Vergleich zu Systemen mit einem derart engen *record date* ohnehin nur noch marginal. Freilich existieren in Großbritannien nur Namensaktien, bei denen die Legitimation einfach durch Abgleichung des Teilnehmers mit dem Aktienregister erfolgen kann. Bei Inhaberaktien ist demgegenüber zum Nachweis der Stimmberechtigung noch die Erstellung eines Bestandsnachweises durch die Depotbanken erforderlich, für deren Zugang bei der Gesellschaft ein ge-

1020 So auch *Teichmann*, ZGR 2001, 645 (671 f) am Beispiel amerikanischer Intermediäre.

1021 Auch der Großteil der Beantworter des Konsultationspapiers der *Expert Group on Cross-Border Voting* waren im Interesse grenzüberschreitend agierender Aktionäre für eine solche Vereinheitlichung, vgl. Zusammenfassung der Antworten auf das Konsultationspapier, *The Expert Group on Cross-Border Voting in Europe*, Cross-Border Voting in Europe, Annex 3; siehe auch *Teichmann*, ZGR 2001, 645 (671 f).

wisser Zeitraum einkalkuliert werden muss. In Deutschland ist das *record date* für Inhaberaktien börsennotierter Gesellschaften durch das UMAG erst kürzlich zwingend auf den Beginn des 21. Tages vor der Hauptversammlung gelegt worden. Zwar ist dem Gesetzgeber zuzugeben, dass die Zeitspanne zwischen dem *record date* und der Hauptversammlung im grenzüberschreitenden Kontext prinzipiell lang genug sein muss, um die bei Inhaberaktien notwendigen Authentifizierungsnachweise grenzüberschreitend austauschen zu können. Allerdings können die Bestandsnachweise nach deutschem Recht auch elektronisch weitergeleitet werden, was den tatsächlichen Zeitaufwand deutlich reduziert. Selbst wenn man bedenkt, dass die Gesellschaften nach dem Eingang der Bestandsnachweise noch eine gewisse Zeit brauchen, um das endgültige Teilnehmerverzeichnis aufzustellen (wozu der Gesetzgeber ihnen maximal sieben Tage zubilligt), dürfte eine Zeitspanne von 14 Tagen zwischen dem Stichtag und der Hauptversammlung – so wie sie auch im Regierungsentwurf des UMAG noch vorgesehen war – ausreichend sein.

Für das *record date*-System spricht außerdem seine Verbreitung in den angelsächsischen Rechtsordnungen, insbesondere in den USA. Zwar kann es im Einzelfall zweifelhaft sein, welche Regelung für den einzelnen Aktionär günstiger ist, da Aktionäre durchaus unterschiedliche Präferenzen haben können. Allerdings zeigt der Druck, den vor allem US-amerikanische institutionelle Anleger ausüben, dass in Zweifelsfällen meist das eigene Recht als Maßstab für die Beurteilung eines fremden Rechts angelegt wird.[1022] Vor allem die großen amerikanischen und britischen institutionellen Investoren, insbesondere die Pensionsfonds, sind bedeutende grenzüberschreitende Anleger.[1023] Die Einführung eines *record date*-Systems in den kontinentaleuropäischen Rechtsordnungen könnte die Attraktivität der Aktien heimatlicher Gesellschaften weiter steigern.[1024] Wenn es also im modernen Aktienwesen technisch möglich ist, die Zeitspanne zwischen *record date* und Abhaltung der Hauptversammlung kurz zu halten (wie das Beispiel Großbritannien für Namensaktien zeigt),[1025] so ist dieses Modell bei der Bestimmung des Zeitpunktes der Stimmberechtigung im Hinblick auf eine einheitliche europäische Regelung vorzuziehen.

Auch zeigt die gerade vollzogene Rechtsänderung in Deutschland, dass die Umstellung eines Legitimationssystems hin zu einem Stichtagsprinzip vergleichsweise einfach durchzuführen ist und keine besonders hohen Kompabilitätsanforderungen stellt. Eine europaweite Harmonisierung dieses eher formalen Kriteriums des Stichtagsprinzips durch Richtlinienbestimmung scheint auch kurzfristig realisierbar. Demgegenüber würde die Einführung des hauptversammlungsbezogenen

---

1022 *Siems*, Konvergenz der Rechtssysteme, 401 f.

1023 *Sherman*, in: Chew (Hrsg.), Studies in International Corporate Finance, 345 (346 f); *Storp*, RIW 2002, 409 (409 Fn. 5).

1024 So auch – allerdings nur auf Deutschland bezogen – das *Deutsche Aktieninstitut*, Stellungnahme zu dem Referentenentwurf eines Gesetzes zur Unternehmensintegrität und Modernisierung des Anfechtungsrechts, 4.

1025 Vgl. auch die Einschätzung der *British Bankers' Association*, Response to the Expert Group's April 2002 Consultative Document, 11. Juni 2002, Frage 11 (*„a 48-hour record date has proven to be workable"*); abrufbar unter: www.bba.org.uk.

Berechtigungszeitpunkts in Ländern, die bisher dem *record date*-Modell folgen, zumindest die Einführung eines Datenabgleichungssystems durch die Gesellschaft und die Depotbanken verlangen.

Aus den genannten Gründen wäre daher eine europaweite Einführung des Stichtagsprinzips zu begrüßen, bei dem der Stichtag für Namensaktien gesetzlich näher an die Hauptversammlung gelegt werden könnte als für Inhaberaktien. Nur angemerkt sei, dass es vor diesem Hintergrund schwer nachvollziehbar ist, warum durch das UMAG in Deutschland nicht auch für Namensaktien ein *record date* zugelassen worden ist. Das Stichtagsprinzip existiert hier nämlich nach neuem Recht *de lege lata* nur für Inhaberaktionäre börsennotierter Gesellschaften, während es für Namensaktionäre auch nach Inkrafttreten des UMAG grundsätzlich bei dem Erfordernis der Aktionärsstellung zum Zeitpunkt der Hauptversammlung verbleibt. Angesichts der Tatsache, dass sich die Praxis ohnehin in der Regel mit einem Umschreibestopp behilft, der faktisch wie das *record date* britischen Zuschnitts wirkt, läge eine Ausweitung des Prinzips auf Namensaktien vor allem auch im Sinne der Rechtsklarheit und mangels sicherer rechtlicher Grundlage für den genannten Umschreibestopp nicht zuletzt im Sinne der Rechtssicherheit.

4. Kapitel: Rechtslage in weiteren Ländern der Europäischen Union

Bei einem Blick in weitere Mitgliedstaaten der Europäischen Union bestätigt sich zunächst einmal das für Deutschland, Frankreich und Großbritannien gewonnene Bild der unterschiedlichen Rahmenbedingungen in Bezug auf die emittierten Aktienarten und den Fortschritt der Dematerialisierung. So sieht das derzeit in Italien geltende System, das auf den Vorschriften des Codice Civile[1026] beruht und durch die Gesetzesverordnung Nr. 58 vom 24. Februar 1998 bestätigt wurde, für alle Aktien italienischer Aktiengesellschaften grundsätzlich Namenszwang vor.[1027] In Italien kommen in der Praxis also wie in Großbritannien fast nur Namensaktien vor. Auch in Schweden[1028] und Finnland[1029] sind ausschließlich Namensaktien zugelassen. In den meisten übrigen europäischen Mitgliedstaaten können dagegen sowohl Namens- als auch Inhaberaktien ausgegeben werden, so beispielsweise in Belgien,[1030]

1026 Gesetzesdekret Nr. 1148 vom 25. 10. 1941.

1027 Eine Ausnahme bilden Sparaktien und Aktien, die von offenen Investmentgesellschaften ausgegeben werden, *Weller/Zahn*, in: von Rosen/Seifert (Hrsg.), Die Namensaktie, 177 (193); *Magrini*, Italienisches Gesellschaftsrecht, 59; *Becker*, Institutionelle Stimmrechtsvertretung in Europa, 160 Fn. 13.

1028 *Foerster*, in: Hohloch (Hrsg.), EU-Handbuch Gesellschaftsrecht, Schweden, Rdn. 218; *Skog*, in: Baums/Wymeersch (Hrsg.), Shareholder Voting Rights and Practices in Europe, 289 (293).

1029 *Hohloch*, in: Hohloch (Hrsg.), EU-Handbuch Gesellschaftsrecht, Finnland, Rdn. 554; *Toiviainen*, in: Baums/Wymeersch (Hrsg.), Shareholder Voting Rights in Europe, Finland, 77 (79). Andere Angaben in der DSW Europe Study, 30.

1030 *Weller/Zahn*, in: von Rosen/Seifert (Hrsg.), Die Namensaktie, 177 (214); *Wymeersch/de Vylder/de Wulf*, in: Hohloch (Hrsg.), EU-Handbuch Gesellschaftsrecht, Belgien, Rdn. 153 f.

Dänemark,[1031] Griechenland,[1032] Irland,[1033] Luxemburg,[1034] den Niederlanden,[1035] Österreich,[1036] Portugal[1037] und Spanien,[1038] wobei in manchen Ländern die Namensaktie,[1039] in manchen die Inhaberaktie in der Praxis deutlich überwiegt.[1040] Auch in den neuen Beitrittsländern sind zumeist beide Formen möglich, so in Polen,[1041] der Slowakei,[1042] Slowenien,[1043] der Tschechischen Republik[1044] und Ungarn.[1045] Größere Divergenzen zeigen sich aber vor allem bei der Verdrängung des Verkörperungselementes der Aktien. So wurde in Italien im Jahre 1998 eine vollständige und obligatorische Dematerialisierung für Aktien börsennotierter Gesellschaften und Publikumsgesellschaften eingeführt,[1046] so dass diesbezüglich die Situation mit derjenigen in Frankreich vergleichbar ist. Anders als in Frankreich

---

1031 *Alsted/Hansen*, in: Hohloch (Hrsg.), EU-Handbuch Gesellschaftsrecht, Dänemark, Rdn. 161; *Gomard*, in: Baums/Wymeersch (Hrsg.), Shareholder Voting Rights and Practices in Europe, Denmark, 57 (61); DSW Europe Study, 25.

1032 Von den 300 börsennotierten Gesellschaften geben 60% Namens- und 40% Inhaberaktien aus, wobei der Trend weiter weg von den Inhaberaktien geht, *Bailas*, in: Hohloch (Hrsg.), EU-Handbuch Gesellschaftsrecht, Griechenland, Rdn. 236; DSW Europe Study, 46, *Georgakopoulos*, in: Baums/Wymeersch (Hrsg.), Shareholder Voting Rights and Practices in Europe, Greece, 131 (131 f).

1033 *Murphy*, in: Baums/Wymeersch (Hrsg.), Shareholder Voting Rights and Practices in Europe, Ireland, 139 (146).

1034 *Hohloch/Schultheiß*, in: Hohloch (Hrsg.), EU-Handbuch Gesellschaftsrecht, Luxemburg, Rdn. 182.

1035 *Schuit*, Corporate Law and Practice of the Netherlands, 85; *Mehring*, in: Hohloch (Hrsg.), EU-Handbuch Gesellschaftsrecht, Niederlande, Rdn. 197; *Weller/Zahn*, in: von Rosen/Seifert (Hrsg.), Die Namensaktie, 177 (209). Inhaberaktien sind hier allerdings gängiger, DSW Europe Study, 95.

1036 DSW Europe Study, 14.

1037 *Stieb*, in: Hohloch (Hrsg.), EU-Handbuch Gesellschaftsrecht, Portugal, Rdn. 256.

1038 *Martinez*, in: Hohloch (Hrsg.), EU-Handbuch Gesellschaftsrecht, Spanien, Rdn. 186; DSW Europe Study, 95; *Weller/Zahn*, in: von Rosen/Seifert (Hrsg.), Die Namensaktie, 177 (201).

1039 So in Irland, *Murphy*, in: Baums/Wymeersch (Hrsg.), Shareholder Voting Rights and Practices in Europe, Ireland, 139 (146) und DSW Europe Study, 51; und Ungarn, *Weller/Zahn*, in: von Rosen/Seifert (Hrsg.), Die Namensaktie, 177 (218).

1040 So in Belgien, Dänemark, den Niederlanden und Österreich, vgl. DSW Europe Study, 20, 25, 66 und 95 und für Belgien *Wymeersch/de Vylder/de Wulf*, in: Hohloch (Hrsg.), EU-Handbuch Gesellschaftsrecht, Belgien, Rdn. 154. In den Niederlanden können insbesondere nur Inhaberaktien an der Amsterdamer Börse gehandelt werden, nicht dagegen Namensaktien, *Schuit*, Corporate Law and Practice of the Netherlands, 85; *Timmerman*, in: Baums/Wymeersch (Hrsg.), Shareholder Voting Rights and Practices in Europe, 209 (210); *Weller/Zahn*, in: von Rosen/Seifert (Hrsg.), Die Namensaktie, 177 (211).

1041 *Brockhuis/Schnell*, Gesellschaftsrecht in Polen, 72; *dies.* in: Knaus/Wakounig (Hrsg.), Steuer- und Gesellschaftsrecht der EU-Beitrittskandidaten, 33 (60).

1042 *Jankovicová/Kettler*, in: Knaus/Wakounig (Hrsg.), Steuer- und Gesellschaftsrecht der EU-Beitrittskandidaten, 161 (189).

1043 *Wakounig/Knaus*, in: Knaus/Wakounig (Hrsg.), Steuer- und Gesellschaftsrecht der EU-Beitrittskandidaten, 257 (281).

1044 *Bohata*, Gesellschaftsrecht in der Tschechischen Republik, 36 f.

1045 Zumindest in Publikumsaktiengesellschaften, *Pajor-Bytomski*, Gesellschaftsrecht in Ungarn, 100; *Szécsényi/Szemerédi/Taskár*, in: Knaus/Wakounig (Hrsg.), Steuer- und Gesellschaftsrecht der EU-Beitrittskandidaten, 425 (439); *Weller/Zahn*, in: von Rosen/Seifert (Hrsg.), Die Namensaktie, 177 (218). In geschlossenen Aktiengesellschaften ist dagegen nur die Ausgabe von Namensaktien gestattet, *Pajor-Bytomski*, Gesellschaftsrecht in Ungarn, 91.

1046 *Magrini*, Italienisches Gesellschaftsrecht, 66; *Weller/Zahn*, in: von Rosen/Seifert (Hrsg.), Die Namensaktie, 177 (196). Die Ausgabe und Übertragung der vollständig dematerialisierten Aktien erfolgt über das zentralisierte Verwaltungssystem (*sistema di gestione accentrata in regime di dematerializzazione*) mittels Buchungseintrag.

bleibt die vollständige Dematerialisierung für die übrigen Gesellschaften in Italien jedoch fakultativ.[1047] Die gleiche Situation findet sich in Finnland: Auch hier müssen alle börsennotierte Gesellschaften zwingend dem dematerialisierten System folgen, nach dem keine wertpapiermäßige Basis des Aktienwesens mehr verbleibt.[1048] Schließlich ist die Ausgabe verbriefter Urkunden in Griechenland bei den an der Athener Börse notierten Gesellschaften ausgeschlossen, allerdings erfolgt wohl keine vollständige Dematerialisierung, sondern es ist vielmehr lediglich ein Ausschluss des Verbriefungsanspruchs bei Hinterlegung von Sammelurkunden vorgeschrieben.[1049] In der Slowakei dagegen besteht eine zwingende Dematerialisierung nur für Inhaberaktien: Diese können grundsätzlich nicht mehr als verbriefte Urkunden ausgegeben werden.[1050] Soweit in den übrigen Mitgliedstaaten die Ausgabe unverbriefter Aktien gestattet ist, scheint dies überwiegend – auch für börsennotierte Gesellschaften – fakultativ zu sein, so in Belgien,[1051] in Dänemark,[1052] in Schweden,[1053] in den Niederlanden und der Slowakei im Hinblick auf Namensaktien,[1054] in Spanien seit 1988[1055] und seit 1998 auch in Ungarn.[1056] Auch in der Tschechischen Republik haben die Gesellschaften grundsätzlich die Wahl. Da jedoch im Rahmen der Privatisierung der früheren Staatsbetriebe ausschließlich nicht verbriefte Aktien herausgegeben wurden, stellen diese inzwischen die große Mehrzahl der hier vorhandenen Aktien dar.[1057] Freilich scheinen auch in den übrigen Staaten die meisten börsennotierten sowie viele der großen nichtnotierten Gesellschaften in der Praxis von der ihnen fakultativ eingeräumten Möglichkeit zur Dematerialisierung oder zur Demobilisierung durch Girosammelverwahrung Gebrauch zu machen.[1058] Das Register der buchmäßig verwalteten Aktien wird dann üblicher-

---

1047 *Weller/Zahn*, in: von Rosen/Seifert (Hrsg.), Die Namensaktie, 177 (196).

1048 *Hohloch*, in: Hohloch (Hrsg.), EU-Handbuch Gesellschaftsrecht, Finnland, Rdn. 587–589; *Toiviainen*, in: Baums/Wymeersch (Hrsg.), Shareholder Voting Rights in Europe, Finland, 77 (87).

1049 *Georgakopoulos*, in: Baums/Wymeersch (Hrsg.), Shareholder Voting Rights and Practices in Europe, Greece, 131 (133) („[...] *leads to dematerialization as long as the company is listed*").

1050 *Jankovicová/Kettler*, in: Knaus/Wakounig (Hrsg.), Steuer- und Gesellschaftsrecht der EU-Beitrittskandidaten, 161 (189).

1051 *Weller/Zahn*, in: von Rosen/Seifert (Hrsg.), Die Namensaktie, 177 (214); *Wymeersch*, in: Baums/Wymeersch (Hrsg.), Shareholder Voting Rights in Europe, Belgium, 21 (22); *ders./de Vylder/de Wulf*, in: Hohloch (Hrsg.), EU-Handbuch Gesellschaftsrecht, Belgien, Rdn. 153f. Die dematerialisierten Aktien müssen dann immer auf den Namen des Kontoinhabers lauten, *Wymeersch/de Vylder/de Wulf*, in: Hohloch (Hrsg.), EU-Handbuch Gesellschaftsrecht, Belgien, Rdn. 154.

1052 *Gomard*, in: Baums/Wymeersch (Hrsg.), Shareholder Voting Rights and Practices in Europe, Denmark, 57 (59, 63); vgl. auch *Alsted/Hansen*, in: Hohloch (Hrsg.), EU-Handbuch Gesellschaftsrecht, Dänemark, Rdn. 160.

1053 *Foerster*, in: Hohloch (Hrsg.), EU-Handbuch Gesellschaftsrecht, Schweden, Rdn. 220.

1054 *Schuit*, Corporate Law and Practice of the Netherlands, 65; *Weller/Zahn*, in: von Rosen/Seifert (Hrsg.), Die Namensaktie, 177 (209); *Jankovicová/Kettler*, in: Knaus/Wakounig (Hrsg.), Steuer- und Gesellschaftsrecht der EU-Beitrittskandidaten, 161 (189).

1055 Dann vollständige Dematerialisierung, *Weller/Zahn*, in: von Rosen/Seifert (Hrsg.), Die Namensaktie, 177 (201).

1056 *Szécsényi/Szemerédi/Taskár*, in: Knaus/Wakounig (Hrsg.), Steuer- und Gesellschaftsrecht der EU-Beitrittskandidaten, 425 (439); *Weller/Zahn*, in: von Rosen/Seifert (Hrsg.), Die Namensaktie, 177 (218).

1057 *Bohata*, Gesellschaftsrecht in der Tschechischen Republik, 36.

1058 Für Dänemark *Alsted/Hansen*, in: Hohloch (Hrsg.), EU-Handbuch Gesellschaftsrecht, Dänemark, Rdn. 160; *Gomard*, in: Baums/Wymeersch (Hrsg.), Shareholder Voting Rights and Practices in weise nicht von den börsennotierten Gesellschaften selbst, sondern von einer zentralen Wertpapier-Clearing- und Settlementstelle geführt.[1059]

Die rechtsvergleichende Analyse Deutschlands, Frankreichs und Großbritanniens hat gezeigt, dass sich die Struktur des Aktienwesens auf zentrale Fragen der Bestimmung und Legitimation des Stimmrechtsinhabers auswirkt. Jegliche Harmonisierungsbestrebungen in diesem Bereich müssen also die geschilderte große Vielfalt an Systemen berücksichtigen und können nicht schlicht Vorschriften beispielsweise rein für Namensaktien oder rein für unverbriefte Aktien aufstellen. Die bereits aus der Untersuchung der drei großen Mitgliedstaaten gewonnene Erkenntnis, dass die Kompabilitätsanforderungen in diesem Zusammenhang sehr hoch sind, wird also durch den Blick auf weitere Mitgliedsländer der Europäischen Union bestätigt.

Dabei bestünde durchaus regulatorischer Handlungsbedarf. Dieser wurde in der Untersuchung vor allem in Bezug auf solche nicht-ansässigen Anleger aufgezeigt, die als indirekte Anleger gegenüber der Gesellschaft nicht mehr formal stimmberechtigt sind. *Nominee*-Eintragungen mit eben dieser Folge sind aber in den Namensaktiensystemen der meisten europäischen Mitgliedstaaten möglich.[1060] Als besonders nachteilig für grenzüberschreitend agierende Anleger stellt sich in diesem Zusammenhang das finnische System dar: Nach finnischem Aktienrecht wird als rechtmäßiger Aktionär nur anerkannt, wer sich formell durch Eintragung in das Aktienregister legitimieren kann und *gleichzeitig* auch der materiell-berechtigte Inhaber der Aktie ist.[1061] Der „wahre" Aktionär, der nicht als Eigentümer bei der Gesellschaft registriert ist, darf daher in Finnland weder an der Hauptversammlung teilnehmen noch sein Stimmrecht ausüben; ebenso wenig darf dies der *nominee*, da dieser nicht der materiell-berechtigte Aktionär ist.[1062] Während also der indirekte Anleger in Deutschland und Großbritannien zumindest noch die Möglichkeit hat, seine materielle Entscheidungsbefugnis durch Vereinbarungen mit dem *nominee* zur Geltung zu bringen, werden ihm in Finnland seine Stimmrechte gänzlich vorenthalten. Ausländische Anleger dürfen nach dem finnischen Modell

---

Europe, Denmark, 57 (59, 63); für Spanien *Weller/Zahn*, in: von Rosen/Seifert (Hrsg.), Die Namensaktie, 177 (202). Lediglich in Ungarn war die Praxis der dematerialisierten Aktien zumindest 2001 noch nicht sehr weit verbreitet, *Weller/Zahn*, in: von Rosen/Seifert (Hrsg.), Die Namensaktie, 177 (218 f).

1059 Für Belgien *De Bauw*, Assemblées Générales, 109; *Wymeersch*, in: Baums/Wymeersch (Hrsg.), Shareholder Voting Rights in Europe, Belgium, 21 (24); die Slowakei *Jankovicová/Kettler*, in: Knaus/Wakounig (Hrsg.), Steuer- und Gesellschaftsrecht der EU-Beitrittskandidaten, 161 (189); für Spanien *Weller/Zahn*, in: von Rosen/Seifert (Hrsg.), Die Namensaktie, 177 (206); für die Tschechische Republik *Bohata*, Gesellschaftsrecht in der Tschechischen Republik, 36.

1060 So in Belgien und den Niederlanden, *Weller/Zahn*, in: von Rosen/Seifert (Hrsg.), Die Namensaktie, 177 (213 und 217); ferner auch in Dänemark, Schweden und Ungarn, *Alsted/Hansen*, in: Hohloch (Hrsg.), EU-Handbuch Gesellschaftsrecht, Dänemark, Rdn. 162.; *Baums*, in: Hopt/Kanda/Roe/Wymeersch/Prigge (Hrsg.), Comparative Corporate Governance, 545 (562); *Foerster*, in: Hohloch (Hrsg.), EU-Handbuch Gesellschaftsrecht, Schweden, Rdn. 221; *Doralt/Török*, AG-Mustersatzung Ungarn, 49; *Weller/Zahn*, in: von Rosen/Seifert (Hrsg.), Die Namensaktie, 177 (221).

1061 *Toiviainen*, in: Baums/Wymeersch (Hrsg.), Shareholder Voting Rights in Europe, Finland, 77 (86); vgl. auch *Hohloch*, in: Hohloch (Hrsg.), EU-Handbuch Gesellschaftsrecht, Finnland, Rdn. 554.

1062 Vgl. *Hohloch*, in: Hohloch (Hrsg.), EU-Handbuch Gesellschaftsrecht, Finnland, Rdn. 617, 633.

also grundsätzlich auf eine *nominee*-Registrierung zurückgreifen,[1063] allerdings nur um den Preis des vollständigen Verlustes ihrer Stimmrechte. Angesichts der Tatsache, dass es dem grenzüberschreitenden Investor schlichtweg unmöglich sein kann, seine Beteiligungen direkt zu halten, stellt dies ein gravierendes Hindernis für das *cross-border voting* dar.

Weitere Hindernisse für die grenzüberschreitende Stimmrechtsausübung haben sich in der Untersuchung im Bereich des Legitimationsverfahrens gezeigt. Neben der Absage an eine Veräußerungssperre für eine gewisse Zeitspanne vor der Hauptversammlung wurde für eine Vereinheitlichung des für die Stimmberechtigung maßgeblichen Zeitpunkts votiert. Es sollte innerhalb der Europäischen Union klar sein, bis zu welchem Zeitpunkt jemand Aktionär sein muss, um seine Stimmrechte ausüben zu können. Auch überlange Hinterlegungszeiträume oder weit vorgezogene Stichtagsregelungen, die für beide Aktienarten denkbar sind, sind abzulehnen. In diesem Zusammenhang verdient Italien Beachtung, wo kürzlich die gesetzlichen Regelungen zum Legitimationsverfahren reformiert wurden.[1064] Nach dem ab 2004 geltenden Recht kann die Satzung grundsätzlich vorsehen, dass der Aktionär seine Aktien oder eine Hinterlegungsbescheinigung einige Zeit vor dem Versammlungstermin am Sitz der Gesellschaft oder bei den in der Einberufungsbekanntmachung bezeichneten Kreditinstituten hinterlegt.[1065] Nur nach Hingabe der Hinterlegungsbescheinigung erlangt der Aktionär dann eine Eintrittskarte, die ihn zur Teilnahme an der Hauptversammlung berechtigt.[1066] Zusätzlich kann die Satzung bestimmen, dass die Aktien nicht vor Beendigung der Hauptversammlung auslösbar sind.[1067] Da bei den börsennotierten Gesellschaften infolge der Dematerialisierung eine Hinterlegung nicht mehr erfolgen kann, wird sie hier durch einen Bestandsnachweis des depotführenden Finanzinstituts ersetzt.[1068] Wichtig ist, dass bei börsennotierten Gesellschaften und bei Publikumsgesellschaften die Hinterlegungsfrist nach der neuen Rechtslage nicht länger als zwei Tage sein darf.[1069] Sofern dies nicht ausdrücklich satzungsmäßig ausgeschlossen wird, bleibt die Veräußerung der Aktien auch nach diesem Zeitpunkt möglich.[1070] Allerdings verbleibt das Stimmrecht in diesem Fall beim Veräußerer; die Veräußerung entfaltet insoweit gegenüber der Gesellschaft keine Wirkung.[1071]

1063 *Hohloch*, in: Hohloch (Hrsg.), EU-Handbuch Gesellschaftsrecht, Finnland, Rdn. 616.
1064 *Magrini*, Italienisches Gesellschaftsrecht, 66.
1065 *Magrini*, Italienisches Gesellschaftsrecht, 86; *Marchetti/Carcano/Ghezzi*, in: Baums/Wymeersch (Hrsg.), Shareholder Voting Rights in Europe, Italy, 155 (160).
1066 *Marchetti/Carcano/Ghezzi*, in: Baums/Wymeersch (Hrsg.), Shareholder Voting Rights in Europe, Italy, 155 (161).
1067 *Magrini*, Italienisches Gesellschaftsrecht, 86.
1068 Art. 23709 Abs. 2 i. V. m. Art. 2354 Abs. 6 und 7 Codice Civile, *Magrini*, Italienisches Gesellschaftsrecht, 86; *Seibert*, WM 2005, 157 Fn. 8.
1069 *Magrini*, Italienisches Gesellschaftsrecht, 86.
1070 *Marchetti/Carcano/Ghezzi*, in: Baums/Wymeersch (Hrsg.), Shareholder Voting Rights in Europe, Italy, 155 (159).
1071 *Marchetti/Carcano/Ghezzi*, in: Baums/Wymeersch (Hrsg.), Shareholder Voting Rights in Europe, Italy, 155 (159).

In den meisten anderen Mitgliedstaaten bleibt das Recht jedoch noch vielfach hinter den Bedürfnissen der Praxis zurück. Üblicherweise ist der Zeitpunkt der Hauptversammlung für die Stimmberechtigung maßgeblich, wobei die gebräuchlichste Form des Legitimationsnachweises für Inhaberaktien nach wie vor die Hinterlegung zu sein scheint. In der Regel ist die Aufstellung entsprechender Erfordernisse für die Stimmrechtsausübung in die Satzungsfreiheit der Gesellschaften gestellt, so in Deutschland, Frankreich und den Niederlanden.[1072] Daher ist es bemerkenswert, dass im belgischen Recht die Hinterlegung für kapitalmarktorientierte Gesellschaften gesetzlich zwingend vorgeschrieben ist.[1073] Bezüglich der Hinterlegungsfristen offenbart ein Gesamtvergleich der Mitgliedstaaten eine kaum überschaubare Variationsbreite. So bestehen in Dänemark, Luxemburg, Portugal und Spanien bei unverbrieften Aktien keine gesetzlichen Hinterlegungsfristen, es herrscht vielmehr vollständige Satzungsfreiheit.[1074] In Belgien darf die Hinterlegungsfrist dagegen zumindest bei kapitalmarktorientierten Gesellschaften nicht mehr als sechs und nicht weniger als drei Tage vor der Hauptversammlung betragen.[1075] In den Niederlanden muss spätestens fünf Tage vor der Versammlung hinterlegt worden sein;[1076] in Polen beträgt die Mindestfrist eine Woche[1077] und in Österreich gar vierzehn Tage.[1078]

Häufig gehen mit einem Hinterlegungserfordernis auch Veräußerungssperren einher. So beispielsweise in Belgien, wo das *blocking* auch bei den girosammelverwahrten Aktien strikt durchgesetzt wird. Für die Ausstellung der Sperrerklärung sind in diesem Fall nicht die Depotbanken, sondern die zugelassenen Zentralverwahrer zuständig.[1079] Die Erklärungen müssen also stets über die gesamte Intermediärskette bis zur Depotbank und schließlich zum Aktionär weitergeleitet werden *(chain approach)*.[1080] Die Zentralverwahrer sind verpflichtet, während des *blocking*-Zeitraums jegliche Veräußerungsaufträge in Bezug auf die für gesperrt erklärten Aktien zurückzuweisen.[1081] Auch in den Niederlanden ist bei girosammelverwahrten Aktien der Zentralverwahrer für die Erteilung der Sperrerklärung zuständig. Die Veräußerung der Aktien über die Börse bleibt hier jedoch weiter

---

1072 Für Deutschland und Frankreich vgl. die entsprechenden Länderberichte; für die Niederlande *Timmerman*, in: Baums/Wymeersch (Hrsg.), Shareholder Voting Rights in Europe, 209 (219).
1073 *De Bauw*, Assemblées Générales, 104; *Wymeersch*, in: Baums/Wymeersch (Hrsg.), Shareholder Voting Rights in Europe, Belgium, 21 (24).
1074 DSW Europe Study, 27, 63, 102.
1075 *De Bauw*, Assemblées Générales, 122; DSW Europe Study, 22; *Wymeersch*, in: Baums/Wymeersch (Hrsg.), Shareholder Voting Rights in Europe, Belgium, 21 (24).
1076 DSW Europe Study, 68. Gleiches gilt in Griechenland zumindest nach dem gesetzlichen Leitbild, *Bailas*, in: Hohloch (Hrsg.), EU-Handbuch Gesellschaftsrecht, Griechenland, Rdn. 283; *Georgakopoulos*, in: Baums/Wymeersch (Hrsg.), Shareholder Voting Rights and Practices in Europe, Greece, 131 (134); DSW Europe Study, 48.
1077 *Brockhuis/Schnell*, in: Knaus/Wakounig (Hrsg.), Steuer- und Gesellschaftsrecht der EU-Beitrittskandidaten, 33 (64).
1078 DSW Europe Study, 101.
1079 *De Bauw*, Assemblées Générales, 110; *Wymeersch*, in: Baums/Wymeersch (Hrsg.), Shareholder Voting Rights in Europe, Belgium, 21 (24).
1080 Vgl. *De Bauw*, Assemblées Générales, 110.
1081 *De Bauw*, Assemblées Générales, 110.

möglich.[1082] Problematisch ist, dass sich in den Mitgliedstaaten häufig weder aus dem Gesetz noch aus den Satzungen sicher erkennen lässt, inwieweit mit einer Hinterlegung auch ein wirkliches *blocking* der Aktien einhergeht. Gerade bei unverbrieften Aktien lässt sich eine sichere Kenntnis der Rechtslage vielfach erst aus einer Analyse des einschlägigen Depotrechts, des Regelungsregimes der Zentralverwahrer oder des Börsenrechts gewinnen, wie das Beispiel Belgiens gezeigt hat. Insofern verwundert es kaum, dass ausländische Anleger den Begriff der „Hinterlegung" häufig schlicht mit einem *blocking* der Aktien gleichsetzen.

Bei Namensaktionären wird vielfach alternativ oder kumulativ zum Hinterlegungserfordernis in der Satzung ein Tag bestimmt, an dem der Aktionär spätestens im Aktienregister eingetragen worden sein muss, um auf der Hauptversammlung mitstimmen zu können. In Österreich darf dieser Tag nicht später als am dritten Tag vor der Hauptversammlung liegen,[1083] in Belgien bei kapitalmarktorientierten Gesellschaften nicht früher als am sechsten und nicht später als am dritten,[1084] in Dänemark, Finnland, den Niederlanden und in Spanien muss der Aktionär dagegen spätestens fünf Tage vor der Hauptversammlung im Register eingetragen sein[1085] und in Polen ist bereits der siebte Tag der letztmögliche.[1086] In manchen Ländern – wie beispielsweise in Schweden – bestehen demgegenüber keine gesetzlichen Vorgaben; die Gesellschaften können also völlig frei über das Legitimationsverfahren bestimmen. Zu beachten ist, dass der benannte Tag, zu dem der Aktionär spätestens eingetragen gewesen sein muss, nicht zwangsweise ein echtes *record date* ist. Vielmehr bleibt in der Regel der Zeitpunkt der Hauptversammlung maßgeblich, so dass der Aktionär, der seine Aktien nach dem benannten Tag veräußert, seine Stimmberechtigung verliert, der Erwerber sie aber nicht erhält.[1087]

Die Zeitpunkte, bis zu denen die Aktionäre spätestens bestimmte Legitimationsanforderungen erbracht haben müssen, um ihre Stimmrechte in der anstehenden Hauptversammlung auszuüben zu können, sind also europaweit sehr breit gestreut. Auch bezüglich etwaiger *blocking*-Erfordernisse stellt sich die Rechtslage in den übrigen Mitgliedstaaten der Europäischen Union für gebietsfremde Anleger nach dem oben Gesagten äußerst unübersichtlich dar. Dieser Befund ist ein weite-

---

1082 *Timmerman*, in: Baums/Wymeersch (Hrsg.), Shareholder Voting Rights in Europe, 209 (220).
1083 DSW Europe Study, 17 und 101.
1084 *De Bauw*, Assemblées Générales, 115.
1085 Für Dänemark *Gomard*, in: Baums/Wymeersch (Hrsg.), Shareholder Voting Rights and Practices in Europe, Denmark, 57 (63); *Kusznier*, Dänisches Kapitalgesellschaftsrecht, 99; für Finnland *Hohloch*, in: Hohloch (Hrsg.), EU-Handbuch Gesellschaftsrecht, Finnland, Rdn. 693; *Toiviainen*, in: Baums/Wymeersch (Hrsg.), Shareholder Voting Rights in Europe, Finland, 77 (86f); DSW Europe Study, 32; für die Niederlande DSW Europe Study, 68; für Spanien *Weller/Zahn*, in: von Rosen/Seifert (Hrsg.), Die Namensaktie, 177 (208).
1086 *Brockhuis/Schnell*, Gesellschaftsrecht in Polen, 84; *dies.*, in: Knaus/Wakounig (Hrsg.), Steuer- und Gesellschaftsrecht der EU-Beitrittskandidaten, 33 (64).
1087 Vgl. für Belgien *De Bauw*, Assemblées Générales, 103 und 116; für Dänemark *Gomard*, in: Baums/Wymeersch (Hrsg.), Shareholder Voting Rights and Practices in Europe, 57 (62), für Finnland, *Toiviainen*, in: Baums/Wymeersch (Hrsg.), Shareholder Voting Rights in Europe, Finland, 77 (86); für Irland (Ausfertigung einer *up-to-date-list*) *Murphy*, in: Baums/Wymeersch (Hrsg.), Shareholder Voting Rights and Practices in Europe, Ireland, 139 (148).

res Argument für den bereits erörterten Vorschlag, europaweit ein *record date*-System einzuführen.

5. Kapitel: Ergebnisse des 2. Teils

Bei der Bestimmung und Legitimation des stimmberechtigten Aktionärs zeigen sich deutliche Unterschiede zwischen den untersuchten Rechtsordnungen. Eine europaweite Harmonisierung wäre vor allem im Hinblick auf die eher formale Frage nach dem für die Stimmberechtigung maßgeblichen Zeitpunkt wünschenswert. In Großbritannien und teilweise auch in Deutschland wird derzeit auf einen bestimmten Zeitpunkt vor der Hauptversammlung abgestellt, während in Frankreich und den meisten anderen Mitgliedstaaten der Zeitpunkt der Hauptversammlung für die Stimmberechtigung maßgeblich ist. Auch soweit keine echten *blocking*-Erfordernisse existieren, bedeutet die Maßgeblichkeit des Hauptversammlungszeitpunkts doch stets, dass Emittenten und Depotbanken bis zur Versammlung aufwändige und fehleranfällige Datenanpassungen vornehmen müssen. Im Interesse grenzüberschreitend agierender Anleger und einer Vereinfachung des Legitimationsverfahrens ist daher ein einheitliches *record date*-System in der Europäischen Union zu empfehlen.

Hindernisse für das *cross-border voting* ergeben sich auch aus dem zunehmenden Funktionsverlust der Wertpapierurkunden. Zwar ist der rechtliche Rahmen der Dematerialisierung in den einzelnen Mitgliedstaaten höchst unterschiedlich ausgestaltet. Zumindest in der Praxis der modernen Kapitalmärkte sind Aktien aber in der Regel nurmehr bloße Buchungsposten. Da in diesem Fall den direkten Legitimationsnachweis für Inhaberaktionäre nur das jeweils kontoführende Institut erbringen kann, ist es für grenzüberschreitend agierende Anleger von zentraler Bedeutung, dass die Emittenten auch den Nachweis ausländischer Depotbanken akzeptieren. Der zeitintensive Nachweis unter Durchlaufen der gesamten Kontenkette sollte lediglich bei konkreten Zweifeln an der Glaubwürdigkeit der Erklärung eines depotführenden Kreditinstituts verlangt werden dürfen.

Daneben erweist sich vor allem die zunehmende Mediatisierung der Beteiligungen als problematisch für eine effiziente grenzüberschreitende Stimmrechtsausübung. Die bei grenzüberschreitenden Aktienanlagen typische Herausbildung langer Kontenketten erschwert die Bestimmung des materiellen Stimmrechtsinhabers und kann zu einer Trennung von formeller Stimmberechtigung und wirtschaftlicher Eigentumsstellung führen. Auch durch die gängige Praxis der *nominee*-Eintragungen bei Namensaktien kommt es zu einem solchen Auseinanderfallen von Stimmberechtigung und inhaltlicher Entscheidungsbefugnis. In diesen Fällen ist eine Stärkung der Rechte des indirekten Anlegers erforderlich, die am effektivsten durch legislative Tätigkeit erzielt werden könnte. Für einen europaweiten Ansatz fehlt bislang allerdings ein überzeugendes Konzept, was nicht zuletzt an den hohen Kompatibilitätsanforderungen liegt, die dieser Rechtsbereich an eine europäische Regelung stellt.

3. Teil

Ausübung des Aktionärsstimmrechts

1. Kapitel: Länderberichte für Deutschland, Frankreich und Großbritannien

I. Deutschland

1) Stimmabgabe durch den Aktionär

a) Stimmabgabe während der Hauptversammlung

Gemäß § 118 Abs. 1 AktG üben die Aktionäre ihre Rechte in den Angelegenheiten der Gesellschaft in der Hauptversammlung aus.[1088] Rechte in Gesellschaftsangelegenheiten sind die aus der Mitgliedschaft folgenden Befugnisse des Aktionärs, also auch das Stimmrecht. Trotz angeregter Diskussion in der Literatur ist es nach wie vor herrschende Meinung, dass die Hauptversammlung im deutschen Recht zwingend eine Präsenzveranstaltung ist.[1089] Kernargument ist der Wortlaut des § 118 Abs. 1 AktG, wonach die Aktionäre ihre Rechte „in der Hauptversammlung" ausüben.[1090] Der Gesetzgeber hat diese Vorschrift über die Versammlungsbindung der Aktionärsrechte im Zuge seiner Bemühungen um den forcierten Einsatz moderner Kommunikationsmedien bisher unberührt gelassen. Der Aktionär kann sein Stimmrecht also nur wirksam ausüben, wenn er am Versammlungsort – sei es in Person, sei es durch einen Vertreter – auch physisch präsent ist.[1091] Eine Online-Teilnahme an der Hauptversammlung ist ungenügend. Verfolgen Aktionäre die Hauptversammlung über das Internet, können sie ihre Stimme also nicht elektronisch per E-Mail, Bildschirmformular o.ä. abgeben, da sie nicht am Ort der Hauptversammlung anwesend und damit keine „Teilnehmer" im Rechtssinne sind.[1092]

1088 Hauptversammlung ist die als solche ausdrücklich bezeichnete, unter Beachtung der §§ 121 ff AktG einberufene und gemäß §§ 129 f, 133 ff AktG durchgeführte Versammlung der Aktionäre.

1089 *Bunke*, AG 2002, 57 (57); *Hüffer*, Aktiengesetz, § 118 Rdn. 12; *Kubis*, in: MünchKomm AktG, § 118 Rdn. 24 m.w.N.; *Noack*, NZG 2001, 1057 ff.

1090 Vgl. aber auch die ausführlichere Begründung bei *Bunke*, AG 2002, 57, der auf Wortlaut und Zusammenhang der §§ 118 Abs. 1, 121 Abs. 3 S. 2 und Abs. 5, 130 Abs. 2 AktG sowie auf das traditionelle Bild einer Versammlung, das diesen Bestimmungen zugrunde liegt, verweist.

1091 *Bunke*, AG 2002, 57 (57).

1092 *Volhard*, in: MünchKomm AktG, § 134 Rdn. 85. Pressemeldungen, nach denen einzelne Aktiengesellschaften die Möglichkeit der „Stimmrechtsausübung per Internet" eröffnet haben, sind insoweit ungenau. Solche Verfahren setzen nach heutiger Rechtslage die schriftliche Erteilung ei-

Eine direkte, also zeitgleiche, Online-Stimmabgabe, auch *„e-voting"* oder *„direct voting"* genannt, ist mithin in Deutschland aktienrechtlich unzulässig.[1093] Auch der Corporate Governance Kodex hält an der Präsenzhauptversammlung fest.[1094] Möglich ist allerdings eine Hauptversammlung mit Online-Zugang. Dieses Modell wurde schon bei zahlreichen Gesellschaften angewandt, unter anderem bei der *Deutschen Telekom, DaimlerChrysler, Allianz, Münchener Rück, RWE, Metro* und *Celanese.*[1095] Die Hauptversammlung findet in diesem Fall wie rechtlich gefordert an einem bestimmten Ort statt. Allerdings wird sie live im Internet übertragen.[1096] Aktionäre, die nicht persönlich erschienen sind, können die Versammlung also via Internet verfolgen. Wenn sie einen Vertreter vor Ort eingesetzt haben, können sie diesem auch während der laufenden Versammlung elektronische Abstimmungsanweisungen (per E-Mail oder sogar per SMS) zukommen lassen. Dieses Verfahren kommt einem *e-voting* schon sehr nahe.

b) Stimmabgabe im Vorfeld der Hauptversammlung

Nach dem soeben Gesagten ist im deutschen Recht auch die vorgezogene Stimmabgabe von außerhalb der Hauptversammlung per Brief oder per E-Mail unzulässig.[1097] Daran hat auch das NaStraG nichts geändert und sollte dies nach dem Willen des Gesetzgebers auch nicht.[1098] Die Hauptversammlung ist und bleibt im deutschen Recht eine Präsenzversammlung. Daher ist es im deutschen Aktienrecht gerade auch für nicht-ansässige Aktionäre von besonderer Bedeutung, inwieweit das Stimmrecht des Aktionärs durch Dritte auf der Hauptversammlung ausgeübt werden kann.

---

ner Vollmacht an einen (von der Gesellschaft bestimmten) Stimmrechtsvertreter voraus, der in der Hauptversammlung anwesend sein muss.

1093 Allerdings hat sich die Regierungskommission Corporate Governance ausdrücklich für die Einführung des e-votings ausgesprochen: *„Die Satzung der Gesellschaft sollte vorsehen können, dass die Aktionäre unmittelbar an der Hauptversammlung auch ohne eigene Präsenz an deren Ort und ohne Zwischenschaltung eines Vertreters teilnehmen und sämtliche oder einzelne Rechte im Wege elektronischer Kommunikation ausüben können"*, Baums (Hrsg.), Bericht der Regierungskommission Corporate Governance, Rdn. 115. Daher erwartet *Noack*, dass die direkte elektronische Stimmabgabe bald durch den Gesetzgeber zugelassen wird, siehe Stellungnahme zu II. 4 des Fragenkatalogs der Regierungskommission Corporate Governance – Modernisierung des Aktienrechts, abrufbar unter: http://www.jura.uni-duesseldorf.de/service/hv/ii4.shtml.

1094 Ziff. 2.1.1 spricht von der Rechtsausübung „in der Hauptversammlung"; Ziff. 2.2.3 macht das Rede- und Auskunftsrecht von der „Teilnahme an der Hauptversammlung" abhängig.

1095 *Noack*, Antworten auf häufig gestellte Fragen zu „Hauptversammlung und Internet", Ziff. 9.

1096 Siehe dazu auch Ziff. 2.3.4 Corporate Governance Kodex: „Die Gesellschaft sollte den Aktionären die Verfolgung der Hauptversammlung über moderne Kommunikationsmittel (z.B. Internet) ermöglichen."

1097 *Baums*, in: Baums/Wymeersch (Hrsg.), Shareholder Voting Rights and Practices in *Europe*, 109 (123); *Bunke*, AG 2002, 57 (57); *Zöllner*, in: KölnKomm § 134 Rdn. 69.

1098 Vgl. dazu die Begründung des RegE zum NaStraG, BT-Drucks. 14/4051, 16: „Der weitergehende Wechsel vom bisherigen System der Stimmabgabe (persönlich oder durch Vertreter) in der Hauptversammlung zur (elektronischen) Briefwahl wird mit diesem Entwurf nicht vollzogen".

2) Stimmabgabe durch einen Vertreter

a) *Vollmachtserteilung*

Zwar ist das Stimmrecht selbst als mitgliedschaftliche Befugnis nicht von der Aktie abtrennbar, jedoch kann seine Ausübung gemäß § 134 Abs. 3 S. 1 AktG[1099] auf einen Bevollmächtigten[1100] übertragen werden. Diese Vertretungsmöglichkeit kann auch nicht satzungsmäßig ausgeschlossen werden.[1101] Das Stimmrecht hat also keinen höchstpersönlichen Charakter. Jedoch bleibt in diesen Fällen nach wie vor der Aktionär der aus der Aktie Berechtigte, der lediglich die Stimmrechtsausübung Dritten, denen er Weisungen erteilen kann, in jederzeit widerruflicher Weise überlässt. Eine selbständige dingliche Verfügung über das Stimmrecht dergestalt, dass der Aktionär alle übrigen Rechte aus der Aktie behält und sich nur des Stimmrechts entäußert, wäre wegen der Unteilbarkeit der Aktie nichtig.[1102] Aus dem Vollmachtstext muss sich lediglich ergeben, dass der dort Genannte das Stimmrecht seines ebenfalls namentlich genannten Vollmachtgebers in dieser Hauptversammlung ausüben darf.[1103] Gemäß § 134 Abs. 3 S. 2 AktG ist die Vollmacht grundsätzlich in Schriftform zu erteilen, allerdings kann die Satzung seit dem NaStraG von 2001 „Erleichterung" bestimmen, vgl. Art. 1 Nr. 13 a NaStraG. Die Satzung kann also auch eine Vollmachtserteilung mittels Telefax, E-Mail, Bildschirmformularen oder ähnlicher Medien erlauben.[1104] Von dieser Möglichkeit machen insbesondere Namensaktiengesellschaften zunehmend Gebrauch (beispielsweise die *Allianz AG*),[1105] allerdings ist der Anteil der elektronisch erteilten Vollmachten insgesamt noch sehr gering und bewegt sich zwischen 0,7% und 4,4% des Kapitals (*Allianz AG*: 3,8%).[1106] Für die Vollmacht an drei Gruppen von Vertretern, nämlich an Kreditinstitute, Aktionärsvereinigungen und Personen, die sich geschäftsmäßig für die Stimmrechtsausübung anbieten, gibt es dagegen seit der Streichung des Schriftformerfordernisses durch das NaStraG keine Formvorschrift mehr, vgl. § 135 AktG. Daher ist in diesen Fällen ebenfalls eine elektronische oder sogar eine bloß mündliche Vollmachtserteilung möglich. Voraussetzung ist aber, dass diese Bevollmächtigten die Vollmachtserteilung „nachprüfbar festhalten" müssen, § 135 Abs. 2 S. 4 AktG. Eine weitere Neuerung für die genannten profes-

---

1099 Vgl. auch § 129 Abs. 2 und 3 AktG.

1100 §§ 164ff BGB.

1101 Vgl. § 23 Abs. 5 S. 1 AktG; *Barz*, in: GroßKomm AktG, § 134 Anm. 27; *Bunke*, AG 2002, 57 (58). Allerdings bestehen für die *Volkswagen AG* besondere Vertretungsvorschriften. So darf gemäß § 3 Abs. 1 VW-Gesetz niemand das Stimmrecht in eigenem Namen für Aktien ausüben, die ihm nicht gehören. Ferner dürfen geschäftsmäßig handelnde Stimmrechtsvertreter nur zur Abstimmung nach Weisung ermächtigt werden, § 3 Abs. 3 S. 1 VW-Gesetz.

1102 Vgl. § 8 Abs. 5 AktG.

1103 *Butzke*, in: Obermüller/Werner/Winden, Die Hauptversammlung, 188.

1104 Vgl. *Hüffer*, Aktiengesetz, § 134 Rdn. 22a; *Wiebe*, ZHR 166 (2002), 182 (186f).

1105 Vgl. § 10 Nr. 4 der Satzung idF vom September 2005.

1106 Zahlen aus: Bundesministerium der Justiz, Bericht über die Entwicklung der Stimmrechtsausübung in börsennotierten Aktiengesellschaften in Deutschland seit Inkrafttreten des Namensaktiengesetzes, Ziff. 6b); siehe auch *Noack*, Antworten auf häufig gestellte Fragen zu „Hauptversammlung und Internet", Ziff. 4b).

sionellen Stimmrechtsvertreter durch das NaStraG ist, dass diesen nunmehr im Gegensatz zum früheren Befristungserfordernis (längstens 15 Monate) eine zeitlich unbegrenzte Vollmacht erteilt werden kann.[1107] Allerdings ist der Aktionär „jährlich und deutlich hervorgehoben“ auf die jederzeitige Widerrufbarkeit der Vollmacht hinzuweisen.[1108] Von der Vollmachtserteilung zu unterscheiden ist die Erteilung von Weisungen an den Bevollmächtigten: Diese ist unabhängig von der Person des Bevollmächtigten innerhalb einer rechtsgültig erteilten Vollmacht jederzeit formlos möglich, kann also beispielsweise auch per Internet oder sogar per SMS erfolgen.[1109]

b) Beschränkung des Vertreterkreises

Nach dem Aktiengesetz ist der Aktionär bei der Auswahl seines Bevollmächtigten grundsätzlich frei, dieser muss lediglich, da er eine Willenserklärung abgeben soll, nach den allgemeinen zivilrechtlichen Regeln zumindest beschränkt geschäftsfähig sein, vgl. § 165 BGB. Streitig ist allerdings, ob die Gesellschaften durch Satzungsbestimmung Vorgaben zur Person des Bevollmächtigten machen dürfen, insbesondere ob bestimmt werden darf, dass nur ein anderer Aktionär bevollmächtigt werden kann.[1110]

Gemäß § 134 Abs. 3 S. 1 AktG kann das Stimmrecht durch „einen Bevollmächtigten“, also durch eine beliebige Person ausgeübt werden. Nach einer Ansicht soll das Gesetz an dieser Stelle abschließend sein und einer Beschränkung des Bevollmächtigtenkreises durch die Satzung § 23 Abs. 5 AktG entgegenstehen.[1111] Die Gegenansicht beruft sich auf den Willen des historischen Gesetzgebers,[1112] da trotz Umformulierung der Vorschrift keine sachliche Änderung zur vorherigen Rechtslage vorgenommen werden sollte und es deshalb bei der alten Rechtsansicht verbleibe.[1113] Bei der gegebenen Unsicherheit im Hinblick auf den gesetzgeberischen Willen müssen andere Aspekte die Streitfrage entscheiden. Für die Zulässigkeit von Beschränkungen spricht, dass aus der Stimmrechtsausübung durch Dritte wegen der fehlenden Interessenkongruenz besondere Gefahren resultieren. Allerdings können verbandsfremde Interessen de facto auch durch Stimmbindungsvereinbarungen und Legitimationsübertragungen ihren Weg in die Abstimmung finden.[1114] Eine Beschränkung dergestalt, dass nur andere Aktionäre bevollmächtigt werden dürfen, würde den Aktionären die Wahrnehmung ihrer Rechte aber

1107 Vgl. § 135 Abs. 2 S. 1 AktG.
1108 § 135 Abs. 2 S. 2 AktG.
1109 *Noack*, aaO.
1110 Dafür *Barz*, in: GroßKomm AktG, § 134 Rdn. 27; *Baums*, in: Baums/Wymeersch (Hrsg.), Shareholder Voting Rights and Practices in *Europe*, 109 (126); *Hüffer*, Aktiengesetz, § 134 Rdn. 25; dagegen *Volhard*, in: MünchKomm AktG, § 134 Rdn. 42; OLG Stuttgart Beschluss vom 28. 5. 1990, AG 1991, 69f.
1111 So OLG Stuttgart WM 1990, 1159 (1160); *Volhard* aaO; *Zöllner*, in: KölnKomm AktG, § 134 Rdn. 76 mit einer Ausnahme nur für vinkulierte Aktien.
1112 Vgl. § 114 Abs. 7 AktG 1937 und dazu RGZ 55, 41 f; KG JW 1938, 2412 mit Anm. *Groschuff.*
1113 *Hüffer*, Aktiengesetz, § 134 Rdn. 25.
1114 *Zöllner*, in: KölnKomm AktG, § 134 Rdn. 76.

wesentlich erschweren. Aus dem Gesamtzusammenhang der detaillierten Regelungen zum Bankenstimmrecht und der Legalisierung des Verwaltungsstimmrechts lässt sich deutlich das Bemühen des Gesetzgebers erkennen, dem Aktionär ein umfassendes Vertretungssystem an die Hand zu geben und ihm so die Ausübung seiner Kontrollrechte zu erleichtern. Dem widerspräche es, ließe man eine weit reichende Beschränkung des Vertretungsrechts durch Satzungsbestimmung zu. In der Praxis der größeren deutschen Aktiengesellschaften kommt eine satzungsmäßige Beschränkung des Vertreterkreises so gut wie nicht vor.

3) Organisierte Stimmrechtsvertretung

a) Verwaltung als Stimmrechtsvertreter

Grundsätzlich kann der Aktionär jede natürliche oder juristische Person seiner Wahl zur Ausübung des Stimmrechts bevollmächtigen.[1115] Dieses Prinzip gilt aber nicht schrankenlos, sondern findet seine Grenzen in der Treuepflicht des Aktionärs zur Gesellschaft und gegenüber seinen Mitaktionären und vor allem auch im Rechtsgedanken des § 136 Abs. 2 AktG.[1116] Daher ist zweifelhaft, ob auch die Gesellschaft selbst zu Händen eines von ihr eingesetzten „Treuhänders" bevollmächtigt werden kann (sog. Verwaltungsstimmrecht).[1117] Nach verbreiteter Ansicht in der Literatur ist ein solches Verwaltungsstimmrecht unvereinbar mit der das Aktiengesetz beherrschenden strikten Trennung zwischen den Organen.[1118] Gleichwohl hat der Gesetzgeber diesen Fall mit Anfügen des § 134 Abs. 3 S. 3 AktG durch das NaStraG legalisiert: Danach soll die Vollmachtserklärung von der Gesellschaft drei Jahre nachprüfbar festgehalten werden, sofern „von der Gesellschaft benannte Stimmrechtsvertreter" bevollmächtigt werden. Nach dieser impliziten Anerkennung durch den Gesetzgeber[1119] ist eine generelle Ablehnung der Bevollmächtigung von durch die Gesellschaft benannten Stimmrechtsvertretern nicht mehr aufrechtzuerhalten.[1120] Das Verwaltungsstimmrecht ist in Deutschland also mittlerweile grundsätzlich zulässig. Hintergrund dieser gesetzgeberischen Entscheidung war nicht zuletzt die anhaltende Kritik an der Praxis der organisierten

---

1115 *Volhard*, in: MünchKomm AktG, § 134 Rdn. 36.

1116 *Hüffer*, Aktiengesetz, § 134 Rdn. 26; *Zöllner*, in: KölnKomm AktG, § 134 Rdn. 79.

1117 Die Ausübung des Stimmrechts durch von der Aktiengesellschaft benannte Stimmrechtsvertreter wird in der deutschsprachigen Literatur vielfach als „Proxy-Voting" bezeichnet. In der vorliegenden Arbeit bleibt diese Terminologie allerdings dem britischen Recht vorbehalten.

1118 So *Raiser*, Kapitalgesellschaften, § 16 Rdn. 95; *von Randow*, ZIP 1998, 1564 (1566); weitere Nachweise bei *Hüffer*, Aktiengesetz, § 134 Rdn. 26 b. Die Rechtsprechung war allerdings seit langem anderer Ansicht, vgl. das Urteil des LG Stuttgart vom 30. 11. 1973, AG 1974, 260 (261), das Urteil des LG Baden-Baden vom 29. 4. 1998, ZIP 1998, 1308 (1311) sowie das Urteil des OLG Karlsruhe vom 24. 2. 1999, AG 1999, 234 (235), das in diesem Zusammenhang auf den Referentenentwurf zum KonTraG verweist.

1119 Vgl. Bericht des Rechtsausschusses, abgedruckt bei *Seibert*, ZIP 2001, 53 (56).

1120 Im gleichen Sinne *Bunke*, AG 2002, 57 (58); *Claussen*, AG 2001, 161 (169); *Habersack*, ZHR 165 (2001), 172 (187); *Hüffer*, Aktiengesetz, § 134 Rdn. 26 b; *Noack*, ZIP 2001, 57 (62); *Wiebe*, ZHR 166 (2002), 182 (184).

Stimmrechtsvertretung durch die Depotbanken, der man eine Alternative gegenüberstellen wollte.[1121]

Die Regelungen über das Verfahren des Verwaltungsstimmrechts wurden vom Gesetzgeber allerdings bewusst „rudimentär“ belassen.[1122] Daher stellt sich die Frage nach der Ausgestaltung im Detail und insbesondere nach den rechtlichen Grenzen, die in der Fachliteratur in den letzten Jahren eingehend und kontrovers behandelt wurde.[1123] Dabei wurden im Wesentlichen drei Einschränkungsmöglichkeiten des Verwaltungsstimmrechts diskutiert. So soll nach einem Teil der Literatur die wirksame Bevollmächtigung des von der AG benannten Stimmrechtsvertreters von der Erteilung ausdrücklicher Weisungen zu allen Punkten der Tagesordnung abhängig sein.[1124] Da sich ein solches Erfordernis nicht aus dem Wortlaut des § 134 Abs. 3 S. 3 AktG ergibt, wird es mit einer Analogie zu § 135 Abs. 1 S. 2 AktG begründet.[1125] In der Praxis weisen Gesellschaften, die ihren Aktionären die gesellschaftsbenannte Stimmrechtsvertretung als einen „besonderen Service“[1126] anbieten, soweit ersichtlich ausnahmslos deutlich darauf hin, dass der Aktionär den von der Gesellschaft benannten Vertretern Weisungen zur Stimmrechtsausübung erteilen muss und dass anderenfalls die Vollmacht insgesamt ungültig ist.[1127] Auch gemäß dem deutschen Corporate Governance Kodex soll der Vorstand „für die Bestellung eines Vertreters für die *weisungsgebundene* Ausübung des Stimmrechts der Aktionäre sorgen“.[1128] Neben dem Weisungserfordernis

1121 Zu den Argumenten der Kritiker und dem Bedürfnis nach einem Ersatz für das Bankenstimmrecht *Raiser*, NJW 1996, 2257 (2258 f; 2261 f). Zum rechtlichen Rahmen der Stimmrechtsvertretung durch die Depotbanken ausführlich unter b).

1122 Begr. zur Beschlussempfehlung des Rechtsausschusses, BT-Drs. 14/4618 v. 15. November 2000, 14.

1123 *Wiebe*, ZHR 166 (2002), 182 (184).

1124 So *Habersack*, ZHR 165 (2001), 172 (187 f); *Hüffer*, Aktiengesetz, § 134 Rdn. 26 b; *Hüther*, AG 2001, 68 (71 ff); *Noack*, ZIP 2001, 57 (62); *Pikó/Preissler*, AG 2002, 223 (227); auch der Deutsche Corporate Governance Kodex spricht für eine Weisungspflicht („Der Vorstand soll für die Bestellung eines Vertreters für die *weisungsgebundene* Ausübung des Stimmrechts der Aktionäre sorgen“, Ziffer 2.3.3); dagegen *Bachmann*, AG 2001, 635 (638 f); *Volhard*, in: MünchKomm AktG, § 134 Rdn. 39, der darauf hinweist, dass die Vollmacht an die Verwaltung nur für eine einzige Hauptversammlung erteilt wird und es daher der Warnfunktion einer zwingenden Einzelanweisung nicht bedarf; *Wiebe*, ZHR 166 (2002), 182 (190 ff).

1125 Die Gegenansicht allerdings spricht einer solchen Analogie die dogmatische Grundlage ab, vgl. nur die Argumentation von *Volhard*, in: MünchKomm AktG, § 134 Rdn. 39 und 40, der sowohl das Vorliegen einer planwidrigen Regelungslücke bestreitet als auch eine Vergleichbarkeit der Rechtslagen zwischen Depot- und Verwaltungsstimmrecht ablehnt.

1126 So wörtlich die Einladung zur ordentlichen Hauptversammlung der *FJH AG*, abgedr. in: Börsen-Zeitung vom 11. Mai 2004, Nr. 90, S. 21; ebenso Einladung der *adidas-Salomon AG*, abgedruckt in: Die AG 2004, Heft 5, R169.

1127 Beispielhaft dafür die Einladung zur ordentlichen Hauptversammlung der *Rhön-Klinikum AG*, abgedr. in Börsen-Zeitung vom 12. Mai 2004, Nr. 91, S. 20: „[...] *Sollen die von der Gesellschaft benannten Stimmrechtsvertreter bevollmächtigt werden, muss der Aktionär diesen in jedem Fall Anweisungen erteilen, wie das Stimmrecht ausgeübt werden soll. Ohne Erteilung entsprechender Weisungen ist die Vollmacht insgesamt ungültig. Die Stimmrechtsvertreter sind verpflichtet, nach Maßgabe der ihnen erteilten Weisungen abzustimmen.* [...]“; fast wortgleich die Einladung zur außerordentlichen Hauptversammlung der *Senator Entertainment AG*, abgedr. in Börsen-Zeitung vom 8. Mai 2004, Nr. 89, S. 21; ebenso die Einladung der *adidas-Salomon AG*, aaO.

1128 Vgl. Ziff. 2.3.3 des deutschen Corporate Governance Kodex.

nehmen Teile der Literatur eine Einschränkung hinsichtlich der Person des Vertreters vor: Es sollen entweder externe Vertreter oder solche Mitarbeiter der Gesellschaft gewählt werden, denen Professionalität und damit Abstand zugetraut werden kann.[1129] Organe oder Organmitglieder, insbesondere Vorstandsmitglieder, sind insofern ungeeignet, so dass sie wegen des aus § 136 Abs. 2 AktG ableitbaren Manipulationsverbots nicht bevollmächtigt werden dürfen.[1130] Schließlich hält *Habersack* auch ein organisiertes, gezieltes Einwerben von Vollmachten durch die Verwaltung für unzulässig.[1131] Solche Fälle sind auch aus der Praxis bisher nicht bekannt.

Mittlerweile bietet die Mehrheit der Gesellschaften die Stimmrechtsvertretung durch einen Vertreter der Gesellschaft an. Zum Teil vertreten die Stimmrechtsvertreter dabei weniger als ein Prozent des Kapitals, zum Teil aber auch bis zu zehn Prozent, wobei sich bei Namensaktiengesellschaften eine größere Akzeptanz des Verwaltungsstimmrechts abzeichnet.[1132] Die Tendenz ist in jedem Falle steigend.

b) Depotbanken als Stimmrechtsvertreter

Vor vielen Jahren sind in Deutschland in das durch das Desinteresse der Publikumsaktionäre erzeugte Vakuum die Kreditinstitute eingedrungen, die die Aktien verwalten (sog. Banken- oder Depotstimmrecht).[1133] Eine Studie von *Baums* und *Fraune* aus dem Jahre 1995 belegt, dass zu diesem Zeitpunkt die meisten Stimmen auf Hauptversammlungen deutscher Aktiengesellschaften von Banken als Stimmrechtsvertreter abgegeben wurden.[1134] Auch wenn aktuellere Erhebungen vergleichbaren Umfangs nicht verfügbar sind, so kann doch von einem spürbaren Rückgang des Depotstimmrechts gerade in den letzten Jahren ausgegangen werden.[1135] Dies hängt mit dem Wiedererstarken der Namensaktien seit dem NaStraG, mit dem kostenbedingten Rückzug vieler Banken – bspw. der Sparkassen und Genossenschaftsbanken – aus der organisierten Stimmrechtsvertretung und schließlich auch mit der oben beschriebenen Einführung der Stimmrechtsvertretung durch von der Gesellschaft benannte Stimmrechtsvertreter zusammen.

Zur Stimmrechtsausübung aus fremden Inhaberaktien bedürfen die Kreditinstitute einer formell ordnungsgemäßen Bevollmächtigung, § 135 Abs. 1 S. 1 AktG. In der Regel üben die Banken die Stimmrechte ihrer Depotkunden gemäß § 135

1129 *Habersack*, ZHR 165 (2001), 172 (187 f); *Hüffer*, Aktiengesetz, § 134 Rdn. 26 b.

1130 AA etwa *Bunke*, AG 2002, 57 (59 ff); *Wiebe*, aaO, 182 (191 f).

1131 AaO, 172 (187), ebenso *Hüffer, Aktiengesetz*, 6. Auflage, § 134 Rdn. 26 b.

1132 Bundesministerium der Justiz, Bericht über die Entwicklung der Stimmrechtsausübung in börsennotierten Aktiengesellschaften in Deutschland seit Inkrafttreten des Namensaktiengesetzes, Ziff. 5 a).

1133 *Raiser*, Kapitalgesellschaften, § 16 Rdn. 101; kritisch zum Vollmachtsstimmrecht der Banken *ders.*, NJW 1996, 2257 (2258 f, 2261 f).

1134 *Baums/Fraune*, AG 1995, 97 ff.

1135 *Arbeitskreis Namensaktie*, Bericht an das Bundesministerium der Justiz, bei der Autorin einsehbar. Beispielsweise im Zeitraum von 2000 bis 2005 bei der *Bayer AG* um 5%, bei der *Eon AG* um 4% und bei der *ThyssenKrupp AG* gar um 36%. Die Zahlen wurden freundlicherweise vom Bundesverband Deutscher Banken zur Verfügung gestellt.

Abs. 4 S. 2 AktG im Namen dessen, den es angeht, also ohne Offenlegung der Namen ihrer Vollmachtsgeber aus. Wenn die Kreditinstitute bei Namensaktien an Stelle ihrer Kunden im Aktienregister eingetragen sind,[1136] tritt an die Stelle der Bevollmächtigung das Erfordernis einer Ermächtigung, § 135 Abs. 7 S. 1 AktG. Im Übrigen sind die Modalitäten des Depotstimmrechts eingehend in den §§ 125 bis 128 und 135 AktG geregelt. Durch dieses Regelungssystem soll zum einen eine Bindung des Aktionärs an die der Depotbank erteilte Stimmrechtsvollmacht ausgeschlossen und dem Aktionär zum anderen hinreichend ermöglicht werden, seine eigene Meinung durch Erteilung von Weisungen an die Bank zur Geltung zu bringen.[1137] Im Einzelnen sichert das Gesetz dieses Ziel folgendermaßen: Das Depotstimmrecht darf außer in den Fällen der Legitimationsübertragung nur aufgrund einer Vollmacht ausgeübt werden, die auch mittels elektronischer Datenübermittlung erteilt werden kann.[1138] Die Vollmacht muss vollständig sein und darf nur mit der Stimmrechtsvertretung verbundene Erklärungen enthalten, § 135 Abs. 2 S. 1 und 3. Sie darf nur einem bestimmten Kreditinstitut erteilt werden, die Ausstellung von Blankovollmachten an Banken ist unzulässig, ebenso wie eine AGB-mäßige Vollmachtserteilung.[1139] Untervollmachten sind nur in engen Grenzen zugelassen, regelmäßig nur zugunsten von Angestellten des Kreditinstituts selbst, vgl. § 135 Abs. 3. Durch das NaStraG sind nunmehr unbefristete Dauervollmachten zulässig, allerdings wurde zugleich die Pflicht für die Banken eingeführt, den Aktionär jährlich deutlich auf die jederzeitige Widerrufsmöglichkeit hinzuweisen, vgl. § 135 Abs. 2 S. 2. Zur Sicherung einer angemessenen Information der Aktionäre vor der Hauptversammlung hat der Vorstand gemäß § 125 Abs. 1 AktG binnen zwölf Tagen nach der öffentlichen Bekanntmachung der Einberufung allen Kreditinstituten, die in der letzten Hauptversammlung Depotstimmrechte ausgeübt haben oder die es verlangen, den Termin der Hauptversammlung, die Tagesordnung und im Rahmen der §§ 126, 127 AktG auch Oppositionsanträge und Wahlvorschläge von Aktionären durch besondere Mitteilung bekannt zu geben. Das Kreditinstitut selbst hat diese Mitteilungen unverzüglich an die Aktionäre weiterzugeben, § 128 Abs. 1. Beabsichtigt es, das Stimmrecht für die Aktionäre auszuüben, so muss es dem Aktionär außerdem eigene Vorschläge für die Ausübung des Stimmrechts zu den einzelnen Gegenständen der Tagesordnung machen, § 128 Abs. 2 S. 1. Bei seiner Tätigkeit hat sich das Kreditinstitut ferner gemäß § 128 Abs. 2 S. 3 von den Interessen des Aktionärs leiten zu lassen und organisatorische Vorkehrungen zu treffen, dass Eigeninteressen aus anderen Geschäftsbereichen nicht einfließen. Weiter hat das Kreditinstitut den Aktionär darum zu bitten, Weisungen für die Ausübung des Stimmrechts zu erteilen und darauf hinzuweisen, dass es das Stimmrecht nach seinen eigenen Vorschlägen ausüben wird, wenn der Aktionär nicht rechtzeitig eine andere Weisung erteilt. Erteilt der Aktionär Weisungen, hat das Kreditinstitut weisungsgemäß ab-

---

1136 Sog. Legitimationsübertragung, siehe dazu oben Teil 2 Kap. 1 I 2a).
1137 *Raiser*, Kapitalgesellschaften, § 16 Rdn. 109.
1138 Dazu oben Teil 3 Kap. 1 I 2a).
1139 *Becker*, Institutionelle Stimmrechtsvertretung in Europa, 17.

zustimmen. Gleichartige Regeln gelten kraft Verweisung für die Stimmrechtsausübung durch Aktionärsvereinigungen, sonstige geschäftsmäßige Vertreter, die sich zur Ausübung des Stimmrechts in der Hauptversammlung erbieten, sowie für Finanzdienstleister, die nach §§ 53, 53b KWG den Kreditinstituten gleichstehen.

Wichtig ist auch die Regelung des § 135 Abs. 10 S. 1 AktG. Danach ist ein Kreditinstitut verpflichtet, den Auftrag eines Aktionärs zur Ausübung des Stimmrechts in einer Hauptversammlung anzunehmen. So soll gewährleistet werden, dass eine Vertretung durch die Depotbank allen Aktionären zur Verfügung steht.[1140] Ferner soll das Kreditinstitut nicht in der Lage sein, ihm nicht genehme Weisungen des Aktionärs durch Ablehnung des Auftrags aus dem Wege zu gehen.[1141] Allerdings müssen für das Eingreifen der gesetzlichen Verpflichtung zwei Voraussetzungen erfüllt sein: Der beauftragende Aktionär muss erstens Depotkunde der betreffenden Bank sein, also seine Aktien durch diese verwahren lassen oder aber das Kreditinstitut als seinen Platzhalter im Aktienregister fungieren lassen,[1142] und zweitens muss sich die Bank ihrerseits gegenüber anderen Aktionären der Gesellschaft zur Ausübung des Stimmrechts in derselben Hauptversammlung erboten haben.[1143]

Da sich die Reichweite des Aktiengesetzes auf die in seinem Wirkungsbereich liegenden Hauptversammlungen beschränkt, findet das dargestellte Auftragsstimmrecht der Kreditinstitute allerdings nur für Hauptversammlungen von inländischen, nicht dagegen von ausländischen Gesellschaften Anwendung.[1144] Die Frage der Stimmrechtsausübung durch die Depotbank im Hinblick auf von ihr verwahrte ausländische Aktien hat bisher in der Literatur nur wenig Beachtung gefunden.[1145] Zu beobachten ist, dass die in Wertpapierrechnung oder in ausländischer Girosammelverwahrung verwahrende Depotbank vor allem aus Kostengründen in der Regel keine Weisungen an den ausländischen Zwischenverwahrer für die Ausübung der Stimmrechte gibt.[1146]

Im Verhältnis zur Bedeutung der Depotbanken spielen Aktionärsvereinigungen als Stimmrechtsvertreter in der deutschen Praxis nur eine völlig untergeordnete Rolle. So liegt der Stimmrechtsanteil von Aktionärsvereinigungen in den Hauptversammlungen börsennotierter Publikumsgesellschaften im Durchschnitt bei nur 0,6 Prozent.[1147] Einer der Gründe dafür ist die mangelnde Bereitschaft der Aktionäre, für die im Rahmen einer professionellen Stimmrechtsvertretung anfal-

---

1140 *Hüffer*, Aktiengesetz, § 135 Rdn. 32; *Kümpel*, Bank- und Kapitalmarktrecht, Rdn. 11.145.
1141 *Baums/von Randow*, AG 1995, 145 (151); *Hüffer*, Aktiengesetz, § 135 Rdn. 32.
1142 Der zweite Fall geht auf Art. 1 Nr. 14 e NaStraG zurück.
1143 Dem Erfordernis des Sicherbietens genügt es nach überwiegender Ansicht, wenn das Kreditinstitut den Aktionären das übliche Vollmachtsformular mit der Bitte um Unterzeichnung und Rücksendung zuleitet; *Kümpel*, Bank- und Kapitalmarktrecht, Rdn. 11.147.
1144 *Kümpel*, Bank- und Kapitalmarktrecht, Rdn. 11.148; *Schäfer*, in: Schwintowski/Schäfer, Bankrecht, § 17 Rdn. 57, 60.
1145 *Schäfer*, in: Schwintowski/Schäfer, Bankrecht, § 17 Rdn. 60.
1146 *Schäfer*, in: Schwintowski/Schäfer, Bankrecht, § 17 Rdn. 60.
1147 *Noack*, in: FS Lutter, 1463 (1468), unter Bezugnahme auf entsprechende Angaben der DSW; siehe auch *Seibert*, AG 2004, 529 (532).

lenden Kosten aufzukommen.[1148] Auch finden die Aktionärsvereinigungen bislang wenig Unterstützung durch die Gesellschaften. Bis auf wenige Ausnahmen (z.B. die *Siemens AG*) bieten die Unternehmen keinen Service über ihre Website an, an Aktionärsvereinigungen erteilte Stimmrechtsvollmachten elektronisch weiterzuleiten.[1149] Schließlich ist auch ein Informationsdefizit festzustellen: So bieten beispielsweise viele Sparkassen und Banken inzwischen aus Kostengründen kein Auftragsstimmrecht mehr an, versäumen es aber gleichzeitig, ihre Kunden auf die Möglichkeit der Beauftragung von Aktionärsvereinigungen hinzuweisen.[1150]

4) Stimmpflicht für institutionelle Anleger

Obwohl dies gerade für institutionelle Anleger vereinzelt angeregt wird,[1151] gibt es in Deutschland keine gesetzliche Pflicht, eigene oder fremde Stimmrechte in der Hauptversammlung auszuüben. Für Investmentfonds schreibt § 10 Abs. 1 S. 3 Gesetz über Kapitalanlagegesellschaften (KAAG) zwar vor, sie „sollen das Stimmrecht aus Aktien von Gesellschaften [...] im Regelfall selbst ausüben". Das bedeutet aber nicht, dass die Kapitalanlagegesellschaften damit in jedem Einzelfall gezwungen sind, das Stimmrecht auszuüben.[1152] Vielmehr orientiert sich die Entscheidung darüber an dem durch § 10 Abs. 1 S. 1 KAAG gezogenen Rahmen, wonach die Kapitalanlagegesellschaft das Sondervermögen mit der Sorgfalt eines ordentlichen Kaufmanns zu verwalten hat. Kommt die Kapitalanlagegesellschaft dabei zu dem Ergebnis, dass im Einzelfall die entstehenden Kosten eine Vertretung in der Hauptversammlung nicht rechtfertigen, kann sie von einer Ausübung absehen. § 135 Abs. 10 S. 1 AktG wiederum verpflichtet die Depotbanken zwar, auf Wunsch ihrer Kunden für sie als Stimmrechtsvertreter auf der Hauptversammlung zu agieren. Voraussetzung ist allerdings, dass sich das Kreditinstitut gegenüber den Aktionären der Gesellschaft zur Ausübung des Stimmrechts in derselben Hauptversammlung erboten hat.[1153] Dies lässt sich aber nicht als wirkliche „Stimmpflicht" qualifizieren, da der Kontrahierungszwang ohne eigene Initiative der Kreditinstitute nicht entsteht.[1154]

1148 *Becker*, Institutionelle Stimmrechtsvertretung in Europa, 12.
1149 Bundesministerium der Justiz, Bericht über die Entwicklung der Stimmrechtsausübung in börsennotierten Aktiengesellschaften in Deutschland seit Inkrafttreten des Namensaktiengesetzes, Ziff. 8b).
1150 Vgl. „Immer weniger Aktionäre üben ihr Stimmrecht aus", FAZ 10. Juli 2004, S. 21.
1151 *Seibert*, AG 2004, 529 (532f); vgl. auch *Baums* (Hrsg.), Bericht der Regierungskommission Corporate Governance, Rdn. 126.
1152 *Fraune*, Der Einfluß institutioneller Anleger in der Hauptversammlung, 85 (95); *Seibert*, AG 2004, 529 (532) („Sollvorschrift").
1153 *Kümpel*, Bank- und Kapitalmarktrecht, Rdn. 11.147.
1154 *Hüffer*, Aktiengesetz, § 135 Rdn. 33.

5) Einberufung der Hauptversammlung

Das AktG bestimmt in § 121 Abs. 2, dass grundsätzlich der Vorstand zur Einberufung der Hauptversammlung zuständig ist und adressiert an ihn die wesentliche Einberufungspflichten, § 121 Abs. 3 AktG.[1155] Daneben ist der Aufsichtsrat gemäß § 111 Abs. 3 AktG lediglich zur Einberufung einer Hauptversammlung verpflichtet, wenn es das Wohl der Gesellschaft erfordert.[1156] § 122 Abs. 3 AktG sieht für den Fall, dass dem Verlangen einer Aktionärsminderheit auf Einberufung einer Hauptversammlung nicht entsprochen wurde, die Möglichkeit vor, dass das Gericht die Minderheit zur Einberufung ermächtigt. Ein solches Einberufungsverlangen können Aktionäre vorbringen, deren Anteil am Grundkapital zusammen mindestens fünf Prozent ausmacht, § 122 Abs. 1 S. 1 AktG.[1157] In der Satzung kann auch eine niedrigere Schwelle vorgesehen werden, ferner das Minderheitsrecht „an eine andere Form" als die Schriftform geknüpft werden, § 122 Abs. 1 S. 2 Alt. 2 bzw. S. 2 AktG. Damit wird ermöglicht, dass die Aktionäre auf einem Internetforum Stimmen bündeln.[1158] Schließlich kann die Satzung gemäß § 121 Abs. 2 S. 3 AktG noch anderen Personen ein Einberufungsrecht zugestehen. Auch für die Festsetzung der Tagesordnung ist primär die Verwaltung (Vorstand und Aufsichtsrat) zuständig, § 124 Abs. 3 S. 1 AktG.[1159] Um eine Ergänzung der Tagesordnung der Hauptversammlung durch die Aktionäre zu erlangen, bedarf es gemäß § 122 Abs. 2 AktG ebenfalls eines Anteils von fünf Prozent des gezeichneten Kapitals oder aber Aktien im Nominalwert von 500.000 Euro. Seit dem TransPuG müssen diese Gegenanträge nicht mehr gedruckt und versandt werden, sondern können auch im Internet allgemein zugänglich gemacht werden, was den Minderheitsaktionären die Opposition gegen die Verwaltung erleichtert.[1160] Von dieser Möglichkeit wird daher auch schon reger Gebrauch gemacht.[1161]

Gemäß § 121 Abs. 3 S. 1 AktG ist die Einberufung der Hauptversammlung grundsätzlich in den Gesellschaftsblättern bekanntzumachen. Gleiches gilt gemäß § 124 Abs. 1 S. 1 AktG für die Tagesordnung der Hauptversammlung.[1162] Zwingendes Gesellschaftsblatt ist seit dem 1. Januar 2003 der elektronische Bundesanzeiger, § 25 S. 1 AktG nF.[1163] Die Einberufung erfolgt also in erster Linie über das Internet. Die Satzung kann neben dem elektronischen Bundesanzeiger weitere Gesellschaftsblätter bestimmen. Ist dies der Fall, muss die Ver-

---

1155 *Butzke*, in: Obermüller/Werner/Winden, Die Hauptversammlung, 21.
1156 *Hüffer*, Aktiengesetz, § 111 Rdn. 13 ff.
1157 *Hüffer*, Aktiengesetz, § 122 Rdn. 2 ff.
1158 *Noack*, NZG 2003, 241 (243).
1159 *Hüffer*, Aktiengesetz, § 124 Rdn. 12.
1160 § 126 i. V. m. § 125 Abs. 1 AktG nF; *Kubis*, in: MünchKomm AktG, § 126 Rdn. 1, 21; *Hüffer*, Aktiengesetz, § 126 Rdn. 6, § 125 Rdn. 3 AktG; *Seibert*, AG 2004, 529 (530).
1161 *Seibert*, AG 2004, 529 (530).
1162 Der deutsche Corporate Governance Kodex verlangt, dass Tagesordnung und Unterlagen zusätzlich auf der Website der einladenden Gesellschaft präsentiert werden müssen, Ziff. 2.3.1 S. 3.
1163 § 25 S. 1 AktG geändert durch Art. 1 Nr. 1 TransPuG (die Webadresse des Bundesanzeigers lautet www.ebundesanzeiger.de); *Noack*, NZG 2004, 297 (299).

öffentlichung in all diesen Blättern in gleicher Form, vollständig und rechtzeitig, aber nicht notwendig taggleich erfolgen.[1164] Börsennotierte Aktiengesellschaften sind zudem dazu verpflichtet, die Einberufung der Hauptversammlung in mindestens einem überregionalen Börsenpflichtblatt zu veröffentlichen, §§ 63, 70 BörsenZulV. Diese Regelung trifft insbesondere auch ausländische Emittenten, deren Aktien im Amtlichen Handel in Deutschland zugelassen sind.[1165] Sind alle Aktionäre der Gesellschaft namentlich bekannt, kann die Hauptversammlung auch mittels eingeschriebenen Briefes einberufen werden, § 121 Abs. 4 AktG. Die Einberufung im Bundesanzeiger muss mit Inkrafttreten des UMAG am 1. 11. 2005 gemäß § 123 Abs. 1 AktG nF mindestens dreißig Tage vor dem Tage der Versammlung erfolgen.[1166] Vor der Gesetzesänderung war die Frist nicht in Tagen ausgedrückt, sondern betrug schlicht einen Monat. Da es sich um eine Mindestfrist handelt, kann die Satzung sie zwar wegen § 23 Abs. 5 AktG nicht verkürzen, wohl aber verlängern.[1167] Praktisch geschieht dies durch das Erfordernis von Hinterlegung und Anmeldung, weil die dafür zu gewährende Frist zusätzlich zur 30-Tages-Frist des § 123 Abs. 1 AktG gewährt wird.[1168]

Neben der Pflicht zur öffentlichen Bekanntmachung treffen die Gesellschaften noch gesonderte Mitteilungspflichten. Gemäß § 125 Abs. 1 AktG ist der Vorstand verpflichtet, binnen einer Frist von zwölf Tagen nach der Einberufung im Bundesanzeiger die Informationen über Einberufung und Tagesordnung[1169] der Hauptversammlung zusätzlich direkt an diejenigen Kreditinstitute und Aktionärsvereinigungen zu leiten, die in der letzten Hauptversammlung Stimmrechte für Aktionäre ausgeübt oder aber jetzt die Informationen angefordert haben. Für diese Mitteilung kann seit Inkrafttreten des NaStraG auch der elektronische Übermittlungsweg gewählt werden.[1170] § 128 Abs. 1 AktG verpflichtet sodann die Depotbank, die Informationen unverzüglich an ihre Depotkunden, für die sie Inhaberaktien der Gesellschaft verwahrt bzw. für deren Namensaktien sie als *nominees* im Aktienregister eingetragen ist, weiterzuleiten. Diese Weiterleitung darf nach herrschender Meinung – bei entsprechendem Einverständnis des Aktionärs – ebenfalls mittels elektronischer Post erfolgen.[1171] Jedoch bieten die Depotbanken die elektronische Weiterversendung ausnahmslos nicht an. Ihnen ist der Aufwand für die Verwaltung und Pflege der E-Mail-Adressen und die Einrichtung von Sicherheits-

1164 *Butzke*, in: Obermüller/Werner/Winden, Die Hauptversammlung, 30.
1165 *Baums* (Hrsg.), Bericht der Regierungskommission Corporate Governance, Rdn. 88.
1166 Der Fristbeginn richtet sich nach der Bekanntgabe in den Gesellschaftsblättern.
1167 Allg. Meinung, vgl. nur *Butzke*, in: Obermüller/Werner/Winden, Die Hauptversammlung, 32; ebenso auch nach neuer Rechtslage nach dem UMAG *Mimberg*, AG 2005, 716 (721 f). Freilich darf die Einberufung auch nicht so frühzeitig bewirkt werden, dass sie bis zur Hauptversammlung in Vergessenheit zu geraten droht.
1168 Ausführlich zur Fristberechnung *Mimberg*, AG 2005, 716–724.
1169 Einschließlich der etwa mit ihr verbundenen Beschlussvorschläge.
1170 *Hüffer*, Aktiengesetz, § 125 Rdn. 5.
1171 *Claussen*, AG 2001, 161 (168); *Kubis*, in: MünchKomm AktG, § 128 Rdn. 16; *Noack*, NZG 2001, 1057 (1059).

vorkehrungen wie *Fire-Walls* zu hoch ist.[1172] Zudem sind bei der elektronischen Weiterleitung Versendungsfehler schlecht zu erkennen.[1173]

Neben inländischen Kreditinstituten und inländischen Finanzdienstleistungsinstituten gilt die Regelung des § 125 Abs. 1 AktG auch für inländische Zweigstellen solcher ausländischen Institute sowie für Kredit- und Finanzdienstleistungsinstitute, die ihren Sitz in einem anderen Staat des Europäischen Wirtschaftsraumes haben und in Deutschland tätig sind.[1174] Ein nicht-ansässiger Aktionär, der bei einer inländischen Depotbank ein Konto unterhält, erhält also die Einberufungsunterlagen über seine Depotbank gemäß §§ 125 Abs. 1, 128 AktG.[1175] Schwierigkeiten treten aber auf, wenn der Investor im Ausland sein Depot bei einem ausländischen Depotinstitut unterhält. Zwar muss die Gesellschaft auch ausländischen Depotinstituten unter den Voraussetzungen des § 125 AktG die Einberufungsunterlagen übersenden, allerdings unterliegen die ausländischen Institutionen nicht der gesetzlichen Weiterleitungspflichten aus § 128 AktG.[1176] Normadressaten des § 128 Abs. 1 AktG sind nämlich nur inländische Kreditinstitute, einschließlich der inländischen Zweigniederlassungen ausländischer Banken, weil deren Kundenbeziehungen deutschem Recht unterliegen.[1177] Freilich kann der nicht-ansässige Anleger durch eine entsprechende Vereinbarung mit seinem ausländischen Finanzdienstleister sicherstellen, dass dieser die Informationen weiterleitet. Darüber hinaus verbleibt ihm die Möglichkeit, sich eigenständig über den elektronischen Bundesanzeiger zu informieren.

§ 125 Abs. 2 AktG enthält die Fälle, in denen die Gesellschaft die Mitteilung auch direkt an Aktionäre versenden muss (sog. Recht auf Sondermitteilung). Eine solche Mitteilung bekommt gemäß § 125 Abs. 2 Nr. 1 AktG automatisch jeder Aktionär, der eine Aktie bei der Gesellschaft hinterlegt hat. Diese Methode bietet sich theoretisch für ausländische Aktionäre an. Allerdings ist zu beachten, dass inzwischen fast alle größeren börsennotierten Aktiengesellschaften den Anspruch der Aktionäre auf Verbriefung ihres Anteils ausgeschlossen haben.[1178] Mangels hinterlegungsfähiger Urkunden läuft diese Möglichkeit dann leer.[1179] Ferner erhält eine solche Mitteilung jeder Aktionär, der dies nach Bekanntmachung der Einberufung im Bundesanzeiger verlangt und schließlich (wiederum automatisch) jeder spätes-

---

1172 Bundesministerium der Justiz, Bericht über die Entwicklung der Stimmrechtsausübung in börsennotierten Aktiengesellschaften in Deutschland seit Inkrafttreten des Namensaktiengesetzes, Ziff. 7b).

1173 Bundesministerium der Justiz, Bericht über die Entwicklung der Stimmrechtsausübung in börsennotierten Aktiengesellschaften in Deutschland seit Inkrafttreten des Namensaktiengesetzes, Ziff. 7b).

1174 Vgl. §§ 53 Abs. 1 S. 1, 53b Abs. 1 S. 1 und Abs. 7 KWG; *Butzke*, in: Obermüller/Werner/Winden, Die Hauptversammlung, 65.

1175 *Baums* (Hrsg.), Bericht der Regierungskommission Corporate Governance, Rdn. 85; *Butzke*, in: Obermüller/Werner/Winden, Die Hauptversammlung, 143.

1176 *Baums* (Hrsg.), Bericht der Regierungskommission Corporate Governance, Rdn. 85.

1177 *Hüffer*, Aktiengesetz, § 128 Rdn. 3.

1178 *Butzke*, in: Obermüller/Werner/Winden, Die Hauptversammlung, 66; siehe dazu auch ausführlich oben Teil 2 Kap. 1 I 1.

1179 *Kubis*, in: MünchKomm AktG, § 125 Rdn. 28; einschränkend *Seibert*, DB 1999, 267, 268.

tens zwei Wochen vor dem Tag der Hauptversammlung im Aktienregister eingetragene Namensaktionär, vgl. § 125 Abs. 2 Nr. 2 und 3 AktG. In der Mitteilung an die Aktionäre ist auf die Möglichkeit der Stimmrechtsvertretung hinzuweisen. Mit dem NaStraG ist die Möglichkeit eröffnet worden, diese Mitteilungen elektronisch zu versenden.[1180] Nach herrschender Meinung ist dafür allerdings eine vorherige Registrierung des Aktionärs mit seiner E-Mail-Adresse als Empfangsadresse erforderlich.[1181] Einige, vornehmlich große Namensaktiengesellschaften, haben bereits einen solchen Registrierungsservice eingerichtet, der auch für zukünftige Hauptversammlungen gilt und damit in der Folgezeit Zugangserleichterungen bietet.[1182] Zu diesen Gesellschaften gehören die *Allianz, DaimlerChrysler, Deutsche Bank, Deutsche Lufthansa, Deutsche Telekom, Münchner Rück* und *Siemens*. Bei der *Allianz AG* waren beispielsweise im Juni 2005 bereits 42.438 Aktionäre für den Versand per E-Mail registriert, bei der *DaimlerChrysler AG* zum gleichen Zeitpunkt sogar 50.000.[1183]

6) Beschlussfassung

a) Erfordernis eines Quorums

Das Aktiengesetz verlangt zwar in einzelnen Fällen, dass eine bestimmte Mehrheit des vorhandenen Grundkapitals für einen Antrag stimmen muss, es verlangt aber niemals, dass ein bestimmter Teil des Aktienkapitals vertreten sein muss.[1184] Die Hauptversammlung ist grundsätzlich immer beschlussfähig.[1185] Ist nur ein Aktionär erschienen, so kann dieser im Rahmen der Tagesordnung jeden beliebigen Beschluss fassen.[1186] Die Satzung kann jedoch besondere Erfordernisse für die Beschlussfähigkeit aufstellen, insbesondere die Anwesenheit von Aktionären, die einen bestimmten Teil des Grundkapitals vertreten, verlangen.[1187] Das Erfordernis einer solchen Kapitalmindestpräsenz ist allerdings überhaupt nicht üblich.[1188]

b) Abstimmungsverfahren

Hinsichtlich der Form der Abstimmung verzichtet das Gesetz in § 134 Abs. 4 AktG auf eine eigene Regelung und verweist stattdessen auf die Satzung. Üblicherweise

---

1180 Neufassung durch Art. 1 Nr. 9 a) aa) NaStraG verzichtet auf das frühere „übersenden“, um den Vorstand nicht auf Schriftform festzulegen; *Hüffer*, Aktiengesetz, § 125 Rdn. 6.

1181 Bundesministerium der Justiz, Bericht über die Entwicklung der Stimmrechtsausübung in börsennotierten Aktiengesellschaften in Deutschland seit Inkrafttreten des Namensaktiengesetzes, Ziff. 7 a); *Hüffer*, Aktiengesetz, § 125 Rdn. 6.

1182 Bericht des Bundesministeriums der Justiz, aaO.

1183 Die Zahlen wurden freundlicherweise von Herrn *Müller-von Pilchau*, Sprecher des Arbeitskreises Namensaktie, zur Verfügung gestellt.

1184 *Barz*, in: GroßKomm AktG, § 133 Anm. 11.

1185 *Barz*, in: GroßKomm AktG, § 133 Anm. 11.

1186 RG 34, 110; 82, 386; *Barz*, in: GroßKomm AktG, § 133 Anm. 11; *Hüffer*, Aktiengesetz, § 133 Rdn. 8.

1187 *Barz*, in: GroßKomm AktG, § 133 Anm. 11.

1188 *Hüffer*, Aktiengesetz, § 133 Rdn. 8.

enthalten die Satzungen wegen der gebotenen Flexibilität nur die Bestimmung, dass die Abstimmungsart durch den Leiter der Hauptversammlung festgelegt wird.[1189] In Betracht kommen etwa Stimmkarten, Handzeichen, Aufstehen oder namentlicher Aufruf. Zu beachten ist aber, dass es bei der Beschlussfassung gemäß § 133 Abs. 1 AktG ausschließlich auf die abgegebenen Stimmen und nicht auf die Zahl der abstimmenden Aktionäre ankommt. Das bedeutet, dass bei einer Abstimmung durch Handzeichen zwingend noch eine Feststellung der Stimmkraft erfolgen muss, beispielsweise anhand des Teilnehmerverzeichnisses. Der „klassische" Weg der Abstimmung ist die offene Auszählung, bei der die Aktionäre sich auf entsprechende Frage des Versammlungsleiters melden und die Zahl der von ihnen vertretenen Stimmen sowie (erforderlichenfalls) zu Kontrollzwecken ihren Namen, ihre Stimm- oder Eintrittskarten – Nummer oder ein sonstiges vom Versammlungsleiter bestimmtes Merkmal nennen, mit dem sie anhand des Teilnehmerverzeichnisses individualisiert werden können.[1190] Bei großen Hauptversammlungen aber ist ohne Stimmkarten nicht auszukommen.[1191] Als für den Ablauf der Hauptversammlung primär Zuständiger bestimmt der Versammlungsleiter, ob die Punkte der Tagesordnung jeweils einzeln behandelt und abgestimmt werden oder ob erst im Anschluss an die gesamte Diskussion, die dann meist in Form der „Generaldebatte" also zu allen Tagesordnungspunkten geführt wird, die Abstimmungen zusammengefasst erfolgen. Der letztere Weg, das sog. konzentrative Verfahren ist in der Praxis der Regelfall bei Hauptversammlungen von Publikumsgesellschaften.[1192]

Der Aktionär kann dem Beschluss zustimmen, ihn ablehnen oder sich seiner Stimme enthalten. Wenn der Aktionär über mehrere Stimmen verfügt, stellt sich die Frage, ob er auch mit einem Teil seiner Stimmen mit „Ja" und mit einem anderen Stimmenteil mit „Nein" stimmen kann, seine Stimmen also uneinheitlich abgeben kann. Dazu findet sich im Gesetz keine Regelung und auch der Bundesgerichtshof hat dazu noch nicht Stellung genommen. Dabei ist zu unterscheiden, ob es sich um mehrere Stimmen aus einer Aktie handelt oder um mehrere Aktien mit entsprechend vielen Stimmen.[1193] Für den ersten, Mehrstimmrechte erfordernden Fall soll die uneinheitliche Stimmabgabe nach herrschender Literaturansicht unzulässig sein, weil aus jeder Aktie nur ein einheitliches und nicht aufspaltbares Stimmrecht fließe.[1194] Mehrstimmrechte sind allerdings bei deutschen Aktiengesellschaften nicht mehr anzutreffen.[1195] Dagegen wird die uneinheitliche Stimmabgabe aus mehreren Aktien nach heute nahezu einhelliger Meinung für zulässig erachtet, da die Aktiengesellschaft keine personalistische Struktur be-

1189 *Hüffer*, Aktiengesetz, § 134 Rdn. 34.
1190 *Butzke*, in: Obermüller/Werner/Winden, Die Hauptversammlung, 210f.
1191 *Hüffer*, Aktiengesetz, § 134 Rdn. 35.
1192 *Butzke*, in: Obermüller/Werner/Winden, Die Hauptversammlung, 208.
1193 Vgl. *Hüffer*, Aktiengesetz, § 133 Rdn. 21.
1194 *Heider*, in: MünchKomm AktG, § 12 Rdn. 19; *Hüffer*, Aktiengesetz, § 133 Rdn. 21; *Volhard*, in: MünchKomm AktG, § 133 Rdn. 22; *Zöllner*, in: KölnKomm AktG, § 133 Rdn. 50; aA *Armbrüster*, FS Bezzenberger, 3 (13ff).
1195 Dazu oben Teil 1 Kap. 1 I 3 a).

sitzt.[1196] Das Stimmrecht ist nicht auf die Person des Mitglieds bezogen, sondern gehört zur Aktie. Zudem besteht ein unbestreitbares Bedürfnis für die uneinheitliche Stimmabgabe, insbesondere im Hinblick auf Legitimationsaktionäre und Treuhänder.[1197] Diese können hinsichtlich verschiedener Aktien Bindungen gegenüber verschiedenen Personen in Bezug auf die Ausübung des Stimmrechts unterliegen und daher zu einer uneinheitlichen Stimmabgabe sogar verpflichtet sein.[1198] Der Aktionär muss eine solche uneinheitliche Stimmrechtsausübung aus mehreren Aktien auch nicht besonders begründen. Wird das Stimmrecht durch einen Vertreter ausgeübt, der für verschiedene Auftraggeber nach deren unterschiedlichen Weisungen tätig wird, so liegt schon per definitionem keine uneinheitliche Stimmabgabe vor.[1199] Ein solches Verhalten ist unproblematisch zulässig.

II. Frankreich

1) Stimmabgabe durch den Aktionär

a) *Stimmabgabe während der Hauptversammlung*

Aktionäre einer französischen Aktiengesellschaft können ihr Stimmrecht zunächst einmal direkt auf der Hauptversammlung ausüben, auf der sie physisch anwesend sind. Gemäß Art. L. 1844 Code civil hat grundsätzlich jeder Aktionär das Recht, an der Hauptversammlung teilzunehmen. Allerdings konnte das Teilnahmerecht des Aktionärs bis vor kurzem noch durch Satzungsbestimmung vom Besitz einer bestimmten Mindestanzahl von Aktien abhängig gemacht werden.[1200] Diese Restriktionsmöglichkeit wurde aber durch das NRE beseitigt.[1201] Aktionäre, die an der Hauptversammlung teilnehmen wollen, müssen sich im Vorfeld der Versammlung an ihren Kontoführer wenden, um sich eine Eintrittskarte *(carte d'admission)* ausstellen zu lassen.[1202] Die Eintrittskarte wird ihnen dann per Post oder per E-Mail zugeschickt. Die *actionnaires non-résidents intermédiés*[1203] können ebenfalls physisch an der Hauptversammlung teilnehmen und dort das Stimmrecht aus ihren Aktien ausüben. Trotz Eintragung des Intermediären bleiben sie ja als Eigen-

---

1196 *Armbrüster*, FS Bezzenberger, 3 ff; *Heider*, in: MünchKomm AktG, § 12 Rdn. 19; *Hüffer*, Aktiengesetz, § 133 Rdn. 21; *Volhard*, in: MünchKomm AktG, § 133 Rdn. 22; *Zöllner*, in: KölnKomm AktG, § 133 Rdn. 50.

1197 *Barz*, in: GroßKomm AktG, § 134 Anm. 11.

1198 *Barz*, in: GroßKomm AktG, § 134 Anm. 11.

1199 *Hüffer*, Aktiengesetz, § 133 Rdn. 20; *Zöllner*, in: KölnKomm AktG, § 133 Rdn. 50.

1200 Art. L. 225-112 Abs. 1 C. com aF; dazu *Cozian/Viandier/Deboissy*, Droit des sociétés, Rdn. 828; *Mercadal/Janin*, Sociétés Commerciales 2000, Rdn. 10466. Diese Mindestanzahl durfte aber nicht mehr als zehn Aktien betragen.

1201 Vgl. Art. L. 115-2 NRE; *Cozian/Viandier/Deboissy*, aaO.

1202 Bei Namensaktien führt die emittierende Gesellschaft das Wertpapierkonto, bei Inhaberaktien eine vom *Conseil des Marchés Financiers* autorisierte Finanzinstitution; siehe dazu bereits oben Teil 2 II 1.

1203 Kurzbezeichnung für diejenigen nicht in Frankreich ansässigen Aktionäre börsennotierter Aktiengesellschaften, deren Wertpapierkonto ordnungsgemäß nach Art. L. 228-1 Abs. 3 und 4 C. com im Namen eines Intermediären eröffnet wurde.

tümer der Aktien stimmberechtigt. Sie müssen sich allerdings grundsätzlich an „ihren" registrierten Intermediär, z.B. ihre Depotbank wenden, um eine Eintrittskarte zu bekommen.[1204] Der registrierte Intermediär wiederum beantragt bei seinem Kontoführer (je nach Aktienform die Gesellschaft oder ein autorisiertes Finanzinstitut) eine Eintrittskarte auf den Namen des Aktionärs. Die Satzung kann das Teilnahmerecht für Inhaberaktionäre von der Einreichung einer Sperrerklärung abhängig machen, Art. 136 Abs. 1 D. com.[1205] Die Sperrerklärung wird auf Anfrage des Aktionärs vom autorisierten Kontoführer – gegebenenfalls auf elektronischem Wege – ausgestellt, Art. 136 Abs. 1 S. 2 D. com. Zudem darf die Satzung gemäß Art. 136 Abs. 1 S. 1 Alt. 1 D. com bestimmen, dass Namensaktionäre schon einige Tage vor der Hauptversammlung im Aktienregister der Gesellschaft eingetragen sein müssen, um teilnahmeberechtigt zu sein.[1206] Diese Zeitspanne darf aber gemäß Art. 136 Abs. 2 D. com nur maximal fünf Tage bis zum Datum der Versammlung betragen.

Neben der Stimmabgabe durch physische Anwesenheit auf der Hauptversammlung lässt das französische Recht seit Inkrafttreten des NRE die statutarische Installation einer weiteren Möglichkeit der Stimmabgabe durch den Aktionär zu: Gemeint ist die elektronische Stimmabgabe (via E-Mail oder über ein Online-Formular) in Echtzeit während der Hauptversammlung, also zeitgleich mit der Stimmabgabe der vor Ort anwesenden Aktionäre.[1207] Der Aktionär nimmt dann an der Hauptversammlung per *visioconférence* teil (*„présence virtuelle"*) und die Abstimmung erfolgt via *télétransmission*.[1208] Die Voraussetzungen für die Gültigkeit einer dergestalt abgegebenen Stimme sind streng.[1209] Das Verfahren muss in der Satzung vorgesehen sein und mittels einer sicheren Übertragung erfolgen, die die Identifizierung des Aktionärs zulässt.[1210] In jedem Fall muss der Aktionär im Vorfeld der Hauptversammlung eine elektronische Eintrittskarte, d.h. einen verschlüsselten Code, beantragen, mit dem er sich dann bei seiner elektronischen Stimmabgabe identifizieren kann.[1211] Während man bei der vorgelagerten Internet-Stimmabgabe noch Korrekturmöglichkeiten hat, ist dies wie beim Echtzeit-Verfahren nicht der Fall. Kritische Punkte sind die Sicherheit vor „Hackern" und die technische Zuverlässigkeit.[1212] Ein besonderes Problem stellt ferner die Über-

---

1204 *Bissara*, L'amélioration des conditions de vote des actionnaires Non-Résidents des sociétés cotées françaises, Teil 1 I Nr. 3.

1205 Neu gefasst durch das Dekret Nr. 2002-803 vom 3. Mai 2002 zum NRE.

1206 *Mercadal/Janin*, Sociétés Commerciales 2000, Rdn. 10440.

1207 Arg. e. Art. L. 225-107 II. C. com: *„Si les statuts le prévoient, sont réputés présents pour le calcul du quorum et de la majorité les actionnaires qui participent à l'assemblée par visioconférence ou par des moyens de télécommunication permettant leur identification et dont la nature et les conditions d'application sont déterminées par décret en Conseil d'État"*.

1208 *Cozian/Viandier/Deboissy*, Droit des sociétés, Rdn. 847; *Le Cannu*, Droit des sociétés, Rdn. 808.

1209 *Guyon*, Droit des affaires, Rdn. 301-2.

1210 Art. L. 225-107 Abs. 2 C. com; *Guyon*, Droit des affaires, Rdn. 301-2; *Le Cannu*, Droit des sociétés, Rdn. 809.

1211 *Bissara*, L'amélioration des conditions de vote des actionnaires Non-Résidents des sociétés cotées françaises, Teil 1 IV Nr. 5.

1212 *Guyon*, Droit des affaires, Rdn. 301-2; *Le Cannu*, Droit des sociétés, Rdn. 809.

wachung der „virtuellen Anwesenheit" des Online-Teilnehmers während der gesamten Beschlussfassungen dar. Denn in Frankreich ist die Hauptversammlung nur ab einer bestimmten Kapitalmindestpräsenz (Quorum) beschlussfähig, bei deren Berechnung nach neuer Gesetzeslage auch der virtuell Teilnehmende mitgezählt werden kann. Die in Frankreich sehr einflussreiche Non-Profit-Organisation ANSA[1213] bezweifelt vor diesem Hintergrund, dass für eine solche „Real Time"-Stimmrechtsausübung via Internet derzeit schon die notwendigen technischen Voraussetzungen existieren.[1214] Trotz rechtlicher Zulässigkeit bei entsprechender Satzungsgestaltung wird dieses Verfahren daher zurzeit in der Praxis noch nicht angeboten.

b) *Stimmabgabe im Vorfeld der Hauptversammlung*

Gemäß Art. L. 225-107 I. C. com haben die stimmberechtigten Aktionäre einer französischen Aktiengesellschaft auch die Möglichkeit, auf eigens hierfür vorgesehenen Formblättern im Vorfeld der Hauptversammlung schriftlich über die Beschlussgegenstände abzustimmen. Dieses Recht auf Abstimmung per Brief *(vote par correspondance)* ist vom französischen Gesetzgeber im Jahre 1983[1215] eingeführt und satzungsfest ausgestaltet worden, vgl. Art. 225-107 I. Abs. 1 S. 2 C. com. Dabei kann sich der Aktionär hinsichtlich jedes einzelnen Beschlussgegenstandes zwischen Annahme, Ablehnung und Enthaltung entscheiden, Art. 131-2 D. com. Auf diese Weise sollte dem Aktionär ein Mittel an die Hand gegeben werden, trotz physischer Abwesenheit gegen die Vorschläge der Verwaltung zu stimmen, was bei der Verwendung der *pouvoirs en blanc* nicht möglich ist.[1216] Zudem hoffte der Gesetzgeber, dadurch die Aktionärsbeteiligung zu erhöhen.[1217]

Obwohl die Gesellschaften sogar verpflichtet sind, die Aktionäre auf die Möglichkeit der *vote par correspondance* ausdrücklich hinzuweisen,[1218] hat dieses Instrument keinen großen Erfolg im Hinblick auf die Partizipation der Aktionäre bei der Abstimmung erzielen können.[1219] Dies ist nach Ansicht des Schrifttums vor allem auf die zu komplizierte Abfassung der Formulare zurückzuführen.[1220] Gemäß Art. 131-2 Abs. 3 D. com sollen die vorgedruckten Briefwahlformulare möglichst in demselben Dokument wie die Vollmachtsformulare abgefasst sein. Daher geben die Gesellschaften in aller Regel sog. *Formulaires Uniques Normalisés de Vote sur papier* aus – vorgedruckte und standardisierte[1221] Einheitsformulare zur Stimmrechtsausübung.[1222] Diese Formulare ermöglichen bei entsprechender Komplettierung

---

1213 Association Nationale des Sociétés par Actions.
1214 *Bissara*, aaO, Teil 1 IV Nr. 5.
1215 Durch Gesetz Nr. 83-1 vom 3. Januar 1983.
1216 *Guyon*, Droit des affaires, Rdn. 301-1. Zu den *pouvoirs en blanc* ausführlich unter III. 2.b).
1217 *Mercadal/Janin*, Sociétés Commerciales 2000, Rdn. 10530.
1218 Vgl. Artt. 123 Abs. 2, 130 Abs. 1 Nr. 8 und 133 Abs. 1 Nr. 7 lit. b) D. com.
1219 *Guyon*, Droit des affaires, Rdn. 301-1; *ders.*, in: Baums/Wymeersch (Hrsg.), Shareholder Voting Rights in Europe, 104.
1220 *Becker*, Institutionelle Stimmrechtsvertretung in Europa, 139 m. w. N.
1221 Genormt unter AFNOR NF K 12-164 (April 2001).
1222 *Cozian/Viandier/Deboissy*, Droit des sociétés, Rdn. 847.

alternativ die Beantragung einer Eintrittskarte für die Hauptversammlung, die Briefwahl, die Bevollmächtigung eines Mitaktionärs oder die Bevollmächtigung des Versammlungsleiters.[1223] Die Gesellschaft schickt die Formulare direkt an ihre Namensaktionäre (bzw. an die registrierten Intermediäre) und an die autorisierten Kontoführer. Letztere leiten sie an die Inhaberaktionäre (bzw. die registrierten Intermediäre) weiter.[1224] Die ausgefüllten Formulare müssen bis zu einem in der Satzung festzulegenden Zeitpunkt brieflich an die Gesellschaft zurückgesandt werden. Bei der Briefwahl *„sur papier"* darf dieser Zeitpunkt gemäß Art. 131-1 S. 1 D. com aber nicht mehr als drei Tage vor der Hauptversammlung liegen.

Wenn die Satzung es erlaubt, kommt seit der Reform durch das NRE-Dekret auch eine Briefwahl mittels Verwendung von sog. *Formulaires Uniques Electroniques* in Betracht, vgl. Art. L. 225-107 I. Abs. 1 C. com i.V.m. Art. 131-1 S. 2 nF D. com. Der Begriff *Formulaires Uniques Electroniques* bezeichnet standardisierte Einheitsformular zur Stimmrechtsausübung, die über das Internet weitergeleitet werden.[1225] Ein *Formulaire Unique Electronique* bietet inhaltlich die gleichen Möglichkeiten wie ein *Formulaire Unique de Vote sur papier*. Die wichtigsten Depotbanken und die großen börsennotierten Gesellschaften in Frankreich haben sich auf grundlegende Prinzipien des Verfahrens mit *Formulaires Uniques Electroniques* – insbesondere im technischen Bereich – verständigt, die das Verfahren hinreichend sicher und praktisch durchführbar machen.[1226] Schon heute können französische Aktiengesellschaften bei entsprechender Satzungsgestaltung ihren Aktionären dieses Verfahren anbieten.

Für die Stimmabgabe zeitlich vor der Hauptversammlung bringt die elektronische Übertragung via Internet die Möglichkeit einer schnelleren Übertragung verglichen mit dem herkömmlichen Versenden von Papieren.[1227] Dies entspricht gerade den Bedürfnissen nicht-ansässiger Aktionäre besser. Die ausgefüllten *Formulaires Electroniques* müssen zwar ebenfalls bis zu einem in der Satzung festzulegenden Zeitpunkt bei der Gesellschaft eingegangen sein. Gemäß Art. 131-1 S. 2 D. com reicht aber in jedem Fall der Eingang bis 15 Uhr Pariser Zeit des Vortages der Hauptversammlung aus.

1223 *Cozian/Viandier/Deboissy*, Droit des sociétés, Rdn. 847.

1224 Will ein nicht-ansässiger *actionnaire intermédié* das Formular selber ausfüllen, anstatt sich auf Instruktionen an den registrierten Intermediär zu beschränken, so verlangt er von seinen Intermediär die Weiterleitung der Vordrucke an ihn.

1225 *Bissara*, L'amélioration des conditions de vote des actionnaires Non-Résidents des sociétés cotées françaises, Teil 1 IV Nr. 1.

1226 *Bissara*, L'amélioration des conditions de vote des actionnaires Non-Résidents des sociétés cotées françaises, Teil 1 IV Nr. 1 und Fn. 91. Detaillierte Angaben zum Verfahren und den Sicherheitsvorkehrungen unter Nr. 1–4.

1227 *Guyon*, Droit des affaires, Rdn. 301-2.

2) Stimmabgabe durch einen Vertreter

a) *Vollmachtserteilung*

Inhalt und Reichweite der Vollmacht sind im Einzelnen in den Artt. 132ff der Durchführungsverordnung geregelt.[1228] Die Vollmacht kann schriftlich und seit dem NRE auch elektronisch erteilt werden. Sie gilt grundsätzlich immer nur für eine Hauptversammlung, vgl. Art. 132 Abs. 2 D. com. Im Umkehrschluss daraus wird das Verbot einer Dauerbevollmächtigung *(mandat permanent)* hergeleitet.[1229] Zudem ist eine erteilte Stimmrechtsvollmacht jederzeit widerruflich, Art. 2003 Code Civil. Eine Unterbevollmächtigung ist dem Stellvertreter gemäß Art. 132 Abs. 1 S. 2 D. com untersagt. Allerdings gilt dies nicht für den ordnungsgemäß registrierten Intermediär, der insoweit eine Sonderrolle innehat. Er kann sehr wohl selbst noch einen Agenten mit der Stimmrechtsausübung beauftragen. Gewöhnlich bleibt es dem Stellvertreter überlassen, hinsichtlich der einzelnen Beschlussgegenstände die zweckmäßigste Entscheidung zu treffen, jedoch kann der Aktionär seinem Bevollmächtigten auch präzise Abstimmungsanweisungen geben *(mandat impératif)*.[1230] Für von der Gesellschaft an die Aktionäre versandte Vollmachtsformulare, gelten besondere Anforderungen, vgl. Art. 133 D. com. Für die Rücksendung der ausgefüllten Vollmachts- (und Briefwahl-)formulare wird häufig in der Gesellschaftssatzung eine Frist festgesetzt. Da im Falle von Inhaberaktien die Formulare zunächst an das kontoführende Finanzinstitut geschickt werden und dieses es dann an die emittierende Gesellschaft weiterleitet, wird diese Frist hier etwas länger sein müssen als bei Namensaktien. Elektronische Vollmachten müssen gemäß Art. 132-1 D. com bis 15 Uhr Pariser Zeit am Vortag der Hauptversammlung bei der Gesellschaft eingegangen sein.

b) *Beschränkung des Vertreterkreises*

Gemäß Art. L. 225-106 Abs. 1 C. com kann sich jeder Aktionär zum Zwecke der Ausübung seines Stimmrechts in der Hauptversammlung durch einen anderen Aktionär oder seinen Ehegatten vertreten lassen. Dieses Recht ist eine Bestimmung des *ordre public*, weshalb es nicht durch Satzungsbestimmung eingeschränkt werden kann (vgl. Art. L. 225-106 Abs. 6 C. com). Der Aktionär einer französischen Aktiengesellschaft ist bei der Auswahl seines Vertreters allerdings beschränkt. Er darf nur andere Aktionäre der Gesellschaft oder seinen Ehegatten bevollmächtigen, Dritte dagegen nicht. Auch diese Bestimmung ist zwingend, Art. L. 225-106 Abs. 6 C. com. Dahinter steht der Gedanke, dass nicht beliebige Dritte an der

---

1228 Das französische Recht unterscheidet nicht zwischen Auftrag und Vollmacht.
1229 Cass. com. 29. November 1994, RJDA 4/95 Nr. 450; *Mercadal/Janin*, Sociétés Commerciales 2000, Rdn. 10413.
1230 *Mercadal/Janin*, Sociétés Commerciales 2000, Rdn. 10412.

Hauptversammlung teilnehmen sollen, da die Versammlung keinen öffentlichen Charakter hat.[1231]

Bis zur Einführung durch das NRE gab es von dieser Regel keine Ausnahme für nicht-ansässige Anleger, was für diese sehr problematisch war. Kernpunkt war die Praxis nicht-ansässiger Anleger, ihre Beteiligungen von Intermediären halten zu lassen. Stimmberechtigt ist auch in diesem Fall im französischen Recht nur der wahre Aktionär *(propriétaire réelle)*, also beispielsweise der amerikanische Pensionsfond, der das investierte Kapital aufgebracht hat. Die Kapitalanlagegesellschaft, die „vor Ort" in Frankreich die Aktien des Pensionsfonds verwaltet und auf deren Namen die Aktien verbucht sind, gilt dagegen nicht als Aktionär, sondern als bloßer Intermediär. Prinzipiell darf dieser Intermediär gar kein Wertpapierkonto bei einer französischen Gesellschaft bzw. autorisierten Institution eröffnen, weil dies gemäß Art. L. 228-1 Abs. 2 C. com ausschließlich dem Eigentümer der Aktien erlaubt ist. Selbst wenn er also (unzulässigerweise, aber in der Praxis regelmäßig der Fall) auf seinen Namen die Aktien hält, so darf er aber nicht die Stimmrechte aus den verwalteten Aktien in seinem eigenen Namen ausüben. Gemäß Art. L. 242-9 Nr. 2 C. com wird sogar mit Geldstrafe oder Gefängnis bestraft, wer sich „fälschlich als Eigentümer von Aktien ausgegeben und an der Abstimmung in der Hauptversammlung unmittelbar teilgenommen hat". Der Intermediär kann das Stimmrecht aber auch nicht im Namen des wirklichen Aktieninhabers, also beispielsweise im Namen des Pensionsfonds als dessen Bevollmächtigter ausüben, da er kein „anderer Aktionär" im Sinne des Art. L. 225-106 C. com ist und damit aus dem gesetzlich beschränkten Kreis der zulässigen Vertreter herausfällt. Diese Situation wurde von Investorenseite sehr stark kritisiert. Die Praxis, dass nicht-ansässige Aktionäre ihre Aktien in einem anderen Land nicht direkt, sondern vielmehr indirekt über einen Intermediär halten, dürfe nicht ignoriert werden.[1232] Dann müsse den nicht-ansässigen Aktionären aber auch die Möglichkeit gegeben werden, ihren Finanzintermediär als Stimmrechtsvertreter einzusetzen.

Das NRE erweiterte daher den Kreis der potentiellen Stimmrechtsvertreter. Nun bestimmt der neue Art. L. 225-107-1 C. com, dass nicht-ansässige Aktionäre sich auch von einem eingetragenen Finanzintermediär vertreten lassen können. Durch Bezugnahme auf den ebenfalls neu gefassten Art. L. 228-1 C. com wird klargestellt, dass damit nur diejenigen Intermediäre gemeint sind, die beim Erwerb der Aktien gegenüber der Gesellschaft bzw. gegenüber dem kontoführenden Finanzinstitut ihre Vermittlereigenschaft offen gelegt haben. Der französische Gesetzgeber, der den bloßen Intermediär nicht als wahren Eigentümer der Aktien und damit nicht als Rechtsinhaber des Stimmrechts anerkennt, bleibt mit dieser Regelung konsequent: Wer das Aktienkonto zwar in eigenem Namen, aber für fremde Rechnung innehat, ist nicht stimmberechtigter Aktionär. Nach der Neuregelung kann er aber

---

1231 *Guyon*, in: Baums/Wymeersch (Hrsg.), Shareholder Voting Rights in Europe, France, 95 (105); *Cozian/Viandier/Deboissy*, Droit des sociétés, Rdn. 838, bezeichnen die Hauptversammlung sogar als *„conclave"*.

1232 *Bissara*, L'amélioration des conditions de vote des actionnaires Non-Résidents des sociétés cotées françaises, Vorwort.

vom wahren Eigentümer als Vertreter eingesetzt werden. Gemäß Art.L. 228-3-2 kann der ordnungsgemäß registrierte Intermediär, der in Besitz eines *„mandat général de gestion des titres"*, also einer umfassenden Geschäftsführungsbefugnis, ist, die Stimmen des Aktionärs abgeben oder Vollmachten für ihn erteilen.[1233] Er muss allerdings das vorgedruckte Briefwahl- bzw. Vollmachtsformular[1234] mit seiner eigenen Unterschrift versehen, Art. 151-6 S. 1 D. com.[1235]

Zu beachten ist aber, dass es für in Frankreich ansässige Aktionäre sowie für alle Aktionäre nicht börsennotierter Gesellschaften bei dem Ausgangsproblem verbleibt. Werden die Aktien auf ein Konto im Namen eines Intermediären verbucht, darf dieser weder als stimmberechtigter Aktionär, noch als Vertreter und schon gar nicht im eigenen Namen, quasi als Strohmann,[1236] das Stimmrecht ausüben. Die Aktien müssen gemäß Art.L. 228-1 Abs. 1 C. com weiter zwingend auf den Namen des wahren Eigentümers verbucht werden. Damit wird der *beneficial owner* gezwungen, seine Aktien unmittelbar, ohne Einschaltung eines Finanzintermediären zu halten, wenn er seine Stimmrechte effektiv ausüben können will.

3) Organisierte Stimmrechtsvertretung

a) *Verwaltung als Stimmrechtsvertreter*

Im Mittelpunkt der französischen Regelungen zur Stimmrechtsvertretung steht das System der *pouvoirs en blanc*, das auch in der Praxis deutlich dominiert.[1237] Das ist eine besondere Form des Verwaltungsstimmrechts, die sich über Jahrzehnte hinweg in der statutarischen Praxis der größeren Aktiengesellschaften herausgebildet hatte und im Rahmen der Kodifikation des Aktionärsvertretungsrechts in den Jahren 1966 und 1967 schließlich auch vom Gesetzgeber anerkannt worden ist.[1238] Das System vollzieht sich in der Praxis dergestalt, dass die Gesellschaftsverwalter, meistens parallel zur Versendung der Einberufungsschreiben, Vollmachtsformulare an die ihnen bekannten stimmberechtigten Aktionäre verschicken und zwar verbunden mit der Bitte, diese datiert und unterschrieben, aber ohne Angabe zur Person des Vertreters, an die Gesellschaft zurückzuschicken.[1239] Das Manage-

---

1233 Der Gesetzestext ist hinsichtlich der Natur dieser *représentation* nicht stringent verfasst. Während Art.L. 225-107-1 C. com in seinem Kontext den Intermediär als Stimmrechtsvertreter wie jeden beliebigen vom Aktionär eingesetzten Mitaktionär erscheinen lässt, macht Art.L. 228-3-2 C. com dagegen die Stimmrechtsvertretung von besagtem *„mandat général de gestion des titres"* abhängig. Zudem benutzt Art.L. 228-3-2 C. com die Wendung *„transmettre le vote ou le pouvoir d'un propriétaire des actions"*, die den – meines Erachtens falschen – Eindruck erweckt, der Intermediär diene als bloßer Übermittler der Stimme, vergleichbar einem Stimmboten; die gleiche Kritik übt auch *Le Cannu*, Droit des sociétés, Rdn. 806.

1234 Häufig werden alle Abstimmungsmöglichkeiten in einem einzigen Vordruck enthalten sein. Dieser Vordruck wird von der Gesellschaft ausgestellt und der Aktionär sucht sich lediglich das gewünschte Verfahren aus und füllt das Formular dementsprechend aus.

1235 Siehe auch *Valuet*, Rev. sociétés 2001, 571 (578).

1236 Vgl. Art.L. 242-9 Nr. 2 C. com.

1237 *Charkham*, Keeping better Company, 211.

1238 *Becker*, Institutionelle Stimmrechtsvertretung in Europa, 107.

1239 *Becker*, Institutionelle Stimmrechtsvertretung in Europa, 115.

ment ist nicht gehindert, bei der Verschickung der Unterlagen selektiv vorzugehen.[1240] Falls die angeschriebenen Aktionäre dieser Bitte nachkommen, legt das Gesetz – und hierin liegt die Besonderheit des französischen Rechts – schon im vorhinein fest, in welcher Weise von den so erteilten Blankovollmachten Gebrauch zu machen ist: Gemäß Art. L. 225-106 Abs. 7 C. com muss der Vorsitzende der Hauptversammlung[1241] mit diesen *für* alle die Entschließungsanträge stimmen, die vom Verwaltungsrat bzw. Direktorium eingebracht wurden. Wenn es sich um von anderer Seite eingebrachte Anträge handelt, so muss er für diese stimmen, sofern sie von der Verwaltung gutgeheißen werden. In allen anderen Fällen ist er verpflichtet, gegen den Beschlussantrag zu stimmen. Der Aktionär, der eine solche Blankovollmacht ausstellt, kann auch keine anders lautenden Instruktionen hinsichtlich der Abstimmungsrichtung erteilen.[1242] Mit den *pouvoirs en blanc* wird also immer im Sinne der Verwaltung abgestimmt. Darum lassen sie sich auch als „Verwaltungsstimmrecht" bezeichnen. Allerdings muss die Gesellschaft in den von ihr verschickten Vollmachtsformularen den Aktionär auf diesen Gebrauch der Vollmacht hinweisen, Art. 133 D. com.

b) Depotbanken als Stimmrechtsvertreter

Will der Aktionär gegen einen bestimmten, von der Gesellschaftsverwaltung eingebrachten Beschlussvorschlag stimmen oder möchte er sich seiner Stimme enthalten, muss er sich einem individuellen Stimmrechtsvertreter anvertrauen, der bereit ist, die ihm erteilte Vollmacht den spezifischen Anweisungen des Aktionärs entsprechend auszuüben, vgl. Art. L. 225-106 Abs. 6 S. 2 C. com. Allerdings unterliegen weder die Gesellschaft selbst noch deren Verwalter im Rahmen der Stimmrechtsvertretung einem Kontrahierungszwang. Ebenso wenig übernehmen in der französischen Praxis die Depotbanken diese Rolle als Stimmrechtsvertreter.[1243] Zum einen müssten sie dafür nach französischem Recht ohnehin auch selbst Aktionär der Gesellschaft sein. Entscheidend ist aber, dass eine Stimmrechtsvertretung durch die Banken in Frankreich traditionell überhaupt nicht üblich ist. So gelten die Verwaltungsvollmachten der Depotbanken in Bezug auf die Aktien grundsätzlich nicht für die Stimmrechtsausübung.[1244] Die Rolle der Banken im Zusammenhang mit dem Aktionärsstimmrecht in Frankreich ist vielmehr beschränkt auf eine bloße Vermittlerrolle zwischen der Gesellschaft und ihrem Aktionär.[1245] Die Depotbanken stellen sich den einzelnen Gesellschaften auf deren

---

1240 *Grundmann/Möslein*, ZVglRWiss 102 (2003), 289 (337).

1241 Gemäß Art. 146 Abs. 1 D. com wird diese Funktion in Gesellschaften mit zweigliedrigem Verwaltungsaufbau vom Vorsitzenden des Aufsichtsrats, in Gesellschaften mit eingliedrigem Verwaltungsaufbau hingegen vom Vorsitzenden des Verwaltungsrats wahrgenommen.

1242 *Becker*, Institutionelle Stimmrechtsvertretung in Europa, 113 f m. w. N.

1243 *Guyon*, in: Baums/Wymeersch (Hrsg.), Shareholder Voting Rights and Practices in Europe, 1999, 95 (106).

1244 *Guyon*, in: Baums/Wymeersch (Hrsg.), Shareholder Voting Rights and Practices in Europe, 1999, 95 (106).

1245 *Becker*, Institutionelle Stimmrechtsvertretung in Europa, 116; *Behnke*, NZG 2000, 665 (668 f); *Guyon*, in: Baums/Wymeersch (Hrsg.), Shareholder Voting Rights and Practices in Europe, 1999, 95 (106); *Hohn Abad*, Das Institut der Stimmrechtsvertretung, 69.

Wunsch hin als Beschaffer von Blankovollmachten ihrer Depotkunden zur Verfügung und bekommen dafür in der Regel pro gesammelter Vollmacht eine über die bloße Kostenerstattung hinausgehende Provision.[1246] Damit haben die Banken einen Anreiz, möglichst viele Vollmachten von ihren Depotkunden zu erhalten. Das Interesse der Verwaltung an einer möglichst hohen Anzahl von Vollmachten liegt vor allem darin begründet, dass zur Beschlussfähigkeit der Hauptversammlung im französischen Recht eine bestimmte Kapitalmindestpräsenz erforderlich ist.[1247] Die Vermittlerrolle der Depotbanken ist daher insbesondere im Hinblick auf Inhaberaktien von Bedeutung, da deren Inhaber der Gesellschaft in der Regel unbekannt sind. Um eine persönliche Ansprache dieser Aktionäre zu erreichen, ist die Gesellschaft also auf die Hilfe der Banken angewiesen. Zusammenfassend lässt sich sagen, dass die Banken in Frankreich das Aktionärsstimmrecht ihrer Kunden regelmäßig nicht als Vertreter ausüben, sondern sich vielmehr auf die Informations- und Vollmachtsweitergabe beschränken.[1248]

Aktionärsvereinigungen können als Stimmrechtsvertreter eingesetzt werden, sofern sie selbst Aktionär der Gesellschaft sind. Es gelten für sie die allgemeinen Regeln, was vor allem auch bedeutet, dass sie Vollmachten immer nur für eine Hauptversammlung erhalten können. Der Einsatz von Aktionärsvereinigungen in Frankreich ist ein erst kurzfristiges Phänomen und spielt bislang nur eine ganz untergeordnete Rolle bei der institutionellen Stimmrechtsvertretung.[1249]

4) Stimmpflicht für institutionelle Anleger

Das Stimmrecht stellt auch in Frankreich ein Recht und keine Pflicht dar. Daher steht es dem Aktionär frei, sein Stimmrecht auszuüben oder auch nicht.[1250] Inspiriert vom nordamerikanischen Recht[1251] wurde aber durch das Gesetz vom 25. März 1997 *(loi créant les plans d'épargne retraite)* eine Stimmpflicht für französische Pensionsfonds eingeführt.[1252] Gemäß Art. 13 Abs. 1 dieses Gesetzes sind die Pensionsfonds in jedem Fall verpflichtet, die Stimmrechte aus den von ihnen gehaltenen Aktien auszuüben und sich dabei ausschließlich von den Interessen der Fondsanleger leiten zu lassen.[1253] Die Norm wurde so interpretiert, dass eine Stimm-

---

1246 *Becker*, Institutionelle Stimmrechtsvertretung in Europa, 116; *Weikert*, Corporate Governance und das Auftragsstimmrecht der Banken, 26.

1247 Dazu unter 6 a).

1248 Zu den Gründen für diese Beschränkung siehe *Becker*, Institutionelle Stimmrechtsvertretung in Europa, 116f.

1249 *Guyon*, in: Baums/Wymeersch (Hrsg.), Shareholder Voting Rights and Practices in Europe, 1999, 95 (107).

1250 *Guyon*, Droit des affaires, Rdn. 307.

1251 Nach amerikanischer Rechtslage trifft die Geschäftsführer der Pensionsfonds eine Abstimmungspflicht, wenn die Beschlussfassung Einfluss auf den Wert der Aktien haben kann und sich der finanzielle Aufwand der Stimmrechtsausübung noch im Rahmen des zu rechtfertigenden bewegt.

1252 Loi créant les plans d'épargne retraite (Loi Nr. 97-277).

1253 „*Les fonds d'épargne retraite sont tenus d'exercer effectivement, dans le seul intérêt des adhérents, les droit de vote attachés aux titres* [...]".

rechtsausübung durch Verwendung von *procurations en blanc* den Anforderungen nicht genügt.[1254] Kurz nach Verabschiedung des Gesetzes kam es im April 1997 allerdings zu einem Regierungswechsel. Die neue Koalitionsregierung unter dem sozialistischen Premier *Lionel Jospin* unterließ es, die zur Umsetzung des Gesetzes erforderliche Ausführungsverordnung zu erlassen.[1255] Daher war die Stimmpflicht für Pensionsfonds in Frankreich niemals Rechtswirklichkeit. Durch das Gesetz vom 17. Januar 2002[1256] wurde der Art. 13 Loi 97-277 inzwischen sogar gänzlich wieder aufgehoben.

5) Einberufung der Hauptversammlung

In Gesellschaften mit monistischem Verwaltungsaufbau ist für die Einberufung gemäß Art. L. 225-103 Abs. 1 C. com der Verwaltungsrat zuständig. Sofern die Gesellschaft dualistisch organisiert ist, kann die Hauptversammlung sowohl vom Direktorium als auch vom Aufsichtsrat einberufen werden, Art. L. 225-103 Abs. 1 und 3 C. com. Daneben können gemäß Art. L. 225-103 Abs. 2 Nr. 2 C. com ein oder mehrere Aktionäre, die zusammen mindestens ein Zwanzigstel (fünf Prozent) des Gesellschaftskapitals auf sich vereinigen, gerichtlich eine Einberufung erzwingen. Diese Schwelle wurde erst kürzlich durch das NRE von ehemals zehn Prozent des gezeichneten Kapitals herabgesetzt.[1257] Die gleiche Kapitalbeteiligung (fünf Prozent) ist gemäß Art. L. 225-105 C. com erforderlich, wenn Aktionäre die Tagesordnung um weitere Punkte ergänzen wollen. In börsennotierten Aktiengesellschaften steht dieses Recht gemäß Art. L. 225-103 Abs. 2 Nr. 2 i. V. m. Art. L. 225-120 C. com auch Aktionärszusammenschlüssen zu, sofern sie sich aus Mitgliedern zusammensetzen, die seit mindestens zwei Jahren als Aktionäre im Aktienbuch der Gesellschaft eingetragen sind und – je nach Größe der Gesellschaft – zwischen einem und fünf Prozent des stimmberechtigten Kapitals repräsentieren.

Das französische Recht unterscheidet zwischen ordentlichen Hauptversammlungen *(assemblées générales ordinaires)* und außerordentlichen Hauptversammlungen *(assemblées générales extraordinaires)*. Die ordentliche Hauptversammlung muss gemäß Art. L. 225-100 Abs. 1 C. com mindestens einmal im Jahr innerhalb von sechs Monaten nach Abschluss des Geschäftsjahres zusammentreten. Sie kann nur Beschlüsse fassen, die keine Satzungsänderungen erforderlich machen, während für Beschlussfassungen anderer Art ausschließlich die außerordentliche Hauptversammlung zuständig ist, vgl. Art. L. 225-98 Abs. 1 i. V. m. Art. L. 225-96 Abs. 1 C. com. In der Praxis der größten französischen Aktiengesellschaften werden die beiden Hauptversammlungsarten häufig kombiniert, d. h. am selben Tag wird zunächst eine ordentliche Hauptversammlung abgehalten, der sich unmittelbar eine

---

1254 *Guyon*, Droit des affaires, Rdn. 301.
1255 *Guyon*, in: Baums/Wymeersch (Hrsg.), Shareholder Voting Rights and Practices in Europe, 95 (105); *Le Cannu*, Droit des sociétés, Rdn. 86.
1256 Loi No. 2002-73.
1257 *Cozian/Viandier/Deboissy*, Droit des sociétés, Rdn. 835.

außerordentliche Hauptversammlung anschließt.[1258] Die Einberufung ordentlicher und außerordentlicher Hauptversammlungen folgt weitgehend denselben Regeln. Gemäß Art.L. 225-104 C. com sind die Formalien der Einberufung im Décret von 1967 geregelt (Art. 120ff D. com).

Dabei ist die Vorgehensweise für Namensaktien und Inhaberaktien unterschiedlich. Hat die Gesellschaft Inhaberaktien ausgegeben, so muss die Einberufung mindestens fünfzehn Tage vor dem für die Hauptversammlung anberaumten Termin in der Zeitung, die in dem Departement des Gesellschaftssitzes für die gesetzlich vorgeschriebenen Publikationen zuständig ist, und, falls es sich um eine Gesellschaft handelt, die ihre Anteile öffentlich zur Zeichnung anbietet,[1259] zusätzlich im *Bulletin des annonces légales obligatoires* (BALO)[1260] bekannt gemacht werden, Artt. 124 Abs. 1, 126 D. com. Der BALO existiert sowohl in Papierform als auch virtuell auf der Website des *Journal Officiel.*[1261] Inhaberaktionäre börsennotierter Gesellschaften können sich also über das Internet über die Einberufung informieren. Zudem ist es üblich, dass der Emittent Einberufungsmitteilungen an die zur Kontoführung autorisierten Finanzinstitute übermittelt, die sie dann wiederum an die Kontoinhaber weiterleitet. Namensaktionäre, die ihre Aktien seit mindestens einem Monat vor dem Tag des *avis de convocation* innehaben, müssen gemäß Art. 125 Abs. 1 S. 1 D. com brieflich von dem Vorhaben in Kenntnis gesetzt werden. Wenn der Aktionär es verlangt und er die Kosten dafür übernimmt, muss die Benachrichtigung sogar mittels eingeschriebenen Briefes erfolgen, Art. 125 Abs. 1 S. 2 D. com. Die Gesellschaft kann die Einberufungsbenachrichtigungen an Namensaktionäre seit Erlass des Décret vom 3. Mai 2002 auch mittels elektronischen Kommunikationsmitteln, beispielsweise per E-Mail oder per Fax, senden. Voraussetzung dafür ist gemäß Art. 125 Abs. 1 S. 3 D. com i.V.m. Art. 120-1 D. com, dass die betreffenden Aktionäre zuvor schriftlich ihr Einverständnis mit diesem Verfahren erklärt und ihre E-Mail-Adressen angegeben haben. Die Einberufungsbekanntmachung *(avis de convocation)* muss den Ort und den Termin der geplanten Versammlung, falls vorhanden die Teilnahmevoraussetzungen sowie die Tagesordnung der Hauptversammlung angeben, vgl. Art. 123 Abs. 1 D. com.

Während die soeben beschriebene Pflicht zur Bekanntmachung der Einberufung allen Gesellschaften auferlegt ist, müssen börsennotierte Gesellschaften gemäß Art. 130 Abs. 4 D. com darüber hinaus noch eine zusätzliche Bekanntmachung, den so genannten *„avis de réunion"*, bereits dreißig Tage vor der Hauptversammlung im BALO veröffentlichen. Der *avis de réunion* muss neben den für die Einberufungsbekanntmachung vorgeschriebenen Pflichtinformationen noch zusätzlich den Wortlaut der Beschlussvorschläge angeben, die der Hauptversammlung von Seiten der Verwaltung zur Abstimmung vorgelegt werden soll. Diese vorläufige

---

1258 *Bissara*, L'amélioration des conditions de vote des actionnaires Non-Résidents des sociétés cotées françaises, Teil 1 I Nr. 1.
1259 Société faisant publiquement à l'épargne.
1260 Der BALO ist das Amtsblatt für gesetzlich vorgeschriebene Bekanntmachungen der an der Börse notierten französischen Kapitalgesellschaften.
1261 Abrufbar unter: www.journal-officiel.gouv.fr.

Bekanntmachung soll Minderheitsaktionären die Möglichkeit geben, Gegenvorschläge aufzustellen.[1262]

6) Beschlussfassung

a) *Erfordernis eines Quorums*

Sowohl bei ordentlichen als auch bei außerordentlichen Hauptversammlungen ist für eine wirksame Beschlussfassung eine Kapitalmindestpräsenz (Quorum) erforderlich, Art. L. 225-98 Abs. 2 S. 1 und Art. L. 225-96 Abs. 2 S. 1 C. com.[1263] Da die Entscheidungen der Hauptversammlung auch für die abwesenden Aktionäre bindend sind, soll die Installation eines Quorums im französischen Recht sicherstellen, dass die Versammlung zumindest im Ansatz repräsentativ ist und den von ihr gefassten Beschlüssen damit eine hinreichende Legitimationswirkung zukommt.[1264] Auf einer ordentlichen Hauptversammlung muss mindestens ein Viertel des gezeichneten Kapitals mit Stimmrecht vertreten sein, auf der außerordentlichen Hauptversammlung mindestens ein Drittel, Art. L. 225-98 Abs. 2 S. 1 und Art. L. 225-96 Abs. 2 S. 1 C. com. Wird diese Präsenz im ersten Anlauf nicht erreicht, kann die Hauptversammlung ein zweites Mal einberufen werden. Im Falle einer zweiten Einberufung ist für die ordentliche Hauptversammlung dann gar kein Quorum mehr erforderlich, für die außerordentliche wird das Erfordernis auf ein Viertel des stimmberechtigten Kapitals reduziert, Art. L. 225-98 Abs. 2 S. 2 bzw. Art. L. 225-96 Abs. 2 S. 1 C. com. Bei ordentlichen Hauptversammlungen mit einem sehr breit gestreuten Aktionärskreis sowie bei außerordentlichen Hauptversammlungen ist es recht unwahrscheinlich, das geforderte Quorum bei der ersten Einberufung zu erreichen.[1265] Daher sieht die emittierende Gesellschaft sehr häufig von vornherein die zweite Einberufung als wahres Datum der Hauptversammlung an, macht dies dann aber auch in der Einberufungsmitteilung entsprechend deutlich.[1266]

b) *Abstimmungsverfahren*

Die Beschlüsse der ordentlichen Hauptversammlung bedürfen, soweit das Gesetz nichts anderes vorsieht, der einfachen Stimmenmehrheit der anwesenden (oder vertretenen) Aktionäre, Art. L. 225-98 C. com. Die außerordentliche Hauptversammlung fasst ihre satzungsändernden Beschlüsse gemäß Art. L. 225-96 Abs. 3 C. com. mit Zweidrittelmehrheit. Die Stimmenzählung erfolgt gemäß Art. 147 D. com durch zwei Aktionäre, die aus denjenigen Aktionären ausgewählt werden, die über die meisten Stimmen disponieren. Die Formen der Abstimmung sind ge-

1262 *Bissara,* L'amélioration des conditions de vote des actionnaires Non-Résidents des sociétés cotées françaises, Teil 1 III Nr. 1; *Guyon,* Droit des affaires, Rdn. 292.

1263 *Cozian/Viandier/Deboissy,* Droit des sociétés, Rdn. 841; *Guyon,* Droit des affaires, Rdn. 304; *Le Cannu,* Droit des sociétés, Rdn. 807.

1264 *Cozian/Viandier/Deboissy,* Droit des sociétés, Rdn. 841; *Guyon,* Droit des affaires, Rdn. 304.

1265 *Charkham,* Keeping better Company, 211.

1266 *Bissara,* aaO, Teil 1 I Nr. 1; *Mercadal/Janin,* Sociétés Commerciales 2000, Rdn. 10587.

setzlich nicht vorgegeben.[1267] Wenn sich – wie üblicherweise der Fall – auch in der Satzung keine Bestimmung findet, obliegt die Wahl der Abstimmungsform dem Vorsitzenden der Hauptversammlung.[1268] Bei Gesellschaften mit einem überschaubaren Aktionärskreis wird häufig das Handaufhebungs-Verfahren gewählt, im Übrigen werden Stimmzettel verwendet.[1269] In kleinen Aktiengesellschaften wird über jeden Beschlussgegenstand einzeln nacheinander abgestimmt. Da dies für große Gesellschaften unpraktisch ist, wird den Aktionären dort regelmäßig zu Beginn der Versammlung ein Wahlzettel überreicht, der die Anzahl der Stimmen des betreffenden Aktionärs anzeigt und zu jedem Beschlussgegenstand die Möglichkeit vorsieht, jeweils in einem Kästchen „Ja“, „Nein“ bzw. „Enthaltung“ anzugeben.[1270]

III. Großbritannien

1) Stimmabgabe durch den Aktionär

a) *Stimmabgabe während der Hauptversammlung*

Das britische Recht geht grundsätzlich davon aus, dass die Stimmabgabe durch den Aktionär persönlich nur bei gleichzeitiger physischer Anwesenheit auf der Hauptversammlung möglich ist. Grund dafür ist der beratende Charakter der Hauptversammlung: Die Aktionäre sollen über die in Frage stehenden Anträge auf der Hauptversammlung hinreichend diskutieren und sich im Verlaufe der Debatte ihre eigene Meinung zu den Beschlussgegenständen bilden können.[1271] Die Hauptversammlung darf danach nicht auf den Vorgang der Abstimmung reduziert werden, sondern soll vielmehr auch als Forum zur Rechenschaftslegung durch die Unternehmensleitung genutzt werden.[1272] Nach früherem Stand der Technik konnten diese Voraussetzungen tatsächlich nur durch physische Präsenz aller teilnehmenden Aktionäre in ein- und demselben Veranstaltungsraum erfüllt werden. Vor dem Hintergrund technischer Entwicklungen stellte Richter *Browne-Wilkinson* LJ 1989 in der Leitentscheidung *Byng* v *London Life Association*[1273] allerdings klar, dass eine tatsächliche *„face to face“* –Präsenz aller teilnehmenden Aktionäre in einem einzigen Veranstaltungsraum kein zwingendes Wirksamkeitserfordernis für Beschlüsse der Hauptversammlung ist. In dem der Entscheidung

---

1267 *Le Cannu,* Droit des sociétés, Rdn. 810; *Mercadal/Janin,* Sociétés Commerciales 2000, Rdn. 10695.

1268 *Mercadal/Janin,* Sociétés Commerciales 2000, Rdn. 10695.

1269 *Le Cannu,* Droit des sociétés, Rdn. 810; *Mercadal/Janin,* Sociétés Commerciales 2000, Rdn. 10695.

1270 *Guyon,* in: Baums/Wymeersch (Hrsg.), Shareholder Voting Rights and Practices in Europe, 95 (105).

1271 Vgl. *Byng* v *London Life Association* (1989) BCLC 400; Palmer's Company Law, Volume 2, Rdn. 7.604.

1272 Company Law Review Steering Group, Final Report, Rdn. 4.25.

1273 (1989) BCLC 400.

zugrunde liegenden Sachverhalt entpuppte sich der von der beklagten Gesellschaft zur Durchführung einer außerordentlichen Hauptversammlung angemietete Veranstaltungsraum als zu klein, so dass einige Aktionäre nur in Nebenräumen Platz fanden. Diese Nebenräume wurden mit audiovisuellen Geräten ausgestattet, so dass alle Teilnehmer aus allen Räumen visuell und akustisch miteinander kommunizieren konnten. Richter *Browne-Wilkinson* LJ befand, dass eine solche Abhaltung der *ratio* des Gesetzesbegriffs „meeting" vollauf gerecht werde und die auf dieser Hauptversammlung gefassten Beschlüsse daher wirksam seien.

Aus dieser Entscheidung kann aber nicht zugleich die Zulässigkeit rein virtueller Hauptversammlungen gefolgert werden.[1274] Vielmehr bedarf ein *meeting* im Sinne des Companies Act auch nach *Byng* v *London Life Association* weiterhin begriffsnotwendig einer physischen Zusammenkunft von mindestens zwei Aktionären. Denn zum einen betraf die Entscheidung einen Fall, bei dem es eine tatsächliche Versammlung gab und lediglich die elektronische Zuschaltung weiterer Teilnehmer in der Diskussion stand. Zum zweiten wurde die Voraussetzung aufgestellt, dass hinreichende audiovisuelle Verbindungen mit dem Hauptraum zwingend aufgestellt werden müssen. Einen solchen Hauptraum würde es aber bei einer rein virtuellen Hauptversammlung, bei der es keinen festgelegten physischen Veranstaltungsort mehr gibt und alle Teilnehmer ausschließlich elektronisch miteinander kommunizieren, gar nicht geben. Bei der Frage, ob Aktionäre britischer Aktiengesellschaften die Möglichkeit haben, trotz physischer Abwesenheit vom Versammlungsort ihre Stimme in Echtzeit abzugeben, ist also zwischen rein virtuellen Hauptversammlungen und der sog. *remote participation*[1275] zu unterscheiden. Die *remote participation* an einer tatsächlich physisch abgehaltenen Hauptversammlung wurde im Grundsatz durch die angeführte Leitentscheidung für zulässig erklärt.[1276] Es kann nämlich insofern keinen Unterschied machen, ob sich der „zugeschaltete" Teilnehmer in einem Nachbarraum, Nachbarhaus oder Nachbarort befindet. Einige Gesellschaften gestatten daher in ihren *articles* bereits eine solche *remote* Teilnahme via Webcam.[1277] Die mögliche Anzahl der *remote locations* wird dabei allerdings durch das Erfordernis des *„see and be seen"* aus *Byng* v *London Life Association* beschränkt.[1278]

Rein virtuelle Hauptversammlungen sind dagegen entsprechend dem oben Gesagten nach ganz herrschender Meinung unter dem derzeit geltenden britischen Aktienrecht nicht zulässig.[1279] Daran hat insbesondere auch der Erlass der *Electronic Communications Order* aus dem Jahre 2000 nichts geändert. In der in Großbritan-

---

1274 So die zustimmungswürdige Interpretation von *Davies/Briggs/Impey/Evans/Ellis*, Modern Law of Meetings, Rdn. 11.99; wohl ebenso Palmer's Company Law, Volume 2, Rdn. 7.604.
1275 Wörtlich: „entfernte Teilnahme".
1276 So auch *Davies/Briggs/Impey/Evans/Ellis*, Modern Law of Meetings, Rdn. 11.100.
1277 Siehe zum Beispiel die *articles* vom 22. 12. 2004 von CRESTco Ltd, abrufbar unter http://www.CRESTco.co.uk/company/articles.pdf.
1278 Zu den zahlreichen weiteren Fragen und regelungsbedürftigen Einzelheiten einer *remote participation* ausführlich *Davies/Briggs/Impey/Evans/Ellis*, Modern Law of Meetings, Rdn. 11.102ff.
1279 *Davies/Briggs/Impey/Evans/Ellis*, Modern Law of Meetings, Rdn. 11.90; siehe auch *Hasselbach/Schumacher*, ZGR 2000, 258 (279 m.w.N.).

nien lebhaft geführten Diskussion finden sich zwar zahlreiche Befürworter der Einführung von virtuellen Hauptversammlungen, jedoch sehen auch diese das Entgegenstehen einer ganzen Reihe praktischer Probleme.[1280] Als solche werden beispielsweise das Erfordernis einer sicheren Authentifikation des Teilnehmers, die Schwierigkeit der Herbeiführung und Steuerung einer Debatte sowie Probleme bei der Überwachung einer kontinuierlichen virtuellen Anwesenheit im Hinblick auf Quoren-Erfordernisse genannt.[1281] Wohl auch angesichts dieser Herausforderungen hat bislang noch keine britische Gesellschaft das Verlangen nach einer rein virtuellen Hauptversammlung gezeigt.

b) Stimmabgabe im Vorfeld der Hauptversammlung

Die Stimmabgabe per Brief im Vorfeld der Hauptversammlung ist im britischen Recht grundsätzlich unzulässig, kann allerdings in den *articles* erlaubt werden.[1282] Eine solche Verankerung der Briefwahl in der Satzung kommt aber bei britischen Aktiengesellschaften nur äußerst selten vor.[1283] Die Briefwahl ist also bei entsprechender Satzungsgestaltung rechtlich zulässig, in der Praxis jedoch in der Regel nicht anzutreffen. Zudem gilt die theoretische Zulässigkeit der Briefwahl nach allgemeiner Ansicht auch nur bezüglich *ordinary resolutions*, nicht dagegen für *special* und *extraordinary resolutions*.[1284] Art. 378 (1) und (2) des CA 1985 schreiben nämlich zwingend vor, dass solche Beschlüsse ausschließlich durch anwesende Aktionäre oder Vertreter gefasst werden können.[1285] *Special resolutions* sind aber gerade für wichtige Entscheidungen der Hauptversammlung, insbesondere für Satzungsänderungen, zwingend vorgesehen, vgl. Art. 9 CA 1985. Das für die „herkömmliche“ Briefwahl gesagte muss auch für die elektronische Stimmabgabe im Vorfeld der Hauptversammlung gelten.

2) Stimmabgabe durch einen Vertreter

Vorschriften zur Stimmrechtsvertretung finden sich in Art. 372 CA 1985 und für börsennotierte Gesellschaften zusätzlich in den *Listing Rules* der London Stock Exchange. Daneben enthält auch Table A zum Companies Act 1985 einige die Stimmrechtsvertretung betreffende Bestimmungen. Gemäß Art. 372 (1) CA 1985 kann sich jeder stimmberechtigte Aktionär in der Hauptversammlung von einer Person seiner Wahl, also insbesondere auch von einem Nichtaktionär, vertreten lassen.[1286] Diese gesetzliche Regelung ist zwingend. Das Recht auf Stimmrechtsvertretung kann also nicht satzungsmäßig ausgeschlossen wer-

---

1280 Im einzelnen dazu *Davies/Briggs/Impey/Evans/Ellis*, Modern Law of Meetings, 11.91.
1281 *Davies/Briggs/Impey/Evans/Ellis*, Modern Law of Meetings, 11.91.
1282 *McMillan v Le Roi Mining Co. Ltd* [1906] 1 Ch. 331.
1283 *Davies*, Gower's Principles, 364; *Pennington*, Pennington's Company Law, 782f.
1284 *Pennington*, Pennington's Company Law, 783.
1285 *Pennington*, Pennington's Company Law, 783.
1286 Vgl. Art. 372 (1) CA 1985, wonach die Gesellschaft die Person des Bevollmächtigten nicht auf Mitaktionäre beschränken darf.

den.[1287] Der bevollmächtigte Stimmrechtsvertreter wird im britischen Recht *proxy* genannt;[1288] zugleich bezeichnet dieser Begriff aber auch die Vollmacht selbst. Aus dem Umkehrschluss zu Art. 372 (2) lit. b) CA 1985 ergibt sich, dass auch mehrere Personen bevollmächtigt werden können. Die Stellung des Stimmrechtsvertreters ist im britischen Recht sehr schwach ausgestaltet. So hat er grundsätzlich kein Rederecht auf der Hauptversammlung (arg e Art. 372 Abs. 1, der nur für *private companies* gilt)[1289] und vor allem kein Recht auf Stimmabgabe bei dem Regelfall der *show of hands*-Abstimmung.[1290] Angesichts starker Kritik hat die englische Regierung inzwischen entsprechende Reformen in Aussicht gestellt, insbesondere die satzungsfeste Verankerung des Rechts zur Stimmabgabe durch den Stimmrechtsvertreter auch bei dem Handaufhebungs-Abstimmungsverfahren und seines Rederechts.[1291]

Die Vollmacht musste dem Stimmrechtsvertreter gemäß Art. 372 CA 1985 aF stets schriftlich erteilt werden, wobei streitig war, ob der Wortlaut der Norm auch eine Erteilung per E-Mail mit einschloss.[1292] Auch Art. 60 Table A aF sah vor, dass die Bevollmächtigung schriftlich zu erfolgen hatte. Durch die *Electronic Communications Order 2000*[1293] wurde sowohl das Gesetz als auch der Table A dahingehend geändert, dass nunmehr auch eine Bevollmächtigung des *proxy* mittels E-Mail oder anderer elektronischer Kommunikationsmittel[1294] wirksam ist, solange sich die Gesellschaft nur mit der Form der Erteilung einverstanden erklärt hat und die Vollmacht 48 Stunden vor Beginn der Hauptversammlung erteilt wurde, Art. 372 Abs. 2 A CA 1985.[1295] Die einfachste und am häufigsten von den Gesellschaften angebotene Möglichkeit der elektronischen Vollmachtserteilung ist die Bereitstellung eines Online-Formulars auf einer Website, welches von den Aktionären elektronisch ausgefüllt und abgeschickt werden kann.[1296] Auch für schriftliche Vollmachten gilt, dass sie bis spätestens 48 Stunden vor der Hauptversammlung erteilt sein müssen. Den Gesellschaften ist es untersagt, längere Fristen aufzustellen, kürzere

---

1287 *Hannigan*, Annotated Guide to the Companies Act, 720; *Mayson/French/Ryan*, Company Law, 21. Aufl., Rdn. 14.9.1.3.

1288 Im britischen Recht bezeichnet der Begriff *proxy* jeden Stimmrechtsvertreter, während derselbe Begriff in der deutschen Rechtsliteratur häufig in einem engeren Sinne verwendet und damit das Verwaltungsstimmrecht bezeichnet wird.

1289 *Hannigan*, Annotated Guide to the Companies Act, 720; *Mayson/French/Ryan*, Company Law, 21. Aufl., Rdn. 14.9.1.3.

1290 Statt vieler *Mayson/French/Ryan*, Company Law, 21. Aufl., Rdn. 14.9.1.3 und 14.9.2.2; näher dazu unter 6 b).

1291 White Paper Modernising Company Law, Para 2.18, abrufbar unter: http://www.dti.gov.uk/companiesbill/whitepaper.htm.

1292 *Siems*, RIW 2002, 202 (203 m.w.N.).

1293 Durch Art. 19 Abs. 1 und 2 SI 2000/3373 vom 22. Dezember 2000.

1294 Vgl. die Definition von „electronic communication" in Art. 15 des Electronic Communications Act 2000: „[…] *a communication transmitted (whether from one person to another, from one device to another or from a person to a device or vice versa) – (a) by means of a telecommunication system (within the meaning of the Telecommunications Act 1985); or (b) by other means but while in electronic form*".

1295 *Hannigan*, Annotated Guide to the Companies Act, 720 f; *Mayson/French/Ryan*, Company Law, 21. Aufl., Rdn. 14.9.1.3; siehe ferner *Siems*, RIW 2002, 202 (203).

1296 *Davies/Briggs/Impey/Evans/Ellis*, Modern Law of Meetings, Rdn. 11.68.

Fristen sind dagegen zulässig, Art. 372 Abs. 5 CA 1985.[1297] Die Vollmacht gilt immer solange, bis sie schriftlich widerrufen wird, was jederzeit möglich ist.[1298] Die Erteilung von Dauervollmachten ist also zulässig. Die Stimmrechtsvertretung ist grundsätzlich sowohl ohne spezielle Weisungserteilung *(general proxy)* als auch mit Weisung, auch nur zu einzelnen Tagesordnungspunkten, möglich *(two-way-proxy)*, vgl. Art. 60 und 61 Table A.[1299] Anders nur bei börsennotierten Gesellschaften: Hier muss der Aktionär zwingend konkrete Abstimmungsanweisungen an den Stimmrechtsvertreter geben.[1300]

3) Organisierte Stimmrechtsvertretung

a) *Verwaltung als Stimmrechtsvertreter*

Gegen eine Bevollmächtigung der Verwaltung als Stimmrechtsvertreter bestehen im britischen Recht keine Bedenken.[1301] Es ist im Gegenteil sogar ganz üblich, dass das *board of directors* im Vorfeld einer Hauptversammlung zusammen mit dem Einberufungsschreiben Formblätter für die Erteilung einer Stimmrechtsvollmacht und so genannte *circulars* an die Aktionäre verschickt, in denen es die Standpunkte der Verwaltung zu den verschiedenen Tagesordnungspunkten der Hauptversammlung erläutert und die Aktionäre um die Erteilung einer Vollmacht bzw. um die Abgabe eines verwaltungsfreundlichen Votums bittet.[1302] Wenn nicht börsennotierte Gesellschaften solche Vollmachtsformulare verschicken, so müssen sie diese zwingend allen Aktionären zukommen lassen, vgl. Art. 372 Abs. 6 CA 1985.[1303] Die Verwaltung einer an der Londoner Börse notierten Gesellschaft ist dazu verpflichtet, den Aktionären stets Vollmachtsformulare zu senden und ihnen in den *circulars* alle notwendigen Informationen für eine wohlinformierte Stimmrechtsausübung mitzuteilen und Abstimmungsvorschläge zu unterbreiten, Chapter 9.3.1, 9.3.6 und 13.3.1 der Listing Rules. Gemäß Chapter 9.3.6 (3) muss zudem in den Vollmachtsformularen ausdrücklich darauf hingewiesen werden, dass es den Aktionären frei steht, einen Vertreter ihrer Wahl zu benennen und es muss der

---

1297 *Mayson/French/Ryan*, Company Law, 21. Aufl., Rdn. 14.9.1.3; *Pennington*, Pennington's Company Law, 767.

1298 Vgl. Art. 60, 63 Table A; *Hannigan*, Annotated Guide to the Companies Act, 720; *Mayson/French/Ryan*, Company Law, 21. Aufl., Rdn. 14.9.1.3.; *Pennington*, Pennington's Company Law, 767. Selbst wenn der Aktionär die Vollmacht nicht widerrufen hat, so kann er doch in jedem Falle selber auf der Hauptversammlung erscheinen und persönlich abstimmen; in diesem Falle darf von der Vollmacht kein Gebrauch gemacht werden, *Cousins* v *International Brick Co. Ltd* (1931) 2 Ch. 90 104 (C.A.).

1299 *Davies*, Gower's Principles of Modern Company Law, 360 Fn. 37; *Davies/Briggs/Impey/Evans/Ellis*, Modern Law of Meetings, Rdn 8.66; *Farrar*, in: Farrar/Hannigan, Company Law, 315f; *Hannigan*, Annotated Guide to the Companies Act, 720.

1300 Dazu sogleich.

1301 Vgl. den Wortlaut von Art. 372 Abs. CA 1985: *„Any member* [...] *is entitled to appoint another person as his proxy"*, *Hannigan*, Annotated Guide to the Companies Act, 720.

1302 *Pennington*, Pennington's Company Law, 768; *Becker*, Institutionelle Stimmrechtsvertretung in Europa, 45f.

1303 *Davies*, Gower's Principles of Modern Company Law, 361.

nötige Platz für die Benennung des eigenen Vertreters gelassen werden. Schließlich muss die Verwaltung immer erläutern, wie sie in Ermangelung von Weisungen aus den zurückgesendeten Vollmachten abstimmen wird, Chapter 9.3.6 (4). Sofern die Aktionäre der geäußerten Bitte nach einer Bevollmächtigung des *board* nachkommen und die Vollmachtsformulare unterschrieben an die Gesellschaft zurückschicken, wird die Ausübung der entsprechenden Stimmrechte in der Praxis zumeist dem Versammlungsleiter der jeweiligen Hauptversammlung übertragen.[1304] Dies macht aus der Perspektive der Verwaltung insofern Sinn, als dem *chairman*, der im Regelfall vom *board* selbst gestellt wird (vgl. Art. 42 Table A), nach den Satzungen der meisten Aktiengesellschaften das Recht zusteht, die Durchführung eines *poll* zu beantragen, vgl. Art. 46 lit. a) Table A. So muss der Vorstand nicht befürchten, bei Beschlussfassungen im Wege eines *show of hands* infolge der Nichtberücksichtigung der ihm zur Ausübung anvertrauten Vollmachtsstimmrechte überstimmt zu werden.

Gemäß Artt. 376 und 377 CA 1985 können Anteilseigner, die zusammen ein Zwanzigstel des stimmberechtigten Kapitals auf sich vereinigen oder einhundert Aktionäre, deren Aktien im Durchschnitt mit einhundert Pfund je Aktionär eingezahlt sind, von der Gesellschaft die Bekanntmachung eigener Beschlussvorschläge[1305] sowie die Versendung von *circulars* mit einem Inhalt von maximal tausend Wörtern an sämtliche Aktionäre der Gesellschaft verlangen. Auf diese Weise soll verwaltungskritischen Aktionären die gezielte Ausübung von Opposition erleichtert werden.[1306] Allerdings gewährt das Gesetz den opponierenden Anteilseignern nicht das Recht, ihren Rundschreiben Formblätter für die Erteilung von Stimmrechtsvollmachten beizufügen.[1307] Außerdem müssen die opponierenden Anteilseigner die zum Teil beträchtlichen Kosten für die Versendung ihrer Werberundschreiben und Vollmachtsformulare bei Fehlen anderweitiger Regelungen in der Gesellschaftssatzung selbst tragen (Art. 377 Abs. 1 (a) (ii) CA 1985),[1308] während die Verwaltung die entsprechenden Aufwendungen für ihre *proxy solicitations* aus der Gesellschaftskasse bestreiten kann.[1309] Hinzu kommt der Zeitvorsprung des Managements, der dazu führt, dass viele Stimmrechtsvollmachten bereits ausgefüllt und an die Gesellschaftsverwaltung zurückgeschickt worden sind, bevor sich eine schlagkräftige Opposition formiert hat und mit ihren Anliegen an die Aktionäre herantreten kann.[1310] Von Waffengleichheit im britischen *proxy fight* kann also keine Rede sein, weshalb sie in der britischen Unternehmenswirklichkeit auch ledig-

1304 *Becker*, Institutionelle Stimmrechtsvertretung in Europa, 46.

1305 Dies gilt allerdings nur im Hinblick auf das *annual general meeting*, vgl. Art. 376 (1) lit. a) CA 1985.

1306 *Hannigan*, Annotated Guide to the Companies Act, 726; *Becker*, Institutionelle Stimmrechtsvertretung in Europa, 49.

1307 *Davies*, Gower's Principles, 578 (Fn. 88).

1308 *Hannigan*, Annotated Guide to the Companies Act, 726.

1309 Die Leitentscheidung zu dieser Frage ist *Peel* v *London and North Western Rly Co* [1907] 1 Ch 5; siehe auch *Campbell* v *Australian Mutual Provident Society* (1908) 77 LJPC 117; *Farrar/Hannigan*, Company Law, 314 f; *Pennington*, Pennington's Company Law, 770.

1310 *Becker*, Institutionelle Stimmrechtsvertretung in Europa, 51.

lich eine geringe Rolle spielen.[1311] Um benannten Vorteilen der Verwaltung zugunsten größerer Aktionärsdemokratie entgegenzuwirken, bestimmen die *Listing Rules* der Londoner Börse in Chapter 9.3.6 (2), dass börsennotierte Aktiengesellschaften beim Werben um Stimmrechtsvollmachten zwingend sog. *two-way-proxies* versenden müssen. Das sind Vollmachtsformulare,[1312] die den Aktionären die Möglichkeit geben, auch gegen die Empfehlung der Verwaltung dem Vertreter eine Bevollmächtigung für eine Ja- bzw. Nein-Abstimmung zu geben.[1313] Die Verwendung von *two-way-proxies* kommen einer Briefwahl zwar schon relativ nahe, behalten aber natürlich das Erfordernis, dass der Bevollmächtigte in der Hauptversammlung physisch präsent ist und die Stimmen abgibt. Außerdem bleibt auch bei der Verwendung von *two-way-proxies* der taktische Vorteil auf Seiten der Verwaltung, da ihre im *circular* dargelegten Ansichten und Empfehlungen primär unwidersprochen mit dem Vollmachtsformular zusammen beim Aktionär eintreffen.[1314] Zu beachten ist zudem, dass nur die an der Londoner Börse notierten Gesellschaften gehalten sind, die Vollmachtsformulare als *two-way-proxies* auszugestalten. Der *Companies Act 1985* statuiert dagegen keine Verpflichtung der Verwaltung, die Aktionäre bei der Einholung von Stimmrechtsvollmachten zur Erteilung von konkreten Abstimmungsanweisungen aufzufordern.[1315]

b) Depotbanken als Stimmrechtsvertreter

In Großbritannien spielen die Depotbanken (*custodian banks*) bei der Stimmrechtsvertretung nur eine ganz untergeordnete Rolle.[1316] Sie dürfen zwar als Stimmrechtsvertreter für ihre Kunden tätig werden, in der Praxis kommt dies jedoch nur äußerst selten vor. Im Bereich der institutionellen Stimmrechtsvertretung ist vielmehr traditionell das Verwaltungsstimmrecht vorherrschend. Der Grund dafür ist darin zu sehen, dass in Großbritannien fast ausschließlich Namensaktien ausgegeben werden und die Emittenten daher die Identität ihrer Aktionäre aus dem Aktienregister erfahren können. Mithin waren und sind die Depotbanken nicht als Vermittler zwischen den Emittenten und den Aktionären erforderlich.[1317] Ferner wird das Wertpapiergeschäft in Großbritannien traditionell nicht von Banken, sondern vielmehr von Brokern und institutionelle Investoren wahrgenommen.[1318] Auch eine Stimmrechtsvertretung durch Aktionärsvereinigungen kommt in der britischen Praxis so gut wie nicht vor.

1311 *Davies*, in: Baums/Wymeersch (Hrsg.), Shareholder Voting Rights and Practices in Europe, 331 (336), Fn. 22; *Pennington*, Pennington's Company Law, 769.
1312 Siehe Art. 61 Table A.
1313 *Davies*, Gower's Principles of Modern Company Law, 360; *Mayson/French/Ryan*, Company Law, 21. Aufl., Rdn. 14.9.1.3 und 14.9.2.2.
1314 *Davies*, Gower's Principles of Modern Company Law, 361.
1315 *Davies*, Gower's Principles of Modern Company Law, 360 Fn. 37.
1316 *Becker*, Institutionelle Stimmrechtsvertretung in Europa, 45.
1317 So auch *Behnke*, NZG 2000, 665 (670).
1318 *Weikert*, Corporate Governance und das Auftragsstimmrecht der Banken, 21.

4) Stimmpflicht für institutionelle Anleger

Das britische Gesellschaftsrecht geht von dem Prinzip aus, dass das Aktionärsstimmrecht ein Recht ist, aber keine Pflicht.[1319] Allerdings wurde in Großbritannien im Zuge der dortigen Corporate Governance-Debatte schon früh die Frage aufgeworfen, inwieweit die wachsende Kapitalbeteiligung institutioneller Anleger auf längerfristige Sicht zu einer Verbesserung der Kontrollfunktion der Hauptversammlung im Interesse aller Anteilseigner genutzt werden könnte. So hat beispielsweise das *Cadbury Commitee* darauf gedrängt, dass sich die institutionellen Anleger in stärkerem Maße für die aktive Ausübung ihrer Stimmrechte verantwortlich fühlen sollten.[1320] Dabei war auch die Einführung einer generellen Stimmpflicht für Pensionsfonds und Versicherungen in der Diskussion.[1321] Um einer entsprechenden gesetzlichen Regelung durch die britische Regierung zuvorzukommen,[1322] haben sich die institutionellen Anleger in Großbritannien inzwischen vielfach freiwilligen Regelwerken über aktives Engagement in Portfoliogesellschaften, inklusive Stimmrechtsausübung, unterworfen.[1323] Dies kommt einer Stimmpflicht für solche Aktionäre im Ergebnis recht nahe.

5) Einberufung der Hauptversammlung

In der Regel sehen die Satzungen britischer Aktiengesellschaften vor, dass das *board of directors* die Hauptversammlung einberuft.[1324] Aber selbst wenn die Satzung eine solche Regelung nicht trifft, ist das Einberufungsrecht des Vorstands in Großbritannien gewohnheitsrechtlich anerkannt.[1325] Daneben gewährt Art. 370 Abs. 3 CA 1985 zwei oder mehr Aktionären, die mindestens ein Zehntel des Grundkapitals der Gesellschaft innehaben, das Einberufungsrecht.[1326] Die Aktionäre selbst können dann eine Hauptversammlung einberufen. Dieses Recht ist aber nicht satzungsfest ausgestaltet (vgl. Art. 370 Abs. 1 CA 1985) und wird in der Praxis auch in der Regel in den *articles* ausgeschlossen oder zumindest auf die Fälle des Art. 368 CA 1985 beschränkt.[1327] Art. 368 CA 1985 dagegen gibt den Aktionären kein eigenes originäres Einberufungsrecht, sondern sieht vor, dass Aktionäre,

1319 *Davies*, Gower's Principles of Modern Company Law, 363.

1320 Report of the Committee on the Financial Aspects of Corporate Governance, 1992, Abschnitt 6.11 und 6.12.

1321 *Becker*, Institutionelle Stimmrechtsvertretung in Europa, 39 m. w. N.

1322 Im Jahre 1998 und noch einmal 1999 kündigte die Britische Regierung an, dass, falls sich die Abstimmungsbeteiligung der institutionellen Investoren nicht erhöhe, sie gesetzliche Stimmpflichten für diese Aktionäre einführen würde; *Stapledon/Bates*, CFILR 2000, 293 (294).

1323 *Davies*, Gower's Principles of Modern Company Law, 363. So hat bspw. die *National Association of Pensions Funds Ltd* ein „Policy Statement" entwickelt, wonach die Ausübung der Stimmrechte aus Aktien im Portfolio der Fonds zu den Pflichten der Fondsmanager gehört. Siehe auch die Erklärung des *Institutional Shareholders' Committee*, abrufbar unter: www.abi.org.uk.

1324 Vgl. Art. 37 Table A; *Hohloch*, in: Hohloch (Hrsg.), EU-Handbuch Gesellschaftsrecht, Vereinigtes Königreich, Rdn. 178.

1325 *Pennington*, Pennington's Company Law, 753.

1326 *Farrar*, in: Farrar/Hannigan, Company Law, 311.

1327 *Hannigan*, Annotated Guide to the Companies Act, 715.

die mindestens zehn Prozent des Grundkapitals der Gesellschaft innehaben, vom Vorstand die Einberufung einer außerordentlichen Hauptversammlung verlangen können. Dieses Recht auf *requisition* ist satzungsfest ausgestaltet.[1328] Um die Aufnahme von ergänzenden Punkten auf die Tagesordnung zu erreichen, sind dagegen gemäß Art. 376 CA 1985 nur fünf Prozent des gezeichneten Kapitals notwendig.[1329] Sollte es einer Gesellschaft nicht gelingen, innerhalb der gesetzlich vorgesehenen Zeit eine ordentliche Hauptversammlung abzuhalten, so kann gemäß Art. 367 (1) CA 1985 jeder Aktionär den *Secretary of State for Trade and Industry* ersuchen, die Versammlung einzuberufen, und dieser kann dann gemäß Art. 376 (4) CA 1985 Zeit und Ort der Versammlung bestimmen. Schließlich kann in Ausnahmefällen auch eine Einberufung durch gerichtliche Entscheidung erfolgen.[1330]

Im britischen Recht wird im Hinblick auf die Versammlungen, an denen im Unterschied zu sog. *class meetings* alle Aktionäre teilnehmen dürfen, zwischen dem *annual general meeting* (AGM) und *extraordinary general meetings* unterschieden.[1331] Art. 366 (1) CA 1985 schreibt zwingend vor, dass jede Aktiengesellschaft ein AGM pro Kalenderjahr abhalten muss. Die Einladung zu dieser jährlichen Hauptversammlung (*notice*) muss gemäß Art. 369 Abs. 1 (a) CA 1985 mindestens 21 Tage vor dem für die Hauptversammlung anberaumten Termin erfolgen.[1332] Dagegen enthält der Companies Act 1985 keine Definition des *extraordinary general meetings*. Allerdings findet sich in Art. 36 Table A die Bestimmung, dass alle Versammlungen, die keine AGMs sind, als *extraordinary meetings* zu betrachten sind.[1333] Im Unterschied zum AGM beträgt die vom Companies Act 1985 geforderte Minimalfrist für die Bekanntmachung der Einberufung einer außerordentlichen Hauptversammlung 14 Tage, Art. 369 Abs. 1 (b) (ii) CA 1985.[1334] Dabei sind volle Tage gemeint, also exklusive Tag der Bekanntmachung und Versammlungstag.[1335]

Ansonsten unterscheiden sich die Modalitäten der Einberufung von *annual* und *extraordinary general meetings* nicht voneinander. Sämtliche Aktionäre, egal ob stimmberechtigt oder nicht, müssen von der bevorstehenden Hauptversammlung unterrichtet werden. Da in Großbritannien nahezu alle emittierten Aktien Namensaktien sind, wird die *notice* in der Regel auf Kosten der Gesellschaft an die registrierte Adresse der Anteilseigner verschickt, vgl. Art. 370 Abs. 2 CA 1985 (dispositiv) und Art. 112 Table A. Falls diese Adresse im Ausland liegt, ist die Gesellschaft mangels anders lautender Bestimmungen in ihrer Satzung jedoch nur zur Versendung einer *notice* verpflichtet, wenn der betreffende Aktionär dem Unter-

1328 *Hannigan*, Annotated Guide to the Companies Act, 706.
1329 Dazu *Hannigan*, Annotated Guide to the Companies Act, 725 ff.
1330 Dazu *Pennington*, Pennington's Company Law, 755 und Art. 371 (1) Companies Act 1985.
1331 *Mayson/French/Ryan*, Company Law, 399.
1332 Vgl. auch Art. 38 Table A.
1333 *Pennington*, Pennington's Company Law, 751.
1334 Ausnahmsweise beträgt die Frist auch für die außerordentliche Hauptversammlung 21 Tage, wenn auf der Hauptversammlung eine *special resolution* verabschiedet werden soll.
1335 *Re Hector Whaling Ltd* [1936] Ch 208; *Bourne*, Principles of Company Law, 186; *Hannigan*, Annotated Guide to the Companies Act, 711.

nehmen eine Adresse innerhalb Großbritanniens angibt, an die die Hauptversammlungsunterlagen ersatzweise verschickt werden können, Art. 370 Abs. 2 CA 1985 i.V.m. Art. 112 Table A. Etwas anderes ergibt sich für börsennotierte Gesellschaften, da diesen gemäß Chapter 9.3.3 (a) der *Listing Rules* die Pflicht auferlegt ist, in allen europäischen Mitgliedstaaten, in denen ihre Aktien zum Börsenhandel zugelassen sind, dafür Sorge zu tragen, dass die Anteilseigner von bevorstehenden Hauptversammlungen benachrichtigt werden.[1336] Die FSA stellt in einer *Guidance Note* weiter klar, dass es der für börsennotierte Gesellschaften geltende Gleichbehandlungsgrundsatz aus Chapter 9.3.1 der *Listing Rules* erfordert, jegliche *circulars* auch an ausländische Aktionäre zu versenden. Die Regelungen des CA 1985 wurden durch die *Electronic Communications Order* aus dem Jahre 2000[1337] dahingehend geändert, dass nunmehr anstelle einer „schriftlichen" Mitteilung gemäß Art. 369 Abs. 4 A-G CA 1985 auch eine Benachrichtigung der Aktionäre durch elektronische Kommunikationsmittel oder unter bestimmten Voraussetzungen eine Bekanntmachung auf einer Website im Internet ausreicht. Der ebenfalls geänderte Art. 744 CA 1985 verweist bezüglich der Definition des Begriffs „elektronische Kommunikationsmittel" auf den *Electronic Communications Act 2000*. Danach fallen unter diesen Begriff in jedem Falle Telefon-, Telex-, Telefax- und E-Mail-Kommunikation, vgl. Art. 15 ECA 2000.[1338] Voraussetzung für eine Einberufung mittels elektronischer Kommunikationsmittel ist stets, dass der betreffende Aktionär der entsprechenden Benachrichtigungsform zugestimmt hat bzw. bei einer Benachrichtigung per E-Mail der Gesellschaft zu diesem Zweck eine E-Mail-Adresse als Empfangsadresse angegeben hat, Art. 369 Abs. 4 A und B CA 1985.[1339] Eine Satzungsänderung ist für diesen Einsatz elektronischer Kommunikationsmittel dagegen nicht erforderlich, vgl. Art. 369 Abs. 4 F CA 1985.[1340] Das Gesetz verweist insoweit auf die einschlägigen Vorschriften des Table A (Artt. 111–115).[1341] Auch Art. 112 Table A wurde geändert und dadurch die Information nicht in Großbritannien ansässiger Aktionäre verbessert. Es genügt nämlich jetzt, wenn der nicht-ansässige Aktionär eine E-Mail-Adresse bei der Gesellschaft hinterlässt, an die die *notice* elektronisch

---

1336 *„A listed company must ensure that at least in each EEA state in which its securities are listed all the necessary facilities and information are available to enable holders of such securities to exercise their rights. In particular it must: (a) inform holders of securities of the holding of meetings which they are entitled to attend; (b) and enable them to exercise their right to vote, where applicable."*

1337 Durch SI 2000/3373 vom 22. 12. 2000, abrufbar unter: http://www.opsi.gov.uk/si/si2000/20003373.htm.

1338 *Mayson/French/Ryan*, Company Law, 21. Auflage, Rdn. 14.6.5. Eine Konkretisierung, wie diese neuen Kommunikationswege in der Praxis aussehen können, findet sich in der *Best Practice*-Richtlinie „Electronic Communications with Shareholders", die vom *Institute of Company Secretaries and Administrators* (ICSA) im Dezember 2000 herausgegeben wurde; eine Zusammenfassung der Empfehlungen ist abrufbar unter: http://www.icsa.org.uk/products/e_comms.php; der Volltext ist nur gegen Gebühr erhältlich.

1339 *Hannigan*, Annotated Guide to the Companies Act, 712; *Mayson/French/Ryan*, Company Law, 21. Auflage, Rdn. 14.6.5.

1340 *Hannigan*, Annotated Guide to the Companies Act, 713; *Mayson/French/Ryan*, Company Law, 21. Auflage, Rdn. 14.6.5.

1341 *Hannigan*, Annotated Guide to the Companies Act, 713; *Mayson/French/Ryan*, Company Law, 21. Auflage, Rdn.14.6.5.

versandt werden kann, wobei die Länderkennung der Adresse auch eine ausländische sein kann.[1342]

Die *notice* muss neben Zeit und Ort der Hauptversammlung auch die im Rahmen der Tagesordnung zu behandelnden Beschlussfassungsgegenstände angeben. Diese müssen grundsätzlich so detailliert beschrieben werden, dass die angeschriebenen Aktionäre ohne weitere Nachforschungen eigenständig entscheiden können, ob sie in Anbetracht der für die Hauptversammlung angekündigten Beschlussfassungen ihr Stimmrecht ausüben wollen oder nicht.[1343] Börsennotierte Gesellschaften müssen darüber hinaus noch die besonderen Bestimmungen der *Listing Rules* beachten. Diese verlangen in Chapter 13.3.1, dass die Verwaltung zu allen Tagesordnungspunkten Rundschreiben an die Aktionäre verschickt, welche ihnen die entsprechenden Beschlussfassungsgegenstände erläutern und sie mit denjenigen Informationen ausstatten, die im Hinblick auf eine wohlinformierte Stimmabgabe erforderlich sind.[1344]

6) Beschlussfassung

a) *Erfordernis eines Quorums*

Die Hauptversammlung kann nur dann an die Erledigung der von ihr zu behandelnden Gegenstände gehen, wenn die beschlussfähige Mindestzahl von Mitgliedern anwesend ist.[1345] Soweit die Satzung nichts anderes vorsieht, ist dafür gemäß Art. 370 (4) CA 1985 die physische Präsenz von mindestens zwei stimmberechtigten Aktionären erforderlich. Stimmrechtsvertreter werden dabei nicht mitgezählt, allerdings kann in der Satzung abweichendes vereinbart werden.[1346] Üblicherweise bestimmt die Satzung die weitere Vorgehensweise für den Fall, dass das erforderliche Quorum zu Beginn der Hauptversammlung nicht erfüllt ist. Art. 41 des Table A sieht beispielsweise vor, dass die Hauptversammlung um genau eine Woche verschoben wird und am selben Ort noch einmal zusammentritt.

b) *Abstimmungsverfahren*

Das britische Aktienrecht kennt zwei Formen der Abstimmung in der Hauptversammlung, das *show of hands* und das *poll*. Bei der *show of hands*-Abstimmung kommt jedem Aktionär unabhängig vom Umfang seiner individuellen Kapitalbeteiligung lediglich eine Stimme zu. Bemerkenswert ist, dass gemäß Art. 371 (1) CA 1985 Stimmrechtsvertreter *(proxies)* bei diesem Verfahren grundsätzlich nicht mitstimmen dürfen. Auch Table A lässt dies nicht zu. Aber selbst wenn die Satzung ausnahmsweise den *proxy* hierbei ausdrücklich mitstimmen lässt, so darf

---

1342 Vgl. *Davies*, Gower's Principles of Modern Company Law, 359 Fn. 31; *Mayson/French/Ryan*, Company Law, 21. Auflage, Rdn. 14.7.5; siehe schon oben unter Teil 3 III 3 a).

1343 *Pennington*, Pennington's Company Law, 765.

1344 *Mayson/French/Ryan*, Company Law, 21. Aufl., Rdn. 14.6.7.

1345 *Jura Europae*, 90.10, 159.

1346 *Pennington*, Pennington's Company Law, 774.

auch der Vertreter nur eine einzige Stimme abgeben, selbst wenn er mehr als einen Aktionär vertritt.[1347] Diese ungünstigen Regelungen hat die englische Regierung zwar mittlerweile auf ihre Reformagenda gesetzt,[1348] allerdings existieren bisher dazu noch keine konkreten Gesetzesvorhaben.

Alle Beschlussfassungen werden zunächst im Wege eines *show of hands* vorgenommen, es sei denn, die Satzung bestimmt ausdrücklich ein anderes, vgl. Art. 46 Table A.[1349] Dies ist jedoch in der Praxis – auch der großen Aktiengesellschaften – in der Regel nicht der Fall.[1350] Durch das *show of hands*-Verfahren soll nämlich die Auszählung der Stimmergebnisse im Rahmen von Routinebeschlussfassungen erleichtert und beschleunigt werden.[1351] Da die Auszählmethode *„one head – one vote"* jedoch äußerst ungenau ist und das Kräfteverhältnis innerhalb der Hauptversammlung mitunter nur sehr verzerrt zum Ausdruck bringt, besteht die Möglichkeit, dass im Anschluss an das *show of hands*-Verfahren die gleiche Abstimmung ein zweites Mal und zwar nach Aktiengewicht im Wege eines so genannten *poll* durchgeführt wird.[1352] Dann geht das Ergebnis des *poll*, dem *show of hands*-Ergebnis vor. Sofern die Satzung nichts anderes bestimmt, gewährt gemäß Art. 370 (6) i. V. m. (1) Companies Act 1985 bei einem *poll* grundsätzlich jede Aktie eine Stimme.[1353] Die Durchführung eines *poll* muss allerdings zunächst von Seiten der Anteilseigner beim Versammlungsleiter beantragt werden, ansonsten entscheidet grundsätzlich allein das Ergebnis der *show of hands*-Abstimmung.[1354] Für die Beantragung kann die Satzung Erfordernisse formeller oder quantitativer Art aufstellen. Gemäß Art. 373 (1) CA 1985 ist es aber in jedem Falle ausreichend, wenn entweder fünf stimmberechtigte Aktionäre oder aber diejenige Anzahl von Aktionären, die einzeln oder zusammen mindestens ein Zehntel sämtlicher Stimmrechte der Versammlung auf sich vereinigen bzw. deren Aktien mindestens ein Zehntel des von allen stimmberechtigten Aktien repräsentierten Gesamtkapitals ausmachen, einen entsprechenden Antrag stellen. Diese Norm statuiert ein Mindesterfordernis und kann daher nicht zum Nachteil der Aktionäre in der Satzung abbedungen werden.[1355] Das Gleiche gilt für Art. 373 (2) CA 1985, der bestimmt, dass auch ein *proxy*, allein oder zusammen mit anderen Aktionären ein *poll* beantragen kann und zwar

1347 *Ernest v Loma Golden Mines Ltd* (1897) 1 Ch. 1.

1348 White Paper Modernising Company Law, Para. 2.18, *Mayson/French/Ryan*, Company Law, 21. Aufl., Rdn. 14.9.2.2.

1349 *Davies*, Gower's Principles of Modern Company Law, 363; *Mayson/French/Ryan*, Company Law, 21. Aufl., Rdn. 14.9.2.4; Palmer's Company Law, Volume 2, Rdn. 7.610; *Pennington*, Pennington's Company Law, 778.

1350 OECD, Economic Surveys 1997 – 1998 – United Kingdom, 1998, 136.

1351 *Davies*, in: Baums/Wymeersch (Hrsg.), Shareholder Voting Rights in Europe, 331 [342 Fn. 50]; *ders.*, Gower's Principles of Modern Company Law, 364.

1352 *Davies*, Gower's Principles of Modern Company Law, 363; Palmer's Company Law, Volume 2, Rdn. 7.611.

1353 Die gleiche Regelung findet sich auch in Art. 54 Table A.

1354 Vgl. Art. 47 Table A, *Mayson/French/Ryan*, Company Law, 21. Aufl., Rdn. 14.9.2.4; *Pennington*, Pennington's Company Law, 780.

1355 Allerdings zum Vorteil, wie es auch in der Mustersatzung gemäß Art. 46 (b) Table der Fall ist, der lediglich das Erfordernis von 2 Aktionären aufstellt, *Mayson/French/Ryan*, Company Law, 21. Aufl., Rdn. 14.9.2.5.

in gleicher Weise, als wenn der vertretene Aktionär selbst den Antrag stellen würde. Ein Stimmrechtsvertreter, der fünf Aktionäre vertritt, kann also nach dem Gesagten ganz alleine die Durchführung eines *poll* durchsetzen. Sieht die Satzung vor, dass zusätzlich auch der Versammlungsleiter *(chairman)* selbst eine *poll*-Abstimmung verlangen kann,[1356] so wird dieses Recht zur Pflicht, sobald er Grund zu der Annahme hat, dass das Ergebnis eines *poll* anders ausfallen würde als das einer *show of hands*-Abstimmung *„if all the members with voting rights were to vote on the poll"*.[1357] Da das Stimmauszählungsverfahren bei *polls* weitaus komplizierter ist als bei der *show of hands*-Abstimmung, ist es in großen Publikumsgesellschaften üblich, dass die *polls* erst am Ende der Versammlung geballt („konzentriert") durchgeführt werden, um den Fluss der Hauptversammlung nicht ins Stocken zu bringen.[1358] Das genaue Auszählverfahren bei einem poll bestimmt der Versammlungsleiter, vgl. Art. 49 Table A.[1359]

Unwahrscheinlich in Publikumsgesellschaften, aber dennoch möglich, ist eine Stimmengleichheit aller (gleich ob im Rahmen eines *show of hands* oder eines *poll*) abgegebenen Ja- und Nein-Stimmen. Art. 50 des Table A und mithin die meisten Gesellschaftssatzungen sehen für diesen Fall eine Extrastimme des Versammlungsleiters vor. Dabei stellt sich dann natürlich die Frage, wie dieser besagte ausschlaggebende Stimme einsetzt. Ein Aktionär ist grundsätzlich völlig frei in der Ausübung seines Stimmrechts, der Versammlungsleiter bekommt die Zusatzstimme im vorliegenden Fall aber in eben seiner Funktion als *chairman*, nicht als gewöhnlicher Aktionär. Er ist daher nach vorzugswürdiger Meinung in Analogie zu den Grundsätzen über die Stimmrechtsrestriktion bei satzungsändernden Beschlüssen dazu verpflichtet, die Stimme so abzugeben, wie er es für am besten im wohlverstandenen Gesamtinteresse der Gesellschaft hält.[1360]

Gemäß Art. 374 CA 1985 kann ein Aktionär oder sein Stellvertreter im Rahmen eines *poll* mit einigen seiner Stimmen für und mit anderen gegen eine Resolution stimmen, oder auch nur einen Teil seiner Stimmen überhaupt abgeben. Eine uneinheitliche Stimmabgabe ist also zulässig.[1361] Das ist auch sinnvoll, beispielsweise wenn ein *trustee* oder *nominee* ein Aktienpaket für zwei oder mehr *beneficial owners* hält, die ihm verschiedene Instruktionen für die Abstimmung hinsichtlich ihres Teiles des Pakets erteilen. Dasselbe gilt für den *chairman* der Versammlung, der im Falle der Bevollmächtigung mittels *two-way-proxies* schließlich den Weisungen der jeweiligen Vollmachtsgeber entsprechend abstimmen muss.

1356 Art. 46 (a) Table A enthält eine solche Bestimmung.
1357 *Second Consolidated Trust Ltd* v *Ceylon Amalgamated Tea and Rubber Estates Ltd* [1943] 2 All ER 567, Mayson/French/Ryan, Company Law, 21. Aufl., Rdn. 14.9.2.5.
1358 Vgl. Art 51 S. 2 und 3 Table A; *Davies*, in: Baums/Wymeersch (Hrsg.), Shareholder Voting Rights in Europe, 331 (342); *Mayson/French/Ryan*, Company Law, 21. Aufl., Rdn. 14.9.2.6.
1359 *Mayson/French/Ryan*, Company Law, 21. Aufl., Rdn. 14.9.2.6.
1360 *Xuereb*, The Rights of Shareholders, 89.
1361 *Davies*, Gower's Principles of Modern Company Law, 363.

2. Kapitel: Rechtsvergleichende Zusammenfassung

(1) In allen drei Rechtsordnungen kann der Aktionär sein Stimmrecht selbstredend persönlich ausüben, wenn er auf der Hauptversammlung physisch anwesend ist. Darüber hinaus aber sind der persönlichen Stimmrechtsausübung unterschiedliche Grenzen gesetzt. Im deutschen Recht ist die Hauptversammlung zwingend eine Präsenzveranstaltung. Daher ist eine Stimmabgabe via Internet in Echtzeit bei einer bloßen Online-Teilnahme an der Hauptversammlung hier nicht zulässig. Genauso wenig ist es dem Aktionär gestattet, zeitlich vor der Hauptversammlung per Post, sei es herkömmlich oder elektronisch, abzustimmen. Dagegen hat der Aktionär einer französischen Aktiengesellschaft auch die Möglichkeit, das Stimmrecht von außerhalb der Hauptversammlung auszuüben. So ist es seit Inkrafttreten des NRE zum einen rechtlich zulässig, dass der Aktionär seine Stimme via Internet zeitgleich zur Versammlung abgibt, vorausgesetzt die Satzung erlaubt dies und bestimmt ein sicheres Verfahren. Da ein solches praxistaugliches Verfahren aber derzeit noch nicht existiert, bleibt diese Möglichkeit der Stimmrechtsausübung auch in Frankreich vorerst rein theoretisch. Der Aktionär einer französischen Aktiengesellschaft kann aber in jedem Fall im Vorfeld der Hauptversammlung schriftlich seine Stimme abgeben, sei es auf postalischem oder seit dem NRE auch auf elektronischem Wege unter Verwendung der sog. *Formulaires Uniques Electroniques*. Im britischen Recht ist die Stimmabgabe per Brief im Vorfeld der Hauptversammlung nur zulässig, wenn die Satzung dies ausdrücklich erlaubt und dann auch nur für *ordinary resolutions*. In der Praxis ist eine solche Satzungsgestaltung so gut wie niemals anzutreffen. Das gleich gilt für eine elektronische Stimmabgabe im Vorfeld der Hauptversammlung.

(2) In allen drei untersuchten Rechtsordnungen ist die Möglichkeit der Stimmrechtsvertretung gesetzlich satzungsfest verankert. Im französischen Recht dürfen allerdings nur Mitaktionäre, Ehegatten und seit dem NRE für nicht-ansässige Aktionäre bei börsennotierten Gesellschaften auch ordnungsgemäß registrierte Intermediäre als Stimmrechtsvertreter fungieren. Im deutschen und britischen Recht macht das Gesetz keine Vorgaben bezüglich der Person des Vertreters. In Deutschland ist allerdings unsicher, ob und inwieweit die Gesellschaften eine solche Beschränkung des Vertreterkreises durch Satzungsbestimmung vorsehen dürfen. Die Vollmachtserteilung muss nach deutschem Recht grundsätzlich schriftlich erfolgen, seit dem NaStraG kann die Satzung aber auch eine Erteilung durch Telefax oder elektronische Post erlauben. An Kreditinstitute, Aktionärsvereinigungen und Personen, die sich geschäftsmäßig für die Stimmrechtsausübung anbieten, kann die Vollmacht dagegen – ebenfalls seit dem NaStraG – gänzlich formlos erteilt werden, eine entsprechende Satzungsbestimmung ist hierfür nicht nötig. Allerdings muss die Vollmacht nachprüfbar festgehalten werden können. Im Gegensatz zur Vollmachtserteilung ist die Erteilung von Weisungen an einen bereits Bevollmächtigten im deutschen Recht in jedem Fall und jederzeit formlos möglich, kann also auch per Internet oder sogar per SMS erfolgen. Wenn eine Gesellschaft die Hauptversammlung live im Internet überträgt, können Aktionäre,

die dies verfolgen, ihren Vertretern vor Ort auf elektronischem Wege zeitgleich zur Hauptversammlung Abstimmungsanweisungen zukommen lassen. In Frankreich muss die Vollmachtserteilung grundsätzlich schriftlich erfolgen, seit dem NRE ist aber bei entsprechender Satzungsgestaltung auch eine Erteilung per E-Mail oder mittels eines elektronischen Online-Formulars möglich. Für den Eingang der Formulare kann die Gesellschaft eine Frist setzen, wobei bei der schriftlichen Version der Eingang drei Tage, bei der elektronischen Version der Eingang bis 15 Uhr Pariser Zeit am Vortag der Hauptversammlung in jedem Falle ausreicht. In Großbritannien kann die Vollmacht schriftlich und seit Reformierung des CA 1985 durch die Electronic Communications Order 2000 auch mittels E-Mail oder anderer elektronischer Kommunikationsmittel erteilt werden, wenn die Gesellschaft dafür eine entsprechende Empfangsadresse zur Verfügung stellt. Die Satzungen sehen hier in der Regel vor, dass die Vollmachtsurkunde spätestens 48 Stunden vor dem für die Hauptversammlung anberaumten Termin am Gesellschaftssitz eingegangen sein muss. Während die Vollmacht in Frankreich immer nur für eine einzige Hauptversammlung erteilt werden kann, ist in Großbritannien und Deutschland eine zeitlich unbeschränkte Bevollmächtigung des Stimmrechtsvertreters möglich. Seit dem NaStraG gilt dies in Deutschland insbesondere auch für die Vollmachtserteilung an Depotbanken. Freilich muss diese Dauervollmacht im deutschen Recht immer widerruflich sein, was generell auch für die Vollmachten im französischen und britischen Recht gilt.

(3) Die organisierte Stimmrechtsvertretung wird in Deutschland überwiegend von den Depotbanken wahrgenommen, während in Frankreich und Großbritannien das Verwaltungsstimmrecht dominiert. Die Stimmrechtsvertretung durch Aktionärsvereinigungen hat bislang in keiner der untersuchten Rechtsordnung praktische Bedeutung erlangt. Die Depotbanken beschränken sich in Frankreich auf eine Vermittlerrolle zwischen den (Inhaber-)Aktionären und der Verwaltung. Sie helfen der Verwaltung beim Einwerben der Stimmrechtsvollmachten, indem sie die entsprechenden Formulare an ihre Depotkunden weiterleiten. Als Stimmrechtsvertreter treten sie selbst traditionell nicht auf. Das gleiche gilt für Großbritannien, wo die Depotbanken aufgrund der praktischen Bedeutungslosigkeit der Inhaberaktie noch nicht einmal als Informationsmittler gefragt sind. In Deutschland wiederum ist eine Bevollmächtigung von durch die Gesellschaft benannten Stimmrechtsvertretern erst seit dem NaStraG gesetzlich anerkannt. Zuvor kam eine Stimmrechtsvertretung durch die Gesellschaft selbst eben wegen dieser rechtlichen Unsicherheit und vor allem der dominierenden Stellung der Depotbanken als institutionelle Stimmrechtsvertreter hier praktisch nicht vor. Auch nach der grundsätzlichen Legalisierung sind allerdings noch viele Details des Verwaltungsstimmrechts ungeklärt. Streitig ist vor allem, mit welchen Mitteln Autonomie und Interessen des Aktionärs geschützt und einem Machtmissbrauch durch die Verwaltung vorgebeugt werden kann, da entsprechende Vorgaben im Gesetz fehlen. Für die Stimmrechtsvertretung durch die Depotbanken schreibt das Aktiengesetz vor, dass die Banken die Aktionäre zur Weisungserteilung auffordern und erteilten Weisungen zwingend folgen müssen. Ganz anders dagegen ist das

Verwaltungsstimmrecht in Frankreich ausgestaltet. Charakteristisch ist hier die Erteilung einer Blankovollmacht, die vom Vorsitzenden der Hauptversammlung zwingend im Sinne der Verwaltungsvorschläge ausgeübt werden muss. Der Aktionär, der sich dieser organisierten Stimmrechtsvertretung bedient, hat keine Möglichkeit, seine eigenen Abstimmungswünsche durch Weisungserteilung einzubringen. In Großbritannien dagegen muss die Verwaltung zumindest bei den an der Londoner Börse notierten Gesellschaften Vollmachtsformulare verwenden, die den Aktionären die Möglichkeit geben, auch gegen die Empfehlung der Verwaltung lautende Abstimmungsanweisungen zu erteilen *(two-way-proxies)*. Dem Vorteil der Verwaltung, die in der Regel schon bei der Einberufung um die Erteilung von Stimmrechtsvollmachten werben, stellt das Gesetz für opponierende Aktionäre die Möglichkeit entgegen, die Bekanntmachung eigener Beschlussvorschläge sowie die Versendung eigener *circulars* zu verlangen (sog. *proxy fights*).

(4) Trotz entsprechender Diskussionen ist ferner noch in keiner der drei untersuchten Rechtsordnungen eine gesetzliche Stimmpflicht für bestimmte Aktionäre in Kraft getreten. In Frankreich wurde zwar bereits 1997 ein Gesetz erlassen, dass eine solche Stimmpflicht für Pensionsfonds vorsah, es wurde jedoch nie implementiert und inzwischen wieder aufgehoben. In Großbritannien haben sich die institutionellen Anleger auf Druck der Regierung zumindest einem freiwilligen Regelwerk über aktives Engagement in Portfoliogesellschaften inklusive Stimmrechtsausübung unterworfen.

(5) Alle untersuchten Rechtsordnungen unterscheiden ordentliche Hauptversammlungen, die mindestens einmal im Geschäftsjahr – mit unterschiedlichen Toleranzgrenzen – abgehalten werden müssen, und außerordentliche Hauptversammlungen. Die Einberufungsfrist beträgt im deutschen Recht mindestens einen Monat und verlängert sich gegebenenfalls um die für eine Anmeldung bzw. Hinterlegung vorgesehene Zeitspanne. In Frankreich ist die Einberufungsfrist für nicht börsennotierte Gesellschaften deutlich kürzer (Mindestfrist von lediglich fünfzehn Tagen), bei börsennotierten Gesellschaften beträgt sie allerdings mindestens dreißig Tage vor dem für die Hauptversammlung anberaumten Termin. In Großbritannien existiert für die ordentliche Hauptversammlung eine Mindestfrist von einundzwanzig Tagen, bei einer außerordentlichen Hauptversammlung genügen bereits vierzehn Tage.

In allen drei Rechtsordnungen müssen die Aktionäre zur Hauptversammlung geladen werden; die Form der Ladung ist allerdings unterschiedlich geregelt. In Deutschland, wo nach wie vor überwiegend Inhaberaktien ausgegeben werden, muss sie durch Bekanntmachung im elektronischen Bundesanzeiger erfolgen. Nur wenn die Gesellschaft ausschließlich Namensaktien ausgegeben hat, reicht eine Ladung mittels eingeschriebenen Briefes an die einzelnen Aktionäre. Namensaktionäre, die zwei Wochen vor dem Tag der Hauptversammlung im Aktienregister eingetragen sind, Aktionäre, die eine Aktie bei der Gesellschaft hinterlegt haben sowie jeder Aktionär, der dies nach Bekanntmachung der Einberufung verlangt, bekommen jedoch eine Sondermitteilung der Einberufung zugesandt. In Frankreich wird zwischen börsennotierten und nicht börsennotierten Gesellschaften unterschieden. Bei letzteren genügt die Bekanntmachung in der für gesetzlich vorgeschriebene Publikationen zuständigen Regionalzeitung, bei den börsennotierten Gesellschaften muss eine zusätzliche Bekanntmachung im *BALO* erfolgen, der auch im Internet erscheint. Namensaktionäre müssen zudem brieflich bzw. bei vorheriger Zustimmung seit 2002 auch elektronisch von dem Vorhaben in Kenntnis gesetzt werden. Da in Großbritannien nahezu alle emittierten Aktien Namensaktien sind, wird hier in der Regel lediglich eine *notice* an die registrierte Adresse der Anteilseigner verschickt. Diese Benachrichtigung kann auch mittels elektronischer Kommunikationsmittel (Telefon-, Telex-, Telefax- und E-Mail-Kommunikation) oder durch Bekanntmachung auf einer Website im Internet erfolgen. Voraussetzung für eine solche Einberufung ist aber, dass sich der betreffende Aktionär mit der jeweiligen Art der Einberufungsmitteilung einverstanden erklärt und bei einer Benachrichtigung per E-Mail der Gesellschaft seine E-Mail-Adresse zu diesem Zweck zur Verfügung gestellt hat.

(6) In Frankreich und in Großbritannien setzt die Beschlussfähigkeit der Hauptversammlung das Erreichen einer Kapitalmindestpräsenz voraus, in Deutschland dagegen nicht. Nach französischem Recht muss auf einer ordentlichen Hauptversammlung mindestens ein Viertel des gezeichneten Kapitals mit Stimmrecht vertreten sein, auf einer außerordentlichen Hauptversammlung mindestens ein Drittel. Im zweiten Anlauf ist für die ordentliche Hauptversammlung kein gesetzliches Quorum mehr vorgeschrieben und für die außerordentliche wird das Quorum auf ein Viertel des stimmberechtigten Kapitals reduziert. Das Quorum im britischen Recht liegt in Ermangelung spezieller Satzungsbestimmungen bei einem Erfordernis von lediglich zwei stimmberechtigten Aktionären.

Auch im Hinblick auf das Verfahren der Abstimmung unterscheiden sich die Rechtsordnungen. Nach deutschem Recht steht der Gesellschaft die Wahl der Abstimmungsform frei und wird üblicherweise dem Leiter der Hauptversammlung überlassen. In jedem Fall kommt es aber auf die abgegebenen Stimmen und nicht auf die Zahl der abstimmenden Aktionäre an. Auch in Frankreich ist das Verfahren gesetzlich nicht vorgegeben, hier entscheidet ebenfalls zumeist der Versammlungsleiter über das Verfahren der Abstimmung. Im britischen Recht dagegen ist es üblich, dass die Gesellschaftssatzung konkrete Bestimmungen zur Abstimmungsform enthält. In aller Regel wird – auch in Gesellschaften mit einem großen Aktionärskreis – vorgeschrieben, dass die Beschlussfassungen zunächst im Wege eines *show of hands* vorgenommen werden, wobei jedem Aktionär unabhängig vom Umfang seiner individuellen Kapitalbeteiligung lediglich eine Stimme zukommt (*„one head – one vote“*) und Stimmrechtsvertreter nicht abstimmen dürfen. Dagegen gewährt bei einem *poll* grundsätzlich jede Aktie eine Stimme. Die Durchführung eines *poll* muss jeweils von Seiten der Anteilseigner beim Versammlungsleiter speziell beantragt werden, wobei es in jeden Falle ausreichend ist, wenn fünf stimmberechtigte Aktionäre einen solchen Antrag stellen, wobei auch Stimmrechtsvertreter antragsberechtigt sind. Die *polls* werden dann in der Regel am Ende der Versammlung konzentriert durchgeführt, um den Fluss der Hauptversammlung nicht ins Stocken zu bringen. Die uneinheitliche Stimmabgabe aus mehreren Aktien ist in allen drei Rechtsordnungen zulässig.

3. Kapitel: Beurteilung des Rechtsstoffes aus der Sicht grenzüberschreitend agierender Anleger

I. Möglichkeiten der Stimmabgabe in Abwesenheit

Für ein effektives *cross-border voting* ist es von zentraler Bedeutung, dass die nicht-ansässigen Aktionäre nicht gezwungen sind, zum Versammlungsort anzureisen, wenn sie ihr Stimmrecht ausüben wollen. Es ist nicht-ansässigen Anlegern nämlich aus ökonomischen Gründen in aller Regel nicht möglich, physisch auf der Hauptversammlung anwesend zu sein. Damit ihre Stimmrechte bei grenzüberschreitenden Aktieninvestitionen nicht leer laufen, ist es also zwingend notwendig, dass die nationalen Rechtsordnungen den Aktionären auch eine Stimmrechtsausübung bei physischer Abwesenheit gewähren.

Dafür gibt es prinzipiell zwei Möglichkeiten: Zum einen, indem man die Abstimmung durch den Aktionär von außerhalb der Hauptversammlung zulässt, zum anderen, indem die Stimmrechtsvertretung durch Dritte möglich ist. Das französische Recht lässt die Abstimmung *à distance* zu, sowohl im Vorfeld der Hauptversammlung (per Brief oder auch elektronisch) als auch während der Hauptversammlung via *télétransmission*. In Deutschland dagegen ist die Briefwahl nicht zulässig. In Großbritannien kann sie zwar satzungsmäßig zugelassen werden, wird es aber in der Praxis nicht, und wäre zudem auch nicht für die wichtigen *special resolutions* erlaubt. Daher ist es hier für nicht-ansässige Aktionäre essentiell, dass eine Stimmrechtsvertretung durch Dritte gewährleistet ist. Die Stimmrechtsvertretung ist in allen untersuchten Rechtsordnungen grundsätzlich erlaubt und kann nicht durch Satzungsbestimmung ausgeschlossen werden. Das ist aus dem Blickwinkel nicht-ansässiger Aktionäre sehr zu begrüßen, da diese in besonderem Maße auf das Instrument der Stimmrechtsvertretung angewiesen sind. Daher können aber auch gleichzeitig jegliche Beschränkungen hinsichtlich der Personen, die vom Aktionär zur Stimmrechtsausübung bevollmächtigt werden dürfen, signifikante Hemmnisse für das *cross-border voting* bedeuten. Eine solche Beschränkung existiert im französischen Recht, das nur die Bevollmächtigung von Mitaktionären erlaubt und eine Vollmachtserteilung an Dritte zwingend ausschließt.[1362] Aus Sicht grenzüberschreitend agierender Anleger war daher die durch das NRE eingeführte Ausnahmeregel für nicht-ansässige Aktionäre börsennotierter Gesellschaften dringend geboten. Nunmehr haben nicht-ansässige Aktionäre, wenn sie ihre Aktien ordnungsgemäß auf den Namen eines Intermediärs verbucht haben, zusätzlich die Möglichkeit, den *intermédié inscrit* als Stimmrechtsvertreter einzuset-

---

1362 Zwar ist auch die Bevollmächtigung von Ehegatten zulässig, diese Möglichkeit spielt aber im Bereich des *cross-border voting* eine völlig untergeordnete Rolle.

zen. Im deutschen Recht dagegen ist nach wie vor streitig, ob die Satzung den Kreis der zu bevollmächtigenden Personen auf Mitaktionäre beschränken darf. Unter dem Blickwinkel der Bedürfnisse nicht-ansässiger Aktionäre ist der Frage eine eindeutige Absage zu erteilen. Verbunden mit der Tatsache, dass das deutsche Recht dem Aktionär – anders als das französische – keine Briefwahl ermöglicht, würde eine solche Beschränkung die Möglichkeit effektiver Stimmrechtsausübung für nicht-ansässige Anleger unzumutbar einengen. In jedem Fall ist Gesellschaften mit internationalem Aktionärskreis von der Einführung einer entsprechenden Satzungsbestimmung abzuraten. Vorzugswürdig wäre aber eine klare Entscheidung des Gesetzgebers zugunsten der Unbeschränkbarkeit des Vertreterkreises.

Aber selbst wenn die Wahl eines Vertreters unbeschränkt möglich ist, reicht diese Möglichkeit allein dem nicht-ansässigen Anleger in der Regel nicht aus. Im grenzüberschreitenden Kontext ist die entscheidende Frage vielmehr, *wer* zum Beispiel einen deutschen Aktionär bei der Stimmrechtsausübung auf einer britischen oder französischen Hauptversammlung vertreten soll. Im Hinblick auf das *cross-border voting* ist ein System institutioneller Stimmrechtsvertretung in den Ländern essentiell. Als Vertretungseinrichtungen bieten sich dem nicht-ansässigen Aktionär prinzipiell drei Möglichkeiten: Der eigene Intermediär (Depotbanken, Broker etc.), Aktionärsvereinigungen oder die Gesellschaft selbst. In der britischen und französischen Praxis wird die institutionelle Stimmrechtsvertretung in erster Linie von der Gesellschaftsverwaltung wahrgenommen, in Deutschland dagegen – trotz Zulassung des Verwaltungsstimmrechts durch das NaStraG – nach wie vor überwiegend von den die Aktien verwahrenden Depotbanken. Bei der institutionellen Stimmrechtsvertretung ist für den Anleger weiter von zentraler Bedeutung, dass er auch im Rahmen des Vertretungsverhältnisses seinen eigenen Willen zur Geltung bringen kann. Nur auf diese Weise kann die Stimmrechtsvertretung ein gleichwertiger Ersatz für die persönliche Stimmabgabe sein. In diesem Punkt ist das französische Verwaltungsstimmrecht von den untersuchten Systemen am schwächsten ausgestaltet. Zudem ist in Frankreich die Erteilung von Dauervollmachten nicht zulässig. Vor dem Hintergrund der zwingenden Zulassung der Briefwahl sind diese Schwächen der Stimmrechtsvertretung in Frankreich aber nicht als entscheidendes Problem für das *cross-border voting* zu sehen, jedoch sollte das Briefwahlverfahren weiter vereinfacht werden. In Deutschland dagegen ist die Einzelweisungsbefugnis des Aktionärs bei der Stimmrechtsvertretung der Depotbanken rechtlich gesichert und bei der Stimmrechtsvertretung durch die Verwaltung zumindest in der Praxis die Regel. In Großbritannien existiert das Institut der *two-way-proxies*, mit dem die Aktionäre den Inhalt ihrer Stimmabgabe steuern können. Allerdings ist der Verwaltung die Verwendung von *two-way-proxies* beim Einwerben von Stimmrechtsvollmachten nur in börsennotierten Gesellschaften zwingend auferlegt, in nicht börsennotierten Gesellschaften dagegen nicht.

II. Nutzbarkeit elektronischer Kommunikationsmittel

Als hinderlich für das *cross-border voting* empfinden nicht-ansässige Anleger auch sog. „*wet signature*"-Erfordernisse, also Erfordernisse unterschriebener Schriftstücke, da deren Versendung langwierig und kostenintensiv ist.[1363] Schneller und kostengünstiger ist der Gebrauch von elektronischen Kommunikationsmitteln.[1364] Im deutschen Aktienrecht haben die neuen Medien durch das NaStraG von 2001, in Frankreich durch das NRE mit Inkrafttreten der Ausführungsverordnung im Jahre 2002 und im englischen Recht durch die Ende 2000 in Kraft getretene Companies Act 1985 Electronic Communications Order Einzug gehalten. Gemeinsam ist den Novellierungsgesetzen, dass sie die Nutzung moderner Technologien nicht zwingend vorschreiben, sondern es den Gesellschaften und Gesellschaftern vielmehr grundsätzlich unbenommen bleibt, sich den neuen Medien zu verschließen und wie bisher schriftlich zu kommunizieren. Neu geschaffen wird vielfach eine Dispositivität, die den Gesellschaften erlaubt, das herkömmliche Schriftformerfordernis durch die Alternative E-Mail oder Internet abdingbar zu machen.[1365] Die Aktionäre müssen einer solchen Ersetzung jeweils zustimmen. Dies gewährleistet, dass es nicht zu einer Benachteiligung solcher Aktionäre kommt, die sich der neuen Medien noch nicht bedienen.

Wichtig für nicht-ansässige Aktionäre, die ja hauptsächlich auf die Stimmrechtsvertretung zurückgreifen, ist vor allem die Möglichkeit der elektronischen Vollmachtserteilung. In jeder der untersuchten Rechtsordnungen ist diese Möglichkeit inzwischen gesetzlich eröffnet und wird von den Gesellschaften mit zunehmender Tendenz auch statutarisch vorgesehen. Das ist im Hinblick auf das *cross-border voting* ausdrücklich zu begrüßen. In Deutschland wurde insbesondere das gesetzliche Schriftformerfordernis für die Vollmachtserteilung an Banken aufgehoben. Ausweislich der Begründung des Regierungsentwurfs sollte mit dieser Maßnahme auch gerade der zunehmenden Internationalisierung der Anteilseignerstruktur Rechnung getragen werden.[1366] In Frankreich ist auf die elektronische Briefwahl hinzuweisen, die – im Gegensatz zur *vote par visioconférence* – bereits vielfach praktisch verwendet wird.

III. Stimmpflichten für institutionelle Anleger

Vor dem Hintergrund sinkender Präsenzen in der Hauptversammlung bei gleichzeitig verstärkter Institutionalisierung des Anteilsbesitzes[1367] wurde vor allem in

1363 International Corporate Governance Network, Cross Border Proxy Voting, aaO, 19.
1364 *Le Cannu*, Droit des sociétés, Rdn. 791.
1365 So auch *Siems*, RIW 2002, 202 (204), allerdings nur bezogen auf das deutsche und das britische Recht.
1366 Vgl. *Noack*, ZIP 2001, 57 (57).
1367 Die institutionelle Investoren spielen eine zentrale Rolle bei der zunehmenden internationalen Finanzverflechtung, da sie traditionell stärker in ausländischen Wertpapieren engagiert sind als Privatanleger und in den letzten Jahren ihre Auslandsinvestitionen noch weiter erhöht haben,

Großbritannien die Frage nach einer Abstimmungspflicht für institutionelle Investoren aufgeworfen. Der Gedanke ist, dass von der Erfahrung und dem Engagement der institutionellen Anleger auch die desinteressierten und wirtschaftlich unerfahrenen Kleinanleger profitieren würden. Von den untersuchten Rechtsordnungen sieht gegenwärtig jedoch keine eine gesetzliche Verpflichtung zur Stimmabgabe vor. In Großbritannien haben sich die Pensionsfonds und Versicherungen allerdings freiwilligen Kodizes zur vermehrten Stimmrechtsausübung in den Portfoliogesellschaften unterworfen.[1368] Diese Vorreiterrolle Großbritanniens überrascht nicht, da sich dort bereits im Jahre 1999 die Aktien der ca. 2.500 börsennotierten Aktiengesellschaften zu mindestens 60 Prozent in den Händen inländischer institutioneller Investoren[1369] und deren Fondsmanagern befinden.[1370] Im Gegensatz dazu fällt die durchschnittliche Beteiligungsquote der institutionellen Anleger bezogen auf börsennotierte Aktiengesellschaften in Deutschland und Frankreich trotz steigender Tendenz noch deutlich geringer aus.[1371] Auf den vor einer Anlageentscheidung stehenden ausländischen institutionellen Anleger wirkt eine Pflicht zur Ausübung der erworbenen Stimmrechte in erster Linie abschreckend, da mit einer Stimmrechtsausübung im Ausland teilweise erhebliche Kosten verbunden sind. Überdies kann es gar nicht als gesicherte Erkenntnis gelten, dass eine Stimmpflicht der institutionellen Aktionäre auch wirklich im Interesse der übrigen (Klein-)Aktionäre liegt. So kann die Stimmabgabe der Institutionellen zum einen auch durchaus von besonderen geschäftlichen Eigeninteressen oder institutionellen Abhängigkeiten determiniert sein.[1372] Zum anderen beinhaltet eine Stimmpflicht auch keine Garantie, dass die verpflichteten Anleger von ihrem Stimmrecht in besonders umsichtiger und kritischer Weise Gebrauch machen. Schließlich ist eine hinreichende Auseinandersetzung mit den Beschlussgegenständen anstehender Hauptversammlungen auch immer mit einem entsprechenden Kosten- und Arbeitsaufwand verbunden. Da liegt es nahe, einfach den vorgelegten Vorschlägen der Verwaltung zu folgen, was diese im Endeffekt weiter stärken und opponierende Mitaktionäre eher schwächen würde. Anstelle einer pauschalen Verpflichtung der institutionellen Investoren zur Stimmrechtsausübung sollte es dem an Rendite und Ertragswertmaximierung orientierten Anleger selbst überlassen bleiben, ob er seine Ziele besser durch den Verkauf der Aktien von schwachen Unternehmen nach der *Wall-Street-Rule*[1373] oder durch ein *„active*

Deutsche Bundesbank, „Die internationale Integration der deutschen Wertpapiermärkte", Monatsbericht Dezember 2001, 15–28.

1368 *Becker*, Institutionelle Stimmrechtsvertretung in Europa, 40 m. w. N.

1369 Pensionsfonds, Versicherungen, *unit* und *investment trusts.*

1370 *Davies*, in: Baums/Wymeersch (Hrsg.), Shareholder Voting Rights in Europe, 335.

1371 So betraf der Anteil institutioneller Investoren am gesamten Aktienbesitz in Frankreich im Juni 1999 nach einer Erhebung der *Banque de France* lediglich 24,9%, *Deutsches Aktieninstitut*, Factbook 2004, Abschnitt 08.7. Ferner zum Vergleich: Während im Jahre 1999 institutionelle Investoren in Großbritannien Kapitalanlagen in Aktien in einem Gesamtvolumen von rund 2.220 Mrd. US-Dollar hielten, betraf das Volumen in Frankreich lediglich 712 Mrd. und in Deutschland gar nur 428 Mrd. US-Dollar, *Deutsches Aktieninstitut*, Factbook 2004, Abschnitt 08.8.

1372 Vgl. *Baums*, AG 1996, 11 (20); *Siems*, Konvergenz der Rechtssysteme, 153.

1373 Vgl. zu den Problemen einer solchen Strategie bereits Fn. 2.

monitoring" der Geschäftsleitung zu erzielen versucht, wobei der Trend nicht nur in Großbritannien, sondern eben auch in Deutschland und Frankreich deutlich zur zweiten Alternative geht.[1374] Gerade auch vor dem Hintergrund dieser Entwicklung in den untersuchten Rechtsordnungen ist die Einführung einer gesetzlichen Stimmpflicht abzulehnen. Ratsamer ist es, die Kosten und den Aufwand einer grenzüberschreitenden Stimmrechtsausübung zu senken, um auf diese Weise den zu verzeichnenden Trend zur vermehrten Stimmrechtsausübung durch institutionelle Investoren weiter zu fördern.

IV. Hinreichende Information der Aktionäre

Ein zentraler Aspekt für die Möglichkeit effektiven *cross-border votings* ist die Versorgung nicht-ansässiger Aktionäre mit hauptversammlungsrelevanten Informationen. In allen drei Rechtsordnungen werden die Namensaktionäre direkt von der Gesellschaft über die bevorstehende Hauptversammlung informiert. In allen drei Rechtsordnungen dürfen diese Benachrichtigungen seit kurzem auch mittels elektronischen Kommunikationsmitteln, insbesondere per E-Mail oder per Fax, erfolgen. Voraussetzung ist allerdings jeweils, dass die betreffenden Aktionäre zuvor ihr Einverständnis mit diesem Verfahren erklärt und ihre E-Mail-Adressen zu diesem Zweck angegeben haben. In Frankreich müssen zudem die Einberufungsbekanntmachungen börsennotierter Gesellschaften im überregionalen BALO erfolgen, der auch im Internet eingesehen werden kann. Dies liegt daran, dass börsennotierten Gesellschaften in Frankreich auch Inhaberaktien ausgeben dürfen. In Deutschland muss die Einberufung sowohl bei börsennotierten als auch bei nicht börsennotierten Gesellschaften seit 2003 im elektronischen Bundesanzeiger bekannt gemacht werden. Hier kann sich der Aktionär also in jeden Fall via Internet über eine bevorstehende Hauptversammlung informieren. In Großbritannien wird die Unterrichtung darüber, dass und wann eine Hauptversammlung stattfindet, dagegen nur in einem nationalen Druckerzeugnis publiziert.

Im Vergleich der Rechtsordnungen ist die deutsche Regelung damit aus Sicht grenzüberschreitend agierender Anleger am günstigsten. Das britische Recht ist am ungünstigsten, da nicht-ansässige Aktionäre von einer Veröffentlichung in einem nationalen Druckerzeugnis in der Regel keine Kenntnis nehmen. Bei grenzüberschreitenden Anlagen sind aber auch Anleger in Namensaktien häufig auf eine öffentliche Bekanntmachung der Einberufung angewiesen. Im zweiten Teil der Arbeit wurde dargelegt, dass grenzüberschreitende Aktienbeteiligungen in der Regel über Intermediäre gehalten werden. Im britischen Namensaktiensystem ist

---

1374 Siehe für Deutschland z. B. *Beck*, „Die Kunst der Kritik", FAZ vom 4. Mai 2004, Nr. 103, 21; für Frankreich *Guyon*, in: Baums/Wymeersch (Hrsg.), Shareholder Voting Rights and Practices in Europe, 95 (103 f; 107); für Großbritannien *Davies*, Gower's Principles of Modern Company Law, 338; ferner *Arnold*, in: Baums/Wymeersch (Hrsg.), Shareholder Voting Rights and Practices in Europe, 391 (392 ff); *International Corporate Governance Network*, Cross Border Proxy Voting, aaO, 19; *Siems*, Konvergenz der Rechtssysteme, 152 m. w. N. in Fn. 392.

anstelle des materiell entscheidungsbefugten ausländischen Investors dann in der Regel ein bloßer *nominee* im Aktienregister der Gesellschaft eingetragen. Nur der eingetragene *nominee* gilt gegenüber der Gesellschaft als Aktionär. Die Gesellschaft erfüllt daher ihre gesetzliche Mitteilungspflicht durch Versendung der Informationen an den eingetragenen *nominee*. Sie ist nicht verpflichtet, Informationen an die *beneficial owners* auszugeben. Auch die registrierten *nominees* sind – zumindest gesellschaftsrechtlich – nicht zu einer Weiterleitung der Unterlagen verpflichtet. Man kann zwar davon ausgehen, dass die *nominees*, die in der Regel Finanzdienstleister sind, in der Praxis Kopien der erhaltenen Materialien an ihre Kunden weiterreichen, doch liegt dies nicht mehr im Bereich gesellschaftsrechtlich auferlegter Pflichten. Vielmehr hängt es von den Kontrakten der Finanzdienstleister mit den Investoren ab, ob und in welchem Umfang eine Weiterleitung der Unterlagen erfolgt. In Frankreich gestaltete sich die Situation bis vor kurzem anders, da bis zum Inkrafttreten des NRE der Grundsatz der direkten Beteiligung auch für nicht-ansässige Aktionäre galt. Das bedeutet, dass sich nur die wirklichen Eigentümer der Aktien als Aktionäre registrieren lassen durften. Seit Inkrafttreten des NRE kann sich bei börsennotierten Gesellschaften anstelle eines nicht-ansässigen Aktionärs aber auch ein Intermediär registrieren lassen. Zwar sieht das Gesetz weitgehende Offenlegungspflichten für den *actionnaire intermédié* für den Fall vor, dass er seine Stimmrechte in der Hauptversammlung tatsächlich ausüben will. Im Vorfeld der Hauptversammlung bleibt der *actionnaire intermédié* der Gesellschaft gegenüber jedoch grundsätzlich anonym[1375] und die Einberufungsbenachrichtigungen werden an den Intermediär geschickt. Dem Emittenten erwächst auch hier keine gesetzliche Verpflichtung, den wahren Aktionär zu informieren. Dieser ist wie im britischen Recht auf die Weiterleitung der Informationen durch den registrierten Intermediär angewiesen. Damit hat das NRE im Hinblick auf die Einberufung und deren Kenntniserlangung durch nicht-ansässige Aktionäre keine Besserstellung der gebietsfremden Anleger bewirkt. Das gleiche Problem stellt sich in Deutschland bei *nominee*-Eintragungen im Aktienregister. Nach einem Bericht des Bundesjustizministeriums werden die Einladungen von den *nominees* nur unzureichend an die wirtschaftlichen Eigentümer weitergeleitet.[1376] In Deutschland hat der nicht-ansässige Namensaktionär dank der zwingenden Veröffentlichung der Einberufung im elektronischen Bundesanzeiger aber die Möglichkeit, sich auf einfache Weise selbst zu informieren (sog. *pull of information* durch den Investor im Gegensatz zum *push of information* durch die Gesellschaft).

In diesem Zusammenhang ist auf die europäische Richtlinie zur Harmonisierung der Transparenzanforderungen in Bezug auf Informationen über Emittenten, deren Wertpapiere zum Handel auf einem geregelten Markt zugelassen sind (sog. Transparenzrichtlinie), die am 15. Dezember 2004 verabschiedet worden ist, hin-

1375 Es sei denn, die Gesellschaft selber bemüht sich um seine Identifizierung.
1376 Bundesministerium der Justiz, Bericht über die Entwicklung der Stimmrechtsausübung in börsennotierten Aktiengesellschaften in Deutschland seit Inkrafttreten des Namensaktiengesetzes, Ziff. 4c).

zuweisen.[1377] Mit dieser Richtlinie, die bis zum 20. Januar 2007 in nationales Recht umzusetzen ist, soll die Information der Anleger über börsennotierte Aktiengesellschaften in der Europäischen Union verbessert werden.[1378] Dabei betrifft insbesondere Art. 17 RL auch die Information der Wertpapierinhaber über Hauptversammlungen.[1379] Gemäß Art. 17 Abs. 3 RL sollen die Mitgliedstaaten den Emittenten gestatten, zum Zwecke der Übermittlung von Informationen an die Aktionäre elektronische Hilfsmittel zu benutzen, vorausgesetzt, dass diese Entscheidung in einer Hauptversammlung getroffen wird und dass jeder Aktionär auch individuell dem Kommunikationsweg zustimmt. Geregelt wird also die direkte Informationsvermittlung an die Aktionäre. Bereits heute ist es in allen drei untersuchten Rechtsordnungen möglich, Namensaktionäre mittels E-Mail oder anderer elektronischer Kommunikationsmittel von der Hauptversammlung zu unterrichten. Dafür ist jeweils lediglich das Einverständnis des betreffenden Aktionärs erforderlich. Keine der Rechtsordnungen verlangt im Vorfeld noch eine zustimmende Entscheidung der Hauptversammlung, wie es aber nach der Richtlinie erforderlich ist. Da die Richtlinie ohnehin zusätzlich noch eine Individualzustimmung der Aktionäre verlangt,[1380] erscheint das Erfordernis einer Beschlussfassung der Hauptversammlung an dieser Stelle unnötig. Nach dem Verständnis der Kommission ist die Regelung in Art. 17 Abs. 1 RL im Prinzip eine Absage an den Einsatz von Printmedien und eine Einführung der Pflicht für die Emittenten, die Hauptversammlungs-Mitteilung auf einer zentralen Internetseite zu veröffentlichen.[1381] Die Umsetzung der Richtlinie würde demnach eine Änderung des bestehenden Rechts in Frankreich und Großbritannien bedeuten.

Zu den erörterten Problemen der Informationsdistribution gesellt sich die Tatsache, dass keine der untersuchten Rechtsordnungen eine gesetzliche Verpflichtung der Gesellschaften kennt, den Aktionären die zur Stimmrechtsausübung nötigen Materialien wie Einberufungsschreiben und Vollmachtsformulare in anderen als der Landessprache zur Verfügung zu stellen. Nicht-ansässige Aktionäre, die der Landessprache nicht mächtig ist, sind also gezwungen, einen Übersetzer zu beauftragen, wenn sie eine vernünftige Abstimmungsentscheidung treffen wollen, oder aber sie müssen blind abstimmen. Die Übersetzung der Materialien ist jedoch zeit- und vor allem kostenintensiv. Aus diesem Grund bieten beispielsweise deutsche Kreditinstitute ihren Depotkunden in der Regel keine Stimmrechtsvertretung auf Hauptversammlungen ausländischer Gesellschaften an. Für die Depotbanken ist

---

1377 Richtlinie 2004/109/EG vom 15. 12. 2004, ABl. L 390/38 vom 31. 12. 2004.

1378 Vgl. die Gesetzesbegründung zur Richtlinie, Abs. 1 und 2 vor Art. 1; instruktiv zum Ausbau des Informationsmodells im Europäischen Gesellschaftsrecht *Grundmann*, DStR 2004, 232ff.

1379 In Bezug auf Art. 17 RL ist dies allerdings streitig; dazu sogleich.

1380 Gemäß Art. 17 Abs. 3c) S. 1 HS 1 RL müssen die Aktionäre schriftlich um ihre Zustimmung zur Verwendung elektronischer Hilfsmittel für die Übermittlung von Informationen gebeten werden. Ihre Zustimmung gilt allerdings als erteilt, wenn die Aktionäre nicht innerhalb eines angemessenen Zeitraums widersprechen, vgl. S. 1 HS 2.

1381 Vgl. auch *Noack*, Stellungnahme zur Transparenzrichtlinie (Artt. 13, 15, 17, 18), abrufbar unter: http://www.jura.uni-duesseldorf.de/dozenten/noack/rechtspolitik/europa.shtml; *ders.*, FAZ vom 24. 11. 2004.

es ein immenser Aufwand, umfangreiche fremdsprachige Bevollmächtigungen, die häufig sehr „verklausuliert" formuliert sind, juristisch einwandfrei zu erfassen, zu prüfen, zu übersetzen und einen Abstimmungsvorschlag zu erarbeiten.[1382] Außerdem können die fremdsprachigen Einladungsunterlagen nicht an die deutschen Aktionäre verschickt werden, ohne wenigstens den wesentlichen Inhalt zu übersetzen, womit die Unsicherheit darüber, welche die wesentlichen Inhalte sind, beginnt und entsprechende Haftungs- und Schadensersatzrisiken drohen.[1383] Wegen dieser Risiken erbieten sich nur wenige deutsche Kreditinstitute zur Stimmrechtsausübung auf Hauptversammlungen ausländischer Gesellschaften, selbst wenn diese Gesellschaften die Kosten erstatten.[1384] Geht man von Englisch als international üblicher Wirtschaftssprache aus, so bestehen Sprachschwierigkeiten wie die eben beschriebenen im Vergleich der untersuchten Rechtsordnungen vordringlich bei deutschen und französischen Gesellschaften. Abhilfe schaffen könnte die Einführung einer Pflicht für die Gesellschaften, jeweils eine englische Fassung der Einberufungsbenachrichtigung inklusive dem Jahresbericht und den Vollmachtsformularen auf ihrer Website bereitzustellen.[1385]

Schließlich spielt auch die Länge der Einberufungsfrist eine wichtige Rolle für das *cross-border voting*. Institutionelle Investoren beklagen sich häufig über spät erfolgende Ankündigungen der Hauptversammlung.[1386] Alle stimmberechtigten Aktionäre sollten aber rechtzeitig von der bevorstehenden Hauptversammlung erfahren. Im Hinblick auf nicht-ansässige Aktionäre ist von Bedeutung, dass sie angesichts der Zwischenschaltung von Intermediären häufig mehr Zeit benötigen, um von den Informationen Kenntnis zu nehmen. Zudem müssen auch die von ihnen erteilten Stimmrechtsvollmachten und Weisungen zur Stimmrechtsausübung regelmäßig Ketten von Mittelsmännern durchlaufen. Unverhältnismäßig kurze Einberufungsfristen können daher gebietsfremde Aktionäre an der Stimmrechtsausübung hindern. Eine längere Einberufungsfrist entspricht den Bedürfnissen gebietsfremder Anleger also prinzipiell besser. Angesichts der in allen Rechtsordnungen gestatteten elektronischen Vollmachtserteilung, die den Zeitaufwand verkürzen kann, und bei einer zwingenden Veröffentlichung der Einberufung im Internet, wie sie oben empfohlen wurde, ist eine einmonatige Frist, wie sie in Deutschland vorgegeben ist, als ausreichend zu betrachten. Das gleiche gilt für die vierwöchige Bekanntmachungsfrist in Frankreich, die allerdings nur für börsennotierte Gesellschaften gilt. In Großbritannien ist die Frist mit 21 Tagen bei ordentlichen und nur 14 Tagen bei außerordentlichen Versammlungen dagegen für börsennotierte Gesellschaften als zu knapp anzusehen; eine Verlängerung auf 21 *Werk*tage oder auf einen Monat wäre wünschenswert.

1382 Bundesverband deutscher Banken, Comments to the Consultative Document on Cross-Border Voting in Europe, I., bei der Autorin einsehbar.
1383 Bundesverband deutscher Banken, aaO.
1384 Bundesverband deutscher Banken, aaO.
1385 So auch Beantworter des *Consultative Documents on Cross-Border Voting in Europe*, Final Report der *The Expert Group on Cross-Border Voting in Europe*, Cross-Border Voting in Europe, Annex 3, Frage 8.
1386 *Wymeersch*, ZGR 2001, 294 (321).

V. Beschlussfassung

Das Erfordernis eines Quorums kann ebenfalls zu Problemen bei der grenzüberschreitenden Stimmrechtsausübung führen. Hier fällt das französische Recht im Vergleich zum britischen und deutschen aus dem Rahmen, da es zwingend ein hohes Quorum von 25% des stimmberechtigten Kapitals für die ordentliche und 33,33% für die außerordentliche Hauptversammlung vorsieht. Manche französischen Aktiengesellschaften mit einem großen und verstreuten Aktionärskreis schaffen es nie, das erforderliche Quorum bei der ersten Einberufung zu erreichen.[1387] Das betrifft vor allem börsennotierte Gesellschaften mit einer internationalen Beteiligungsstruktur. Zwar weisen die betreffenden Gesellschaften in der Einberufungsbekanntmachung dann üblicherweise auf diesen Umstand hin, so dass die Aktionäre erst den Termin der zweiten Einberufung als den wahren Termin der Hauptversammlung ansehen. Falls ein solcher Hinweis aber unterbleibt, ist es gerade für nicht-ansässige Aktionäre, die in Unkenntnis dieser Gepflogenheiten bereits alle Vorkehrungen zur Stimmrechtsausübung im Hinblick auf den ersten Termin getroffen haben, besonders ärgerlich, wenn diese erste Hauptversammlung dann ergebnislos verläuft. Auf der anderen Seite bietet das französische Quorum-Erfordernis mit 25% auch keinen wirklichen Schutz vor Zufallsmehrheiten. Vorzugswürdig ist es daher, wenn auch in Frankreich für börsennotierte Gesellschaften auf ein Quorum verzichtet oder das derzeitige gesetzliche Quorum zumindest deutlich herabgesetzt würde. Von der britischen Regelung zur Beschlussfähigkeit sind dagegen keine Probleme bekannt, wohl auch, weil die Gesellschaften die Möglichkeit haben, das statutarische Quorum gegebenenfalls ihrer Beteiligungsstruktur anzupassen.

Dafür bemängeln viele ausländische Aktionäre die in Großbritannien selbst bei einigen der größten Aktiengesellschaften des Landes anzutreffende Abstimmungsmethode des *show of hands*.[1388] Problematisch ist nicht nur das Prinzip des *„one head – one vote“*, das die Höhe der Kapitalbeteiligung der abstimmenden Aktionäre vollständig außer acht lässt, sondern für den nicht-ansässigen Aktionär vor allem auch die Tatsache, dass Stimmrechtsvertreter bei diesem Verfahren überhaupt nicht mitstimmen dürfen. Im Rahmen einer Stimmrechtsvertretung sollten den Aktionären aber grundsätzlich die gleichen Mitwirkungsrechte offen stehen wie bei einer höchstpersönlichen Stimmabgabe. Da nicht-ansässige Aktionäre britischer Aktiengesellschaften in Ermangelung der Möglichkeit einer Briefwahl fast ausschließlich auf die Stimmrechtsvertretung setzen, werden sie durch das britische *show of hands*-Abstimmungsverfahren folglich in erheblichem Umfang an der Stimmrechtsausübung gehindert. Nicht-ansässige Anleger werden sich die Zeit und die Mühe, einen Vertreter zu bevollmächtigen und zu unterweisen, häufig sparen, wenn dieser dann lediglich in 15% der Fälle mitstimmen darf.[1389] Daher

1387 *Bissara*, L'amélioration des conditions de vote des actionnaires Non-Résidents des sociétés cotées françaises, Teil 2 I Nr. 4; *Charkham*, Keeping better Company, 211.
1388 Vgl. *International Corporate Governance Network*, Cross Border Proxy Voting, aaO, 5 und 20.
1389 International Corporate Governance Network, Cross Border Proxy Voting, aaO, 25.

kann das Abstimmungsverfahren in Großbritannien als großes Hemmnis für das *cross-border voting* ausgemacht werden.

Schließlich ist im Bereich der Beschlussfassung für das *cross-border voting* insbesondere noch die Frage nach einer Zulässigkeit der uneinheitlichen Stimmabgabe von besonderer Bedeutung. Es wurde bereits dargelegt, dass die Aktien in Fällen grenzüberschreitender Beteiligung üblicherweise von einem *nominee* gehalten werden. Dieser *nominee*, der bei Namensaktien als deren Inhaber im Aktienregister eingetragen ist,[1390] ist in der Regel ein Finanzdienstleister und verwaltet die Beteiligungen von mehreren Aktionären.[1391] Beispielsweise ist er formal der Eigentümer von 1000 Aktien, von denen er je 200 für verschiedene *beneficiaries* hält. Der *nominee* ist dann formell hinsichtlich der gesamten Beteiligung zur Stimmrechtsausübung legitimiert. Aufgrund seiner treuhänderischen Stellung ist er aber an mehrere Interessenträger gebunden, die ihm jeweils hinsichtlich der Stimmrechte aus 200 Aktien Anweisungen zur Stimmabgabe geben können. Die Weisungen der verschiedenen Treugeber können durchaus divergieren. In einer solchen Konstellation ist das Interesse des abstimmungsberechtigten *nominees* und seiner Klienten an einer uneinheitlichen Stimmabgabe immens.[1392] Eine uneinheitliche Stimmrechtsausübung muss daher im Interesse nicht-ansässiger Anleger uneingeschränkt zulässig sein, was in den Rechtsordnungen Deutschlands, Frankreichs und Großbritanniens auch der Fall ist.

4. Kapitel: Rechtslage in weiteren Ländern der Europäischen Union

Anders als in den Rechtsordnungen Deutschlands, Frankreichs und Großbritanniens können in anderen Mitgliedstaaten Teilnahmebeschränkungen für Aktionäre mit Stimmrechtsaktien aufgestellt werden: In Spanien und Portugal können die Satzungen als Teilnahmevoraussetzung einen Mindestbesitz an Aktien bestimmen, wodurch auch das Stimmrecht im selben Ausmaß beschränkt wird.[1393] Diese Regelung soll die Durchführung und Organisation der Hauptversammlung erleichtern, scheint aber im Hinblick auf gebietsfremde Anleger, für die eine physische Anwesenheit auf der Hauptversammlung praktisch ausscheidet, kaum gerechtfertigt zu sein.

1390 In Frankreich ist er nicht als Aktieninhaber eingetragen, aber ggf. als *intermédié inscrit*, der ebenfalls die Stimmen der Aktionäre übermitteln darf.

1391 *Stapledon/Bates*, CFILR 2000, 293 (309). Man spricht in diesem Zusammenhang von *„pooled accounts“* oder *„omnibus accounts“*.

1392 Vor allem wenn dem *nominee* bei Nichtbeachtung der Einzelweisungen seiner Treugeber Haftungsfolgen drohen, *Stapledon/Bates*, CFILR 2000, 293 (309).

1393 Für Portugal *Antunes*, in: Baums/Wymeersch (Hrsg.), Shareholder Voting Rights in Europe, Portugal, 231 (242); für Spanien *Irujo/Sanz*, in: Lutter/Wiedemann (Hrsg.), Gestaltungsfreiheit im Gesellschaftsrecht, 228 (239f); *Martinez*, in: Hohloch (Hrsg.), EU-Handbuch Gesellschaftsrecht, Spanien, Rdn. 188; *Grechenig*, Spanisches Aktien- und GmbH-Recht, 121; DSW Europe Study, 102. In Spanien darf der geforderte Mindestaktienbesitz max. $^{1}/_{1000}$ des Grundkapitals betragen, *Grechenig*, Spanisches Aktien- und GmbH-Recht, 122.

Die für nicht-ansässige Aktionäre entscheidende Möglichkeit einer Stimmrechtsausübung bei physischer Abwesenheit des Aktionärs ist in allen Mitgliedstaaten der Europäischen Union grundsätzlich zulässig. Allerdings ist die Bandbreite der Restriktionsmöglichkeiten groß, und auch im Hinblick auf die Frage, inwieweit der physisch abwesende Aktionär seine inhaltliche Entscheidungsbefugnis auch wirklich durchsetzen kann, lassen sich keine einheitlichen Mindeststandards ausmachen. So scheint die Briefwahl nur in den wenigsten Mitgliedstaaten gesetzlich zwingend gewährleistet zu sein.[1394] Soweit eine Stimmabgabe im Vorfeld der Hauptversammlung sonst grundsätzlich zulässig ist,[1395] bedarf es in aller Regel noch ihrer satzungsmäßigen Implementierung durch die Gesellschaften. Das gilt beispielsweise für das belgische, das spanische und das italienische Recht.[1396] Letzteres gestattet die Briefwahl allerdings nur bei börsennotierten Gesellschaften. In der Praxis sehen aber europaweit viele Gesellschaften – wohl in erster Linie aus Kostengründen – von einer derartigen Satzungsgestaltung ab.[1397] Und selbst wenn die Briefwahl gestattet ist, wird sie von den Aktionären in der Regel nur wenig genutzt, was mit der Umständlichkeit der Systeme und der mangelnden Flexibilität dieser Form der Stimmabgabe zusammenzuhängen scheint.[1398]

Angesichts dieses Befundes ist es umso wichtiger, dass den Aktionären europaweit einfache und effiziente Systeme der Stimmrechtsvertretung zur Verfügung stehen. In diesem Punkt erscheint das italienische Recht im Vergleich zu den schwerpunktmäßig untersuchten Rechtsordnungen besonders restriktiv. Die allgemein geltenden Regelungen sind hier im Wesentlichen in Art. 2372 Codice Civile niedergelegt, der bestimmt, dass die Vollmacht immer schriftlich erteilt und jede Vollmacht von der Gesellschaft verwahrt werden muss.[1399] Die Erteilung von Blankovollmachten ist im italienischen Recht generell nicht gestattet.[1400] Seit der Re-

1394 Neben Frankreich soweit ersichtlich nur noch in Portugal, *Antunes*, ECFR 2005, 323 (358).

1395 Grundsätzlich unzulässig ist die Briefwahl in Dänemark, *Timmerman*, in: Baum/Wymeersch (Hrsg.), Shareholder Voting Rights in Europe, Netherlands, 209 (224).

1396 Für Belgien *De Bauw*, Assemblées Générales, 122; *Wymeersch*, in: Baums/Wymeersch (Hrsg.), Shareholder Voting Rights in Europe, Belgium, 21 (39); für Spanien *Wagner*, RIW 2004, 258 (262f); *Grechenig*, Spanisches Aktien- und GmbH-Recht, 122 Fn. 1135; für Italien vgl. Art. 2370 Abs. 4 C. civile; *Marchetti/Carcano/Ghezzi*, in: Baums/Wymeersch (Hrsg.), Shareholder Voting Rights in Europe, Italy, 155 (170f); *Sangiovanni*, ZfRV 2005, 148 (149); *Becker*, Institutionelle Stimmrechtsvertretung in Europa, 234.

1397 Für Belgien, *Wymeersch*, in: Baums/Wymeersch (Hrsg.), Shareholder Voting Rights in Europe, Belgium, 21 (39); für Italien *Marchetti/Carcano/Ghezzi*, in: Baums/Wymeersch (Hrsg.), Shareholder Voting Rights in Europe, Italy, 155 (170); vgl. auch *Sangiovanni*, ZfRV 2005, 148 (149); für Irland, *Murphy*, in: Baums/Wymeersch (Hrsg.), Shareholder Voting Rights and Practices in Europe, Ireland, 139 (152).

1398 So für Belgien *Wymeersch*, in: Baums/Wymeersch (Hrsg.), Shareholder Voting Rights in Europe, Belgium, 21 (39); für Portugal, *Antunes*, ECFR 2005, 323 (358).

1399 *Magrini*, Italienisches Gesellschaftsrecht, 87; *Marchetti/Carcano/Ghezzi*, in: Baums/Wymeersch (Hrsg.), Shareholder Voting Rights in Europe, Italy, 155 (172); *Sangiovanni*, ZfRV 2005, 148 (149); *Grundmann*, Europäisches Gesellschaftsrecht, Rdn. 418.

1400 Art. 2372 Abs. 3 Codice Civile; *Magrini*, Italienisches Gesellschaftsrecht, 87; *Marchetti/Carcano/Ghezzi*, in: Baums/Wymeersch (Hrsg.), Shareholder Voting Rights in Europe, Italy, 155 (173); *Sangiovanni*, ZfRV 2005, 148 (149); *Grundmann*, Europäisches Gesellschaftsrecht, Rdn. 418.

form von 1998[1401] können Kreditinstitute in den allgemeinen Grenzen als Vertreter fungieren,[1402] während Verwalter, Aufsichtsratmitglieder und Angestellte der Gesellschaft von der Stimmrechtsvertretung weiterhin grundsätzlich ausgeschlossen sind.[1403] Die Bindung der Kreditinstitute an Weisungen des Aktionärs ist jedoch nicht derart effektiv ausgestaltet wie im deutschen Recht.[1404] Ferner bestehen im italienischen Recht quantitative Vollmachtsbegrenzungen, die den Rechtsordnungen Deutschlands, Frankreichs und Großbritanniens fremd sind. So darf eine Person zwingend nicht mehr als 20 Aktionäre auf ein und derselben Hauptversammlung gleichzeitig zu vertreten; bei kapitalmarktorientierten Gesellschaften[1405] je nach Grundkapitalhöhe der Gesellschaft nicht mehr als fünfzig, hundert oder zweihundert Aktionäre, Art. 2372 Abs. 5 Codice civile.[1406] Dadurch soll das organisierte Einwerben von Vollmachten im Grundsatz unterbunden werden.[1407] Auch ist bei kapitalmarktorientierten Gesellschaften eine Vollmachtserteilung stets nur für die unmittelbar anstehende Hauptversammlung einschließlich nachfolgender Einberufungen zulässig.[1408] Schließlich können die Satzungen sogar noch restriktivere Ausgestaltungen vorsehen, beispielsweise bestimmen, dass nur ein Aktionär als Stimmrechtsvertreter auftreten darf, und – besonders bedenklich – das Recht zur Stimmrechtsvertretung sogar gänzlich ausschließen.[1409]

Das Bestreben des italienischen Gesetzgebers, ein organisiertes Einwerben von Vollmachten zu unterbinden, ist bedenklich, da gerade die organisierte Stimmrechtsvertretung für gebietsfremde Aktionäre häufig die einzige Möglichkeit ist, ihre Stimmrechte auszuüben. Daher ist es zu begrüßen, dass die strengen italienischen Regelungen im Jahre 1998 zumindest für börsennotierte Gesellschaften etwas gelockert wurden. Nunmehr stehen den Aktionären börsennotierter Gesellschaften in Italien prinzipiell zwei Systeme organisierter Stimmrechtsvertretung zur Verfügung, bei denen die genannten persönlichen und zahlenmäßigen Beschränkungen der Stimmrechtsvertretung nicht gelten. Das eine System ist die *sollecitazione*, bei der sich ein Aktionär (der sog. Kommittent), der seit mehr als sechs Monaten mehr als 1% der stimmberechtigten Aktien hält, mit einem bestimmten Stimmrechtsvorschlag über einen Mittelsmann an seine Mitaktionäre

---

1401 Durch das Gesetzesdekret Nr. 58 vom 24. Februar 1998 („Testo unico delle disposizioni in materia di intermediaione finanziaria").

1402 *Becker*, Institutionelle Stimmrechtsvertretung in Europa, 219.

1403 *Magrini*, Italienisches Gesellschaftsrecht, 88; *Sangiovanni*, ZfRV 2005, 148 (149, 154–155).

1404 *Magrini*, Italienisches Gesellschaftsrecht, 87.

1405 Diese Gesellschaften, die auch als *società aperta*, als „offene" Gesellschaften, bezeichnet werden, werden in Art. 2325bis Abs. 1 Codice civile definiert. Es handelt sich um Gesellschaften, deren Aktien in reglementierten Märkten notiert oder im Publikum weit verbreitet sind; *Sangiovanni*, ZfRV 2005, 148 (149, 151, 156f).

1406 *Magrini*, Italienisches Gesellschaftsrecht, 87; *Sangiovanni*, ZfRV 2005, 148 (149, 155).

1407 *Marchetti/Carcano/Ghezzi*, in: Baums/Wymeersch (Hrsg.), Shareholder Voting Rights in Europe, Italy, 155 (171).

1408 *Magrini*, Italienisches Gesellschaftsrecht, 87; *Sangiovanni*, ZfRV 2005, 148 (151).

1409 *Marchetti/Carcano/Ghezzi*, in: Baums/Wymeersch (Hrsg.), Shareholder Voting Rights in Europe, Italy, 155 (171); *Sangiovanni*, ZfRV 2005, 148 (153, 156); *Becker*, Institutionelle Stimmrechtsvertretung in Europa, 233.

richten kann.[1410] Da der Gesellschaft aus eigenen Aktien aufgrund europarechtlicher Vorgaben keine Stimmrechte zustehen,[1411] kann sie selbst nicht Kommittentin sein.[1412] Entscheidender Nachteil für die Aktionäre bei der *sollecitazione* ist aber, dass sie keine Weisungen erteilen können, die inhaltlich nicht im Einklang mit den vom Kommittenten formulierten Abstimmungsvorschlägen stehen.[1413] Dieser Umstand wird auch in Italien mit der Bezeichnung *one-way-proxy*-System erfasst. Das zweite System ist die *racolta delle deleghe,* bei dem Aktionärsvereinigungen unter ihren Mitgliedern Vollmachten einwerben dürfen.[1414] Im Gegensatz zur *sollecitazione* kann – und muss – der Aktionär bei diesem Verfahren zu jedem Tagesordnungspunkt Weisungen erteilen.[1415]

Die organisierte Stimmrechtsvertretung mit *two-way-proxies* liegt also im italienischen Recht ausschließlich in der Hand von Aktionärsvereinigungen. Dies stellt europaweit eher die Ausnahme dar. Zwar sind Aktionärsvereinigungen in der Regel durchaus zur Stimmrechtsvertretung zugelassen, in der Praxis wird die institutionelle Stimmrechtsvertretung aber ganz überwiegend entweder von der Gesellschaftsverwaltung – wie in Frankreich und Großbritannien – oder von den Depotbanken – wie Deutschland – wahrgenommen.[1416] In Belgien beispielsweise steht das Verwaltungsstimmrecht im Vordergrund der organisierten Stimmrechtsvertretung.[1417] Die Verwaltung schickt hier in der Regel zusammen mit der Einladung zur Versammlung Formblätter für die Erteilung von Vollmachten an die Aktionäre, wobei diese Formblätter zumindest bei kapitalmarktorientierten

---

1410 *Marchetti/Carcano/Ghezzi,* in: Baums/Wymeersch (Hrsg.), Shareholder Voting Rights in Europe, Italy, 155 (171); *Becker,* Institutionelle Stimmrechtsvertretung in Europa, 191; *Weller/Zahn,* in: von Rosen/Seifert (Hrsg.), Die Namensaktie, 177 (201).

1411 Dazu oben Teil 1 Kap. 1 I 5 a).

1412 Genauso wenig wie das Verwaltungsorgan, wenn es als gesetzliches Vertretungsorgan der Gesellschaft auftritt. Damit eine gewisse Waffengleichheit hergestellt wird und die Mitglieder des Verwaltungsorgans im Falle einer verwaltungsfeindlichen Stimmrechtskampagne gegebenenfalls eine Gegenoffensive starten können, sollen allerdings nach hM ein oder mehrere Verwalter zusammen die Rolle des Kommittenten übernehmen dürfen, falls sie in eigener Person die entsprechenden Voraussetzungen erfüllen und die anfallenden Organisationskosten selber tragen, *Becker,* Institutionelle Stimmrechtsvertretung in Europa, 196 f.

1413 Vgl. *Becker,* Institutionelle Stimmrechtsvertretung in Europa, 194 und 203.

1414 Die Aktionärsvereinigungen müssen aus mindestens fünfzig natürlichen Personen mit einem Anteil von jeweils höchstens 0,1% des stimmberechtigten Kapitals der Gesellschaft bestehen. *Marchetti/Carcano/Ghezzi,* in: Baums/Wymeersch (Hrsg.), Shareholder Voting Rights in Europe, Italy, 155 (172); *Becker,* Institutionelle Stimmrechtsvertretung in Europa, 194 f; *Weller/Zahn,* in: von Rosen/Seifert (Hrsg.), Die Namensaktie, 177 (201).

1415 *Becker,* Institutionelle Stimmrechtsvertretung in Europa, 195 f und 214 f.

1416 Das Verwaltungsstimmrecht dominiert bspw. in Belgien *De Bauw,* Assemblées Générales, 128; in Dänemark, *Gomard,* in: Baums/Wymeersch (Hrsg.), Shareholder Voting Rights and Practices in Europe, Denmark, 57 (72); in Irland, *Murphy,* in: Baums/Wymeersch (Hrsg.), Shareholder Voting Rights and Practices in Europe, Ireland, 139 (152) und in Finnland, *Toiviainen,* in: Baums/Wymeersch (Hrsg.), Shareholder Voting Rights in Europe, Finland, 77 (86); das Depotstimmrecht in Spanien (dazu sogleich) und in Griechenland, *Bailas,* in: Hohloch (Hrsg.), EU-Handbuch Gesellschaftsrecht, Griechenland, Rdn. 285; *Georgakopoulos,* in: Baums/Wymeersch (Hrsg.), Shareholder Voting Rights and Practices in Europe, Greece, 131 (138).

1417 *Wymeersch,* in: Baums/Wymeersch (Hrsg.), Shareholder Voting Rights in Europe, Belgium, 21 (43).

Gesellschaften[1418] neben der Tagesordnung der Hauptversammlung und den Entscheidungsvorlagen, zwingend auch die Bitte um Erteilung von Anweisungen für die Ausübung des Stimmrechts zu jedem Punkt der Tagesordnung enthalten müssen sowie die Angabe, wie der Vertreter bei fehlender Weisungserteilung abstimmen wird.[1419] Daneben existieren auch detaillierte Regelungen über das allgemeine öffentliche Ersuchen um Vollmachtserteilung, bei dem ein *sollicitant* in der Presse um die Erteilung von Stimmvollmachten wirbt und angibt, wie er aus diesen abzustimmen gedenkt.[1420] Der entscheidende Unterschied zu einem Gesuch um Bevollmächtigung durch die Verwaltung besteht darin, dass – wie bei der italienischen *sollecitazione* – der Aktionär dem *sollicitant* keine anders lautenden Weisungen erteilen kann.[1421] In Spanien wird die institutionelle Stimmrechtsvertretung demgegenüber wie in Deutschland in der Praxis vor allem von den Depotbanken wahrgenommen; eine Stimmrechtsvertretung durch die Gesellschaft und ihre Verwalter ist aber ebenfalls grundsätzlich zulässig.[1422] Jeder Vertreter, der mittels eines öffentlichen Vertretungsgesuchs zur Erteilung von Vollmachten auffordert, muss die Aktionäre zur Erteilung von Weisungen bitten, ihnen die Tagesordnung mitteilen und sie darüber informieren, in welchem Sinne ihr Stimmrecht ausgeübt wird, falls keine präzisen Weisungen erteilt werden.[1423]

Im spanischen Recht ist die Möglichkeit zur Erteilung von *two-way-proxies* im Rahmen der organisierten Stimmrechtsvertretung also stets gewährleistet, im belgischen Recht zumindest bei der Bevollmächtigung der Gesellschaftsverwaltung und im italienischen Recht nur, wenn der Aktionär Mitglied einer Aktionärsvereinigung ist, die als Stimmrechtsvertreter auf der entsprechenden Hauptversammlung auftritt. In den Niederlanden hat sich demgegenüber keine der benannten Formen institutioneller Stimmrechtsvertretung durchgesetzt. Da *proxy solicitations* hier insgesamt unüblich sind, existieren offenbar auch keine gesetzlichen Regelungen zur organisierten Stimmrechtsvertretung.[1424] Vielmehr dominieren seit über 150 Jahren die sog. *Administratiekantoren* bei der Ausübung der Aktionärsstimmrechte.[1425] Auf die Besonderheiten des Systems der *certificaten van aandelen* („Aktienzertifikaten“) wurde bereits im ersten Teil der Arbeit hingewiesen.[1426] Da-

---

1418 Im belgischen Recht sind „kapitalmarktorientierte“ Gesellschaften solche, die öffentlich zur Zeichnung auffordern oder in der Vergangenheit aufgefordert haben, eine Börsennotierung ist nicht erforderlich, *Wymeersch*, in: Baums/Wymeersch (Hrsg.), Shareholder Voting Rights in Europe, Belgium, 21 (45).

1419 Art. 74 § 2 LCSC, *De Bauw*, Assemblées Générales, 128 f; *Wymeersch*, in: Baums/Wymeersch (Hrsg.), Shareholder Voting Rights in Europe, Belgium, 21 (46).

1420 Art. 74 § 3 LCSC, *De Bauw*, Assemblées Générales, 130.

1421 Die Praxis der *sollicitation* ist in Belgien bisher nicht weit verbreitet, *De Bauw*, Assemblées Générales, 130.

1422 *Becker*, Institutionelle Stimmrechtsvertretung in Europa, 70 und 104; *Wagner*, RIW 2004, 258 (263 m.w.N.).

1423 *Becker*, Institutionelle Stimmrechtsvertretung in Europa, 74.

1424 *Timmerman*, in: Baums/Wymeersch (Hrsg.), Shareholder Voting Rights in Europe, Netherlands, 209 (212).

1425 *Weikert*, Corporate Governance und das Auftragsstimmrecht der Banken, 27 f.

1426 *Loeff*, Das Niederländische Gesellschaftsrecht, Einführung, 6. Daher wird diese Rechtsfigur gerade auch bei börsennotierten Gesellschaften mit dem Ziel der Erschwerung von Übernahmen bei hält eine von der Gesellschaft errichtete Stiftung, der sog. *Administratiekantoor* das juristische Eigentum an den Aktien, während der Anleger nur ein Zertifikat erhält.[1427] Als juristischer Eigentümer der Aktien ist der *Administratiekantoor* Inhaber des Stimmrechts.[1428] Während das Recht auf die Dividende stets durch vertragliche Vereinbarung zwischen der Stiftung und den Inhabern der Zertifikate auf letztere übertragen wird, sehen die Vertragsbedingungen nur in seltenen Fällen vor, dass der Stiftungsvorstand nach Weisungen der Zertifikatsinhaber abstimmen muss.[1429] Im Normalfall hat er sich lediglich am Stiftungszweck zu orientieren, der vor allem die Unterstützung der Interessen der betreffenden Aktiengesellschaft und ihrer Geschäfte umfasst.[1430]

Auch bezüglich der Nutzbarkeit elektronischer Kommunikationsmittel ergibt sich europaweit kein einheitliches Bild. Jedoch bestätigt sich grundsätzlich die in den schwerpunktmäßig analysierten Rechtsordnungen beobachtete Entwicklung, dass die nationalen Gesetzgeber das Aktienrecht zunehmend liberalisieren, um den Gesellschaften Raum für die Nutzung der neuen Medien zu geben. Das gilt vor allem für Spanien und Italien. Seit der Reform durch das Gesetz zur Transparenz börsennotierter Aktiengesellschaften,[1431] das am 19. 7. 2003 in Kraft getreten ist, können spanische Aktionäre ihre Stimme auch auf elektronischem Wege oder in einer anderen Form der Fernkommunikation abgeben.[1432] Üben die Aktionäre ihr Stimmrecht auf diese Weise aus, gelten sie nach neuem Recht im Hinblick auf das zur wirksamen Beschlussfassung erforderliche Quorum als anwesend. Voraussetzung für die elektronische Stimmrechtsausübung ist freilich, dass derjenige, der sein Stimmrecht ausübt, sicher identifiziert werden kann. Auch die Vollmachtserteilung, die zuvor bereits grundsätzlich formfrei möglich war,[1433] kann in den für die Stimmrechtsausübung zulässigen Formen der Fernkommunikation erfolgen. Die italienische Reform ist noch etwas jüngeren Datums: Seit dem 1. Januar 2004 ist in Italien bei entsprechender Satzungsgestaltung nicht nur die Teilnahme, sondern auch die Abhaltung der Hauptversammlung ausschließlich mittels elektronischer Telekommunikationsmittel, also beispielsweise per Tele- oder Videokonferenz zulässig.[1434] Auch eine Stimmabgabe per E-Mail kann nach der Reform

---

eingesetzt, *Timmerman*, in: Baums (Hrsg.), Shareholder Voting Rights in Europe, Netherlands, 209 (212).

1427 *Loeff*, Das Niederländische Gesellschaftsrecht, Einführung, 6; *Weikert*, Corporate Governance und das Auftragsstimmrecht der Banken, 27f.

1428 *Loeff*, Das Niederländische Gesellschaftsrecht, Einführung, 6; *Weikert*, Corporate Governance und das Auftragsstimmrecht der Banken, 27f.

1429 *Timmerman*, in: Baums (Hrsg.), Shareholder Voting Rights in Europe, Netherlands, 209 (212).

1430 *Timmerman*, in: Baums (Hrsg.), Shareholder Voting Rights in Europe, Netherlands, 209 (212).

1431 Gesetz Nr. 26/2003.

1432 *Wagner*, RIW 2004, 258 (262f); *Grechenig*, Spanisches Aktien- und GmbH-Recht, 122 Fn. 1135.

1433 *De Bauw*, Assemblées Générales, 119.

1434 Art. 2370 Abs. 4 Codice civile; *Magrini*, Italienisches Gesellschaftsrecht, 86; *Steinhauser*, AG 2004, R 230.

satzungsmäßig eingeführt werden.[1435] In Belgien und in den Niederlanden sind vergleichbare Reformen dagegen bislang ausgeblieben. Das niederländische Aktienrecht erlaubt *de lege lata* grundsätzlich keine Stimmabgabe per Telefax, Internet, E-Mail oder Videokonferenz.[1436] Auch das belgische Aktienrecht geht wie das deutsche nach wie vor von einer physischen Präsenz der Teilnehmer aus. Gemäß Art. 73 Abs. 1 LCSC muss die jährliche Hauptversammlung „an dem in der Satzung bestimmten Ort" abgehalten werden müsse, wobei „Ort" einen geographischen bestimmbaren meint (*„dans la commune"*).[1437] Erlaubnisnormen hinsichtlich einer elektronischen Stimmrechtsausübung bestehen daneben nicht. Allerdings besteht im Hinblick auf die Vollmachtserteilung grundsätzlich Formfreiheit, so dass zumindest hierbei elektronische Kommunikationsmittel eingesetzt werden können.[1438]

Einheitlich erscheint die Situation in der Frage der Existenz von Stimmpflichten für institutionelle Anleger. Obwohl die Rolle der institutionellen Anleger europaweit intensiv erörtert wird, existiert derzeit soweit ersichtlich auch in den übrigen großen Mitgliedstaaten für sie keine gesetzliche Pflicht, ihre Stimmrechte in jedem Falle auszuüben.[1439]

Deutliche Unterschiede bestehen wiederum im Hinblick auf die als problematisch erachtete Information der Aktionäre über die bevorstehende Hauptversammlung. Das betrifft insbesondere die Länge der Einberufungsfristen. Die Spannweite reicht insoweit von einem Monat[1440] bis zu einer Woche.[1441] In Italien, Spanien, Belgien[1442] und den Niederlanden beträgt die Mindesteinberufungsfrist zwei Wo-

---

1435 So *Steinhauser*, AG 2004, R 230.

1436 *Timmerman*, in: Baums (Hrsg.), Shareholder Voting Rights in Europe, Netherlands, 209 (224).

1437 Auch wenn *De Bauw* (Assemblées Générales, 35 Rdn. 58) der Meinung ist, materiell stünde einer Abhaltung der Hauptversammlung mittels Telefon- oder Videokonferenz im belgischen Aktienrecht nichts entgegen, so ist doch in jedem Fall noch eine Änderung des formellen Gesetzesrechts notwendig.

1438 Vgl. *De Bauw*, Assemblées Générales, 119; *Wymeersch*, in: Baums/Wymeersch (Hrsg.), Shareholder Voting Rights in Europe, Belgium, 21 (44).

1439 Für Belgien *Wymeersch*, in: Baums/Wymeersch (Hrsg.), Shareholder Voting Rights in Europe, Belgium, 21 (51); für Spanien *Hermida*, in: Baums (Hrsg.), Shareholder Voting Rights in Europe, Spain, 256 (277). Ebenso wenig in den kleineren, vgl. bspw. für Dänemark *Gomard*, in: Baums/Wymeersch (Hrsg.), Shareholder Voting Rights and Practices in Europe, Denmark, 57 (73); für Finnland *Toiviainen*, in: Baums/Wymeersch (Hrsg.), Shareholder Voting Rights in Europe, Finland, 77 (85); für Irland *Murphy*, in: Baums/Wymeersch (Hrsg.), Shareholder Voting Rights and Practices in Europe, Ireland, 139 (154).

1440 Österreich, bzw. in Portugal (vier Wochen), DSW Europe Study; sowie in den neuen Mitgliedstaaten Slowenien (1 Monat), *Wakounig/Knaus*, in: Knaus/Wakounig (Hrsg.), Steuer- und Gesellschaftsrecht der EU-Beitrittskandidaten, 257 (287); Tschechische Republik (30 Tage), *Bohata*, Gesellschaftsrecht in der Tschechischen Republik, 56; Ungarn (30 Tage bei Publikumsgesellschaften), *Pajor-Bytomski*, Gesellschaftsrecht in Ungarn, 95; *Weller/Zahn*, in: von Rosen/Seifert (Hrsg.), Die Namensaktie, 177 (224).

1441 So in Finnland. Vgl. auch das dänische Recht: Einberufungsmindestfrist von 8 Tagen, *Gomard*, in: Baums/Wymeersch (Hrsg.), Shareholder Voting Rights and Practices in Europe, Denmark, 57 (62); *Kusznier*, Dänisches Kapitalgesellschaftsrecht, 97.

1442 Für die persönliche Einladung der Namensaktionäre allerdings nur 8 Tage, *Wymeersch/de Vylder/de Wulf*, in: Hohloch (Hrsg.), EU-Handbuch Gesellschaftsrecht, Belgien, Rdn. 141.

chen bzw. fünfzehn Tage,[1443] was nach dem oben Gesagten für nicht-ansässige Aktionäre in der Regel zu knapp bemessen ist. Im Hinblick auf *nominee*-Registrierungen ist bedenklich, dass bei Namensaktien üblicherweise die persönliche Unterrichtung ausreicht, so dass die indirekten Anleger auf die Weiterleitung der Mitteilungen durch die Intermediärskette angewiesen sind. Eine anderweitige Möglichkeit zur sofortigen Kenntnisnahme bestünde für diese Aktionäre bei einer Veröffentlichung der Mitteilung im Internet. Eine entsprechende gesellschaftsrechtliche Pflicht der Gesellschaften, die Einberufungsmitteilung über das Internet zu veröffentlichen, existiert aber anders als in Deutschland in den weiteren großen Mitgliedstaaten nicht. Die gesetzlichen Bestimmungen nehmen vielmehr in der Regel nur auf Presseerzeugnisse Bezug.[1444]

Vergleichbar hohe gesetzliche Quoren-Erfordernisse wie in Frankreich, die von Publikumsgesellschaften gewöhnlich in Rahmen der ersten Einberufung nicht zu erreichen sind, bestehen in Italien und Spanien. In Italien ist das Quorum besonders hoch angesetzt: Die ordentliche Hauptversammlung ist bei der ersten Einberufung erst beschlussfähig, wenn mindestens die Hälfte des stimmberechtigten Grundkapitals vertreten ist.[1445] Bei der zweiten Einberufung ist keine Mindestpräsenz nötig.[1446] In der ersten Einberufungsmitteilung wird daher üblicherweise auch gleich das Datum für die zweite Einberufung genannt.[1447] In Spanien muss in erster Einberufung mindestens ein Viertel des stimmberechtigten Kapitals vertreten sein, während wie in Italien für die zweite Einberufung kein Quorum besteht.[1448] Auch hier kann bereits bei der ersten Einberufung ein zweiter Termin festgesetzt werden, der aber mindestens vierundzwanzig Stunden nach dem ersten Termin liegen muss.[1449] In der Praxis wählen spanische Gesellschaften dann auch genau dieses Zeitintervall.[1450] In Belgien ist ein Quorum nur hinsichtlich satzungsändernder Beschlüsse gesetzlich vorgesehen, wobei die einfache Mehrheit des Aktienkapitals vertreten sein muss, während es in den Niederlanden wie in Deutschland keine entsprechenden gesetzlichen Erfordernisse gibt.

1443 DSW Europe Study, 95. In Italien verlängert sie sich auf 30 Tage, wenn satzungsmäßig die Briefwahl zugelassen ist, *Marchetti/Carcano/Ghezzi*, in: Baums/Wymeersch (Hrsg.), Shareholder Voting Rights in Europe, Italy, 155 (157).

1444 Für Italien *Marchetti/Carcano/Ghezzi*, in: Baums/Wymeersch (Hrsg.), Shareholder Voting Rights in Europe, Italy, 155 (163); vgl. auch für Spanien *Grechenig*, Spanisches Aktien- und GmbH-Recht, 49.

1445 *Magrini*; Italienisches Gesellschaftsrecht, 59; *Marchetti/Carcano/Ghezzi*, in: Baums/Wymeersch (Hrsg.), Shareholder Voting Rights in Europe, Italy, 155 (168); *Becker*, Institutionelle Stimmrechtsvertretung in Europa, 158.

1446 *Magrini*, Italienisches Gesellschaftsrecht, 85; *Marchetti/Carcano/Ghezzi*, in: Baums/Wymeersch (Hrsg.), Shareholder Voting Rights in Europe, Italy, 155 (168); *Becker*, Institutionelle Stimmrechtsvertretung in Europa, 158.

1447 *Marchetti/Carcano/Ghezzi*, in: Baums/Wymeersch (Hrsg.), Shareholder Voting Rights in Europe, Italy, 155 (157); *Becker*, Institutionelle Stimmrechtsvertretung in Europa, 158.

1448 *Grechenig*, Spanisches Aktien- und GmbH-Recht, 49.

1449 *Grechenig*, Spanisches Aktien- und GmbH-Recht, 50.

1450 *Grechenig*, Spanisches Aktien- und GmbH-Recht, 50 Fn. 514.

Hohe gesetzliche Quoren-Erfordernisse haben zwar grundsätzlich einen minderheitsschützenden Charakter. Wenn sie jedoch wie bei vielen italienischen und spanischen Publikumsgesellschaften Gefahr laufen, mangels Erreichbarkeit zu einer bloßen Förmelei zu werden, sollte überlegt werden, die Festsetzung des Quorums eher in die Satzungsfreiheit der Gesellschaften zu stellen, die diese dann ihren Beteiligungsverhältnissen anpassen könnten.

5. Kapitel: Ergebnisse des 3. Teils

Im Bereich der Stimmrechtsausübung sind in den großen Mitgliedstaaten Deutschland, Frankreich und Großbritannien in den letzten Jahren Gesetzesänderungen in Kraft getreten, die geeignet sind, die grenzüberschreitende Stimmrechtsausübung zu erleichtern. Besonders hervorzuheben ist das auch in Italien und Spanien zu beobachtende Bemühen, elektronische Kommunikationsmittel für die Stimmrechtsausübung nutzbar zu machen. Dabei beschränken sich die nationalen Gesetzgeber weitgehend darauf, den Gesellschaften und den Aktionären die entsprechenden Möglichkeiten zur Verfügung zu stellen, und sehen von zwingenden Regeln zur Nutzung elektronischer Übermittlungswege überwiegend ab. Da nicht-ansässige Aktionäre regelmäßig auf das Instrument der Stimmrechtsvertretung zurückgreifen, ist es besonders zu begrüßen, dass die Möglichkeit der elektronischen Vollmachtserteilung heute in allen drei schwerpunktmäßig untersuchten Rechtsordnungen gesetzlich eröffnet ist und von den Gesellschaften mit zunehmender Tendenz auch statutarisch vorgesehen wird. Darüber hinaus geht von den detailliert untersuchten Neuregelungen die französische am weitesten: Hier ist auch eine Online-Stimmabgabe während der Hauptversammlung bereits rechtlich möglich.

Die für nicht-ansässige Aktionäre elementar wichtige Möglichkeit einer Stimmabgabe in Abwesenheit ist in den drei vordringlich untersuchten Mitgliedstaaten im Grundsatz gut gewährleistet. Der entscheidende Punkt dabei ist, dass der Aktionär seine eigenen inhaltlichen Abstimmungswünsche durchsetzen kann. Dies ist in Deutschland vor allem durch die institutionelle Stimmrechtsvertretung der Depotbanken gesichert, da die Banken die Aktionäre jeweils zur Erteilung konkreter Weisungen auffordern müssen. In Großbritannien bemüht sich in aller Regel die Verwaltung um die Erteilung von Stimmrechtsvollmachten, wobei die Vollmachten zumindest bei börsennotierten Gesellschaften auch zwingend offen für einzelne Abstimmungsanweisungen der Aktionäre sein müssen. In Spanien und Belgien können die Aktionäre auf vergleichbare Systeme zurückgreifen, in Italien sind die Möglichkeiten dagegen beschränkter. In Frankreich wird die Durchsetzung des Aktionärswillens trotz physischer Abwesenheit zwar nicht durch die institutionelle Stimmrechtsvertretung, die hier hauptsächlich durch die Verwaltung erfolgt, dafür aber durch die nicht abdingbare Möglichkeit der Briefwahl garantiert.

Als hinderlich für die grenzüberschreitende Stimmrechtsausübung stellt sich insbesondere das britische Abstimmungsverfahren des *show of hands* dar. Zum einen, weil hierbei jedem Aktionär unabhängig von seiner Kapitalbeteiligung nur eine Stimme zukommt, zum anderen, weil Stimmrechtsvertreter von diesem Abstimmungsverfahren grundsätzlich ausgeschlossen sind. Ferner sind die strengen französischen und italienischen Quoren-Erfordernisse, sowie das in diesen Ländern geltende Verbot von Dauervollmachten aus der Sicht nicht-ansässiger Anleger zu kritisieren.

Schließlich ergeben sich Probleme für ein effektives *cross-border voting* auch durch Defizite bei der Versorgung nicht-ansässiger Aktionäre mit hauptversammlungsrelevanten Informationen. Neben Sprachproblemen ist dafür vor allem das bereits im zweiten Untersuchungskomplex erörterte Phänomen des Auseinanderfallens von formeller Stimmberechtigung und materiellem Aktieneigentum ursächlich. Zwar ist in allen drei schwerpunktmäßig untersuchten Rechtsordnungen seit kurzem die Möglichkeit eröffnet, den Namensaktionären auch auf elektronischem Wege von der Einberufung Mitteilung zu machen. Stimm- und damit auch informationsberechtigt sind jedoch häufig bloße Intermediäre, so dass die Informationen in der Regel noch über mehrere Intermediäre weitervermittelt werden müssen. Vor diesem Hintergrund erscheint die Einberufungsfrist in Großbritannien mit nur drei Wochen als zu knapp bemessen. In Italien, Spanien, Belgien und den Niederlanden sind die entsprechenden Fristen sogar noch knapper bemessen. Auch im Hinblick auf nicht-ansässige Inhaberaktionäre, die nationale Druckerzeugnisse in der Regel nicht verfolgen, wäre eine Pflicht zur Bekanntmachung der Einberufung im Internet, wie es in Deutschland bereits der Fall ist, auch in den anderen Ländern der Europäischen Union zu begrüßen. In diesem Punkt kann von der Umsetzung der Transparenzrichtlinie eine Verbesserung erwartet werden.

Zusammenfassende Analyse und Ausblick

1. Kapitel: Zusammenfassende Analyse der Untersuchung

Trotz vieler Gemeinsamkeiten bestehen nach wie vor deutliche Unterschiede zwischen den Regelungssystemen des Aktionärsstimmrechts in der Europäischen Union. Eine Harmonisierung der Rechtsvorschriften steht noch weitgehend aus.

Im Hinblick auf Deutschland, Frankreich und Großbritannien bestehen die Unterschiede zwischen den Systemen nicht vordringlich zwischen den *civil law*-Rechtssystemen auf der einen und Großbritannien als *common law*-Rechtssystem auf der anderen Seite. Zwar gleichen sich in Bezug auf verschiedene Fragestellungen häufig die Regelungen zweier Länder, während das dritte dagegen einen deutlichen Unterschied aufweist. Diese Pärchenbildung tritt indes nicht einheitlich sondern in unterschiedlicher Zusammensetzung auf. So ähneln sich beispielsweise die Regelungen Deutschlands und Frankreichs im Hinblick auf die Begrenzung der Stimmrechtsmacht des Mehrheitsaktionärs. Dagegen ist die gegenständliche Stimmrechtsmacht der Aktionäre im deutschen Recht deutlich schwächer ausgestaltet als im französischen und britischen Recht. Bei der Bestimmung des stimmberechtigten Namensaktionärs lassen das deutsche und das britische Recht die Eintragung Dritter in das Aktienregister zu, das französische Recht hingegen im Grundsatz nicht.

Ein grundsätzlicher Unterschied zwischen den schwerpunktmäßig untersuchten Rechtsordnungen ist das Ausmaß an Gestaltungsfreiheit, das die Vorschriften zum Aktionärsstimmrecht zulassen. Während das deutsche und tendenziell auch das französische Recht überwiegend zwingende Regelungen enthalten, zeichnet sich das britische Recht durch eine weitgehende Satzungsfreiheit aus. Britischen Aktiengesellschaften stehen bei der Ausgestaltung des Aktionärsstimmrechts große Freiräume zu. Exemplarisch für diese unterschiedlichen Gestaltungsspielräume sind die Regelungen im Bereich der Stimmkraft des Aktionärs. Zwar gehen alle drei Rechtsordnungen in dieser Frage vom Grundsatz der Proportionalität zwischen Kapitalbeteiligung und Stimmkraft aus, allerdings mit unterschiedlich weit reichenden Einschränkungen. Während börsennotierte Aktiengesellschaften in Deutschland weder Mehrfachstimmrechte noch Höchststimmrechte installieren können, dürfen französische Gesellschaften zumindest ein doppeltes Stimmrecht für Namensaktionäre vorsehen und unter der Prämisse der Gleichbehandlung der Aktionäre auch Höchststimmrechte in jeder Größenordnung festschreiben. Letzteres gilt auch für das britische Recht; zudem sind hier sogar Mehrfachstimmrechte in allen denkbaren Formen möglich. Auch können Aktien ohne oder mit eingeschränktem Stimmrecht in Großbritannien in jeder Ausgestaltung emittiert werden. Während in Deutschland stimmrechtslose Aktien nur als Vorzugsaktien unter engen gesetzlichen Voraussetzungen ausgegeben werden dürfen, hat sich im französischen Recht in dieser Frage eine bemerkenswerte Entwicklung vollzogen. Traditionell gewährte das französische Recht nur einen äußerst geringen Spielraum für eine unterproportionale Ausgestaltung des Aktionärsstimmrechts. Die Wertpapierreform vom 24. Juni 2004 brachte hier weit reichende Änderungen hin zu einer nunmehr sehr großen Ausgestaltungsfreiheit der Gesellschaften. Damit hat sich das französische Recht, das zuvor eher dem strengen deutschen Recht ähnlich war, in der Frage unterproportionaler Stimmrechtsgestaltung nunmehr der liberalen britischen Rechtsordnung angenähert. Eine ähnliche Entwicklung ist auch im italienischen Recht zu beobachten.

Das Stimmrecht des Aktionärs unterliegt in allen Rechtsordnungen gesetzlichen Schranken. Allerdings sind die Beschränkungen unterschiedlich stark ausgeprägt. Die funktionale Analyse der Länderberichte für Deutschland, Frankreich und Großbritannien hat gezeigt, dass die nationalen Gesetzgeber mit den Stimmrechtsschranken auf die jeweils bestehenden gesellschaftsrechtlichen Kernkonflikte zwischen den Aktionären und der Verwaltung bzw. zwischen den Mehrheits- und Minderheitsaktionären reagieren. Vor diesem Hintergrund lassen sich die Unterschiede zwischen den Rechtsordnungen in ein schlüssiges Bild bringen. So unterliegt beispielsweise die Stimmrechtsmacht von Mehrheitsaktionären in Deutschland und Frankreich weiter reichenden Beschränkungen als in Großbritannien, weil der dahinter stehende Agent-Konflikt aufgrund der traditionell andersartigen Zusammensetzung der Beteiligungsstruktur in den kontinentaleuropäischen Aktiengesellschaften in deutlich höherem Maße auftritt. Auf der anderen Seite hat die Verwaltung der Aktiengesellschaft gegenüber der Aktionärsversammlung im deutschen Recht eine stärkere Position als dies in Frankreich und Großbritannien der Fall ist. Folgerichtig unterliegen Verwaltungsmitglieder im deutschen Recht auch strengeren Stimmrechtsschranken.

Eine weitere Beobachtung, die sich länderübergreifend in allen drei Untersuchungskomplexen treffen lässt, ist die zunehmende Differenzierung der Rechtsordnungen zwischen börsennotierten und nicht börsennotierten Aktiengesellschaften. Im deutschen und mehr noch im französischen Recht knüpfen neuere gesetzliche Regelungen im Zusammenhang mit dem Aktionärsstimmrecht häufig an die Börsennotierung der Gesellschaften an. In Großbritannien regeln die *Listing Rules* der Londoner Börse einzelne Belange des Aktionärsstimmrechts so detailliert, dass man fast schon von einem „Parallelgesetz" zu den Companies Acts sprechen kann. Dabei bewirken die Sonderregeln für börsennotierte Gesellschaften durchweg ein höheres Schutzniveau für die Aktionäre und verbessern insbesondere die Position der nicht-ansässigen Anleger. Prägnante Beispiele dafür sind das 1998 eingeführte Verbot von Höchststimmrechten für börsennotierte Gesellschaften in Deutschland und die seit 2002 bestehenden neuen Möglichkeiten der Aktienverwaltung durch Intermediäre in Frankreich, die ausschließlich Aktionären börsennotierter Gesellschaften vorbehalten sind. Auch das italienische Recht fügt sich in diese Beobachtung ein: Durch die Reform von 1998 beispielsweise wurden ausschließlich für börsennotierte Gesellschaften bestimmte Formen der organisierten Stimmrechtsvertretung legalisiert.

Die Untersuchung hat ferner ergeben, dass die Gesetzgeber in Deutschland, Frankreich und Großbritannien die Bedeutung des Aktionärsstimmrechts erkennen und sich in der Konsequenz verstärkt um eine Modernisierung der einschlägigen Regelungen bemühen. Speziell im Hinblick auf das Stimmrecht nicht-ansässiger Aktionäre wurde vor allem das französische Recht in entscheidenden Punkten reformiert. Die einschlägigen Neuerungen beruhen auf dem NRE vom 15. Mai 2001, das eine Verbesserung der Situation grenzüberschreitend agierender Anleger ausdrücklich bezweckt. Hervorzuheben sind dabei die Aufgabe des Erfordernisses eines *blocking* der Aktien vor der Hauptversammlung, die Ermöglichung der elektronischen Stimmrechtsausübung sowohl im Vorfeld der Hauptversammlung als auch zeitgleich im Rahmen einer Online-Teilnahme und schließlich die Einführung der Rechtsfigur des *intermédié inscrit*, durch den nicht in Frankreich ansässige Aktionäre börsennotierter Gesellschaften ihr Stimmrecht ausüben können. Zu dieser Reformtätigkeit zugunsten ausländischer Anleger scheint die Wertpapierreform von 2004 im Widerspruch zu stehen, die es den französischen Gesellschaften in großem Maße erlaubt, neues Kapital ohne Aufgabe bestehender Einflussstrukturen aufzunehmen. Allerdings gewährt auch das NRE den über Intermediäre anlegenden Ausländern das Stimmrecht nur um den Preis weit reichender Offenlegungspflichten, die es den Gesellschaften ermöglichen, einflusssuchende Aktionäre genau zu identifizieren. Trotz großer Progressivität in Einzelfragen des Aktionärsstimmrechts scheint der französische Gesetzgeber bei der rechtlichen Ausgestaltung nie gänzlich das Bestreben zu verlieren, die heimischen Gesellschaften gegen Übernahmen zu rüsten. Der deutsche Gesetzgeber hingegen zeigt sich konsequenter und scheint die Reform des Aktionärsstimmrechts ohne einen entsprechenden Vorbehalt zu betreiben. Der gesamte deutsche Reformprozess des letzten Jahrzehnts kommt den Interessen ausländischer Anleger durchweg zugute. Das NaStraG, das TransPuG und das UMAG haben die Voraussetzungen für eine grenzüberschreitende Stimmrechtsausübung erheblich verbessert und bereits durch das KonTraG von 1998 wurde die im Sinne ausländischer Anleger liegende Durchsetzung des *„one share – one vote“*-Grundsatzes deutlich vorangebracht. Zu verzeichnen ist insbesondere ein Abbau von Hemmnissen, die als Übernahmeprophylaxe eingesetzt werden können. Freilich darf man in diesem Zusammenhang nicht aus den Augen verlieren, dass auch im deutschen Recht übernahmefeindliche Regelungen existieren. Diese setzen jedoch nicht – wie disproportionale Stimmrechtsgestaltungen und sog. *disclosure rules* – vor der Abgabe eines Angebotes durch den Bieter *(pre-bid impediments)* sondern erst danach an *(post-bid impediments)*. So unterliegt der Vorstand im deutschen Recht zwar grundsätzlich einem Vereitelungsverbot; mit Zustimmung des Aufsichtsrats bzw. einer Ermächtigung der Hauptversammlung kann er aber dennoch weit reichende Abwehrmaßnahmen ergreifen, beispielsweise Kapitalerhöhungen unter Ausschluss des Bezugsrechts durchführen oder eine für den Bieter besonders reizvolle Unternehmenssparte veräußern.[1451] Deutlich restriktiver ist in diesem Zusammenhang das britische Recht, das in Rule 21.1 des City Code of Takeovers der Verwaltung der Zielgesellschaft eine besonders strenge Neutralitätspflicht auferlegt.[1452] Diese Pflicht besteht insbesondere schon von dem Zeitpunkt an, in dem der Vorstand lediglich Grund zu der Annahme hat, dass ein Übernahmeangebot bevorsteht. Das französische Recht wiederum kennt kein vergleichbares, an den Vorstand gerichtetes Neutralitätsgebot, so dass hier auch der Spielraum für *post-bid impediments* weiter als in Deutschland ist.[1453]

In Großbritannien ist das gesetzgeberische Reformvolumen bisher geringer als in Deutschland und in Frankreich, was teilweise damit zu erklären ist, dass dort ohnehin weniger zwingende gesetzliche Vorgaben bestehen. Die Diskussionen und Initiativen um die Stärkung der indirekten Aktienanleger, zu denen vor allem nicht-ansässige Investoren zählen, zeigen jedoch, dass auch in Großbritannien das Stimmrecht der Aktionäre weiter auf der politischen Tagesordnung steht. Der gemeinsame Nenner mit den Vergleichsrechtsordnungen ist die Berücksichtigung der modernen Kommunikationsmittel in den Vorschriften zum Aktionärsstimmrecht. Gemeinsam ist dabei allen Novellierungsgesetzen, dass sie die Nutzung moderner Technologien nicht zwingend vorschreiben, sondern den Gesellschaften und Aktionären diese Möglichkeit lediglich zusätzlich einräumen.

In allen drei schwerpunktmäßig untersuchten Rechtsordnungen sind also in den letzten Jahren gesetzgeberische Tätigkeiten zu verzeichnen, die geeignet sind, das *cross-border voting* zu erleichtern. Dennoch wurde in der Untersuchung herausgearbeitet, dass nach wie vor einige bedeutende Hemmnisse für die Stimmrechtsausübung durch gebietsfremde Anleger bestehen. Zusammenfassend lässt sich analysieren, dass vor allem ein Phänomen bei grenzüberschreitenden Aktienanlagen als zentrale Ursache einer Reihe wesentlicher Probleme für die Stimmrechtsausübung durch gebietsfremde Anleger auszumachen ist: Die Mediatisierung der Beteiligungen durch Zwischenschaltung von Finanzintermediären. Da die Anleger aus markttechnischen Gründen üblicherweise keinen unmittelbaren Zugang zu den Kapitalmärkten haben, sind sie bei ihrem Aktieninvestment auf die Mitwirkung von Finanzintermediären angewiesen. Bei grenzüberschreitenden Aktienanlagen stehen in der Regel mehrere Finanzintermediäre zwischen dem Emittenten und dem wirtschaftlichen Investor, da zusätzlich zum eigentlichen Erwerbsvorgang immer noch der Zugang zum Settlementsystem des betreffenden ausländischen

1451 § 33 Abs. 1 und 2 WpÜG; *Baums*, EBLR 2004, 1453 (1457); *Ekkenga*, in: Ehricke/Ekkenga/Oechsler, WpÜG Kommentar, § 33 Rdn. 56–62, 113–115, 119; *Hirte*, in: KölnKomm WpÜG, § 33 Rdn. 91, 94, 103.

1452 *Ekkenga*, in: Ehricke/Ekkenga/Oechsler, WpÜG Kommentar, § 33 Rdn. 17; *Hirte*, in: KölnKomm WpÜG, § 33 Rdn. 17; *Zinser*, RIW 2001, 481 (485).

1453 *Ekkenga*, in: Ehricke/Ekkenga/Oechsler, WpÜG Kommentar, § 33 Rdn. 17; *Hirte*, in: KölnKomm WpÜG, § 33 Rdn. 17; *Zinser*, RIW 2001, 481 (485).

1453 *Ekkenga*, in: Ehricke/Ekkenga/Oechsler, WpÜG Kommentar, § 33 Rdn. 18; *von Rüden*, Das französische Übernahmerecht, 299 f.

Staates eröffnet werden muss. Aus dieser Situation ergibt sich eine Reihe von Schwierigkeiten.

So wird bei Namensaktien in Deutschland und Großbritannien anstelle der nichtansässigen (End-)Anleger üblicherweise ein bloßer Finanzintermediär in das Aktienregister eingetragen. Damit gilt sowohl nach deutschem als auch nach britischem Recht nur der eingetragene Intermediär gegenüber der Gesellschaft als Aktionär und ist allein stimm- und informationsberechtigt. Die Gesellschaften erfüllen ihre hauptversammlungsbezogenen Informationspflichten in diesem Fall bereits durch die Information des ersten Intermediären in der Kette. Die Informationen müssen aber unter Umständen noch über eine ganze Reihe von Intermediären weitergeleitet werden, bevor sie den eigentlichen Investor erreichen. Daraus resultiert die Gefahr von Informationsdefiziten. Der Informationsfluss durch mehrere Intermediäre ist nicht nur fehleranfällig, sondern auch zeitintensiv, was die Einhaltung von Fristen erschwert. In diesem Punkt haben sich zwar alle drei Rechtsordnungen mit der Öffnung für den elektronischen Postverkehr, der den Zeitaufwand bedeutend verkleinert, bereits entscheidend fortentwickelt. Dennoch bleibt zu bedenken, dass die Informationen im Regelfalle die Kette auch wieder zurück durchlaufen müssen.

Entscheidend aber ist, dass die Emittenten im Falle von *nominee*-Eintragungen nur die Stimmabgabe des registrierten Intermediärs berücksichtigen müssen. Der wirtschaftliche Eigentümer der Aktien kann das ihm eigentlich zustehende Einflusspotential gegenüber der Gesellschaft nicht durchsetzen. Vielmehr hängt die Durchsetzung der inhaltlichen Entscheidungsmacht des Anlegers gegenüber der Gesellschaft allein von der vertraglichen Ausgestaltung seiner Beziehung zum registrierten Intermediär ab. Es ist aber zu bezweifeln, dass alle Anleger über eine hinreichend starke Verhandlungsposition verfügen, um die Wahrnehmung ihrer Stimmrechte durch den Intermediär vertraglich auf eine sichere Grundlage zu stellen. Gerade in Großbritannien ziehen nämlich nicht mehr nur die großen Investoren eine indirekte Aktienanlage vor. Vielmehr wächst wegen der zunehmenden Dematerialisierung der Aktie durch das elektronische Handelssystem *CREST* auch auf Privataktionäre der Druck, auf *nominee*-Registrierungen zurückzugreifen. Auch in Deutschland darf man sich vor dem Hintergrund der Zunahme von Namensaktien, deren Förderung ja schließlich auch und gerade im Hinblick auf eine Attraktivitätssteigerung einer Anlage ausländischer Investoren in deutsche Unternehmen erfolgte, diesem Problem nicht verschließen.

Der französische Gesetzgeber hat sich bisher als einziger der Kernherausforderung durch die Mediatisierung der Beteiligungen gestellt und einen rechtlichen Rahmen sowohl für Inhaber- als auch für Namensaktien geschaffen, innerhalb dessen der gebietsfremde indirekte Anleger auch dann gegenüber der Gesellschaft als stimmberechtigt gilt, wenn ein Intermediär das Aktienkonto hält. Diese Stärkung der Einflussmacht des indirekten Anlegers geht allerdings auf Kosten seiner Anonymität gegenüber der Gesellschaft. Sowohl die indirekten Namens- als auch die indirekten Inhaberaktionäre unterliegen einer gesetzlichen Offenlegungspflicht, wenn sie ihr Stimmrecht in der Hauptversammlung ausüben wollen. Von einer *société „anonyme“* mag man hier für den nicht-ansässigen Aktionär kaum mehr sprechen. Zudem verbleiben auch bei dem französischen Modell die geschilderten Probleme im Zusammenhang mit den durch die Zwischenschaltung von Intermediären verlängerten Informationswegen im Vorfeld der Hauptversammlung.

Als weitere Herausforderung wurde die europaweit zunehmende Dematerialisierung bzw. Demobilisierung der Wertpapiere ausgemacht, die zu neuen Erfordernissen bei der Authentifizierung von Inhaberaktionären führt. Die Regelungsproblematik ist bei Wertrechten und girosammelverwahrten Wertpapieren prinzipiell die Gleiche. Da keine Aktienurkunden mehr vorgelegt werden können, muss die Aktionärseigenschaft auf andere Weise bestätigt werden. Im deutschen und im französischen Recht erfolgt dies durch einen Bestandsnachweis des kontoführende (Kredit-)Instituts. Bei der Zwischenschaltung mehrerer Finanzintermediäre ist der *chain approach*, also ein Legitimationsnachweis unter Durchlaufen der gesamten Kontenkette, der beispielsweise in Belgien verlangt wird, als zu aufwändig abzulehnen. Er sollte lediglich bei Zweifeln an der Glaubwürdigkeit der Erklärung eines depotführenden Kreditinstituts zum Einsatz kommen, ansonsten sollte die Bestätigung der Depotbank des Letztinvestors *(direct approach)* ausreichen. Für gebietsfremde Anleger ist dabei entscheidend, dass auch die Nachweise ausländischer Institute akzeptiert werden. Das kürzlich durch das UMAG reformierte deutsche Recht entspricht diesen Anforderungen und ist daher zu begrüßen. Auch der französische Gesetzgeber hat die einschlägigen Normen modernisiert. In vielen anderen Mitgliedstaaten bleibt das Gesetz demgegenüber noch deutlich hinter den Bedürfnissen der Praxis zurück.

2. Kapitel: Ausblick auf die Entwicklung des europäischen Rechts

I. Der Aktionsplan zur Modernisierung des Gesellschaftsrechts

Die Feststellung, dass das Stimmrecht der Aktionäre durch das Europäische Gesellschaftsrecht bis heute kaum angeglichen ist, und dass teilweise erhebliche Schwierigkeiten für eine grenzüberschreitende Stimmrechtsausübung bestehen, führt zu der Frage nach Harmonisierungsperspektiven auf europäischer Ebene. Nachdem sich die Reformtätigkeit der Europäischen Kommission in den achtziger Jahren vor allem auf das Kapitalmarktrecht konzentrierte, rückte das Gesellschaftsrecht erst 1999 mit dem Aktionsplan für Finanzdienstleistungen zurück auf die Agenda europäischer Angleichungsvorhaben.[1454] Ausgehend hiervon wurde im November 2001 eine *High Level Group of Company Law Experts* eingesetzt, die Vorschläge zur Modernisierung des Gesellschaftsrechts einschließlich der Corpo-

1454 Mitteilung der Kommission vom 11. Mai 1999, KOM (1999) 232, abrufbar unter: http://ec.europa.eu/internal_market/finances/docs/actionplan/index/action_de.pdf.

rate Governance erarbeiten sollte. Am 4. November 2002 übergab diese *High Level Group* der Kommission ihren Abschlussbericht,[1455] der seinerseits zur Vorlage eines Aktionsplans zur Modernisierung des Gesellschaftsrechts und zur Stärkung der Corporate Governance durch die Kommission am 21. Mai 2003 führte.[1456] Die Gesellschaftsrechtsexperten haben in ihrem Bericht ausdrücklich darauf hingewiesen, dass in einem guten System der Corporate Governance die Aktionäre konkret in der Lage sein müssen, Einfluss auf das Unternehmen auszuüben. Zu den Prioritäten des Aktionsplanes gehört daher unter anderem die Stärkung der Aktionärsrechte in börsennotierten Gesellschaften. Unter dem Stichwort *Corporate Governance* ist eine europaweite Stärkung der Aktionärsrechte, insbesondere auch des Aktionärsstimmrechts, durch Erlass einer Richtlinie als kurzfristige Maßnahme geplant. Auf dieser Basis wurde kurz vor Fertigstellung dieser Arbeit ein erster Richtlinienvorschlag zur Stimmrechtsausübung von der Kommission vorgelegt (dazu sogleich). Daneben bestimmt der Aktionsplan, dass kurz- bis mittelfristig eine Studie zu den Konsequenzen der europaweiten Einführung eines *„one share – one vote"*-Systems für börsennotierte Gesellschaften erstellt werden soll. Der Aktionsplan zur Modernisierung des Gesellschaftsrechts ist damit der zentrale Ausgangspunkt zukünftiger europäischer Legislativmaßnahmen zum Aktionärsstimmrecht.

Dabei ist das Bestreben, auf eine europaweite Durchsetzung des *„one share – one vote"*-Prinzips hinzuarbeiten, keinesfalls neu. Vielmehr war dieses Konzept bereits vor Jahren Bestandteil eines (gescheiterten) Richtlinienvorschlags zur Unternehmensverfassung.[1457] Der Umsetzung dieses Vorhabens stehen jedoch mehrere Probleme entgegen. So hat der Rechtsvergleich gezeigt, dass sich jeder Versuch einer wirklich umfassenden Durchsetzung des Proportionalitätsgrundsatzes angesichts der Vielgestaltigkeit der Möglichkeiten, den Gleichlauf von Kapital und Stimmrechtsmacht in den Aktiengesellschaften zu durchbrechen, mit einer großen Anzahl von Umgehungstatbeständen auseinandersetzen müsste. Vor allem aber erscheint das Vorhaben derzeit in der Europäischen Union politisch nicht mehrheitsfähig zu sein. Das wurde bereits bei den langwierigen Verhandlungen zur Übernahmerichtlinie deutlich und lässt sich aktuell auch an der Umsetzung der Richtlinie durch die Mitgliedstaaten erkennen: Erwartungsgemäß sehen nämlich die meisten Mitgliedstaaten davon ab, die Durchbrechung disproportionaler Stimmrechtsgestaltungen in Übernahmesituationen zwingend vorzuschreiben.[1458] Ein weiterer Beleg ist die vor allem in Frankreich und Italien beobachtete Tendenz der nationalen Gesetzgeber, den Gesellschaften eher weitere Abweichungen vom Proportionalitätsgrundsatz zu gestatten. Schließlich äußerten auch die

1455 Bericht der hochrangigen Gruppe von Experten auf dem Gebiet des Gesellschaftsrechts über moderne gesellschaftsrechtliche Rahmenbedingungen in Europa, abrufbar unter: http://europa.eu.int/comm/internal_market/company/docs/modern/report_de.pdf.

1456 Mitteilung der Kommission vom 21. Mai 2003, KOM (2003) 284, abrufbar unter: http://eur-lex.europa.eu/LexUriServ/site/de/com/2003/com2003_0284de01.pdf.

1457 Vgl. Art. 33 des Vorschlags der Strukturrichtlinie, oben Fn. 558.

1458 Zusammenfassender Überblick zu den Umsetzungsgesetzen der großen Mitgliedstaaten bei *Freshfields/Bruckhaus/Deringer*, Implementing the Takeover Directive in the EU.

meisten Beantworter des von der Generaldirektion Binnenmarkt zum Aktionsplan herausgegebenen Konsultationspapieres ernste Bedenken gegen die geplante Initiative.[1459] Das von der Kommission angestrebte Ziel, mittels einer Richtlinie zu einem europaweiten *„one share – one vote"*-System zu gelangen, wird daher in den kommenden Jahren kaum zu verwirklichen sein.

Im ersten Teil dieser Untersuchung wurde allerdings gezeigt, dass die fortschreitende Internationalisierung der Beteiligungsstrukturen und die zunehmende Bedeutung der Kapitalmärkte für die Unternehmensfinanzierung die Emittenten selbst zu einem freiwilligen Abbau von Stimmkraftbeschränkungen und zu einer Standardisierung der Stimmrechte bewegen. Denn Gestaltungen, die vom Proportionalitätsgrundsatz abweichen, werden im internationalen Vergleich mit einem niedrigeren Preisverhältnis sanktioniert. Gerade grenzüberschreitend agierende (Groß-)Anleger mit einem breit gestreuten Portfolio empfinden vor allem die Heterogenität des Produktes Aktie als problematisch, da es ihnen die Vergleichbarkeit der Anlagen erschwert. Auf der anderen Seite eröffnet die weitgehende Uniformität in den Regeln zum Absatz der Wertpapiere einen offenen und einfachen Zugang zu allen Kapitalmärkten in der Union. Die Anleger können also frei zwischen Gesellschaftsanteilen („Produkten") wählen, die nach divergierenden nationalen Regeln ausgestaltet sind. Daher sind im Marktsegment „Aktionärsstimmrecht" die Voraussetzungen für einen Wettbewerb der Rechtsordnungen im Grundsatz erfüllt.[1460] Der steigende Wettbewerbsdruck führt zu einer vermehrten Überprüfung und Anpassung der Stimmrechtsgestaltungen durch die Emittenten. Auf diese Weise werden zunehmend Angleichungsergebnisse erzielt. Auch wenn eine Angleichung der Stimmkraftgestaltung also nicht durch Legislativtätigkeit der Europäischen Union zu erwarten ist, sind die Aussichten für eine weitere Durchsetzung des *„one share – one vote"*-Prinzips in der Europäischen Union folglich als gut einzustufen.

II. Der Kommissionsvorschlag zur Stimmrechtsausübung in börsennotierten Gesellschaften

1) Ziele und Anwendungsbereich des Richtlinienvorschlags

Am 5. Januar 2006 legte die Europäische Kommission einen ersten Vorschlag für eine Richtlinie über die Ausübung der Stimmrechte durch Aktionäre börsennotierter Gesellschaften vor.[1461] Die geplante Richtlinie soll die nach Ansicht der

1459 Vgl. Generaldirektion Binnenmarkt, Zusammenfassung der Antworten auf die Mitteilung der Kommission an den Rat und das Europäische Parlament „Modernisierung des Gesellschaftsrechts und Verbesserung der Corporate Governance in der Europäischen Union", 15. November 2003, Ziff. 3.2.3., abrufbar unter: http://ec.europa.eu/internal_market/company/docs/modern/governance-consult-responses_de.pdf.

1460 *Grundmann*, ZGR 2001, 783 (810).

1461 Vorschlag für eine Richtlinie über die Ausübung der Stimmrechte durch Aktionäre von Gesellschaften, die ihren eingetragenen Sitz in einem Mitgliedstaat haben und deren Aktien zum

Kommission zentralen Hindernisse für eine effiziente grenzüberschreitende Stimmrechtsabgabe in der Europäischen Union ausräumen. Dabei deckt sich die Problemanalyse der Kommission weitgehend mit den in dieser Arbeit gewonnenen Erkenntnissen: Als wichtigste Hemmnisse für die Stimmrechtsausübung im Ausland erkennt die Kommission insbesondere das *blocking* der Aktien vor der Hauptversammlung,[1462] den schwierigen und verzögerten Zugang zu hauptversammlungsrelevanten Informationen und Erschwernisse der Stimmabgabe bei physischer Abwesenheit des Aktionärs.[1463, 1464] Daher betreffen die Regelungen über den Titel des Richtlinienvorschlags hinaus nicht nur die Stimmrechtsausübung als solche, sondern auch die organisatorische Vorbereitung der Hauptversammlung einschließlich der Normierung eines vorgelagerten (elektronischen) Fragerechts der Aktionäre.[1465] Der Grundsatz *„one share – one vote"* wird hingegen nicht adressiert. Gemäß Art. 4 RL-E müssen die Emittenten lediglich die Gleichbehandlung derjenigen Aktionäre gewährleisten, „die in Bezug auf die Teilnahme und die Stimmrechte auf den Hauptversammlungen gleichgestellt sind". Eine Gleichbehandlung aller stimmberechtigten Aktionäre bezüglich ihres Stimmgewichts wird hingegen nicht gefordert. Auch enthält der Vorschlag keine Aussagen über Hauptversammlungskompetenzen oder genereller über das Verhältnis der Organe zueinander. Diese Auslassungen sind sinnvoll, da die Kommission anderenfalls das Scheitern des gesamten Vorhabens riskieren würde.

Die geplante Richtlinie soll gemäß Art. 1 Nr. 1 RL-E nur für Gesellschaften gelten, deren Aktien zum Handel auf einem geregelten Markt zugelassen sind. Diese Beschränkung entspricht der in den untersuchten Rechtsordnungen beobachteten Entwicklung, dass neue Regelungen zum Stimmrecht vielfach nur für börsennotierte Gesellschaften gelten. Auch liegt eine solche Begrenzung des Anwendungsbereichs auf der Hand, da der überwältigende Teil grenzüberschreitender Aktieninvestments in der Europäischen Union in börsennotierte Gesellschaften erfolgt.[1466] Schließlich gewähren Art. 44 Abs. 2 lit. g, Art. 308 und auch Art. 95 EG eine Kompetenz zur Angleichung der nationalen Gesellschaftsrechte im Hinblick auf eine effizientere Durchsetzung der europäischen Kapitalverkehrsfreiheit nur, soweit sich eine solche Harmonisierung gemäß Art. 5 EG als erforderlich erweist. Ob und inwieweit die Mitgliedstaaten die von der Kommission vorgeschlagenen Regelungen auf nicht börsennotierte Gesellschaften ausdehnen, bleibt daher zu Recht ihnen überlassen. Die Mitgliedstaaten könnten beispielsweise mittels eines *opt-in*-Verfahrens die Anwendung der ins nationale Recht umgesetzten Richtlinienbestimmungen in die Satzungsfreiheit nicht börsennotierter Gesellschaften stellen.

Handel auf einem geregelten Markt zugelassen sind, sowie zur Änderung der Richtlinie 2004/109/EG, KOM (2005) 685, siehe Fn. 19; dazu aus deutscher Sicht *Noack*, NZG 2006, 321; rechtsvergleichend *Grundmann/Winkler*, ZIP 2006, 1421.

1462 Vgl. oben Teil 2, insb. Kap. 4 und 5.

1463 Vgl. oben Teil 3 Kap. 5.

1464 Ziff. 1.2 der Vorschlagsbegründung.

1465 Zum Fragerecht (Art. 9 RL-E) *Grundmann/Winkler*, ZIP 2006, 1421 (1426); *Noack*, NZG 2006, 321 (323).

1466 *Grundmann/Winkler*, ZIP 2006, 1421 (1424).

Die Richtlinie soll nach dem Willen der Kommission ferner nur einen Mindestschutz gewähren. Den Mitgliedstaaten ist es also gestattet, das grenzüberschreitende Aktieninvestment über die Regelungen der Richtlinie hinaus intensiver zu fördern.

Gemäß Art. 2 lit. c RL-E ist Aktionär im Sinne der Richtlinie nicht nur, wer Aktien im eigenen Namen und für eigene Rechnung innehat, sondern auch, wer Aktien zwar in eigenem Namen, aber (treuhänderisch) für fremde Rechnung hält. Damit vermeidet die Kommission die schwierige Aufgabe einer europaweit einheitlichen und abschließenden Definition der Person des stimmberechtigten Aktionärs und verpasst zugleich eine gute Gelegenheit, die indirekten Anleger zu stärken.[1467] Denn wenn (auch) der treuhänderisch agierende *nominee* als Aktionär im Sinne der Richtlinie gilt, so erfassen die einschlägigen Schutznormen in weiten Teilen nur bloße Intermediäre. Der dahinter stehende eigentliche Investor, der das ökonomische Risiko der Anlage trägt, ist weiterhin im Hinblick auf die Durchsetzung seiner inhaltlichen Entscheidungsmacht auf sich allein gestellt. Denn die Kommission sah letztlich bewusst davon ab, den Intermediären Pflichten im Innenverhältnis zum Kunden durch gemeinschaftsrechtliche Vorgaben aufzuerlegen.

2) Verbesserung der Information vor und nach der Hauptversammlung

Das im dritten Teil dieser Arbeit erörterte Problem der teilweise für grenzüberschreitend agierende Anleger zu kurzen Ladungsfristen will die Kommission durch Art. 5 Abs. 1 und 3 RL-E lösen. Nach Art. 5 Abs. 1 RL-E ist der Emittent verpflichtet, eine erstmalige Einladung zur Hauptversammlung mit den in Abs. 2 genannten Mindestinformationen[1468] spätestens 30 Kalendertage vor der Hauptversammlung zu versenden. Eine solche europaweite Mindesteinberufungsfrist von 30 Tagen entspricht der in dieser Arbeit aufgestellten Forderung[1469] und ist ausdrücklich zu begrüßen. Für das deutsche Recht zöge eine entsprechende Richtlinienbestimmung insoweit Änderungsbedarf nach sich, als dass die Hauptversammlung hier zwar 30 Tage vor ihrer Durchführung bekanntzumachen ist, allerdings lediglich im elektronischen Bundesanzeiger.[1470] Eine *Versendung* der Einberufungsunterlagen muss gemäß § 125 Abs. 1 AktG dagegen erst binnen einer Frist von 12 Tagen nach der Einberufung erfolgen.

Da der Vorschlag nicht zwischen ordentlichen und außerordentlichen Hauptversammlungen differenziert, gilt die Mindestfrist auch für außerordentliche Hauptversammlungen. Dies wird insbesondere in Großbritannien kritisiert,[1471] wo die

---

1467 Ebenfalls kritisch *Noack*, ZIP 2006, 321 (327).

1468 Angabe von Ort, Zeitpunkt und Tagesordnung (a), Beschreibung der Teilnahme- und Abstimmungsvoraussetzungen inklusive Angabe des Stichtages (b), Beschreibung der Instrumente der Stimmrechtsausübung (c), Hinweis, wo die ungekürzten Beschlussvorlagen und anzunehmenden Unterlagen erhältlich sind (d), Hinweis auf die Adresse der Internetveröffentlichung (e).

1469 Vgl. oben Teil 3 Kap. 3 IV.

1470 Vgl. oben Teil 3 Kap. 1 I 5.

1471 *The Law Society*, Comments on the European Commission's proposal for a Directive on the exercise of voting rights by shareholders, 2 f; *Investment Management Association*, Comments on pro-

Einberufungsfrist vor außerordentlichen Hauptversammlungen bislang bei 14 Tagen liegt.[1472] Für die Erstreckung der dreißigtägigen Mindestfrist auch auf die Einladung zu außerordentlichen Hauptversammlungen spricht bei Gesellschaften mit dominierenden Großaktionären der Schutz der Minderheits- und Kleinaktionäre.[1473] Während die Großaktionäre nämlich in der Praxis in der Regel schon vor der Einberufung Kenntnis von den Beschlussvorschlägen haben, brauchen die Minderheitsaktionäre ab der Einberufungsbenachrichtigung noch genügend Zeit, um sich untereinander abzustimmen, um einen Kontrolleffekt erzielen zu können. Dies ist ein starkes Argument, vor allem da auf außerordentlichen Hauptversammlungen in der Regel wichtigere Beschlussgegenstände behandelt werden als auf den stark formalisierten ordentlichen Hauptversammlungen. Da – wie gezeigt[1474] – die Aktiengesellschaften in den meisten kontinentaleuropäischen Mitgliedstaaten von einer hohen Konzentration des Aktienbesitzes geprägt sind, sprechen die besseren Gründe für eine europaweite Erstreckung der dreißigtägigen Mindestfrist auch auf die Einladung zur außerordentlichen Hauptversammlung.

Der Kommissionsvorschlag bestimmt ferner, dass die Emittenten innerhalb der gleichen Mindestfrist unter anderem die Einladung, die Beschlussvorlagen und Unterlagen im Langtext sowie die Briefwahl- und Vollmachtsformulare zusätzlich auf ihrer Website veröffentlichen müssen, Art. 5 Abs. 3 RL-E. Für entsprechende mitgliedstaatliche Regelungen könnte bereits die Transparenzrichtlinie,[1475] die bis zum 20. Januar 2007 in mitgliedstaatliches Recht umzusetzen ist, Vorschub leisten: Nach Art. 17 Abs. 3 der Transparenzrichtlinie sind die Mitgliedstaaten nämlich verpflichtet, den Einsatz elektronischer Hilfsmittel zur Übermittlung von Informationen an die Aktionäre zu gestatten, sofern sowohl die Hauptversammlung als auch (zusätzlich!) der einzelne Aktionär diesem Kommunikationsweg zustimmt. In den Rechtsordnungen Deutschlands, Frankreichs und Großbritanniens wird den Gesellschaften sogar bereits nach derzeit geltendem Recht die Einberufung der Hauptversammlung mittels elektronischer Hilfsmittel gestattet, allerdings wird jeweils nur die – vollauf genügende – Individualzustimmung vorausgesetzt. Für den weitergehenden Richtlinienvorschlag, der eine Zusendung per E-Mail als alleinige elektronische Verbreitung nicht ausreichen lässt, spricht, dass eine direkte Informationsvermittlung per E-Mail immer voraussetzt, dass die Aktionäre den Unternehmen namentlich bekannt sind. Im Interesse nicht-ansässiger Anleger in Namensaktien, die aufgrund der Mediatisierung ihrer Beteiligungen durch die Zwischenschaltung von Finanzintermediären nach nationalem Recht gegenüber der Gesellschaft nicht informationsberechtigt sind, sowie im Interesse derjenigen gebietsfremden (Inhaber-)Aktionäre, die nationale Druckerzeugnisse nicht verfol-

---

posal for a directive on the exercise of voting rights by shareholders of companies having their registered office in a Member State, 3.

1472 Siehe oben Teil 3 Kap. 1 III 5.

1473 *Noack/Zetzsche* (CBC), Second consultation document – Comments, 9.

1474 Vgl. oben Teil 1 Kap. 4 II und Kap. 5 II.

1475 Richtlinie zur Harmonisierung der Transparenzanforderungen in Bezug auf Informationen über Emittenten, deren Wertpapiere zum Handel auf einem geregelten Markt zugelassen sind, RL 2004/109/EG vom 15. 12. 2004, ABl. L 390/38 vom 31. 12. 2004.

gen, ist die vorgeschlagene Veröffentlichungspflicht hauptversammlungsrelevanter Informationen im Internet ohne Alternative. Nicht nachvollziehbar ist allerdings, warum die Informationsbereitstellung nicht auch (ausschließlich) über zentrale elektronische Medien wie etwa dem elektronischen Bundesanzeiger erfolgen darf.[1476]

Damit auch physisch abwesende Aktionäre Kenntnis von den einzelnen Abstimmungsergebnissen nehmen können, sollen die Emittenten gemäß Art. 15 RL-E in Zukunft verpflichtet sein, spätestens fünfzehn Tage nach der Hauptversammlung die Ergebnisse auf ihrer Website zu veröffentlichen. Dabei soll für jeden Beschluss der genaue Anteil des abstimmenden Kapitals sowie die Prozentsätze der zustimmenden und ablehnenden Stimmen angegeben werden. Die (Pflicht-)Angabe des abstimmenden Kapitals könnte – quasi durch die Hintertür – das problematische britische *show of hands*-Abstimmungsverfahren abschaffen. Denn bei dieser reinen Abstimmung nach Köpfen wird das abstimmende Kapital gerade nicht gezählt.[1477]

3) Abschaffung von Hinterlegungserfordernissen

Mit Art. 7 RL-E will die Kommission vor allem das *blocking* der Aktien vor der Hauptversammlung europaweit beseitigen. Gemäß Art. 7 Abs. 1 RL-E darf das Recht auf Teilnahme und Abstimmung nicht an Bedingungen geknüpft werden, denen zufolge der Aktionär die entsprechenden Aktien durch Hinterlegung oder auf sonstigem Wege bei einem Kreditinstitut oder einer anderen Stelle vor der Hauptversammlung zu sperren hätte. Dies soll explizit auch gelten, wenn die Sperre tatsächlich keine Auswirkung auf die Handelbarkeit der Aktien mit sich bringt. Die Untersuchung hat belegt, dass ein solcher Zusatz sinnvoll ist. Denn in der Praxis ist es oft unklar, ob mit dem gesetzlichen oder satzungsmäßigen Erfordernis einer Hinterlegung oder Sperrung im Einzelfall auch eine Handelbarkeitssperre einhergeht.[1478] Es wurde ferner gezeigt, dass allein diese Unsicherheit die Anleger davon abhalten kann, die aufgestellten Legitimationserfordernisse zu erfüllen. Schließlich wurden auch die Nachteile der französischen Lösung aufgezeigt, nach der eine Veräußerung auch nach Ausstellung einer Sperrerklärung zwar zulässig ist, jedoch aufwändige und fehleranfällige Datenanpassungen zwischen der Depotbank und dem Emittenten nach sich zieht. Mit einem Stichtagsprinzip, wie es die Kommission in Art. 7 Abs. 2 RL-E vorschlägt, könnten die benannten Probleme im Sinne der Verfasserin gelöst werden.[1479] Nach dieser Regelung ist es zulässig, Teilnahme- und Stimmrecht an die Bedingung zu knüpfen, dass eine natürliche oder juristische Person ihre Aktionärseigenschaft zu einem bestimmten Termin vor der Hauptversammlung nachweisen muss. Da bei einem Hinterlegungs- und Sperrverbot die Stimmberechtigung zum Zeitpunkt der

1476 *Grundmann/Winkler*, ZIP 2006, 1421 (1425).
1477 Daher kritisch *The Law Society*, 6.
1478 Vgl. oben Teil 2 Kap. 4.
1479 Vgl. die ausführliche Auseinandersetzung mit dieser Frage unter Teil 2 Kap. 3.

Hauptversammlung nicht (mehr) hinreichend gewährleistet werden kann, wären Gesellschaften mit Inhaberaktien faktisch gezwungen, auf das Stichtagssystem zu wechseln. Dies bedeutet in den meisten Mitgliedstaaten einen Paradigmenwechsel in der Frage des maßgeblichen Zeitpunkts für die Stimmberechtigung. Die Erfahrung in Deutschland mit der Neuregelung des § 123 Abs. 3 AktG zeigt freilich, dass dieser ohne größere Schwierigkeiten umzusetzen sein würde.

Nach dem Vorschlag der Kommission darf der Stichtag für die Aktionärsstellung, den jeder Mitgliedstaaten für „seine" Emittenten verbindlich festlegen soll, nicht früher als 30 Tage vor der Hauptversammlung liegen, Art. 7 Abs. 3 RL-E. Eine Differenzierung zwischen Namens- und Inhaberaktien erfolgt an dieser Stelle genauso wenig wie in den übrigen Bestimmungen des Vorschlags. Deshalb ist wohl davon auszugehen, dass die Mitgliedstaaten nach dem Willen der Kommission nur einen einzigen Stichtag für beide Aktiengattungen bestimmen dürfen. Der Termin der Bekanntmachung und der Stichtag für die Aktionärseigenschaft sollten freilich nicht allzu nah beieinander liegen. Bei dem weit verbreiteten *stock lending* brauchen die Aktionäre nämlich genug Zeit, ihre Aktien vom Entleiher zurückzufordern.[1480] Daneben weisen Kritiker auf das Missbrauchspotential hin, dass durch einen Stichtag zeitgleich mit der Bekanntmachung der Hauptversammlung entstünde.[1481] Die Daten aus allen Mitgliedstaaten sollen im Amtsblatt der Europäischen Union veröffentlicht werden, um so die nötige Transparenz zu gewährleisten.

Zur wichtigen Frage, *wie* die Aktionärseigenschaft gegenüber dem Emittenten nachzuweisen ist, gibt die Kommission in ihrem Vorschlag kein konkretes Verfahren vor. Art. 7 Abs. 2 S. 2 RL-E bestimmt lediglich, dass der Nachweis nur an solche Anforderungen geknüpft werden darf, die zur Gewährleistung der Identifizierung erforderlich und angemessen sind. Während das in Großbritannien und in Deutschland für Namensaktien vorgesehen Erfordernis der Registrierung diese Anforderungen sicher erfüllen wird, ist fraglich, welche Verfahren für die Legitimation von Inhaberaktionären zulässig bleiben. Der in dieser Untersuchung präferierte *direct approach* dürfte den genannten Kriterien gerecht werden. Da der Richtlinienentwurf auf die Vereinfachung und Beschleunigung der Verfahren abzielt, könnte der aufwändigere *chain approach* hingegen als „unangemessen" im Sinne des Art. 7 Abs. 2 RL-E anzusehen sein. Es bleibt aber zu kritisieren, dass die Kommission keine flankierenden Vorgaben zum Legitimationsverfahren macht. Schließlich ist es im grenzüberschreitenden Kontext bei der Legitimation mittels *direct approach* entscheidend, dass der Emittent auch die Bestandsnachweise ausländischer Depotbanken akzeptiert und dass die ausländische Depotbank die in der Erstellung und (grenzüberschreitenden) Übermittlung liegende zusätzliche Arbeit auch in jedem Falle ausführt.[1482] Solange für die Beteiligten keine entsprechenden Pflichten bestehen, ist die Möglichkeit der Aktionäre, sich auch grenzüberschreitend zu legitimieren, nicht hinreichend gewährleistet.

1480 *Investment Management Association*, Comments on proposal, 3.
1481 ICGN, Comment Letter, Ziff. 4.
1482 So auch *Noack*, NZG 2006, 321 (323).

4) Gewährleistung der Stimmrechtsausübung des physisch Abwesenden

Die Kommission will sicherstellen, dass auch Aktionäre, denen die physische Teilnahme an der Hauptversammlung nicht möglich ist, ihr Stimmrecht ausüben können. Im Hinblick auf die eigene Stimmabgabe durch den abwesenden Aktionär sollen dies die Artt. 8 und 12 RL-E gewährleisten. Nach Art. 12 Abs. 1 RL-E soll den Aktionären die zeitlich vorgelagerte Stimmabgabe per herkömmlicher Post stets gestattet sein. Angesichts der aufgezeigten Nachteile der klassischen Briefwahl und den daraus resultierenden ernüchternden Erfahrungen in einigen Mitgliedstaaten, ist diese Regelung abzulehnen. Eine Pflicht, die Briefwahl zu ermöglichen, legt den Emittenten einen großen Aufwand auf. Da zu erwarten ist, dass die Abstimmung per Brief nur wenig genutzt wird, erscheint ein solcher Zusatzaufwand nicht gerechtfertigt.

Demgegenüber soll die elektronische Stimmabgabe nicht verpflichtend eingeführt werden. Diese Entscheidung ist zum jetzigen Zeitpunkt richtig, da die Gefahr anfechtbarer Beschlüsse eine ausgereifte Technologie für die elektronische Stimmabgabe in Echtzeit erfordert. Kritische Punkte sind insoweit insbesondere die Gewährleistung der Aufrechterhaltung der Internetverbindung, die Nachweisbarkeit der ununterbrochenen Online-Teilnahme im Hinblick auf Quoren-Erfordernisse und die Sicherheit vor Manipulationsversuchen. Das Beispiel Frankreichs zeigt, dass sich die Gesellschaften derzeit noch nicht in der Lage sehen, ein (sicheres) Verfahren elektronischer Echtzeit-Abstimmung anzubieten.[1483] Umgekehrt soll das mitgliedstaatliche Recht nach dem Kommissionsvorschlag einer elektronischen Stimmabgabe im Vorfeld oder in Echtzeit jedoch zumindest keine Hindernisse bereiten dürfen (Art. 12 Abs. 2 RL-E), insbesondere nicht durch ein Verbot der elektronischen Hauptversammlungsteilnahme, Art. 8 Abs. 1 RL-E. Die Kommission will die Präsenzhauptversammlung nicht durch eine rein virtuelle Hauptversammlung ersetzen, aber um die Möglichkeiten elektronischer Teilnahme ergänzen. Angesichts des Risikos anfechtbarer Beschlüsse werden in der Praxis nur solche Gesellschaften von dieser Möglichkeit Gebrauch machen, die sich den anspruchsvollen technischen Fragen der Sicherheitsstandards und Authentifizierungsverfahren gewachsen sehen. Für diejenigen Mitgliedstaaten, die wie Deutschland und Großbritannien noch strikt an dem Grundsatz der Präsenzveranstaltung festhalten, würde die Umsetzung einer entsprechenden Richtlinienbestimmung eine Rechtsänderung erfordern.

Neben diesen Regelungen zur Stimmabgabe durch den abwesenden Aktionär selber will die Kommission in der geplanten Richtlinie erstmalig europaweite Mindeststandards im Bereich der Stimmrechtsvertretung setzen. Angesichts der derzeit (noch) überragenden Bedeutung der Stimmrechtsvertretung für nichtansässige Aktionäre ist dieser zweite Ansatz neben der Stärkung der neuen Kommunikationsmedien sehr zu begrüßen. In der Untersuchung wurde gezeigt, dass die Stimmrechtsvertretung heute zwar im Grundsatz in allen Mitgliedstaaten zu-

1483 Siehe oben Teil 2 Kap. 1 II. 1 b).

lässig ist, jedoch mit einer Vielzahl von Einschränkungen. Gemäß Art. 10 Abs. 1 RL-E soll nun jedem Aktionär die Stimmrechtsvertretung durch jede (rechtsfähige) Person seiner Wahl stets gewährleistet sein. Einschränkungen bleiben nur insoweit gestattet, als sie Interessenkonflikten begegnen sollen. Mögliche Interessenkonflikte des Stimmrechtsvertreters sieht die Kommission für die Fälle, dass Mehrheitsaktionäre oder Personen mit besonderer Beziehung zum Emittenten bzw. dessen Geschäftsleitung als Stimmrechtsvertreter fungieren, Art. 10 Abs. 1 lit. a bis c RL-E. Die Vollmachtserteilung und die Erteilung von Abstimmungsanweisungen dürfen lediglich an solche formalen Anforderungen geknüpft werden, die zur Feststellung der Identität des Aktionärs und des Vertreters unbedingt erforderlich sind; eine elektronische Vollmachtserteilung soll grundsätzlich ausreichend sein, Art. 11 RL-E.[1484] Dies entspricht der zu begrüßenden und in den meisten Mitgliedstaaten zu beobachtenden Tendenz, sog. *wet signature*-Erfordernisse abzuschaffen, ebenso wie der regelungstechnische Ansatz der Kommission, die Verwendung elektronischer Kommunikationsmittel nicht zwingend vorzuschreiben. Zustimmung verdient auch die Entscheidung der Kommission, auf die Vorgabe konkreter Identifizierungs- und Sicherheitsverfahren im elektronischen Verkehr zu verzichten. Denn die Entwicklungen im Bereich der modernen Kommunikation sind rasant und Optimierungspotential sollte nicht vorzeitig eingeschränkt werden. Etwas anderes gilt allerdings im Hinblick auf die Vollmachts- und Briefwahlformulare, die nach dem Willen der Kommission zukünftig auf der Website jedes Emittenten abrufbar sein sollen. Diese sind in der Praxis häufig sehr kompliziert verfasst. Eine Standardisierung dieser Vordrucke in der EU würde Aktionären mit grenzüberschreitendem Portfolio die Stimmrechtsausübung zusätzlich erleichtern.

In der Untersuchung wurde gezeigt, dass im Rahmen der Stimmrechtsausübung durch Dritte die organisierte Stimmrechtsvertretung von zentraler Bedeutung ist.[1485] Diese will die Kommission im Grundsatz gewährleisten, in dem sie in Art. 10 Abs. 2 RL-E quantitative Vollmachtsbeschränkungen verbietet und zugleich die uneinheitliche Stimmabgabe eines Vertreters gestattet. Entscheidend ist freilich vor allem auch die inhaltliche Weisungsoffenheit der (institutionellen) Stimmrechtsvertreter. Optimalerweise sollte den Aktionären in allen Mitgliedstaaten eine Institution zur weisungsgebundenen Stimmrechtsvertretung zur Verfügung stehen. Leider fehlen aber allgemeingültige Vorgaben zur Weisungsgebundenheit der institutionellen Stimmrechtsvertreter im Vorschlag. Der mit „Weisungsgebundene Abstimmung" überschriebene Art. 13 RL-E bestimmt in Abs. 3 lediglich, dass Personen, die geschäftsmäßig Aktien für fremde Rechnung halten, stets stimmberechtigt sind, sofern der Depotkunde „eine entsprechende Anweisung" erteilt hat. Die Gesellschaft soll die Stimmabgabe des Intermediären also nicht (allein) deshalb zurückweisen dürfen, weil dieser die Aktien für fremde

---

1484 Nur diese Interpretation des Art. 11 Abs. 2 S. 1 RL-E („Stimmrechtsvertreter können auf elektronischem Wege bestellt werden") gibt der Norm einen eigenständigen Regelungsgehalt. Eine klarere Formulierung wäre dennoch wünschenswert.

1485 Vgl. Teil 3 Kap. 3 I.

Rechnung hält.[1486] Es müsste allerdings noch klargestellt werden, ob auch Dauervollmachten diesem Anweisungserfordernis genügen,[1487] und ob im Umkehrschluss eine weisungslose Stimmrechtsausübung der Intermediäre stets unzulässig sein soll.

5) Fazit

Der Richtlinienentwurf vom 5. Januar 2006 ist grundsätzlich zu begrüßen. Die Europäische Kommission geht zwar nicht alle in dieser Arbeit aufgezeigten Hindernisse für eine effiziente grenzüberschreitende Stimmrechtsausübung in der EU an, schlägt jedoch einige wichtige und überfällige Mindeststandards im Bereich der Einberufungsinformation, der Stimmrechtsvertretung und der Einführung elektronischer Medien vor. Richtig ist insoweit die Entscheidung, den Vorschlag nicht mit Regelungen zu überfrachten, die politisch schwer durchzusetzen sind, insbesondere von einer stringenten Einführung des Proportionalitätsgrundsatzes und einer Harmonisierung der Hauptversammlungskompetenzen abzusehen. Im Hinblick auf die Konsequenzen der zunehmenden Mediatisierung der Beteiligungen werden eher die Symptome als das zentrale Problem adressiert. Obwohl sie dies anfangs noch in Erwägung gezogen hatte,[1488] sieht die Kommission in ihrem Vorschlag davon ab, regelnd in das Verhältnis der Intermediäre zum Letztinvestor einzugreifen und den indirekten Anleger, der in vielen Fällen nach den nationalen Gesellschaftsrechten nicht formell stimmberechtigt ist, auf diese Weise zu stärken. Es wurde freilich gezeigt, dass wirklich überzeugende Konzepte zur Stärkung des indirekten Anlegers derzeit fehlen. Angesichts der drängenden (Folge-)Probleme verdient daher auch die „kleine" Lösung der Kommission Zustimmung. Die oben benannten Kritikpunkte zu einzelnen Bestimmungen sollten noch Berücksichtigung finden. Mit der Annahme eines in diesem Sinne überarbeiteten Vorschlags könnten dann einige gravierende Hindernisse für das *cross-border voting* in absehbarer Zeit beseitigt werden.

1486 *Noack*, NZG 2006, 321 (324).

1487 *BDA/BDI/DAI/DIHK/GDV*, Gemeinsame Stellungnahme, 6f; *Noack*, NZG 2006, 321 (324); *Spindler*, Arbeitspapier, 18f.

1488 Vgl. die Fragestellungen des ersten Konsultationspapieres vom 16. September 2004, Fn. 20.

Literaturverzeichnis

Ackermann, Josef/*Koch-Weser*, Caio: Stärken bündeln – Zukunft gestalten: Mit der IFD stellt sich die Finanzbranche ihrer gesellschaftlichen Verantwortung, in: Zeitschrift für das gesamte Kreditwesen, 2004, S. 172ff

Adams, Michael: Höchststimmrechte, Mehrfachstimmrechte und sonstige wundersame Hindernisse auf dem Markt der Unternehmenskontrolle, in: AG 1990, S. 63ff

Aktiengesetz Großkommentar: Band 1, Halbband 1, §§ 1–75, 3. Auflage 1973, Band 1, Halbband 2, §§ 76–147, 3. Auflage 1973, 14. Ergänz.-Lfg.: §§ 118–120 AktG, 4. Auflage 1999, zitiert: *Verfasser*, in: GroßKomm AktG

Altmeppen, Holger: Umwandlung von Vorzugsaktien in Stammaktien gegen Zuzahlung, in: NZG 2005, S. 771ff

Andenas, Mads/*Gütt*, Tilmann/*Pannier*, Matthias: Free Movement of Capital and National Company Law, in: EBLR 2005, S. 757ff

Antunes, José Engrácia: „Law & Economics" Perspective of Portuguese Corporation Law, System and Current Developments, in: ECFR 2005, S. 323ff

Arbeitskreis Namensaktie: Bericht an das Bundesministerium der Justiz zu Veränderungen des Stimmrechtsverhaltens bei deutschen Aktiengesellschaften, Februar 2004, unveröffentlicht, bei der Autorin einsehbar

Armbrüster, Christian: Zur uneinheitlichen Stimmrechtsausübung im Gesellschaftsrecht, in: Festschrift für Gerold Bezzenberger, 2000, S. 3ff

Bachmann, Gregor: Verwaltungsstimmrecht und „Aktionärsdemokratie" – Selbstregulative Ansätze für die Hauptversammlung, in: AG 2001, S. 635ff

Bachner, Thomas: Grenzüberschreitende Ausübung von Aktionärsrechten, Gedanken zum Vorschlag einer europäischen Expertengruppe, in: Festschrift für Peter Doralt, 2004, S. 33ff

Baums, Theodor: Höchststimmrechte, in: AG 1990, S. 221ff

ders.: Vollmachtsstimmrecht der Banken – Ja oder Nein?, in: AG 1996, S. 11ff

ders. (Hrsg.): Bericht der Regierungskommission Corporate Governance, 2001

ders.: The Regulation of Takeovers under German Law, in: EBLR 2004, S. 1453ff

Baums, Theodor/*Buxbaum*, Richard M./*Hopt*, Klaus J. (Hrsg.): Institutional Investors and Corporate Governance, 1993

Baums, Theodor/*Fraune*, Christian: Institutionelle Anleger und Publikumsgesellschaft: Eine empirische Untersuchung, in: AG 1995, S. 97ff

Baums, Theodor/*Randow*, Phillip von: Der Markt für Stimmrechtsvertreter, in: AG 1995, S. 145ff

Baums, Theodor/*Wymeersch*, Eddy (Hrsg.): Shareholder Voting Rights and Practices in Europe and the United States, 1999, zitiert: *Verfasser*, in: Baums/Wymeersch (Hrsg.), Shareholder Voting Rights and Practices in Europe, *Staat*

Bayer, Walter: Zulässige und unzulässige Einschränkungen der europäischen Grundfreiheiten im Gesellschaftsrecht, in: BB 2002, S. 2289ff

BDA/BDI/DIHK/GDV/DAI: Gemeinsame Stellungnahme zum Vorschlag für eine Richtlinie des Europäischen Parlaments und des Rates über die Ausübung der Stimmrechte durch Aktionäre von Gesellschaften, die ihren eingetragenen Sitz in einem Mitgliedstaat haben und deren Aktien zum Handel auf einem geregelten Markt zugelassen sind, 8. 3. 2006, abrufbar unter: http://www.dai.de/internet/dai/dai-2-0.nsf/dai_publikationen.htm

Literaturverzeichnis

Becker, Bernd Christian: Die institutionelle Stimmrechtsvertretung der Aktionäre in Europa, 2001, zitiert: Institutionelle Stimmrechtsvertretung in Europa

Beckerhoff, Tom: Treupflichten bei der Stimmrechtsausübung und Eigenhaftung des Stimmrechtsvertreters, 1996

Behnke, Thorsten: Die Stimmrechtsvertretung in Deutschland, Frankreich und England, in: NZG 2000, S. 665 ff

Benjamin, Joanna/*Yates*, Madeleine/*Montagu*, Gerald: The Law of Global Custody, Legal Risk Management in Securities Investment and Collateral, 2. Auflage 2002

Bennedsen, Morten/*Nielsen*, Kasper: The Impact of a Break-Through Rule on European Firms, Discussion Paper Nr. 2002-10, Centre for Economic and Business Research, abrufbar unter: http://www.cebr.dk/upload/dp1002.pdf

Bernitz, Ulf: The Attack on the Nordic Multiple Voting Rights Model: The Legal Limits under EU Law, in: EBLR 2004, S. 1423 ff

Bezzenberger, Tilman: Vorzugsaktien ohne Stimmrecht, 1991

Bissara, Philippe: L'amélioration des conditions de vote des actionnaires Non-Résidents des sociétés cotées françaises, 2003, abrufbar unter: http://www.ansa.asso.fr/site/acv_index_fr.asp

Bohata, Bohata, Gesellschaftsrecht in der Tschechischen Republik, Gesellschaftsrecht in der Tschechischen Republik und der Slowakei, 2. Auflage 1998, zitiert: Gesellschaftsrecht in der Tschechischen Republik

Bonneau, Thierry: Titres, Bourses, Marchés, in: Droit des sociétés, August/September 2004, S. 22 ff

Bourne, Nicholas: Principles of Company Law, 3. Auflage 1998

Brockhuis, Jörn/*Schnell*, Christian: Gesellschaftsrecht in Polen, 2002

Bundesministerium der Justiz: Bericht über die Entwicklung der Stimmrechtsausübung in börsennotierten Aktiengesellschaften in Deutschland seit Inkrafttreten des Namensaktiengesetzes, Langfassung, 2004, bei der Autorin einsehbar

Bunke, Caspar: Fragen der Vollmachtserteilung zur Stimmrechtsausübung nach §§ 134, 135 AktG, in: AG 2002, S. 57 ff

Butzke, Volker: Obermüller/Werner/Winden, Die Hauptversammlung, 4. Auflage 2001

Buxbaum, Richard M.: Comparative Aspects of Institutional Investment and Corporate Governance, in: Baums/Buxbaum/Hopt (Hrsg.), Institutional Investors and Corporate Governance, 1994, S. 1 ff

The Cadbury Commitee: Report of the Committee on the Financial Aspects of Corporate Governance, 1992

Calliess, Christian/*Ruffert*, Matthias (Hrsg.): Kommentar des Vertrages über die Europäischen Union und des Vertrages zur Gründung der Europäischen Gemeinschaft – EUV/EGV, 1999, zitiert: *Verfasser*, in: Calliess/Ruffert (Hrsg.), Kommentar zum EUV/EGV

Charkham, Jonathan P.: Keeping Better Company, Corporate Governance Ten Years On, 2005

Charvériat, Anne/*Couret*, Alain: Droit Des Affaires, Sociétés Commerciales 2005, 2004, zitiert: Charvériat/Couret, Sociétés Commerciales, 2005

Chew, Donald H. (Hrsg.): Studies in International Corporate Finance and Governance Systems, A Comparison of the U. S., Japan, and Europe, 1997

Claussen, Carsten P.: Hauptversammlung und Internet, in: AG 2001, 161 ff

The Company Law Review Steering Group: Modern Company Law for a Competitive Economy: Final Report, Vol. 1 und 2, 2001, DTI URN 01/942 und URN 01/943, abrufbar unter: http://www.dti.gov.uk/cld/review.htm

Couret, Alain: ADR, EDR, nominees, trustees, partnerships, global custodians, etc., in: Revue des sociétés 1999, S. 555 ff

Cozian, Maurice/*Viandier*, Alain/*Deboissy*, Florence: Droit des sociétés, 15. Auflage 2002

Daigre, Jean-Jacques: L'aménagement du droit de vote, in: Revue de Droit Bancaire et Financier 2004, S. 364 ff

ders.: Corporate Governance from a UK Perspective, in: GesRZ 2002, Sonderheft, S. 14 ff
ders.: Gower and Davies' Principles of Modern Company Law, 7. Auflage 2003
Davies, Stephen/*Briggs*, Nicholas/*Impey*, David/*Evans*, Bethan/*Ellis*, Tom: Modern Law of Meetings, 2005
De Bauw, Francois: Les Assemblées Générales dans les Sociétés Anonymes, 1996
Deutsche Bundesbank: Die Entwicklung der Kapitalverflechtung der Unternehmen in Deutschland mit dem Ausland von Ende 1998 bis Ende 2001, in: Monatsbericht Juni 2003, 51 ff
Deutsche Schutzvereinigung für Wertpapierbesitz e.V.: DSW Europe Study, 15 European Countries in Comparison, A study comparing minority shareholders' rights, voting rights and proxy voting in Europe, 1999, zitiert: DSW Europe Study
Deutsches Aktieninstitut: Stellungnahme zu dem Referentenentwurf eines Gesetzes, zur Unternehmensintegrität und Modernisierung des Anfechtungsrechts (UMAG), 31. März 2004, http://www.dai.de/internet/dai/dai-2-0.nsf/dai_publikationen.htm
Doralt, Peter/*Török*, Gábor: AG-Mustersatzung Ungarn, 1995
Drummond, France: Un nouveau principe: la liberté d'émettre „toutes valeurs mobilières", in: Revue de Droit Bancaire et Financier 2004, S. 361 ff
Drygala, Timmerman: Stand und Entwicklungen des europäischen Gesellschaftsrechts, in: ZEuP 2004, S. 337 ff

Edwards, Vanessa: The Directive on Takeover Bids – Not Worth the Paper It's Written On?, in: ECFR 2004, S. 416 ff
Ehricke, Ulrich/*Ekkenga*, Jens/*Oechsler*, Jürgen: Wertpapiererwerbs- und Übernahmegesetz, Kommentar, 2003, zitiert: *Verfasser*, in: *Ehricke/Ekkenga/Oechsler*, WpÜG Kommentar
Ernst & Young Invest in France Agency: Unternehmerische Betätigung in Frankreich, 1999
Europäische Kommission: EU Clearing and Settlement – Legal Certainty Group, Synthesis Report of the 2nd meeting, 21. 4. 2005, abrufbar unter: http://www.europa.eu.int/comm/internal_market/financial-markets/docs/certainty/report-21042005_en.pdf
dies.: Special rights in privatized companies in the enlarged Union – a decade full of developments, Commission Staff Working Document, 22. 7. 2005, abrufbar unter: http://europa.eu.int/comm/internal_market/capital/framework/reports_en.htm
The Expert Group on Cross-Border Voting in Europe: Cross-Border Voting in Europe – Final Report 2002/06, 2002, abrufbar unter: http://www.jura.uni-duesseldorf.de/dozenten/noack/texte/normen/amsterdam/final.pdf

Farrar, John H./*Hannigan*, Brenda: Farrar's Company Law, 4. Auflage 1998
Ferrarini, Guido/*Hopt*, Klaus J./*Winter*, Jaap/*Wymeersch*, Eddy (Hrsg.): Reforming Company and Takeover Law in Europe, 2004, zitiert: *Verfasser*, in: Ferrarini/Hopt/Winter/Wymeersch (Hrsg.), Reforming Company Law
Flannigan, Robert: Fiduciary Duties of Shareholders and Directors, in: The Journal of Business Law 2004, S. 277 ff
Fleischer, Holger: Ungeschriebene Hauptversammlungszuständigkeiten im Aktienrecht: Von „Holzmüller" zu „Gelatine", in: NJW 2004, S. 2335 ff
Flume, Werner: Die juristische Person, Allgemeiner Teil des Bürgerlichen Rechts, Band 1, Teil 2, 1983
ders.: Die Rechtsprechung des II. Zivilsenats des BGH zur Treupflicht des GmbH-Gesellschafters und des Aktionärs, in: ZIP 1996, 161 ff
Foerster, Alexander/*Strempel*, Hans: Neuere Entwicklungen im Recht der schwedischen Aktiengesellschaft, in: RIW 1999, S. 33 ff
Franks, Julian/*Mayer*, Colin: Corporate Ownership and Control in the U.K., Germany and France, in: Chew (Hrsg.), Studies in International Corporate Finance and Governance Systems, 1997, S. 281 ff
Fraune, Christian: Der Einfluss institutioneller Anleger in der Hauptversammlung, 1995
Frenz, Walter: Handbuch Europarecht, Band 1, Europäische Grundfreiheiten, 2004

Freshfields Bruckhaus Deringer: Implementing the Takeover Directive in the EU, Juni 2006, abrufbar unter: http://www.freshfields.com/publications/pdfs/2006/15563.pdf

Germain, Michel: Les actions de préférence: le nouveau régime de création et de suppression, in: Droit et Patrimoine, Nr. 130, 2004, S. 82ff

The Giovannini Group: Cross-Border Clearing and Settlement Arrangements in the European Union, November 2001, http://www.europa.eu.int/comm/economy_finance/giovannini/clearing_settlement_en.htm

Goehrmann, Peter: Das Informationsrecht und Stimmrecht des Aktionärs im neuen französischen Gesellschaftsrecht, 1969

Götze, Cornelius: „Gelatine“ statt „Holzmüller“ – Zur Reichweite ungeschriebener Mitwirkungsbefugnisse der Hauptversammlung, in: NZG 2004, S. 585ff

Goulding, Simon: Company Law, 2. Auflage 1999

Grechenig, Kristoffel: Spanisches Aktien- und GmbH-Recht – Das einstufige Verwaltungssystem in Beziehung zur Hauptversammlung und zu Gesellschafterrechten, 2005

Groeben, Hans von der/*Schwarze*, Jürgen: Kommentar zum Vertrag über die Europäische Union und zur Gründung der Europäischen Gemeinschaft, Band 1: Art. 1–53 EUV; Art. 1–80 EGV, 6. Auflage 2003, zitiert: *Verfasser*, in: von der Groeben/Schwarze (Hrsg.), Kommentar zum EUV

Großerichter, Helge/*Rageade*, Jean-Philippe: Französische Gesetzgebung und Rechtsprechung zum Handels- und Wirtschaftsrecht im Jahre 2000, in: RIW 2001, S. 771ff

Grundmann, Stefan: Der Treuhandvertrag, insbesondere die werbende Treuhand, 1997

ders.: Wettbewerb der Regelgeber im Europäischen Gesellschaftsrecht – jedes Marktsegment hat seine Struktur, in: ZGR 2001, S. 783ff

ders.: Europäisches Gesellschaftsrecht, 1. Auflage 2004

ders.: Die rechtliche Verfassung des Marktes für Unternehmenskontrolle nach Verabschiedung der Übernahmerichtlinie, in: NZG 2005, S. 122ff

ders./Möslein, Florian: Die Goldene Aktie, Staatskontrollrechte in Europarecht und wirtschaftspolitischer Bewertung, in: ZGR 2003, S. 317ff

dies.: Die Goldene Aktie und der Markt für Unternehmenskontrolle im Rechtsvergleich – insbesondere Staatskontrollrechte, Höchst- und Mehrfachstimmrechte sowie Übernahmeabwehrmaßnahmen, in: ZVglRWiss 102 (2003), S. 289ff

Grundmann, Stefan/*Mülbert*, Peter O.: Corporate Governance – Europäische Perspektiven, in: ZGR 2001, S. 215ff

Grundmann, Stefan/*Winkler*, Nina: Das Aktionärsstimmrecht in Europa und der Kommissionsvorschlag zur Stimmrechtsausübung in börsennotierten Gesellschaften, in: ZIP 2006, S. 1421ff

Gruson, Michael: Die Doppelnotierung von Aktien deutscher Gesellschaften an der New Yorker und Frankfurter Börse: die so genannte Globale Aktie, in: AG 2004, S. 358ff

Guyon, Yves: Die neuere Entwicklung des französischen Gesellschaftsrechts, in: ZGR 1985, S. 74ff

ders: Droit des Affaires, Tome 1: Droit commercial général et sociétés. 11. Auflage 2001

Habersack, Mathias: Aktienrecht und Internet, in: ZHR 165 (2001), S. 172ff

ders: Europäisches Gesellschaftsrecht, 2. Auflage 2003

Hannigan, Brenda: Annotated Guide to the Companies Act, 2001

Hansmann, Henry/*Kraakman*, Reinier: The Basic Governance Structure, in: Kraakman/Davies/Hansmann/Hertig/Hopt/Kanda/Rock (Hrsg.), The Anatomy of Corporate Law, 2004, S. 33ff

Hasselbach, Kai/*Schumacher*, Stephan: Hauptversammlung im Internet, in: ZGR 2000, S. 258ff

Hauck, Michael: The Equity Market in Germany and its Dependency on the System of Old Age Provisions, in: Baums/Buxbaum/Hopt (Hrsg.), Institutional Investors and Corporate Governance, 1994, S. 555ff

Heise, Carsten: Stimmrecht und Hauptversammlung im Internetzeitalter aus Sicht der Anlegervereinigung, in: Noack/Spindler (Hrsg.), Unternehmensrecht und Internet, 2001, S. 51ff

Henze, Hartwig: Die Treuepflicht im Aktienrecht, in: BB 1996, S. 489ff

The High Level Group of Company Law Experts: Bericht der hochrangigen Gruppe von Experten auf dem Gebiet des Gesellschaftsrechts über die Abwicklung von Übernahmeangeboten vom 10. 1. 2002, abrufbar unter: http://europa.eu.int/comm/internal_market/company/docs/takeoverbids/2002-01-hlg-report_de.pdf

dies.: Bericht der hochrangigen Gruppe von Experten auf dem Gebiet des Gesellschaftsrechts über moderne gesellschaftsrechtliche Rahmenbedingungen in Europa vom 4. 11. 2002, http://europa.eu.int/comm/internal_market/company/docs/modern/report_de.pdf

Hirte, Heribert/*von Bülow*, Christoph (Hrsg.): Kölner Kommentar zum WpÜG mit AngebVO und §§ 327a–327f AktG, 2003, zitiert: *Verfasser*, in: KölnKomm WpÜG

Hohloch, Gerhard (Hrsg.): EU-Handbuch Gesellschaftsrecht, Stand: 3. Ergänzungslieferung 2001, zitiert: *Verfasser*, in: Hohloch (Hrsg.), EU-Handbuch Gesellschaftsrecht, *Mitgliedstaat*

Holzborn, Timo/*Bunnemann*, Jan: Änderungen im AktG durch den Regierungsentwurf für das UMAG, in: BKR 2005, S. 51ff

Hopt, Klaus: Europäisches Gesellschaftsrecht – Krise und neue Anläufe, in: ZIP 1998, S. 96ff

ders.: Harmonisierung im Europäischen Gesellschaftsrecht – Status quo, Probleme, Perspektiven, in: ZGR 1992, S. 265ff

ders./*Kanda*, Hideki/*Roe*, Mark J./*Wymeersch*, Eddy/*Prigge*, Stefan (Hrsg.): Comparative Corporate Governance, The State of the Art and Emerging Research, 1998, zitiert: *Verfasser*, in: Hopt/Kanda/Roe/Wymeersch/Prigge, Comparative Corporate Governance

Hüffer, Uwe: Aktiengesetz, 6. Auflage 2004

Hulle, Karel van/*Maul*, Silja: Aktionsplan zur Modernisierung des Gesellschaftsrechts und Stärkung der Corporate Governance, in: ZGR 2004, S. 484ff

Hüther, Mario: Aktionärsbeteiligung und Internet, 2002

ders.: Namensaktien, Internet und die Zukunft der Stimmrechtsvertretung, in: AG 2001, S. 68ff

The International Corporate Governance Network: ICGN Global Share Voting Principles, 1998, abrufbar unter: http://www.icgn.org/organisation/documents/cbv/cbv_global_principles_jul1998.php, zitiert: ICGN, Global Share Voting Principles

dies.: Cross Border Proxy Voting – Case Studies from the 2002 Proxy Voting Season, 2003, abrufbar unter: http://www.icgn.org/documents/ICGN-crossborder.pdf, zitiert: ICGN, Cross Border Proxy Voting

Investment Management Association: Comments on proposal for a directive on the exercise of voting rights by shareholders of companies having their registered office in a Member State, abrufbar unter: http://www.investmentuk.org/news/research/2006/recipient/other/ep0206.pdf

Ipekel, Ferna: Defensive Measures under the Directive on Takeover Bids and their Effect on the UK and French Takeover Regimes, in: EBLR 2005, S. 341ff

Just, Clemens: Corporate Governance im Vereinigten Königreich – Higgs and Tyson Report on non-executive directors, in: RIW 2004, S. 199ff

Kalss, Susanne: Das Höchststimmrecht als Instrument zur Wahrung des Aktionärseinflusses, 1992

dies.: Gesellschaftsrecht in Mittel- und Osteuropa, in: ZGR 2000, S. 819ff

Kann, Jürgen van/*Just*, Clemens: Der Regierungsentwurf zur Umsetzung der europäischen Übernahmerichtlinie, in: DStR 2006, S. 328ff.

Kilian, Wolfgang: Vom sinkenden Wert der „Goldenen Aktien“, in: NJW 2003, S. 2653ff

Kindler, Peter/*Horstmann*, Hendrik: Die EU-Übernahmerichtlinie – Ein „europäischer“ Kompromiß, in: DStR 2004, S. 866ff

Klawitter, Uta K.: Der Einsatz von E-mail-sheets für Stimmrechtsvollmacht und Stimmrechtsausübung, in: Noack/Spindler (Hrsg.), Unternehmensrecht und Internet, 2001, S. 37ff

Kleinschmit, Florian: Deutsches Volkswagengesetz und Europäische Kapitalverkehrsfreiheit, Zur Auslegung einer Grundfreiheit unter besonderer Berücksichtigung der „Goldene Aktien“-Judikatur des EuGH, 2004

Klinke, Ulrich: European Company Law and the ECJ: The Court's Judgments in Years 2001 to 2004, in: ECFR 2005, S. 270 ff

Knaus, Michael/*Wakounig*, Marian-Raimund (Hrsg.): Steuer- und Gesellschaftsrecht der EU-Beitrittskandidaten, 2003, zitiert: *Verfasser*, in: Knaus/Wakounig, Steuer- und Gesellschaftsrecht der EU-Beitrittskandidaten

Kölner Kommentar zum Aktiengesetz: Band 1, §§ 1–147, 1. Auflage 1985, Band 1, §§ 1–75, 2. Auflage 1988, zitiert: *Verfasser*, in: KölnKomm AktG

Kondring, Jörg/*Teipel*, Klemens: Das französische Recht der Stimmrechtsvereinbarungen im Wandel, in: RIW 1992, S. 264 ff

Krause, Hartmut: Von „goldenen Aktien", dem VW-Gesetz und der Übernahmerichtlinie, in: NZG 2002, S. 2747 ff

Kümpel, Siegfried: Zur Umstellung des französischen Effektenwesens auf Bucheffekten, in: WM 1984, S. 577 ff

ders.: Bank- und Kapitalmarktrecht, 3. Auflage 2004

Kusznier, Florian: Dänisches Kapitalgesellschaftsrecht, Ein Vergleich zu Österreich und Deutschland, 2003

The Law Society: Comments on the European Commission's proposal for a Directive on the exercise of voting rights by shareholders, abrufbar unter: http://www.lawsociety.org.uk

Le Cannu, Paul: Droit des sociétés, 2. Auflage 2003

Lecourt, Benoît: L'avenir du droit français des sociétés: que peut-on encore attendre du législateur européen?, in: Revue des sociétés 2004, S. 223 ff

Loges, Rainer/*Distler*, Rainer: Gestaltungsmöglichkeiten durch Aktiengattungen, in: ZIP 2002, S. 467 ff

Lübbert, Hartmut: Abstimmungsvereinbarungen in den Aktien- und GmbH-Rechten der EWG-Staaten, der Schweiz und Großbritanniens, 1971, zitiert: Abstimmungsvereinbarungen

Lutter, Marcus: Die Einbindung der nationalen Gesellschaftsrechte in das europäische Recht, in: ZGR-Sonderheft 12, 1994, S. 121 ff

ders.: Europäisches Unternehmensrecht, 4. Auflage 1996

ders.: Europäisches Unternehmensrecht im 21. Jahrhundert, in: ZGR 2000, S. 1 ff

ders.: Der deutsche Corporate-Governance-Kodex, in: GesRZ 2002, Sonderheft, S. 19 ff

ders./*Grunewald*, Barbara: Zur Umgehung von Vinkulierungsklauseln in Satzungen von Aktiengesellschaften und Gesellschaften mbH, in: AG 1989, S. 109 ff

ders./*Wiedemann*, Herbert (Hrsg.): Gestaltungsfreiheit im Gesellschaftsrecht, ZGR-Sonderheft 13, 1998, zitiert: *Verfasser*, in: Lutter/Wiedemann (Hrsg.), Gestaltungsfreiheit im Gesellschaftsrecht

Magrini, Paolo: Italienisches Gesellschaftsrecht, 2004

Marsch-Barner, Reinhard: Treuepflichten zwischen Aktionären und Verhaltenspflichten bei der Stimmrechtsbündelung, in: ZHR 157 (1993), S. 172 ff

ders.: Treupflicht und Sanierung, in: ZIP 1996, S. 853 ff

Martens, Klaus-Peter: Stimmrechtsbeschränkung und Stimmbindungsvertrag im Aktienrecht, in: AG 1993, S. 495 ff

Massart, Thibaut: Les actions de préférence et la question du droit de vote, in: Droit et Patrimoine, Nr. 130, Oktober 2004, S. 84 ff

Maul, Silja: Zur Ausgabe von Namensaktien, in: NZG 2001, S. 585 ff

dies./*Lanfermann*, Georg/*Eggenhofer*, Erich: Aktionsplan der Europäischen Kommission zur Reform des Europäischen Gesellschaftsrechts, in: BB 2003, S. 1289 ff

dies./*Muffat-Jeandet*, Danièle: Die EU-Übernahmerichtlinie – Inhalt und Umsetzung in nationales Recht (Teil I und II), in: AG 2004, S. 221 ff und 306 ff

Mayson, Stephen/*French*, Derek/*Ryan*, Christopher: Company Law, 20. Auflage 2003/2004

dies.: Company Law, 21. Auflage 2004/2005

Mercadal, Barthélémy/*Janin*, Philippe: Droit Des Affaires, Sociétés Commerciales 2000, 1999, zitiert: Mercadal/Janin, Sociétés Commerciales 2000

Merkt, Hanno/*Binder*, Jens-Hinrich: Änderungen im Übernahmerecht nach Umsetzung der EG-Übernahmerichtlinie: Das deutsche Umsetzungsgesetz und verbleibende Problemfelder, in: BB 2006, S. 1285 ff.

Merle, Philippe: Droit commercial, Sociétés commerciales, 6. Auflage 1998

Mimberg, Jörg: Die Frist zur Einberufung der Hauptversammlung nach dem UMAG, in: AG 2005, S. 716 ff

Montalenti, Paolo: The New Italian Corporate Law: An Outline, in: ECFR 2004, S. 368 ff

Morse, Geoffrey/*Marshall*, Enid/*Morris*, Richard/*Crabb*, Letitia: Charlesworth and Morse Company Law, 16. Auflage 1999

Münchener Kommentar zum Aktiengesetz: Band 1, §§ 1–53, 2. Auflage 2000, Band 2, §§ 53 a–75, 2. Auflage 2003, Band 3, §§ 76 – 177 AktG, MitbestG, § 76 BetrVG 1952, 2. Auflage 2004, Band 4, §§ 118–147, 2. Auflage 2004, zitiert: *Verfasser*, in: MünchKomm AktG

Noack, Ulrich: Moderne Kommunikationsformen vor den Toren des Unternehmensrechts, in: ZGR 1998, S. 592 ff

ders.: Die Namensaktie – Dornröschen erwacht, in: DB 1999, S. 1306 ff

ders.: Die organisierte Stimmrechtsvertretung auf Hauptversammlungen – insbesondere durch die Gesellschaft, in: Festschrift für Marcus Lutter, 2000, S. 1463 ff

ders.: Namensaktie und Aktienregister: Einsatz für Investor Relations und Produktmarketing, in: DB 2001, S. 27 ff

ders.: Online-Hauptversammlung – Stand der Dinge und wichtige Reformvorschläge, in: NZG 2001, S. 1057 ff

ders.: Stimmrechtsvertretung in der Hauptversammlung nach dem NaStraG, in: ZIP 2001, S. 57 ff

ders.: Erleichterung grenzüberschreitender Stimmrechtsausübung – Bericht über eine Initiative der niederländischen Regierung und der Europäischen Union, in: ZIP 2002, S. 1215 ff

ders.: Hauptversammlung der Aktiengesellschaft und moderne Kommunikationstechnik – aktuelle Bestandsaufnahme und Ausblick, in: NZG 2003, 241 ff

ders.: Neue Entwicklungen im Aktienrecht und moderne Informationstechnologie 2003–2005, in: NZG 2004, S. 297 ff

ders.: Antworten auf häufig gestellte Fragen zu „Hauptversammlung und Internet", Februar 2005, abrufbar unter: http://www.jura.uni-duesseldorf.de/service/hv/faq.shtml

ders.: Der Vorschlag für eine Richtlinie über Rechte von Aktionären börsennotierter Gesellschaften, in: NZG 2006, S. 321 ff

ders./*Zetzsche*, Dirk: Die Legitimation der Aktionäre bei Globalaktien und Depotverbuchung, in: AG 2002, S. 651 ff

dies.: Die Hauptversammlungslegitimation durch „Hinterlegung" bei girosammelverwahrten Inhaberaktien, in: WM 2004, S. 1 ff

dies.: Corporate Governance Reform in Germany: The Second Decade, in: EBLR Nr. 5 2005, S. 1033 ff

dies.: Comments on the Second Consultation Document, abrufbar unter: http://www.jura.uni-duesseldorf.de/dozenten/noack/rechtspolitik/europa.shtml plaene

Noack, Ulrich/*Zöllner*, Wolfgang: One share – one vote? Stimmrecht und Kapitalbeteiligung bei der Aktiengesellschaft, in: AG 1991, S. 117 ff

Nolan, R. C.: Indirect Investors: A Greater Say in the Company?, in: JCLS, April 2003, S. 73 ff

Nörr, Knut Wolfgang: Zur Entwicklung des Aktien- und Konzernrechts während der Weimarer Republik, in: ZHR 150 (1986), 155 ff

OECD: Principles of Corporate Governance, 2004, abrufbar unter: http://www.oecd.org/dataoecd/32/18/31557724.pdf

Ohler, Christoph: Europäische Kapital- und Zahlungsverkehrsfreiheit, Kommentar zu den Artikeln 56 bis 60 EGV, der Geldwäscherichtlinie und Überweisungsrichtlinie, 2002, zitiert: Europäische Kapitalverkehrsfreiheit

Overrath, Hans-Peter: Die Stimmrechtsbindung, 1972

Pajor-Bytomski, Magdalena: Gesellschaftsrecht in Ungarn, 2. Auflage 2001

Palmer's Company Law: Volume 1, 2 und 3, Stand: Ergänz.-Lfg. 100, 2005, zitiert: Palmer's Company Law, *Volume*

Pannier, Matthias: Harmonisierung der Aktionärsrechte in Europa, insbesondere der Verwaltungsrechte, 2003

ders./Rickford, Jonathan: Corporate Governance Disclosures in Europe, in: EBLR Nr. 5 2005, S. 975 ff

Pellens, Bernhard/*Hillebrandt*, Franca: Vorzugsaktien vor dem Hintergrund der Corporate Governance – Diskussion, in: AG 2001, S. 57 ff

Pennington, Robert: Pennington's Company Law, 7. Auflage 1995

Pikó, Rita/*Preissler*, Tino: Die Online-Hauptversammlung bei Publikumsaktiengesellschaften mit Namensaktien, in: AG 2002, S. 223 ff

Preissler, Tino: Wahrnehmung der Aktionärsrechte in der Hauptversammlung einer deutschen Aktiengesellschaft mit globalen Namensaktien durch in den USA ansässige Aktionäre, in: WM 2001, S. 113 ff

Priester, Hans-Joachim: Drittbindung des Stimmrechts und Satzungsautonomie, in: Festschrift für Winfried Werner, 1984, S. 657 ff

Raiser, Thomas: Empfehlen sich gesetzliche Regelungen zur Einschränkung des Einflusses der Kreditinstitute auf Aktiengesellschaften?, in: NJW 1996, S. 2257 ff

ders.: Recht der Kapitalgesellschaften, 3. Auflage 2001

ders.: Mitbestimmungsgesetz, 4. Auflage 2002

Randow, Philipp von: Stimmrechtsvertretung nach Art des Hauses, in: ZIP 1998, S. 1564 ff

Reher, Timmerman: Gesellschaftsrecht in gemeinsamen Märkten, 1997

Rickford, Jonathan: The Emerging European Takeover Law from a British Perspective, in: EBLR 2005, S. 1379–1421

ders.: Fundamentals, Developments and Trends in British Company Law – Some Wider Reflections, First Part: Overview and the British Approach, in: ECFR 2004, S. 391 ff

ders.: Fundamentals, Developments and Trends in British Company Law – Some Wider Reflections, Second Part: Current British Priorities and Wider Reflections, in: ECFR 2005, S. 63 ff

Riegger, Bodo: Hauptversammlung und Internet, in: ZHR 165 (2001), S. 204 ff

ders./Mutter, Stefan: Zum Einsatz neuer Kommunikationsmedien in Hauptversammlungen von Aktiengesellschaften, in: ZIP 1998, S. 637 ff

Rodemann, Carsten: Stimmbindungsvereinbarungen in den Aktien- und GmbH-Rechten Deutschlands, Englands, Frankreichs und Belgiens, 1998, zitiert: Stimmbindungsvereinbarungen im Aktienrecht

Röhricht, Volker: Treupflichten der Aktionäre, insbesondere des Mehrheitsgesellschafters, in: Hommelhoff/Hopt/von Werder (Hrsg.), Handbuch Corporate Governance, 2003, S. 513 ff

Rosen, Rüdiger von/*Seifert*, Werner G. (Hrsg.): Die Namensaktie, Schriften zum Kapitalmarkt Band 3, 2000, zitiert: *Verfasser*, in: von Rosen/Seifert (Hrsg.), Die Namensaktie

Roth, Günter H.: Die (Ohn-)Macht der Hauptversammlung, in: ZIP 2003, S. 369 ff

Rüden, Jens von: Das französische Übernahmerecht, 2005

Ruffner, Markus: Die ökonomischen Grundlagen eines Rechts der Publikumsgesellschaft, 2000

Ruoff, Christian: Stimmrechtsvertretung, Stimmrechtsermächtigung und Proxy-System, 1998

Sander, Florian: Volkswagen vor dem EuGH – der Schutzbereich der Kapitalverkehrsfreiheit am Scheideweg, in: EuZW 2005, S. 106 ff

Sangiovanni, Valerio: Die Emission von Sparaktien im italienischen Recht, in: RIW 2002, 680 ff

ders.: Die Vertretung der Aktionäre in der Versammlung der italienischen Aktiengesellschaft, in: ZfRV 2005, S. 148 ff

Schindler, Clemens Philipp: Die Europäische Aktiengesellschaft, 2002

Schmidt, Reinhard H./*Weiß*, Marco: Shareholder vS. Stakeholder: ökonomische Fragestellungen, in: Hommelhoff/Hopt/v. Werder (Hrsg.), Handbuch Corporate Governance, 2003, 107 ff

Schneider, Uwe H.: Gesetzliches Verbot für Stimmrechtsbeschränkungen bei der Aktiengesellschaft, in: AG 1990, S. 56ff

ders./Burgard, Ulrich: Maßnahmen zur Verbesserung der Präsenz auf der Hauptversammlung, in: Festschrift für Karl Beusch, 1993, S. 783ff

Schuit, Steven R.: Corporate Law and Practice of the Netherlands, 1998

Schwarz, Günther Christian: Europäisches Gesellschaftsrecht, 2000

Schwarze, Jürgen: EU-Kommentar, 2000, zitiert: *Verfasser*, in: Schwarze (Hrsg.), EU-Kommentar

Schwintowski, Hans-Peter/*Schäfer*, Frank A.: Bankrecht, Commercial Banking – Investment Banking, 2. Auflage 2004

Seibert, Ulrich: Stimmrecht und Hauptversammlung – eine rechtspolitische Sicht, in: BB 1998, S. 2536ff

ders.: Der Ausschluß des Verbriefungsanspruchs des Aktionärs in Gesetzgebung und Praxis, in: DB 1999, S. 267ff

ders.: Aktienrechtsnovelle NaStraG tritt in Kraft – Übersicht über das Gesetz und Auszüge aus dem Bericht des Rechtsausschusses, in: ZIP 2001, S. 53ff

ders.: Die Stimmrechtsausübung in deutschen Aktiengesellschaften – ein Bericht an den Deutschen Bundestag, in: AG 2004, S. 529ff

ders.: UMAG und Hauptversammlung – Der Regierungsentwurf eines Gesetzes zur Unernehmensintegrität und Modernisierung des Anfechtungsrechts (UMAG), in: WM 2005, S. 157ff

Sherman, Howard D.: Institutional Shareholder Services, in: Chew (Hrsg.), Studies in International Corporate Finance and Governance Systems, A Comparison of the U.S., Japan, and Europe, 1997, S. 345ff

Siebel, Ulf R.: Vorzugsaktien als „Hybride" Finanzierungsform und ihre Grenzen, in: ZHR 161 (1997) S. 628ff

Siems, Mathias M.: Neue Medien im UK Company Law, in: RIW 2002, S. 202ff

ders.: Der anonyme Aktionär – The anonymous shareholder – L'actionnaire anonyme, in: ZGR 2003, 218ff

ders.: Die Konvergenz der Rechtssysteme im Recht der Aktionäre, 2005, zitiert: Konvergenz der Rechtssysteme

Simon, Stefan/*Zetzsche*, Dirk: Aktionärslegitimation und Satzungsgestaltung – Überlegungen zu § 123 AktG idF des UMAG, in: NZG 2005, S. 369ff

Skog, Rolf: The Takeover Directive, the „Breakthrough" Rule and the Swedish System of Dual Class Common Stock, in: EBLR Vol. 15 [2004], 1439–1475

ders.: A Remarkable Decade: The Awakening of Swedish Institutional Investors, in: EBLR Vol. 5 [2005], S. 1017ff

Stapledon, Geof/*Bates*, J. J.: Unpacking the „Interest-Holders" in a share: reducing the costs of voting, in: CFILR 2000, S. 293ff

Stednab, Graham/*Jones*, Janet: Shareholders' Agreements, 3. Auflage 1998

Steinhauser, Carsten: Neues Aktien- und Konzernrecht in Italien, in: AG 2004, R 230ff

Stelzig, Peter: Zur Treuepflicht des Aktionärs unter Berücksichtigung ihrer geschichtlichen Entwicklung, 2000

Storck, Michel: Corporate Governance à la Française – Current Trends, in: ECFR 2004, S. 36ff

Storp, Roger: Reform des französischen Unternehmensrechts im Rahmen des Gesetzes über „Neue Wirtschaftliche Regulierungen" vom 15. 5. 2001, in: RIW 2002, S. 409ff

Strenger, Christian: Corporate Governance und Anteilseigner, insbesondere institutionelle Anleger, in: Hommelhoff/Hopt/v. Werder (Hrsg.), Handbuch Corporate Governance, 2003, S. 697ff

Teichmann, Christoph: Corporate Governance in Europa, in: ZGR 2001, S. 345ff

Vaccaro, Enrico: The Italian Company Law Reform: A New European Model, in: EBLR 2005, S. 913ff

Valuet, Jean-Paul: Droit de vote en assemblée générale d'actionnaires: régime actuel et perspectives d'évolution, in: Droit et Patrimoine, November 1997, S. 28ff *ders.*: Identification et vote des actionnaires non résidents des sociétés cotées, in: Revues des sociétés 2001, S. 571 ff

Vavrovsky, Nikolaus: Stimmbindungsverträge im Gesellschaftsrecht, 2000

Ventoruzzo, Marco: Experiments in Comparative Corporate Law: The Recent Italian Reform and the Dubious Virtues of a Market for Rules in the Absence of Effective Regulatory Competition, in: ECFR 2005, S. 207 ff

Wackerbarth, Ulrich: Investorenvertrauen und Corporate Governance, in: ZGR 2005, S. 686 ff

Wagner, Jens: Corporate Governance in Spanien: Das Gesetz zur Transparenz börsennotierter Aktiengesellschaften, in: RIW 2004, S. 258 ff

Wastl, Ulrich/*Wagner*, Franz: Wechselseitige Beteiligungen im Aktienrecht, AG 1997, 241 ff

Weikert, Dorit: Corporate Governance und das Auftragsstimmrecht der Banken, 2001

Weinberg, Mark Aubrey: Weinberg and Blank on Takeovers and Mergers, Loseblattsammlung, Stand: August 2005

Wellige, Kristian: Weg mit dem VW-Gesetz!, in: EuZW 2003, S. 427 ff

Wiebe, Andreas: Vorstandsmacht statt Bankenmacht?, Aktienrechtlicher Rahmen und strukturelle Auswirkungen der Einführung eines Verwaltungsstimmrechts (§ 134 Abs. 3 S. 3 AktG), in: ZHR 166 (2002), S. 182 ff

Wiesner, Peter M.: Die neue Übernahmerichtlinie und die Folgen, in: ZIP 2004, 343 ff

Windbichler, Christine: Treuepflichtwidrige Stimmrechtsausübung und ihre rechtlichen Folgen, in: Henze/Timm/Westermann (Hrsg.), RWS-Forum Gesellschaftsrecht 1995, S. 23 ff

Winter, Jaap W.: Die Harmonisierung des Gesellschaftsrechts im Zeitalter des Internets, in: Festschrift für Marcus Lutter, 2000, S. 213 ff

ders.: Gesellschaftsrecht im Wandel: Ursachen und Entwicklungslinien, in: ZGR 2001, S. 294 ff

ders.: Cross-border Voting in Europe, in: Hopt/Wymeersch (Hrsg.), Capital Markets and Company Law, 2003, S. 387 ff

Wirth, Gerhard/*Arnold*, Michael: Umwandlung von Vorzugsaktien in Stammaktien, in: ZGR 2002, S. 859 ff

ders.: Gesellschaftsrecht im Wandel: Ursachen und Entwicklungslinien, in: ZGR 2001, S. 294 ff

Wymeersch, Eddy: Current Company Law Reform Initiatives in the OECD Countries. Challenges and Opportunities, Financial Law Institute, Working Paper Series, 2001, abrufbar unter: http://www.law.rug.ac.be/fli/WP/WPindex.html

Xuereb, Peter G.: The Rights of Shareholders, 1989

Zetzsche, Dirk: NaStraG – ein erster Schritt in Richtung virtuelle Hauptversammlung für Namens- und Inhaberaktien, in: ZIP 2001, S. 682 ff

Zinser, Alexander: Der britische City Code on Takeovers and Mergers in der Fassung vom 9. 3. 2001, in: RIW 2001, S. 481 ff

Zöllner, Wolfgang: Die Schranken mitgliedschaftlicher Stimmrechtsmacht bei den privatrechtlichen Personenverbänden, 1964, zitiert: Schranken mitgliedschaftlicher Stimmrechtsmacht

ders.: Die Konzentration der Abstimmungsvorgänge auf großen Hauptversammlungen, in: ZGR 1974, S. 1 ff

ders.: Die Zurückdrängung des Verkörperungselements bei den Wertpapieren, in: Festschrift für Ludwig Raiser, 1974, S. 249 ff

ders.: Zu Schranken und Wirkung von Stimmbindungsverträgen, insbesondere bei der GmbH, in: ZHR 155 (1991), S. 168 ff

ders.: Stimmrechtsvertretung der Kleinaktionäre, in: Festschrift für Martin Peltzer, 2001, S. 661 ff

Zöllner, Wolfgang/*Noack*, Ulrich: One share – one vote? Stimmrecht und Kapitalbeteiligung bei der Aktiengesellschaft, in: AG 1991, 117 ff

Alle aufgeführten Internetadressen wurden zuletzt am 30. Juni 2006 besucht.

Stichwortverzeichnis

FSC
www.fsc.org
MIX
Papier | Fördert gute Waldnutzung
FSC® C083411

Kolibri 360 GmbH
Ferdinand-Jühlke-Straße 7
99095 Erfurt, Deutschland
produktsicherheit@kolibri360.de